언어학자와 무의식

언어학자와 무의식

미셸 아리베 | 김성도 옮김

KOREA
UNIVERSITY
PRESS
고려대학교
출판문화원

Le linguist et l'inconscient
by Michel Arrivé

이 책을 자크 아니스에 바친다

Jacques Anis (1953–2005)

옮긴이 서문

이 책의 저자 아리베Michel Arrivé 교수는 1936년 12월 7일생으로, 지금도 왕성하게 활동하고 있는 프랑스의 언어학자이며 소설가이도 하다.* 1958년 교수 자격증 시험에 합격하고, 1970년대 문학 박사 학위를 취득했으며 파리10대학에서 40년 넘게 언어학과 교수로 재직했으며 현재는 명예교수이다. 아리베 교수는 프랑스어 문법, 시학, 소쉬르학, 기호학, 정신분석학 등의 분야에서 평생 동안 300편이 넘는 논문들을 발표했으며 20여 권의 저서를 출판했다. 대표적인 역작을 손꼽으면 다음과 같다. 먼저 프랑스어를 다룬 공동 저서로는 《현대 프랑스어 라루스 문법》(*Grammaire Laroussse du français contemporain*, 1964), 《오늘날의 문법, 프랑스 언어학 안내 사전》(*La grammaire d'aujourd'hui, guide alphabétique de linguistique fançaise*, 1986)을

* 이 책의 최종 교정본을 검토하는 동안 아리베 교수의 타계 소식을 접했다. 프랑스 일간지 《르몽드》지의 기사에 의하면 2017년 4월 3일 파리 근교에서 임종했다.

꼽을 수 있으며, 단독 저서로서는 《철자법을 개혁한다?》(*Réformer l'orthographe?*, 1993), 《현자의 말들과 미치광이의 말들》(*Verbes sages et verbes fous*, 2005)이 있다. 또한 알프레드 자리 작품의 비평을 다룬 저서들로는 다음의 역저가 있다. 《자리의 언어들: 문학 기호학 시론》(*Les langages de Jarry, essai de sémiotique littéraire*, 1972), 《자리 읽기》(*Lire Jarry*, 1976). 특히, 소쉬르의 언어 사상을 종합적으로 다룬 두 권의 저서를 칠순이 넘은 나이에 출판하면서 학문적 기염을 토해내기도 했다. 그 두 권의 제목은 다음과 같다. 《페르디낭 드 소쉬르를 찾아서》(*À la recherche de Ferdinand de Saussure*, 2007), 《소쉬르 곁에서》(*Du côté de chez Saussure*, 2008).

이 밖에도 아리베 교수는 오랫동안 언어와 무의식 사이의 관계를 천착한 중요한 저서들을 상재하기도 했다. 《언어학과 정신분석학》(*Linguistique et psychanalyse*, 1986), 《언어와 정신분석학》(*Langage et psychanalyse*, 2006) 등이 그것이다. 끝으로 아리베 교수는 소설가로서 활동하며 자신의 처녀작 《천치 노인의 회상》(*Les Remembrances du vieillard idiot*, 1977)을 비롯해, 가장 최근의 작품 《꿈을 샀던 인간》(*L'Homme qui achetait les rêves*, 2012)을 비롯해 8권의 중단편 소설을 발표한 작가이기도 하다.

이 책 《언어학자와 무의식》은 무려 150여 개가 넘는 고유명사와 300여 개의 개념을 싣고 있는 말미의 '찾아보기'에서 확인할 수 있듯이, 무엇보다 엄청난 독서의 총량과 방대한 연구 영역의 스펙트럼을 보여준다. 언어학, 문학, 기호학, 정신분석학, 논리학, 언어철학 등, 인문학 전반에 걸친 박학에서 뿜어져 나오는 횡단적 지식으로 독자를 매료시킴과 동시에 역설적으로 독자를 압도하는 차원을 넘어 주눅 들게 만들 정도다. 이 책의 또 다른 특징들은 정제된 압축적 언어에서 비롯되는 아리베 교수가 구사하는 특유한 문학적 표현과 세련된 문채와 밀도 높은 글쓰기, 논증의 치밀성이다. 이 책에는 프로이트와 소쉬르는 물론, 한국 학계에서는 이름조차 낯선, 하지만 프랑스어 문법 분야에서 전대미문의 업적을 남긴 다무레트 Jacques Damourette와 피숑Édouard Pichon과 같은 문법학자들도 수시로 등장한다.

요컨대 독자들이 만나 볼 이 책은 아리베 교수가 50년 동안 문법, 문학, 언어학, 기호학, 정신분석학 등의 분야에서 축적한 집요한 독서와 성찰로 다져진 내공의 결실이며, 결코 단시간에 기발한 착상으로 쓴 저서가 아니다. 선생은 평소 역자와 사석에서 대화를 나눌 때, 당신이 50년 동안 계속해서 읽어왔던 세 명의 저자가 있다고 여러 번 말한 적이 있는데, 그것은 소쉬르, 자리, 라캉이었다. 실제로 역자는 아리베 교수의 대학원 세미나 〈언어학과 정신분석학〉을 5년 동안 수강했는데, 강의 시간에 수시로 인용했던 라캉의 저서 《세미나》에는 선생께서 수차례 형광등 펜으로 밑줄을 그어가며 탐독한 흔적을 목격할 수 있었다.

이를테면 소쉬르의 미간행 필사본을 비롯해 방대한 분량의 프로이트와 라캉의 저술 전반에 대한 총체적 섭렵은 언어학과 정신분석학의 다양한 관계를 종합화하고, 그 누구도 시도한 바 없는 두 학술 분야의 접맥을 마련하기 위한 필요조건이라는 점에서 이미 이 저서의 진가는 드러난다. 그렇지만 이 같은 독창성에도 불구하고, 이 책은 훨씬 더 큰 반향을 불러일으켰어야 마땅했으나 프랑스에서

조차 그 가치에 상응하는 대우를 받은 것 같지는 않다.*

주지하다시피, 정신분석학은 이미 그 시초에서부터 무의식을 설명하려는 노력을 경주하면서 언어 분석 모델로부터 결정적 영감을 받았다. 아리베 교수가 강조한 것처럼, 이를테면 프로이트의 저술에는 도처에 언어와 관련된 논증들과 예시들이 즐비하다. 그런데 무의식의 발현들 가운데 특정 양상에 부여할 의미를 논할 때, 학자들은 무의식이라는 이 같은 비가시적이며 멀리 동떨어진 미지의 정신 영역을 최초로 탐구했던 선구자들이 제안했던 판독가능성에 기초한 엄밀한 모델들에 대해서는 상대적으로 진지한 물음들을 스스로에게 던지는 일이 드물다. 정신분석학은 바로 그 무의식의 농도와 역동적 활동을 설명하려는 야심찬 기획이다.

그런데, 저 유명한 라캉의 명제, '무의식은 하나의 언어처럼 구조화되어 있다'는 진술로부터, 그의 또 다른 명제, '메타언어는 없다'에 이르기까지, 프로이트에서 라캉에 이르기까지 거의 모든 정신분

* 본서에 대한 서평의 숫자가 예상했던 것보다 많지 않다는 점이 그 점을 증언한다. 다음 네 편의 서문을 언급한다. 1. Cécile Narjoux, "Michel Arrivé, *Le linguiste et l'inconscient*, Paris: PUF, 2008", in: *L'Information Grammaticale*, N.7, 127, 2010, p.60; 2. Cyril de Pins, "Le linguiste et l'inconscient", de la parenté entre les structures profondes de l'esprit et les structures profondes de la langue: Michel Arrivé, *Le linguiste et l'inconscient*, Paris: PUF, 2008", 2012, in: *Internaute*, http://salon-littéraire.linternaute.com/fr/essai/review/1797954-le-linguiste-et-l-inconscient-de-la-parenté-entre-les-structures-profondes-de-l-esprit-et-les-struct; 3. Max Kohn a lu "Le Linguiste et l'inconscient: Michel Arrivé, *Le linguiste et l'inconscient*, Paris: PUF, 2008", in: *Oedipe le Salon*, http://www.oedipelesalon.com/index.html; 4. Bernard Dantier, "La psychanalyse et l'interprétation psychologique et sociologique des profondeurs du discours: Michel Arrivé, Le linguiste et l'inconscient", in: *Textes de méthodologie en sciences sociales*, 28/02/2010.

석학자들은 시종일관 언어 현상에 의탁하거나, 최소한 흥미로운 어휘들에 대해서 세심한 관심을 기울였다. 이 책에서 아리베 교수는 그 점을 이 책의 모든 장들에서 보여주고 있거니와, 언어와 무의식의 비교는 결코 라캉에 국한되는 것이 아니다. 그 이유는 선명하다. 정신분석학의 시조인 프로이트 자신이 언어학적 또는 메타 언어학적 개념화를 능수능란하게 구축하고 있기 때문이다. 다만, 프로이트가 자신의 그 같은 언어에 대한 문제의식을 명시적으로 선언하고 있지 않을 뿐이다. 이를테면 자신도 모르게 언어학자의 작업을 실행하는 무의식적 언어학자라고나 할까. 프로이트의 정신분석학 이론의 구축과정에서 언어학이 차지하는 중요성을 아리베 교수는 이렇게 설파한다. "언어학은 정신분석에 관심을 표명할 수 있는 과학들의 목록에서 철학이나 생물학보다 우위에 있다. 게다가 정신 분석의 가장 풍성한 발달을 가져올 수 있는 것이 또한 언어학이다. 무엇보다도 프로이트는 무의식이라는 개념 자체의 정교한 구축과 관련된 언어과학의 기여에 핵심적 위치를 부여했다"(이 책, 58쪽).

이 대목에서 우리는 정신분석학의 뿌리에는 언어의 문제가 굳건하게 자리 잡고 있었다는 점을 기억할 필요가 있다.* 이점을 아리베 교수는 2장에서 프로이트 정신분석학의 환자 치료 방법들 가운데 하나인 말 치료talking cure를 비롯해, 프로이트가 1891년 발표한 실어증을 다룬 연구를 사례 삼아 분석하면서 치밀하게 논증한다.

언어학과 정신분석학의 이 같은 역사적 인식론적 친족성에도

---

* 이점을 다룬 또 다른 연구물을 제시한다. John Forrester, *Le langage aux origines de la psychanlyse*, Paris: Gallimard, 1984.

불구하고, 그것의 역사를 실증적 이론적 차원에서 규명하는 작업을 실행할 수 있는 학자는 매우 희소하다. 그 이유는 간단하다. 언어학과 정신분석학의 이중 전공 능력을 구비해야 하기 때문이다. 언어라는 공통의 문제를 대할 때, 정신분석학자들과 언어학자들은 자신들의 영역에서 쌓아 올린 성곽에서 좀처럼 외부로 나오려 하지 않는다. 그렇다 하더라도, 무의식의 발현들을 설명하기 위해 사용된 과학적 설명 모델로서 채택된 언어학적 분석의 타당성과 변별력에 대해서 스스로에게 자문해보는 것은 합법적일 것이다. 아울러, 언어의 본질을 보다 더 잘 파악하는 것이 과연 언어 주체를 더 깊이 파고들 수 있는 것인지, 더 나아가, 언주(언어주체sujet parlant)의 인격의 깊이까지 파고들 수 있는 것인지 자문하는 것은 지극히 정당한 물음이다.

이 책은 바로 이 같은 일련의 핵심적 물음들을 정면에서 응시하고, 원전 텍스트들의 완벽한 제어에 기초한 탁월한 논리적 치밀성에 기초하여 핵심쟁점들을 다루고 있다는 점에서 그 미덕을 찬양할 수 있다. 더구나 저자는, 결정적인 순간에서는 프로이트의 독일어 원전을 읽고 다시 또 읽는 지적 공력을 증언한다. 더구나, 언어학자들과 정신분석학자들이 모두 경시했던, 프로이트의 기호 개념, 이를테면 프로이트의 기호학적 이론 체계를 재구성하려는 참신함을 넘어 거의 파격적인 시도를 감행한다. 예컨대 의식의 표면에 속하는 다양한 발현들을 표면에서 나타나지 않는 사물들의 기호들로서 해석하려는 기호학자 프로이트의 모습을 실감나게 포착하고 있다. 바로 이 지점에서 프로이트의 독창적 발명을 지적해야 할 것이다. 즉, 표면에 드러나지 않는 것의 근원을 자신이 새롭게 명명한 무의식Unbewusst에 위치시키고 있다. 그 같은 분석은 아리베 교수로 하여금 프로이트가 단지 있는 그대로의 단어에 관심을 가졌을 뿐만 아니라. 암호, 명령어, 누락 또는 신조어 등, 단어가 갖는 증상의 역할에 대해서 지대한 관심을 갖고 있었다는 사실을 확신케 해 주었다. 이를 설명하기 위해, 아리베 교수는 1900년에서 1905년까지 프로이트가 출간한 세 권의 저서, 《꿈의 해석》, 《일상생활과 정신 병리학》, 《농담과 무의식의 관계》를 언어학의 시각에서 면밀한 다시 읽기를 실천한다. 예컨대, 《꿈의 해석》을 인용하면서 아리베 교수는 다음과 같이 진술한다. "단어라는 언어학적 대상이 꿈과 말 실수 혹은 농담에 나타날 때 겉보기엔 역설적이게도 자신의 언어학적 속성을 잃어버리는 것처럼 보인다. 독자들은 단어('Signorelli', 'famillionnaire', 'Autodidasker' 기타 등등)에 대해 프로이트가 시도했던 이러한 모든 분석에서 언어학적으로 고유한 기능들이 소거되거나 최소한 심하게 교란된다는 점에 주목할 수 있을 것이다. 프로이트가 나중에 그 단어들에 적용한 표현에 따르면 이 단어들은 '의미를 지니고 있지 않다'는 것을 뜻하는 것이 결코 아니다. 이러한 평가는 단어들이 분석되지 않은 만큼 그 단어들의 외양에 관한 것일 뿐이다. 단어들이 분석되었을 때에는 의미를 띠게 된다. 그러나 이 의미는 언어학적 대상들의 절차가 아닌 다른 절차에 따라 구성된다"(이 책, 108쪽).

아울러 아리베 교수는 프로이트의 기호 개념이 소쉬르의 그것과 완전히 상반된 대척점에 있다는 점을 다음과 같이 지적한다. "두 사람이 제안한 도식의 형태는 근본적으로 다르다. (…) 소쉬르가 프로그램화한 비지시적 의미론과는 정반대로 프로이트의 의미론적 도식이 하나의 지시적 의미론이라는 점을 말해주고 있다"(이 책, 100-101쪽).

또한 이 대목에서 강조할 점은, 프로이트가 자신의 동시대에 창발한 근대 언어학의 연구 성과를 참조하여 영감을 받았다는 점을 명시적으로 밝히고 있다는 사실이다. 특히, 당시 독일의 이집트학의 권위자 아벨Carl Abel을 탐독하면서 프로이트는 우리가 꾸는 꿈들이 상형문자처럼 파악될 수 있다는 점을 꿰뚫어보았다. 아벨은 하나의 동일한 기표에 대해서 대립된 의미들의 공존 가능성을 강조하고, 특히 이 같은 기표 자체에 모종의 동기부여가 숨어 있다는 점을 알렸던 이집트 상형문자의 전문가였다. 프로이트에 의하면, 꿈과 상형문자 모두 심층적 이해를 위해서는 해석을 하는 것이 관건이다. 이 밖에도, 무의식을 다룬 프로이트 이론 속에 녹아 있는 언어학적 근원들 가운데 하나는 언어를 성sexualité의 표현 속에 그 뿌리를 두었던 스페르베르H. Sperber의 가설이다. 프로이트가 참조한 당시의 언어학자들이 극히 한정되었고, 또한 정통 역사 비교언어학자들이 아니라는 아쉬움이 있으나, 그가 수립한 언어학적 개념성은 문법적 범주들을 부여받고 있으며 나름대로의 변별성을 지니고 있다. 그 같은 사실로부터 무의식은 하나의 문법을 갖고 있다는 결론에 도달했으며 문제는 그 규칙을 정식화하는 작업이었다.

아리베 교수는 프로이트가 무의식의 작동들의 사례를 제시하기 위해 문법적 모델을 단지 은유적으로만 사용했음을 보여주었다. 이를테면 사디즘과 피학대 음란증masochisme을 수동태와 능동태의 형태 통사론적 범주들과 더불어 설명하고 있음을 보여주고 있다. 끝으로 아리베 교수는 문학 전공자답게, 프로이트에게서 무의식에 이르는 또 다른 지름길을 보여주고 있다. 그 지름길은 다름 아닌 문학 텍스트로서 그것은 정신분석학과 더불어 언어 속에 접착되어 있다는 사실, 아울러 결코 메타언어적이지 않다는 사실을 공유한다. 이 점은 최고의 학문적 권위를 자타가 공인하는 프랑스 작가 자리Alfred Jarry의 작품 〈절대적 사랑L'Amour absolu〉을 통해서 이루어진다.

이제, 현대 언어학의 장면으로 넘어와 본다. 소쉬르가 제네바대학에서 그의 생애 마지막 혼을 불사르며 강의했던 세 차례의 일반언어학 강의가 그의 의지와 상관없이, 《일반언어학강의》라는 책명으로 출판되면서, 현대 언어학의 주춧돌을 놓았다. 그런데 어찌된 영문인지 프로이트는 당대 최고의 언어학자였던 소쉬르로부터 어떤 개념들도 차용하지 않았다. 소쉬르의 장남, 레몽 드 소쉬르가 프로이트의 지도 아래 박사 학위를 받았다는 절묘한 우연적 관계에도 불구하고, 두 거장은 최소한 서로의 가치를 알아보지 못한 것 같다. 그러니까 프로이트는 다분히 자신의 지적 흥미를 끌었던 주변적인 언어학 이론을 탐독하는 것으로 만족했던 것으로 사료된다. 그렇지만 이 책에서 아리베 교수는 그 같은 사실에도 불구하고, 프로이트와 라캉의 모든 텍스트들을 그것들의 개념적 엄밀성과 관련하여 언어학과 기호학의 시각에서 엄정한 비판을 적용해야 한다는 점을 강조한다.

이 책의 1장부터 4장까지의 내용은 다름 아닌 그 같은 인식론적 비평 작업으로서, 프로이트 이론의 진화 과정을 관통하고 있다. 그것은 프로이트가 사용했던 언어 모델들과 관련된 그의 정신분석학 사상의 진화라는 점에서 특별하다. 특히 3장은 정신분석학의 압축된 역사로서, 다양한 학술 분야들의 개념들과 관점들을 채택하여 이루어진 학제적 연구의 전범이라 할 수 있다.

이 책을 읽는 색다른 묘미이자, 동시에 어려움을 주는 것은 아리베 교수가 각각의 텍스트, 특히 단어와 표현 하나 하나에 부여하는 세밀한 분석과 주의, 아울러 미묘한 디테일에 대한 집요한 해석이다. 대학 교수 생활과 더불어 평생 동안 8편의 소설을 발표한 소설가답게 아리베 교수는, 텍스트를 읽을 때 흔히 범하는 상투적 태도, 즉 심층적 해석과 논쟁을 교묘하게 피해 가며 내리는 섣부른 결론들로 치닫는 태도를 경계한다. 그 같은 세밀한 주의와 더불어 아리베 교수가 이 책에서 십분 발휘하는 능력은 다름 아닌 프랑스 학계에서 최고의 문법학자로 인정받는 것처럼, 언어학자만이 읽어 낼 수 있는 프로이트 텍스트의 독법을 실천했다는 점이다. 예컨대, 아리베 교수는 단어 형식 아래 있는 의식 속에서 나타나는 발현들은 다른 아닌 기호들, 즉 단어들이라고 진술하고 있다. 아울러 소리들의 연속은 어떤 중의성 없이 다양한 의미 작용들을 지시한다. 그런데 바로 그 지점에서 제기되는 것은 무의식의 발현이라는 문제이다. 그렇다면 과연 어떤 이유에서 무의식의 기호들이라고 해석하는 것이 기호들이라고 말할 수 있는 것인가? 분명한 것은, 한 사람이 발성하는 소리들은 소쉬르의 용어를 빌려 말한다면 일련의 기표들이라고 성격 지을 수 있을 것이다. 그런데 이 같은 소리들이 특정 의미 작용을 할당받지 못할 때, 즉 다시 소쉬르의 용어를 빌려 말해, 기의를 부여받지 못할 때, 기호라는 용어를 사용하는 것은 무리가 따를 수 있다.

아리베 교수가 탁월하게 입증한 것처럼, 소쉬르의 언어 이론과 달리, 프로이트에게서 단어라는 문제 설정은 결코 하나의 자족적 언어 체계 속에 갇히지 않는다. 프로이트의 의미론과 기호론은 지시체를 참작하는 매우 독특한 의미론이며 기호론으로서, 단어와 그것의 지시체의 지각 사이에 존재하는 관계의 직접성, 비매개성을 전제로 한다. 1900년부터 1905년까지 발표된 텍스트들 속에서 프로이트가 단어, 특히 혼성어mots-valises에 대해서 수행한 분석들은 무의식 속에 존재하는 단어들이 사물들로서 다루어진다는 점을 고집스럽게 강조하고 있다. 마침내 1915년 프로이트가 무의식과 전의식에 대한 자신의 개념화를 형식화할 수 있었던 것은, 정신분열증 환자들의 행동을 관찰한 덕분에 가능했다.

인간의 의식을 하나의 누락된 텍스트로서 이해하는 것은 프로이트가 당시의 문헌학의 성과를 참조하면서 취한 입장으로서, 그것은 텍스트를 기록하는 필생 쪽에서 나타나는 하나의 의도, 경시, 오해와 반대 의미contre-sens를 전제로 하는 것이다. 그 같은 상황에서 한 편의 텍스트는 그 같은 의도나 무시의 표시를 담고 있을 소지가 있다는 점에서 독자는 그것의 상실된 의미를 염두에 두면서 바로잡을 수 있어야 한다. 따라서 그는 이를테면 하나의 누락을, 어떤 특정 의미를 담지했었음에 틀림없는, 특정 기의가 부재하는 기표로서 파악할 수 있어야 한다.

4장에서 저자는 라캉의 또 다른 논쟁적 명제, '메타언어는 없다il n'y a pas de métalanage'의 의미를 집중적으로 탐문한다. 여기서 엄격한 의미에서의 메타언어적 단어와 자시어mot autonomyque 사이의 구별을 확인한 후, 아리베 교수는 꿈 속에 존재하는 단어의 문제를 제기한다. 자시어는 오직 언어 기호에 대해서만 존재하기 때문에, 만약 꿈의 단어들이 언어 기호들이 아니라면, 그것들은 자시어에서 벗어난다. 따라서 아리베 교수는 터부와 신성모독 행위blasphème와 자시어가 맺는 관계와 더불어 하나의 평행적 관계를 수립한다. 터부와 신성모독의 언어 행위에서는 자시어에서의 단어들이 그것들이 액면 그대로 체현하는 존재와 공실체적인 것들로서 파악된다. 아리베 교수의 설명을 경청해 보자.

"신성을 모욕하는 언사처럼 금기에서도 메타언어와 자기지시성에 견주어 대립된 두 가지 단어들이 어떻게 복잡한 방식으로 관련을 맺고 있는지를 볼 수 있다. '자기지시성은 없다.' 이는 곧 죽은 이들의 이름이나 신의 이름의 발설을 처벌하는 규범들이 말하는 것이다. 그렇다. 그러나 자기지시성에 대한 이러한 문제 제기는 그러한 단어들의 지위에 관한 하나의 메타언어적 분석에 토대를 두고 있다. 따라서 이는 메타언어, 그리고 단번에 자기지시성이 있게 된다. 물론 이러한 설명의 대상인 단어들이 기호가 아닌 한, 단어들이 지칭하는—더 정확히 말해서 그 단어들이 구현하는—존재와 동체인 이 단어들은 그 존재와 분리되지 않는다"(이 책, 197쪽).

이점에서 그것들의 기능 작동은 소쉬르가 식별했던 아나그램들과도 접맥될 수 있다. 아리베 교수의 논증은 다음과 같이 이어진다.

"금기와 신성을 모욕하는 언사에 대해서 (…) 이러한 두 개의 담화적 실천 속에서 단어들의 위상은 무의식과 그것의 생산 속에서—꿈과 히스테리 혹은 정신분열증—분명 단어들이 갖고 있는 위상과 동떨어져 있지 않다. 거기서 단어들은 언어기호의 방식과 상관이 없는 방식들로 작동한다. 이러한 이유로 (…) 나는 소쉬르와 비교해 보는 것을 종종 감행했다. 물론 아나그램을 탐구한 바로 그 소쉬르를 말한다. 또한 텍스트의 표면에서 해독된 아나그램화된 단어들은 가능한 한 완전하게 기호의 상태를 벗어나고 만다”(이 책, 197-198쪽).

이 책의 탁월한 성취들 가운데 하나는 바로 정신분석학의 무의식 분석에서 기호의 위상이라는 이 같은 미묘한 문제를 심층적으로 다루었다는 점이다. 이 같은 맥락에서 라캉 텍스트를 분석한 이 책의 5장에 주목할 필요가 있다. 5장은 그 제목에서 알 수 있듯이, 라캉에게서 문법의 위상을 면밀하게 탐구하고 있다. 아리베 교수는 라캉이 몇몇 시제들과 동사들, 1인칭 인칭 대명사들, 프랑스어의 허사 ne에 대해서 수행하는 분석들에 기초하고 있다, 하지만 역시 5장의 백미는 라캉의 그 유명한 아포리즘이다.

빈번하게 인용되는 라캉의 진술들을 논하면서, 라캉의 기호 분석을 세밀하게 다루고 있다. 적지 않은 학자들이, 무의식은 “하나의 언어처럼 구조화되어 있다”고 진술하면서 라캉을 인용하지만, 대부분의 경우 그들은 ‘언어활동langage’이라는 단어의 의미에 대해서 탐문하는 작업을 누락시킨다. 여기서 아리베 교수는 라캉이 말하는 ‘언어’는 소쉬르가 말하는 발화 능력이라는 의미에서 이해돼서는 곤란하다는 점을 지적한다. 왜냐하면 이 같은 능력은 유일무이한 것이기 때문에, 마치 여러 개의 언어들이 있는 것처럼, 하나의 언어라는 표현은 터무니없기 때문이다. 그는 정신분석학과 언어학에서 발화 개념이 갖는 근본적 차이를 다음과 같이 예리하게 지적한다.

“분석가에게 발화는 ‘행위acte’이다. 여기서 물론 언어학자는 자신의 귀를 긴장시킨다. 왜냐하면 그는 수행적 발화들énoncés performatif라는 명칭으로 역시 행위들로 구성되는 발화의 사실들을 잘 인식하고 있기 때문이다. 그러나 우리는 곧바로 가득 찬 발화 parole pleine에서 담화의 이 부분들을 분리시키는 큰 격차를 보게 된다"(이 책, 225쪽).

따라서 아리베 교수는 라캉이 말하는 언어는 소쉬르가 사용한 프랑스어 단어 '랑그langue'에 보다 가깝다고 본다. 왜냐하면 다수의 언어들(langues)이 존재하고 각각의 언어는 특이하기 때문이다. 그때부터, 무의식은 하나의 언어(langue)처럼 구조화되어 있다라고 말하는 것은 보다 분명한 의미를 갖게 된다. 왜냐하면 소쉬르는 언어(langue)를 하나의 구조로서 이해하는 경향을 보여 주기 때문이다. 라캉을 다루는 5장과 6장에서, 독자들은 라캉에 대한 이해를 심화시킬 수 있을 것이며 특히 그의 글쓰기가 얼마나 느슨하고 또한 변화무쌍한지 깨닫게 될 것이다. 라캉이 시도하는 이 같은 이질적인 언어학적 개념화와 모델들에서 하나의 수미일관성을 찾아내려는 아리베 교수의 시도에 대해서는 여러 학자들에서 다양한 평가들이 존재하나, 라캉의 전공자가 아닌 역자는 이에 대한 평가를 내릴 능력이 부족하다.

6장에서 아리베 교수는 소쉬르가 자신의 언어 이론을 구축하면서, 시종일관 '의식의 다양한 정도들degrés de conscience'의 개념에 의존했다는 점을 치밀한 텍스트 분석을 통해 입증한다. 바로 그 같은 소쉬르의 개념화는 무의식에 대한 프로이트의 다양한 기술들과 더불어 분절될 수 있다는 것이 저자의 핵심 논지이다. 물론 두 사상가가 사용한 무의식의 개념에는 근본적 차이점이 있다. 요컨대 소쉬르가 언급한 무의식은 프로이트와 달리 어떤 억압refoulement도 없는 언어적 무의식이다. 아리베 교수의 진술을 직접 들어본다. "첫 번째 차이점은 소쉬르가 말하는 무의식은 엄밀하게 언어적인 무의식이라는 점이다. 그것을 성립하는 대상들은 언어적 대상들이며, 오직 언어적 대상들이다. 하지만 그 대상들은 프로이트의 무의식의 대상들처럼 의식적 과정들에 견주어서 뚜렷히 대조되는 과정들에 속한다. 두 번째 차이점은, 아마 첫 번째 차이와 결합된 것으로, 이 같은 언어적 무의식은 억압이 없는 무의식이라는 것이다"(이 책, 302쪽).

아리베 교수는 소쉬르가 과연 무의식의 구조화에 대해서 어떤 생각을 갖고 있었느냐에 대해서는 즉답을 내릴 수 없다는 신중한 태도를 보여준다.

이 책의 마지막 장, 7장은 역자가 과문한 탓인지 모르겠으나, 주제 자체가 언어학에서는 정식 연구 주제로서 다루어진 바 없는 매우 생소한 분야이다. 그것은 형태론에 근거하여, 인간의 자연 언어들에서 나타나는 죽음과 성의 존재에 대한 흥미진진한 연구라 할 수 있다. 여기에서는 프랑스어 단어 'genre'(장르)가 최근에 들어와서야 사용되었다는 점을 지적하고, 마침내 '성sex'의 의미와 더불어 사용되었다는 점을 강조한다. 이어서 언어학자들이 여러 언어들에서 성에 따른 차이가 부재하는 현상을 어떻게 다루었는가를 검토하고 있다. 아리베 교수는 부류(classe)와 장르(genre) 사이의 차이들을 열거하고, 이어서 장르의 내용 문제와, 프로이트가 제안한 언어의 성적 기원의 문제를 제기한다.

물론, 페미니즘 연구의 부흥과 더불어, 새로운 학제적 주제로 부상한 젠더 연구gender studies에 대한 역사적 언어학적 해석을 제안한다는 점에서 그 독창성이 감소될 수 있으나, 그것은 비교 인류 언어학의 가능성을 시사하고 있는 참신성을 지닌다. 예컨대, 아리베 교수는 언어에서 단어들의 성이 존재하지 않으며 오직 대명사들 속에서 문법적으로만 출현한다는 점에 주목한다. 그런데 성과 무관한 명사들의 장르와 달리, 영어 대명사들 he와 she는 성을 표시하는 지시체들을 갖는 반면, 대명사 it은, 물건이나 동물들을 지칭할 때 사용되면서, 성의 부재를 지시한다. 아리베 교수는 언어유형론의 차원에서 이 같은 현상의 다양성을 다음과 같이 기술하고 있다. "그렇다면 성적 차이를 갖고 있는 부류들을 표시하는 언어들에서는 상황이 어떠한가? 성적 차이의 의미론적 특질은 부류들의 목록체에서 특권적인 지위를 갖고 있지 않은 것으로 보인다. 키룬디어에서도 키시에이어에서도 명사로 지칭된 존재들의 성에 토대를 둔 부류들은 존재하지 않는다. 핀란드어에서 또는 헝가리어에서처럼 성적 차이는 문법 수준이 아닌 어휘부 수준에서만 언급할 사항이다. (…) 명사를 장르들로 분할하기 위해서 매우 빈번하게 사용되는 구별은 능동적인 생물과 수동적인 무생물의 구별이다. 그것은 특히 인도유럽어에서 나타나는 경우이다"(이 책, 334쪽).

마지막으로 아리베 교수는 죽음이 거의 모든 언어들에서 형태론적 범주들의 목록에서는 있는 그대로 현전하지 않는다는 점을 목격하고, 죽음의 지칭과 그것의 금기어들 속에서 죽음의 어휘체를 탐문한다. 그는 이 같은 부재를 설명하기 위해, 무의식 자체는 죽음을 알지 못한다는 사실에 의탁한다. 그렇지만, 그의 탁월한 선구자들과 더불어, 죽음은 담화 속에서 부정의 기원이라는 점을 관찰하면서, 그는 죽음이 언어와 언어 능력 그 자체의 기원에 놓여 있다는 결론에 이른다. 아리베 교수는 '부정성'을 언어의 토대적 요소로 삼는 소쉬르의 급진적 성찰을 인용하고 죽음이 부정을 도입하는 것은 담화를 통하여 실현된다는 라캉의 문제의식을 전유하면서 소쉬르의 부정 개념과 프로이트의 죽음 이론을 접맥시킬 수 있는 가능성을 시사한다.

"만약 부정négation의 기원에 죽음la mort이 있다면, 죽음은 바로, 이 같은 사실로부터, 언어langue의 기원에 있으며 필연적으로 언어 활동의 기원에 있다"(이 책, 360쪽).

만약 무의식이 하나의 언어와 마찬가지로 구조를 갖는다면, 아울러 이 같은 언어와 그것의 고유한 범주들이 해당 언어를 사용하는 사람의 무의식의 구조에 특정 영향을 행사한다면, 한 사람의 무의식을 검토하려 할 때, 먼저 그의 정신 속에 거주하는 다양한 언어들을 인식하고 있어야 한다는 결론에 이른다. 무의식과 언어학의 이 같은 인식론적 대질은 다름 아닌 19세기 훔볼트가 주창한 언어 인류학의 기획과 맞닿아 있다. 이를테면 그는 한 민족의 성격을 알기 위해서는 반드시 그들이 사용하는 언어의 본질을 파악하고 있어야 한다는 점, 동시에 제 언어들의 성격을 파악하기 위해서는 해당 언어를 사용하는 민족들에 대한 이해가 선행되어야 한다는 점을 주창했다. 이점에서 우리는, 정신의 심층 구조들과 언어의 심층 구조들 사이에 존재하는 친족성을 증언하고 있는 프로이트의 명저《토템과 터부》를 언어 인류학과 기호 인류학의 시각에서 그 심오한 메시지를 다시 발견할 수 있을 것이다. 이점에서는 언어가 정신의 거울이라고 설파한 촘스키 역시 인식론적 계보에 들어올 수 있으나, 촘스키 언어 사상의 결정적 한계는, 방법론적 개인주의를 천명하고 있다는 점에서 언어의 외재적 맥락, 즉 역사성, 지리성, 민족성에 대한 고려를 원천 봉쇄했다는 점에서 프로이트, 훔볼트, 소쉬르로 이어지는 언어 인류학의 계보에 들어올 여지가 희박하다.

이 번역서가 나오기까지 많은 분들의 도움을 받았다. 먼저, 역주의 일부 작업을 도와준 제자 이홍규 군, 초고를 꼼꼼히 검토해 준 김보경 양에게 감사한 마음을 전한다. 최종 교정 원고를 또다시 살펴봐 준 지승학 박사, 김현주 박사, 이진영 양, 강소정 양, 홍승혜 양에게도 고마운 마음을 표하고자 한다. 상업성이 없는 이 책의 출판을 맡아 준 고려대학교출판문화원에 심심한 사의를 표하고자 한다.

이 책의 저자, 미셸 아리베 교수는 단지 한 명의 저자이기에 앞서, 역자의 박사 학위 지도교수였다는 점에서 평생의 은사라는 점에서, 스승의 명저를 한국어로 번역할 수 있게 된 소중한 기회는 역자에게 무한한 기쁨이며 영광이다. 이 책을 저자 아리베가 아닌 스승 아리베 선생에게 헌정하고자 한다.

한국어판 저자 서문

언어학자의 임무와 과제는 무엇인가? 현대 언어학에 새로운 위상과 결정적 비약을 가져다준 스위스 제네바 출신의 위대한 언어학자 페르디낭 드 소쉬르는 상당한 분량을 할애하며 그의 구술 강의에서뿐만 아니라, 그가 1913년 타계할 당시 미간행 상태로 남아 있던 수많은 자필 노트에서 이 문제를 반복해서 제기한다. 이를테면 그는 《일반 언어학 강의》에서 다음과 같은 견해를 피력하고 있다.

> 언어학의 과제는 다음과 같은 것이 될 것이다.
>
> a) 접할 수 있는 모든 언어를 기술하고 그 역사를 쓰는 것이다. 이는 결국 어족들의 역사를 쓰고, 가능하다면 각 어족의 선조가 되는 언어를 재구성하는 것이다.
>
> b) 모든 언어에서 항구적이고 보편적으로 작용하는 힘을 찾아보고, 역사의 모든 독특한 현상을 포괄할 수 있는 일반 법칙을 추출해내는 것이다.
>
> c) 언어학 자체의 범위를 정하고 정의를 내리는 것이다.(일반언

어학강의, 20쪽)*

언어학의 과제, 또한 동일한 원리에서 언어학자가 완수해야 할 과제에 대한 이 같은 자리 매김보다 더 명료한 것은 없을 것이다. 첫 번째 단락은 언어들의 연구, 어떤 방식이건 접근가능한 모든 언어들의 연구를 겨냥한다. 즉 언어학자는 그 언어들을, 그것이 특정 순간에 (즉 나중에 가서 이 같은 관점에 부여될 이름에 따르면 공시태 속에서) 드러내는 양상 속에서뿐만 아니라 다른 시대에 그 언어들이 취한 형태들 속에서 (즉 새로운 용어로 말한다면 통시태 속에서) 기술해야 할 것이다. 통시태의 관점은 언어들이 서로 결속되어 있는 어족들을 성립하게 만들어준다. 두 번째 단락은 소쉬르가 다른 곳에서 '언어활동의 능력'이라고 부른 것을 그것의 '영속적이면서 보편적인' 작용 속에서 고려하고 있다. 다름 아닌 바로 이 같은 보편적 능력 속에서 모든 언어들이 행사되며 이 언어들의 기능 작동과 진화를 설명해줄 수 있는 것 역시 바로 이 같은 언어활동 능력이다. 끝으로, 이 문제의 인식론적 양상들에 대해서 별다른 주의를 기울이지 않은 독자라면 별로 기대하지 않았을, 세 번째 단락은 언어학의 장의 한계를 설정할 것을 예상하고 있으며, 아울러 필연적으로 언어학자의 개입을 예고하고 있다. 이것은 언어학에 결정적 도움을 줄 수 있는 시도라 할 수 있다. 모든 과학들, 특히 인문과학을 분류하고, 그것들이 책임지는 대상들에 따라 분배시키는 것은 유용하다. 소쉬르는 언어학에 대해서 엄밀하게 그 같은 작업을 실천하고 있으며, 언어

---

* 《일반 언어학 강의》, 최승언 옮김(민음사, 1992), 10쪽.

학을 기호학에 포함시키고 있다. 기호학은 기호들의 시스템을 연구 대상으로 삼는 학문이다.

따라서 처음 볼 때에는 소쉬르가 언어학에 할당시킨 장이 언어 활동과 언어들의 장으로 한계가 그어지는 것으로 보인다. 하지만 이 책의 저자는 일개 언어학자로서 감히 무의식에 대해서 말하고자 한다. 그것은 바로 필자가 책명으로 선택한 '언어학자와 무의식'이라는 제목이 지시하는 바이다. 아마도 언어학에 대해서 무의식이라는 하나의 추가적 연구 대상을 제시함으로써 언어학의 장을 확대시키는 데까지 나가지는 않을 것이다. 그렇지만 나는 언어학자가 무의식에 대해서 무엇인가를 말할 것이 있다는 사실을 분명히 밝히고 싶다.

그렇게 함으로써 나의 시도는 소쉬르가 언어학에 할당시킨 한계들을 벗어나서 소쉬르와 대립하는 것처럼 보일 것이다. 내가 잘 알고 있는 하나의 가르침에 대한 이 같은 위반을 어떻게 설명할 수 있을까? 왜냐하면 나 역시, 소쉬르의 저술에 대해서 국제적으로 인정받고 있는 전문가인 김성도 교수와 동일한 자격으로 소쉬르를 연구해왔기 때문이다.* 나는 한국 독자들을 위해 아래의 짧은 지면이나마 그 이유를 설명하고 정당화하려고 애쓸 것이다.

무엇보다 무의식이라는 개념은 하나 이상의 의미를 갖고 있다는 점에 유념해야 할 것이다. 정신분석학의 설립자인 프로이트 자신이 1915년에 작성된 한 텍스트에서 너무나 명료하게 그 점을 지

* 이 표현은 아리베 교수의 제자였던 옮긴이에 대한 과찬이어서 번역에서 제외하려 했으나, 원문 그대로를 옮기는 것이 번역자의 엄연한 임무라는 차원에서 번역했다.

적하고 있다. 1915년은 소쉬르가 서거한 1913년으로부터 불과 2년 이 지난 해이며, 그의 유고집《일반 언어학 강의》가 출간된 1916년과는 거의 같은 시기라 할 수 있다.

> 한편으로 무의식은 단지 잠복적인, 일시적으로 무의식적인 행위들을 포함한다. 하지만 이 같은 행위들은 그 어떤 점에서도 의식적 행위들과 구별되지 않는다. 다른 한편으로 무의식은 억압된 과정들을 포함하는데, 만약 그 과정들이 의식적인 것으로 생성된다면, 의식적인 과정의 나머지에 대해서 가장 명백하게 잘라 말할 수 있을 것이다. (프로이트,《무의식》, 1915-1988, 211쪽)

물론 무의식은 그것의 1차적 의미에서 언어학의 장외에 있지 않다. 그 결과 언어들을 작동하게 만들고 진화시키기 위해서 작용하는 '힘들'은 일반적으로 말하는 주체의 직접적 의식에서 벗어난다. 그렇지만 말하는 주체는 그 힘을 의식할 수 있다. 특히 소쉬르가 빈번하게 그 같은 언어체의 힘에 부여하는 이름에 따르면, 문법학자가 언어 현상들을 인지하고 명명할 때, 그가 하는 작업은 바로 그 같은 힘을 파악하는 데 있다. 하지만 문법학자는 그를 제외한 평범한 인간들과 구별되는 별종의 인물은 아니다. 그 역시 다른 사람들과 마찬가지로 '말을 하는 주체'이다. 그는 자신이 기술하는 언어들의 역사에 대해 갖고 있는 지식에 의해서만 다른 사람들과 구별될 뿐이다. 모든 '말하는 주체'는 이 같은 지식을 획득할 수 있는 능력을 갖고 있다. 그 이유는 '언어에 대한 의식', 이것은 소쉬르가 인간 능력에 부여하는 이름으로서, 모든 '말하는 주체'에 존재한다. '언어 의식'이라는 개념은 이중적 의미를 띤다는 점을 목격할 수 있다. 한편으로, 말하는 주체는 그가 말하는 언어에 대한 의식을 갖고 있으며, 다른 한편으로 언어 그 자체는 일정한 방식으로 의식을 구비하고 있다. 하지만 바로 그 점에 대해 성찰해야 할 것이다. 만약 '언어 의식'이 존재한다면, 그것은 아울러 '언어의 무의식'이 존재하기 때문이다. 소쉬르에게 있어, 의식으로부터 무의식으로 이동하는 과정은 '절반의 무의식'을 통과하며 본질의 차이가 아닌 정도의 차이에 따라 이동한다.

> 의식conscience이라는 개념은 명백히 상대적이며 그 결과 오직 의식의 두 가지 정도가 존재할 뿐이다. 가장 높은 수준의 의식은, 우리 행위의 대부분에 동반되는 성찰의 정도에 비교해보면 여전히 순수한 무의식inconscience에 속한다. (《일반 언어학 강의 글모음Écrits de linguistique générale》, 159쪽)

특히 모든 언어들을 매 순간 변형시키는 변화들이 야기되는 곳은 바로 이 같은 무의식에서이다.

바로 이 대목에서 우리는 무의식 개념에 대해 프로이트가 인정한 첫 번째 의미에 와 있다. 즉 무의식적 행위들이 무의식적인 이유는 오직 잠정적인 방식으로 그런 것이며, 그것들은 의식에 도달할 수 있고 그 본질에 있어서 의식적 행위들과 구별되는 것은 아니다. 의식과 무의식 사이의 이 같은 구별은 소쉬르의 관심사의 한복판에 놓여 있지 않다 할지라도 그가 언어학에 할당한 장에 분명히 속한다. 따라서 무의식이라는 영역을 다루면서 소쉬르의 가르침에서 이탈하는 것은 아니다.

이제 또 다른 무의식, 엄밀하게 프로이트적인 의미에서 말하는 무의식이 남아 있다. 이것은 의식에서 벗어나는 것으로, 그것의 행위들은 의식이 알고 있는 규칙들과는 완전히 이질적인 규칙들을 따른다. 억압 절차에서 나온 이 같은 무의식에 대해서 소쉬르는 엄밀히 말해 자신의 언어학을 비롯하여 심지어 기호학의 작업에서도 전혀 언급하지 않았다.

따라서 다음과 같은 물음이 제기된다. 어떻게 언어학자는 정확히 프로이트가 말하는 의미인 두 번째 의미의 무의식에 대해서 언급할 수 있는가?

이 점에 있어 우리가 참조해야 할 것은 프로이트이다. 1926년 초심자들—즉 의학 전문가가 아닌 사람들—을 대상의 자신의 학술적 호소를 정당화시킬 의도로 프로이트는 정신분석의 기능을 행사하기 위해서 '무지한 대화 상대자', 하지만 '공평무사한 대화 상대자'를 위한 정신분석이 전개되는 방식을 기술한다.

> 환자와 분석가 사이에는 다음과 같은 사실을 제외한다면 아무것도 발생하지 않는다. 즉 그들은 서로 말을 하고 있다. 분석가는 어떤 도구도 사용하지 않으며, 심지어 검진을 위해서 약을 조제하지도 않는다. 〔…〕 분석가는 특정 시간에 환자가 방문하도록 하여, 그가 말을 하도록 만들고, 그의 말을 경청하며, 그리고 그 환자에 말을 건네고 자신의 말을 경청하도록 한다. (1926, 《프로이트 전집》 18권, 9쪽)

이렇듯 정신분석은 전적으로 담화 속에서 그리고 담화를 통해 전개된다. 프로이트는 이 점에서 '무지하지만 공평무사한 대화 상대자'를 염두에 두고 있으며, 자신의 놀라움을 예측하고, 최악의 경우엔 자신의 실망을 예상한다.

> 우리의 공평무사한 인간의 얼굴은 이제 논란의 여지가 없는 안도감과 긴장 이완을 증언하지만 또한 특히 모종의 경멸을 노출한다. 마치 '고작 이것밖에 없는 거야'라고 생각하는 것처럼 말이다. 햄릿 왕자가 말하는 것처럼, 말, 말, 그리고 또 말이 있을 뿐이다. (같은 책)

어떤 면에서 보면, 무지하나 공평무사한 대화 상대자는 놀랄 만한 이유가 있다. 낱말들이 그것을 발화하는 주체에 대해서 어떻게 정신분석이 주체로부터 기대하는 치료 효과를 가질 수 있단 말인가? 낱말들이 작용하는 것은 '마술'을 통해서란 말인가? 프로이트는 자신의 대화 상대자의 제안을 총체적으로 물리치지는 않는다. 아울러 "낱말은 그 기원에 있어서 하나의 주술이었다"는 점을 인정한다. 하지만 마술은 그것이 효과적일 때, 순간적으로 그 효과를 야기시킨다. 정신분석은 그것의 작용을 일정한 지속 속에서 행사한다. 이 같은 작용은 어떻게 설명될 수 있는가?

프로이트는 자신의 방대한 저술을 통하여 언어와 무의식 사이에 존재하는 관계들에 대해 우리에게 끊임없이 문제를 제기하고 또 제기하면서 그 점을 설명하고 있다. 예컨대 20세기 초반에 출간된 세 권의 위대한 저서들을 읽는 것으로도 충분하다. 1900년에 출간된《꿈의 해석》*, 1901년에 출간된《일상생활의 정신 병리학》**, 1905년에 출간된《농담과 무의식의 관계》*** 등을 읽어보면 무의식의 과정들이 얼마나 언어의 속성들과 밀접하게 결부되어 있는지를 볼 수 있다. 꿈? 그것은 하나의 담화처럼 작동하지만 의미작용의 두 면을 갖추고 있다. 이 같은 자격에서, 꿈은 몇몇 텍스트, 특히 문학 텍스트와 동일한 방식으로 언어학적 모델들에 따라 분석될 수 있다. 말실수와 같은 의도하지 않은 언어 행위의 경우 예상치 못한 단어가 언어 주체에 의해서 '의식적으로' 프로그램화된 단어를 대체하는데, 그것은 또 어떠한가? 말실수는 그의 무의식적 욕망의 몇 가지 양상들을 발현한다. 농담이나 재담의 경우는 어떤가? 그것은 무의식의 몇 가지 속성들, 예컨대 모순에 대한 무감각의 명시적인 담화를 발현한다.

프로이트의 작업에 있어서 모름지기 가장 권위 있는 계승자 가운데 한 명인 프랑스의 위대한 정신분석학자 라캉(1901-1981)의 이론에서 우리는 언어와 무의식 사이에 존재하는 관계를 가장 명시적이면서, 바로 이 같은 사실로부터 가장 놀라운 방식으로 발견할 수 있다. 그는 실제로 1973년에 있었던 텔레비전 인터뷰에서 이렇게 말했다. "오직 말하는 존재에게서만 무의식이 존재합니다"(*Télévision* in *Autres Écrits*, 511쪽). 이 같은 사실의 목격과 밀접하게 결합된 라캉 성찰의 다음과 같은 토대적 공리를 기억해야 할 것이다. "무의식은 하나의 언어처럼 구조화되어 있다."

이제 우리는 언어학자가 왜 무의식에 관심을 가질 수 있고, 또한 나의 견해에 따르면 그 문제에 반드시 관심을 가져야 하는지를 이

---

* 프로이트, 《꿈의 해석》, 김인순 옮김(열린책들, 2003).

** 프로이트, 《일생상활의 정신 병리학》, 이한우 옮김(열린책들, 2004).

*** 프로이트, 《농담과 무의식의 관계》, 임인주 옮김(열린책들, 1997).

해할 수 있을 것이다. 어떻게 언어학자가, 언어가 없다면 존재할 수 없는 그리고 언어처럼 구조화되어 있는 무의식이라는 이 같은 영역을 무시할 수 있단 말인가? 확실히 소쉬르 언어 이론의 몇몇 개념들은 언어의 장과 무의식의 장 사이에서 이동한다. 한 가지 예를 들자면 라캉이 소쉬르에게서 차용하는 기표 개념은 그 이름과 동시에 언어학자 소쉬르의 성찰 속에서 그 이름에 부여된 주요 특징들을 간직하고 있다. 하지만 그 개념은 "기표는 또 다른 기표를 위해서 하나의 주체를 표상한다"는 점을 제기하는 주체 이론에서 사용된다. 나는 소쉬르가 기표라는 이름을 부여한 그 개념에 대해서 이 같은 사용을 전혀 생각하지 않았을 것이라고 확신한다. 예컨대, 독자는 이러한 예를 통해 나의 저서《언어학자와 무의식》에서 시도한 작업의 중요성, 폭넓음, 어려움을 깨달을 것이다. 실제로 그 작업은 두 가지 양상을 포함하고 있는데, 아마도 이 두 가지 양상들은 여기 적은 저자 서문의 몇몇 페이지에서 그 윤곽이 드러났을 것이다.

무엇보다 무의식의 몇 가지 발현들의 언어적 양상들을 기술하는 것이 관건이다. 물론, 꿈, 말실수, 재담 등으로 시작할 것이다. 하지만 언어학에서 탄생해서, 주로 프로이트와 라캉 같은 정신분석가에 의해서 재해석된 개념들의 모험을 기술하는 것 역시 중요한 사안이다. 내 저서의 세 번째 양상은 그 작업이 실현되는 바로 그 순간에 계시되었다. 다름 아닌 페르디낭 드 소쉬르로 다시 돌아가는 것이다. 언어학자이자 기호학자로서의 그의 작업과는 별도로 그는 오랫동안 고대 라틴어 시조에 대해서 연구를 진행해왔다. 고대 라틴어 시조들의 텍스트의 이면에서 그는 시행의 철자들 속에 분산되어 있는 또 다른 텍스트를 발견했다. 하나의 시 텍스트 이면에 존재하는 또 다른 텍스트는 과연 시인의 의식적인 의도였을까? 아니면 무의식의 효과였을까? 소쉬르는 결코 그 해답을 명시적으로 말하지 않은 채 그 문제를 우리에게 던져 놓았다. 나는 소쉬르에 이어서 그 문제를 다시 제기하려고 시도했다.

김성도 교수가 인내심을 갖고 성실하게 그리고 정확하게 번역하려 애쓴 한국어판에 힘입어 한국의 독자들이 내 작업의 결실을 독파하여 미약하나마 도움을 얻을 수 있다면 더 바랄 나위가 없을 것이다.

미셸 아리베

차례

일러두기

본문에 별표(*)로 표시된 각주는 저자의 주이다.
본문에 아라비아 숫자로 표시된 미주는 옮긴이의 주이다.

서문

언어학자가 무의식을 논한다?[1] 한 술 더 떠(혹은 그것도 성에 차지 않아) 무의식에 대한 책까지 쓰려 한다면 사람들의 반응은 어떨까? 물론 우리는 그런 시도를 본 적이 있다. 여러 저자명과 책 제목 들이 곧바로 머리에 떠오른다. 하지만 곰곰이 따져보면 정확히 그런 경우는 결코 흔하지 않다. 무의식의 문제에 지나치게 얽히지 않고 무의식에 관여하는 언어학자는 대부분의 경우 언어학자의 자격을 겸한 정신분석학자이며, 잘라 말해 바로 그런 자격으로 무의식에 대한 책을 쓸 수 있다는 구실을 내세운다. 그가 정신분석학자가 아닐 경우—설령 정신분석학자이더라도—그는 어떤 어려움에 처하게 되는데, 이를테면 엉뚱한 방향으로 해석하려는 정신분석학자들의 어떤 나쁜 의도에 직면하거나, 최소한 그들의 신중한 유보적 태도에 직면할 위험성이 농후하다. 그들의 반응은 놀라움으로 호기심을 내비치거나 때로는 호평을 하거나 아니면 아예 침묵하거나 격분하는 등 다양한 반응을 보인다. 정작 언어학자들의 반응은 어떨까? 희소하면서도 주목할 만한 몇몇 예외들을 제외한다면, 그들은 무의식의 문제에 거의 관심이 없다는 사실을 분명히 고백해야 할 것이다.

대부분의 언어학자들의 눈에는 동료 언어학자가 정신분석학에 관심을 갖는 것이 단지 특이한 취미로밖에 비치지 않는다.

사실, 이 같은 반응을 헤아리지 못하는 바는 아니다. 언어학자가 무의식이라는 미지의 영토에서 모험을 감행할 때, 그는 상이한 학술 분야들의 신성불가침한 경계를 넘어서려는 만용을 부리는 것으로 비칠 소지가 있다. 그의 모험은 정신분석학자들 편에서만큼 언어학자들 진영에서도 자기 정체성에 대한 의구심을 불러오기에 충분하다. 독자들은 분개하지 않았으면 한다. 여기서는 개진하는 내용에 대해 나는 상당 분량의 증거를 제시할 수 있거니와, 그 같은 증거들은 나와 사적으로 관련되지 않은 만큼 훨씬 더 설득력 있는 증거들이기 때문이다. 작금의 상황은 한편으로는 지극히 프랑스적인 현상의 결과이며, 최소한 그 같은 현상이 다음과 같이 뚜렷하게 대비된다는 점에서 그러하다. 바로 여러 학술 분야들의 엄격한 분리가 교육과 연구 영역에서만큼이나 출판 분야에서도 다양한 구조적 장치들에 의해서 제도적으로 고수되고 있다는 점이다. 하지만 다른 많은 나라들에서 상황은 판이하게 달라진다.

그렇다고 언어학자가 무의식에 연루될 때, 프랑스의 지적인 구조에서 나타나는 상이한 학술 분야 사이의 철저한 분리라는 이 같은 양상이 우리가 문제 삼을 수 있는 유일한 요인은 아니다. 엄격한 학문적(과학적) 담론이건 그렇지 않건, 무의식을 여타 다른 모든 가능한 연구대상과 분리시키는 한계선에서 노출되는 지극히 철통같은 성격을 아울러 염두에 두어야 할 것이다.* 그 같은 견고한 분리로

* 여기서 독자는 결코 어떤 논쟁적 의도도 식별해내려 하지 않았으면 한다. 내가

인해, 정신분석가들에 따르면 무의식은 오직 그들만을 위해 마련된 연구주제이다.[2]

나는 이미, 두 번에 걸쳐, 금지된 경계선을 넘었다. 그것은《언어학과 정신분석학》(Méridiens-Klincksieck, 1986),[3]《언어와 정신분석학자, 언어학과 무의식》(PUF, 1994, 이어서 출판사 Lambert-Lucas로 출판권 이전) 같은 내가 출판한 두 권의 저서를 통해서 이루어졌다. 나는 오늘 한 번 더 그 경계선을 넘어선다. 그렇다고 용서를 구하지는 않을 것이다. 용서를 구할 일이 전혀 없거니와, 나는 단지 금지된 경계선을 넘어서기를 좋아할 뿐이다. 나는 이미 다른 금지된 경계선을 넘어선 적이 있다. 이를테면 '언어학자'들의 장場과, '문학 전공자들'의 장을 갈라놓는 경계선, 또는 '학문적(과학적)' 글쓰기 (이를테면 사람들이 그렇게 규정하는 글쓰기)와 '허구적' 글쓰기 (사람들이 또 그렇게 규정하는 글쓰기) 사이에 우뚝 서 있는 경계 표석 같은 것이다. 과연 그 같은 경계선을 통해 두 가지 범주의 글쓰기들이 분리될 수 있다는 것은 확고부동한 사실인가? 내 생각에 전혀 그렇지 않다. 나는 때때로 온갖 기준들을 혼란에 빠뜨리려는 모험을 감행했다. 그 결과《페르디낭 드 소쉬르를 찾아서À la recherche de Ferdinand de Saussure》(PUF, 2007)라는 내 저서 마지막 장에서 그 같은 시도를 한 바 있다. 물론 기존의 제도권에서는 저항하고 반발하지만…

나는 심지어 내 논지를 정당화시키려고 애쓰지도 않을 것이다. 단지 내가 오래전부터 어떤 연유로 무의식에 관한 글을 쓰고 그 같

말하는 "과학적 담론이건 그렇지 않건"이라는 표현은 단지 이 책의 틀 속에서는 불필요한 수고, 즉 정신분석학의 과학성이라는 문제를 제기하는 수고를 덜려는 것일 뿐이다.

은 작업을 계속하게 되었는지를 설명하고자 할 뿐이다. 따라서 아주 짧게 몇 쪽에 걸쳐—독자들은 안심하시라—간단하고 소박한 나의 지적 자서전을 공개할 터이다.

고전문학 연구를 하면서 나는 문법 분야의 교수 자격 시험agrégation을 준비하게 되었다. 매 순간 나는 다양한 언어들의 습득(나는 '언어에 대한 소질'이 별로 없는데 이 타고난 소질이란 사람들이 말하듯 그렇게 신비스러운 것은 아니다)보다는 언어들의 기술記述에 더 많은 흥미를 갖고 있었다. 유년기와 청소년기에 나는 부모님이 적잖이 놀라는 가운데 소설책보다는 라틴어, 그리스어, 독일어 문법책 등 다양한 책들을 손에 잡히는 대로 탐독했다. 왜냐하면 당시에 만화책은 언감생심 꿈도 꾸지 못하던 시절이었기 때문이다.[4] 아울러 나는 작문 과목에서 뛰어난 실력을 자랑할 수 있었다.

교수 자격을 취득한 상황에서 나는 박사 학위 논문을 준비하기로 마음먹었다. 두툼한 분량의 국가 박사 학위 논문Thèse d'État인데, 1968년 5월혁명 이전의 옛 시절에는 국가 박사 논문 제출이 필수였다. 처음에는 라틴어 문법의 역사를 쓸 생각이었다. 그러다가 고등학교 2학년 때 훌륭한 은사였던 필리프 반 티겜Philippe Van Tieghem 선생님이 담당한 수업과, 선택과목 수업의 발표를 위해 다시 들었던 그 분의 철학 강의를 추억하면서 논문 주제를 프랑스 문학으로 돌렸다. 결국에는 프랑스 문학 중에서도 매우 독특한 작품을 고르게 되었다. 그것은 알프레드 자리Alfred Jarry[5]의 작품으로, 파타피지크'pataphysique[6]에 관해 문외한인 사람들이 아무 생각없이 무심코 말하곤 하지만, 어느 면에서는 일리가 있는, "그가 쓴 것이 아닌"[7] 《위뷔 왕》[8]을 묘사하는 것으로 시작하려 했다.

한 가지 문제가 남아 있었다. 주어진 그대로의 '문학적' 대상과 언어학의 차원으로 옮겨간 나의 문법에 대한 관심을 어떻게 조화로이 접목시킬 수 있을까 하는 것이었다. 당시는 1960년대 초였으며, 문체론은 겨우 명맥만을 유지하고 있었고 기호학이 막 개시되던 때이다. 친절하면서도 결단성 있는 앙투안Antoine 학장의 지도로 결국 문체론과 기호학을 연관시킨 박사 논문을 쓰게 되었고, 나는 '자리의 언어들, 문학 기호학 시론Les langages de Jarry, essai de sémiotique littéraire'이라고 제목을 붙였다. 1970년에 완성된 그 저서는 1972년 클린크시크Klincksieck 출판사에서 출판되었다. 동시에 당시로는 만족할 만한 판본이 없어 연구자로서 여러모로 제약을 받던 터라, 나는 개인적으로 불가피하게 플레이아드 총서에서 출간될 자리 전집의 1권을 준비해야 했다.

박사 논문을 준비하던 시점에 정신분석학에 대해서 내가 알고 있던 지식이란 파리고등사범학교 입시준비반[9] 시절도 아니고 기껏해야 고등학생 시절 철학 수업 때 배운 교과 내용에 대한 희미한 기억의 편린들에 불과하다는 사실을 굳이 말할 필요가 있을까? 내 기억으로는, 루이 기에르미Louis Guillermit 선생이나 모리스 사뱅Maurice Savin 선생도 프로이트나 무의식에 대해서 말한 적이 없기 때문이다. 무척이나 엄격했던 기에르미 선생은 주로 플라톤과 칸트에 관심을 갖고 있었고, 페르디낭 드 소쉬르의 《일반 언어학 강의Cours de linguistique générale》[10]를 가끔 언급하긴 했다. 사뱅 선생은 소설도 한 편 발표할 정도로 그보다는 덜 엄격했으며, 자신의 은사 알랭 선생의 영향을 많이 받았다. 그는 두 시간 동안 헤겔에 관해서 쉴 새 없이 자신의 해박한 지식을 늘어놓았으며—그는 헤겔을 "큰 프로마주"(굉장히 중요한 사람)라고 찬양하기도 했다—아울러 몇몇 다른 사상가들도 다루었다. 하지만 내가 기억하기로는 사뱅 선생이 프로이트를 다룬 적은 단 한 번도 없다. 1950년대 말 그분들에게 라캉 Lacan[11]이라는 이름은 생소한 것이었을 수 있다(그럴 수밖에 없다). 여전히 '라캉 박사' 개인의 비밀스러운 논지와 출판물들을 알기 위해서는 정신분석학 영역에 입문해야 했을 터인데,—내 생각에 그분들은 정신분석학을 전공하지 않았다—라캉의 유명세는 매우 폐쇄적인 소모임의 테두리를 넘어서지 못했다.

자리에 대한 고집스러운 독해는 나로 하여금 프로이트를 읽게 하고 라캉을 발견하는 데 이르게 만들었다.

프로이트에 빠져드는 것은 오히려 쉬웠다. 자리의 작품 도처에는 성과 관련된 주제가 지속적으로 출현했으며 이것은 프로이트에 빠져들게 할 만큼 충분한 자극이었다. 《위뷔 왕》만은 예외였는데, 이 작품에서는 성적 주제들이 표면적으로 나타나지 않지만 오히려 은밀하게 표현되고 있었다. 당시 프로이트의 저술들은 산발적으로 프랑스어로 출간되고 있던 실정이었다. 《모래 기억의 순간들Les Minutes de sable mémorial》[12]의 수많은 구절들과 관련 있는 꿈들의 이야기 형식은 특히 《꿈의 해석L'interprétation des rêves》[13]을 읽도록 나를 자극했으며, 그 책에서 항시적으로 나타나는 언어에 대한 다양한 실험들을 발견하게 만들었다. 나는 소쉬르가 아나그램Anagrammes 연구에서 매달렸던 몇 가지 주제들의 대략적 내용을 인식하기 시작했는데, 스타로빈스키는 1964년부터 소쉬르의 아나그램 연구를 세상에 알리기 시작했다. 자리의 작품 가운데 매우 짧고 거의 알려지지 않은 〈절대적 사랑L'amour absolu〉을 보면, 이 소설은 너무나 자명하게 오이디푸스를 연상시키고 있어 프로이트와 자리 중 누가 선구자인지 따져볼 만하다. 필자는 이 점을 본서의 1장에서 다시 언급할 것이다.

내가 라캉을 접하게 된 것은 보다 간접적인 계기에서였다. 내 생각에, 박사 학위 논문에서 엄격하게 요구하는 이른바 '정밀한' 서지 연구를 진행하는 동안 내가 '자크 라캉 박사'라는 사람의 이름을 식별한 것은 약간은 우연이었다. 사람들은 내게 그가 여러 번 자리의 작품을 인용했다고 귀띔해 주었다. 약간의 어려움이 따랐으나, 나는 불가사의하고 위엄있는 학술대회 발표논문집, 내가 다니던 소규모 문학 도서관에서는 생소했던 정기 간행 학술지 등 자리에 대한 언급들을 다룬 라캉의 출판물을 발굴하기 시작했다. 하지만 곧 작업을 포기했다. 나의 학위 논문이 진척되고 있었고, 당시는 1966년이었으며, 머지않아 《에크리Écrits》가 가까운 시일 안에 출간될 것이라고 예고되었다. 그래서 나는 몇 달을 기다렸고, 《에크리》는 실제로 1966년 10월에 출간되었다. 책을 곧바로 구입했다. 나는 약간 실망하긴 했지만 관심을 갖고 자리의 작품에 대해 짧게 암시적으로 언급한 두 부분을 발견했다.*

라캉의 저술을 접하게 된 일과 관련하여 위에 적은 글 몇 줄로는 만족스럽지 않다. 부연 설명을 하자면 이렇다. 나는 곧바로 《에크

---

* 첫 번째 언급은 609쪽에서 나타난다. "자신의 분석가를 느낄 수 있다"는 표현에 대한 것으로서, 흥미롭긴 하지만 너무 성급하게 '액면적 의미'의 역설적 개념에 대해 주석을 달고 있다. 660쪽에 나오는 두 번째 언급에서는 merdRe(A. 자리의 《위뷔 왕》에 나오는 merde의 변형어—옮긴이)라는 단어의 내부 접사 -R-를 매우 적절하게 분석하지만 너무 짧게 다루고 있으며, 이 단어는 "시작 이전의 단어"로 규정된다.

리》에 대한 전반적 독서에 착수했다. 문법 교수 자격 시험 통과자에게 처음에 그 어려움은 엄청났다(더구나 그것은 다른 모든 독자에게도 마찬가지였다). 그렇지만 나는 라캉의 텍스트에서 두 가지 자명한 양상들을 목격했다. 먼저 라캉은 고집스럽게 "무의식은 하나의 언어처럼 구조화되어 있다"라는 주장을 내세운다. 또한 자신의 글에서 역시 집요한 방식으로 여러 언어학자들을 언급하고 있는데, 그 중 한 명이 페르디낭 드 소쉬르이다. 라캉은 《일반 언어학 강의》에서 그대로 발췌한 내용을 '기호의 알고리즘'이라는 이름으로 여러 번 언급한다.

문체론에서 기호학으로 이동하는 연구의 동선을 따라 박사 학위 논문에 몰두하는 동안 나는 위에서 핑계삼아 밝힌 결별에도 불구하고 나 자신을 언어학자로서 지각했으며 스스로를 언어학자로서 자리매김하기를 원했다. 프랑스 문법 교과서를 공동 집필했으며 통사론과 의미론에 관한 두세 편의 논문을 작성했다. 또 박사 논문을 제출하기 몇 해 전부터 소쉬르를 읽었으며, 언어학 입문서에 속하는 나의 저서에서 소쉬르에게 한 장을 할애했다. 요컨대 순진하게도 나는 언어활동의 구조에 대해서 몇 가지 관념들을 갖게 된 것에 대해 득의양양했다. 나는 무의식이 하나의 언어처럼 구조화되어 있다는 사실을 배웠다. 라캉의 공식에서 명사 'Langage(언어활동)'에 부정관사를 사용한 점에 크게 주의를 기울이지 않은 채, 나는 무의식이 어떻게 구조화되어 있는지 안다고 생각했다. 하지만 이것은 사실 모든 것을 바꾸는 중요한 부분이다. 'Comme(-처럼)'라는 표현은 유사한 두 가지 대상에 일종의 독립성을 주는데, 이런 점을 다 이해하지도 못한 채 당시 나는 '지금 당장은 더 많이 알아서 다행이다!'라고 생각해버린 것이다. 그 시절에 나는 그렇게 순진하고 어리석었다. 하지만 나와 같은 세대에 속하는 언어학자들이 《에크리》를 접했을 때도 나처럼 그렇게 순진하고 어리석었을 것이라고 확신한다. 게다가 나는 《일반 언어학 강의》에서 기호의 구조를 표상하는 도식들을 이해하게 되었다. 라캉이 소쉬르의 도식을 크게 변환시킨 사실에 약간 당황하기는 했으나, 나에게 친숙해진 라캉의 새로운 도식들이 하나의 언어로 구조화된 무의식에 직접적으로 접근할 수 있게 해줄 것이라 확신했다.

물론 이런 환상에서 곧장 벗어나야 하는 것이 급선무다. 지금부터는 아마도 언급할 필요조차 없는 온갖 이유에서이다. 그 이유들은 다양한 정도에 따라 수많은 텍스트에서 언급되었으며, 그 가운데 내가 발표한 텍스트에서는 《일반 언어학 강의》의 도식들과, 라캉이 "소쉬르의 알고리즘"이라 명명한 도식에서 나타나는 불일치들을 기술했다. 그 당시 나는 소쉬르 편에 있었다. 이 같은 불일치는 이 책의 4장 '소쉬르는 라캉주의자였는가?'에서 역전된 방식으로 상기될 것이다. 하지만 소쉬르를, 명료한 이론을 제시한 소쉬르[14]를 벗어나기 위해서 한 가지 이유를 추가하고자 한다. 《에크리》에 대한 독해를 통해서, 나는 "하나의 언어처럼 구조화된 무의식"이라는 공리만큼이나 반복적으로 나타나는, "메타언어는 없다"라는 라캉의 또 다른 공리를 발견했다. 더욱 놀랍게도 그 명제는 다른 금언들과도 반복적으로 나란히 쓰인다. 필자 같은 언어학자에게 그 두 단언들의 양립 가능성은 문제가 된다. 언어는 비록 그것이 '하나의' 언어라는 형식 아래 제시될 때조차도, 메타언어와 분리될 수 없다. 언어학자의 실천은 지속적으로 메타언어의 실천이다. 하나의 대상에 대해서, 즉 하나의 언어처럼 구조화된 무의식을 말하면서, 메타언어를 부정하는 것이 가능할까? 그 물음은 근본적이다. 그 물음은 앞으로 독자들이 읽게 될 장들에서 지속적으로 그 기저에 존재하다가, 4장 '프로이트, 메타언어, 자기지시성'에서 나타날 것이다.

오늘 출간하는 책은 언어와 무의식 사이에 존재하는 관계들을 다루는 개론서도, 언어학과 정신분석학 사이의 관계를 다루는 책도 아니며, 그렇게 될 수도 없었다. 그 장場은 너무 넓고, 그 영역은 필자에게 엄청난 정신적 육체적 고통을 주는 지적 작업이며 나의 인식의 테두리를 벗어나 미끄러진다. 내 책이 겨냥하는 것은 훨씬 더 신중하고 간소하다. 나는 이 책에서 언어의 노선을 통해 무의식의 영역으로 진입하려고 애쓰는 한 언어학자의 행보를 설명하려고 한다.

이 같은 노선은 언어학자를 어디로 유도할까? 그리고 라캉의 말을 인용하자면* 어떤 "큰 길"이나 "코끼리의 오솔길" 같은 방식을 택해야 할까?[15] 나는 멀긴 하지만 그리 위험하지만은 않은 그 길의 방황에서 독자들이 나와 함께하기를 권한다. 그렇지만 이전에 내가 걸어온 여정에 대해서는 조금 더 분명하게 이정표를 세워주는 것이 필요하다고 생각한다.

서론 격에 해당되는 1장에서는 아마도 본 서문에서 드러난 나의 분별 없는 지적 자서전의 몇 가지 흔적들을 그대로 남겨둘지도 모른다. 어떤 면에서 이 서론은 한 언어학자가 쓰는 프로이트 읽기에 관한 글이다. 물론 특정 전문가들의 해석은 오직 그들의 전문 분야와 관련된 텍스트만 추려내는 경향이 있기 때문에 경계하고 조심

---

* 《세미나Le Séminaire》 3권: 《정신병Les Psychoses》, 327쪽.

할 필요가 있다. 어느 수학자가 프로이트를 읽을 수는 있겠지만, 그는 프로이트가 계산법이나 대수학algebre과 같이 흥미로운 것을 암시한 부분만 끄집어낼 것이다. 이런 암시 중 한 가지는 4장에서 다룰 것이다. 나 역시 언어학자로서 동일한 방식의 절차를 밟았다. 프로이트에 대한 언어학자의 독해는 의도적으로 근시안적이다. 언어학자인 나는 언어와 관련된 모든 것에 주의를 기울였다. 여기서 말하는 언어는 모든 의미에서의 언어를 말한다. 가장 넓은 의미—말하기 시작할 때부터, 심지어 침묵을 지킬 때조차도 작동시키는 이 같은 인간 능력—에서부터 더 좁은 의미까지를 아우른다. 특히 글자로부터 동일한 이름을 수용하는 그람마γϱάμμα와 리테라*littera*라는 두 가지 활동으로, 하나는 그리스어로 문법γϱαμματική, 다른 하나는 라틴어로 문학*littera–tura*이다.

프로이트에 대한 이 같은 독법은 그 독해자가 초반부터 우려한 것만큼 근시안적이었을까 ? 길을 갈수록, 언어학자의 근시안은 점점 더 우리에게 이로운 것으로 밝혀졌다. 역설적이게도 그 같은 근시안은 그의 프로이트 독법에 있어서 명료함의 조건임이 드러난 것이다. 1926년에 프로이트가 "무지하지만 공정한 대화 상대자"에 대해 정신분석학을 실제로 적용하여 기술한 공식—그것은 〈비전문가 분석의 문제〉[16]에서 나온다—을 발견했을 때, 언어학자는 스스로 의심하는 가운데 이를 확인하게 된다. 즉, "환자"와 "의사" 사이에서 "오직 그들이 말하고 있다는 것 말고는 다른 어떤 일도 발생하지 않는다." 정신분석학은 언어활동의 실천이다. 왜 언어학자는 그 점에 대해서 침묵을 지켜야 하는가?

물론 프로이트에 대한 이 같은 독법의 전부를 유지하기란 불가능했다. 나는 거기서 내게 가장 변별성이 높아 보이는 요소들만을 취했다. 그것들 가운데서 우리는 오이디푸스에 관한 프로이트와 자리 사이의 대조와 대면을 발견하게 되는데, 이는 독자들을 놀라게 할 것이다. 두 사람이 대면할 수 있는 지점은 문학인가? 물론이다. 하지만 문학은 여기서, 프로이트가 그랬던 것처럼, 언어활동의 실천으로 고찰되었다. 따라서 그것은 이 책의 연구 장속에 속할 정당한 권리를 갖는다.

다음 세 장은 언어에 대한 프로이트의 성찰에서 나타나는 몇 가지 양상들을 정밀하게 규정하는 것을 목표로 한다. 2장은 단어와 사물에 관한 문제를 제기한다. 근본적인 문제는 "단어의 표상"과 "사물의 표상"을 구분하는 것이다. 이것은 1981년부터 프로이트가 제기한 문제였고, 프로이트는 이를 바탕으로 무의식을 "인식하는" 방법을 내놓았으며, 1915년에는 '무의식'이라는 제목의 논문에서 그 이름을 공식적으로 사용한다.

3장에서는 다시 단어, 꿈속에서 마주치는 구체적인 한 단어를 다룬다. 그것은 한 편의 꿈, 유사 작가PARA-écrivain의 꿈으로서, 이 장에 상세한 내용을 제공한다. 여러 가지 면에서 이것은《꿈의 해석》에 나타나는 '아우토디다스커autodidasker'[17]에 대한 프로이트의 그 유명한 꿈과 유사하다. 그러므로 그 핵심을 근거로 낱말이 사물로 변형된다는 핵심적인 문제를 제기할 수 있다.

이 두 장을 서술하는 과정에서 시사된 해결책은 어쩌면 무의식 속에서의 낱말이라는 문제를 해명할 수 있을 것이다. 즉, 단어는 무의식에 존재하는가? 그렇다면 어떤 형식으로 나타나는가? 단어는 무의식에 부재하는가? 이는 가장 큰 논쟁거리이다. "언어처럼 구조화된 무의식"을 신봉하는 사람들이거나 반대하는 사람들에게 그 물음에 대한 해답에 따라, 양 진영이 제시하는 논거들 때문에 격렬한 논쟁이 야기된다.

4장은 프로이트에게서 나타나는 메타언어, 특히 자기지시어류로 나타나는 메타언어의 문제를 제기한다. 이 같은 언어 사용은 다음과 같이 낱말들을 지칭할 수 있게 한다. "Chaussure est un nom féminin 신발은 여성명사이다" 한 가지 물음이 이 장에서 지속적으로 제기된다. "메타언어는 없다"와 같은 라캉의 아포리즘은 어느 정도까지 프로이트에 기원을 두고 있는가 ?

우리는 프로이트로부터 점차 라캉으로 이동한다. 더 일반적으로 5장은 라캉의 이론을 통해서 성찰해보는 문법에 대한 긴 탐구이다. 우리는 간단한 문법적 문제들(동사의 몇몇 시제, 1인칭 대명사, '허사' ne)에 대해서 라캉 이론의 세부사항들을 통하여 그가 "무의식은 하나의 언어처럼 구조화되어 있다"라는 아포리즘에 부여한 정확한 의미를 해명하고자 한다. 왜 거의 예외 없이 프랑스어라는 한 언어의 문법만을 선택했는가라는 질문도 놓치지 않는다.

6장에서 우리는 다시 소쉬르로 돌아간다. 이 장에서 라캉과 소쉬르의 관계라는 문제를 새로운 방식으로 접근하고자 연대기를 역순으로 정리했다. 독자들은 안심해도 된다. 이 같은 역순은 겉으로 보기에만 유희적일 뿐이니까. 내 생각에는 그 때문에 이와 같은 관계에 내포되어 있는, 지금까지 은폐되어 있던 특질들을 더욱 명료하게 식별할 수 있다.

7장은 전혀 다른 위상을 지닌다. 언어학자인 필자는 정신분석학자들에 대한 읽기를 중단한다. 이제부터 질문의 대상은 언어학자들이며, 그들은 자신들의 발언과 침묵 속에 나타나는 두 가지 문제에 대한 질문을 받게 된다. 그 질문은 바로 언어 안에 성性과 죽음이 존재하는가이다. 어휘부를 완전히 무시한 것은 아니지만, 우선적으로 형태론을 다루었다. 그리하여 제기된 문제는 다음과 같이 정식화된다. 언어들의 형태론에서 성과 죽음은 어떻게 존재하는가?

만약 사람들이 이 마지막 장에서 무의식이 어디에 있느냐고 묻는다면, 나는 독자 스스로 그것을 발견하려는 수고를 하도록 내버려 둘 것이다. 독자를 그 같은 발견의 여정에 데려다놓으려면 다무레트Damourette와 피숑Pichon의 다음과 같은 유명한 경구를 그에게 상기시키지 않을 수 없다. "한 언어의 문법적(다무레트와 피숑은 전문용어로 계통분류적taxiématique이라고 말하고 있으나 이는 거의 동일한 것이다) 체계는 대부분 무의식 속에 잠겨 있다."

참고 문헌과 관련한 일러두기

서지정보와 관련해서는 가능한 한 독자들의 편의를 고려하여 다음과 같은 해결책을 선택했다.

1. 암시 또는 인용된 저서와 논문들은 각 장의 맨 끝에 정리했다. 같은 문헌이 몇 번씩 반복되기는 하지만 이렇게 하면 지나치게 많은 전체 참고 문헌 가운데서 지루하게 찾아봐야 하는 수고를 덜 수 있다.
2. 인용한 텍스트들은 매번 그것이 필요할 때마다 해당 항목item의 출간 연도와 제목을 완전하게 표기했다. 참고 문헌의 출간 연도는 애매모호하지 않은 경우에만 표기했다. 페이지 표시는 약어 p.(때로는 pp.)를 사용했다. 이렇게 하면 2006 : 72 같은 표기가 수수께끼처럼 보이지 않을 것이다. 그것은 인용된 참고 문헌의 항목(2006년 출간) 72쪽으로 이해하면 된다.

1장

한 언어학자의 프로이트 읽기

어디서부터 시작할 것인가? 해묵긴 했지만 문제를 제기하는 데 여전히 좋은 질문이다. 시작이 반 아니던가. 당연히 시작 지점을 정확하게 잡는 것이 관건이다. 그러나 역사적으로 무의식inconscient과 관련된 언어활동langage[18]의 문제가 어떠한 방식으로 제기되었는지를 알아내기 위해서는 훨씬 더 거슬러 올라가야 할 것이다.

도대체 어떤 시작을 언급할 수 있을까? 바로 이 지점에서 임의성이 부과된다. 그 시작 지점의 연대를 '정신분석psychanalyse'이라는 명칭이 쓰이게 된 순간이라고 치자. 그 사건은 1896년에 프로이트가 프랑스어로 출판한 〈신경증의 유전과 병인L'hérédité et l'origine des névroses〉이라는 논문에서 시작된다.

> 나의 결과는 원문대로 심리분석psychoanalyse('원문대로*sic*', 여기서 프로이트는 프랑스어로 새롭게 만든 이 용어에 독일어가 간직하고 있는 의미를 부여한다)이라는 하나의 새로운 방법과 J. 브로이어J. Breuer[19]의 탐구 방

식을 사용한 덕택이다.* 다소 미묘한 이 탐구 방식은 무의식적 관념 형성의 노선들을 해명하는 데 있어 풍요롭다고 드러난 만큼 그것을 대체할 만한 것을 우리는 알지 못한다. (《프로이트 전집》 3권, 115쪽)

무의식적 관념 형성의 모호한 노선들을 해명하는 데 있어 적합한 '약간은 미묘한 이 탐구 방식'은 무엇인가? 프로이트는 그의 논문에서 그것을 다시 상기시킨다. 왜냐하면 우리가 시작 지점 이전으로 거슬러 올라가는 것은 바로 이 점 때문인데, 그 '방식'[20]은 이미 오래 전 과거에 정교하게 구축되었던 것이다. 1880년, 그러니까 1896년으로부터 16년 전에 프로이트의 동료이자 친구인 요제프 브로이어Joseph Breuer는 오스트리아 출신의 젊은 여인을 치료하게 되었다. 그녀의 이름은 베르타 파펜하임Bertha Pappenheim. 그녀는 나중에 '안나 오Anna O'라는 단음절單音節의 가명假名을 가지게 된다. 그녀가 받은 정신병 치료를 지칭하기 위해 정확한 용어를 찾은 사람은 환자인 그녀 자신이었다.

〔…〕 때때로 최면 상태에서조차 그녀가 말하도록 만드는 것은 어려운 일이었다. 그녀는 이러한 방식에 '대화 치료'(talking cure: '발화parole에 의한 치료'를 의미)라는 매우 적절하면서도 진지한 명칭을 부여했으며 '굴뚝 청소chimney sweeping'라는 유머와 재치가 있는 명칭을 제시했다. (〈환자들 이야기〉, 《히스테리 연구》 1895-1981, 21-22쪽)[21]

---

* 프랑스어 단어인 'psychanalyse'(정신분석)가 《정상심리학과 병리심리학 저널Journal de psychologie normale et pathologique》의 한 논문에서 그 현대적 형태를 가지게 된 것은 1909년에 이르러서였다.

우리는 정신분석의 시작 지점 이전에 있다. 당시만 해도 정신분석은 명명命名되지 않았으므로 존재하지 않았다. 브로이어가 썼던 치료법은 나중에 프로이트가 수립하게 될 치료법과 일치하지 않는다. 브로이어의 치료에는 그가 집중적으로 사용했던 여러 가지 기발한 묘책들, 가령 그 텍스트에도 그 명칭이 그대로 인용된 최면술催眠術과 아울러 각종 약물 같은 것들이 여전히 동반되었다. 그런데 치료와 발화parole의 연관성이 공공연하게 노출된 것은 바로 이 시기부터이다.* 그 연관성의 의미를 밝히는 데 가장 큰 영향력을 행사한 사람은 바로 환자 자신이었다. 이 연관성을 어떻게 성격 지을 수 있을까? '밀접하다'는 말로는 부족할 것이다. '실체를 공유한다consubstantielle'는 말도 부정확할 것이다. 왜냐하면 치료라는 단어는 '발화'라는 용어의 통상적인 의미와 연관되지 않기 때문이다. 양자의 관계를 단지 '본질적이다'라고 말해보자. 발화는 치료 그 자체에 필수 불가결한 것이기 때문이다.

주지하다시피, 처음에 프로이트는 치료에 따르기 마련인 최면술이나 촉각적 접촉, 약물, 그 외 다른 치료의 묘책 등 모든 부수적

---

* 분명히 프로이트와 브로이어는 사람들의 이목을 끌 만한 연속적이고 진화적인 설명 제시를 통하여 논지를 가다듬었다. 왜냐하면 정화법淨化法méthode cathartique을 착안한 피에르 자네Pierre Janet에 견주어서 정신분석psych(o)analyse의 기원에 그들이 부여한 우선권을 표시하기 위하여 그 같은 설명을 여러 번 재론하게 되기 때문이다. 그동안 수없이 많은 작가들이 남기고, 루디네스코와 플롱(Roudinesco et Plon, 1997)이 요약한 일화逸話들은 파펜하임에 관련된 논문을 수없이 만들어냈다. 그러나 그 일화들이 본질을 다루고 있지는 않다. 즉 치료에 있어서 발화parole의 중심적 기능을 드러내는 두 주인공의 반복은 그들의 화제에 나타나는 변함없는 특징이다. 프로이트가 그러한 사실을 끊임없이 재론했다는 것은 그가 집착한 이 학설, 즉 치료와 발화의 연관성이 매우 중요하다는 것을 증명해준다.

요소를 제거하면서 치료의 실행을 순화시키고 다듬어 나간다.

이 지점에서 빈번하게 은폐된 한 가지 사실을 지적하는 것이 적절할 듯하다. 확실히 치료는 발화parole와 연관되어 있다. 그렇다고 치료가 언어langue와 무관한 것은 아니다. 언어가 치료와 무관하지 않은 이상 말이다. 안나 오Anna O는 오스트리아 여성이었고 그녀의 모국어는 독일어였다. 하지만 치료받을 때 그녀는 독일어를 전적으로 포기하고 영어만을 구사한다. 그녀가 '대화 치료talking cure'를 지칭하고자 사용한 언어는 바로 영어였다. 브로이어는 이렇게 모국어가 외국어인 제2의 언어로 대치되는 것에 또 한 번 주목한다.

> 착어증錯語症paraphasie은 사라졌다. 그러나 그녀는 이 사실을 스스로 깨닫지 못한 채, 겉으로는 오직 영어로만 표현했다. [⋯] 몇 달이 지나서야 비로소 나는 그녀가 영어만 사용했다는 사실을 그녀에게 깨닫게 해주었다. 그런데도 그녀는 독일어로 표현하는 주변 사람들의 말을 줄곧 알아들었던 것이다. (17-18쪽)[22]

이렇듯 독일어에 대한 그녀의 수동적인 이해 능력은 여전히 남아 있었다. 즉, 안나 오는 독일어를 계속해서 알아들었다. 그러나 능동적인 표현 능력은 그에 앞서 이미 사라져 버렸다. 즉, 그녀는 최소한 언어치료에서만큼은 영어만을 사용했다. 겉으로는 약간은 모호한 방식*일지라도 브로이어가 지적하는 것처럼, 그녀 자신은 이

---

* 독자는 이미 '겉으로는en apparence'이라는 표현에 주목했을 것이다. 이 표현을 통해서 브로이어는 안나 오가 영어로 말하고 있음을 '스스로 깨닫지 못했다'는 사실에 대한 그의 언급을 양태화시키고 있다.

사실을 알아차리지 못했다. 이 문제가 후대 주석가들의 가장 큰 관심을 끈 문제들에 속한 것은 아니다. 가령 루디네스코[23]와 플롱은 베르타 파펜하임에 관한 길고 자세한 논문에서 이 문제에 관해서는 한 마디도 하지 않았다. 하지만 이 문제야 말로 가장 흥미로운 것이다. 사실상 이 문제는 핵심적인 질문을 계시한다. 즉, 무의식이 그 특성에 있어서 어떠한 방식으로든 언어활동langage과 연관되어 있을 뿐만 아니라, 여전히 특정 개별 언어langue와 연관을 맺고 있는 것이 아닐까라는 질문 말이다. 여기서 필자는 저명 인사였던 슈레버Schreber 법원장[24]과 그의 유명한 '근본언어'(Grundsprache: 프랑스어 번역자들에 따라서는 기본언어langue fondamentale 또는 바탕언어langue de fond)를 생각하지 않을 수 없다. 프로이트가 〈편집증의 사례에 관한 정신분석학적 고찰Remarques psychanalystiques sur un cas de paranoïa〉(1910-1993)이라는 논문 가운데, 다른 연구자들의 이목을 끌지 못한 어느 주석(285쪽)에서 분명하게 말했듯이, 이 '근본언어'는 무의식의 한 '버전version'[25]이다. '근본언어'는 다름 아닌 하나의 구체적 언어langue로 판명된다. 즉 그것은 독일어이다. 그러니까 감히 말하자면 매우 독일적이고 격식을 갖춘 엄숙한 분위기를 풍기는 독일어이며, 무의식과 공유하는 몇몇 특징을 지닌 독일어이다. 이를테면 하나의 단어가 바로 정반대의 의미를 지니게 해주는 구체적 언어이다. 여기서 슈레버는 아벨Abel과 만나며 '원시 고대 단어들의 반대 의미'에 관한 아벨의 성찰을 마주하게 된다. 슈레버의 이 성찰은 프로이트를 사로잡았는데, 나는 이 점을 이 책의 다른 부분에서 간략하게 다시 상기시킬 것이다. 그렇다면 무의식은 독일인 또는 독일어권 화자話者에게 독일어처럼 구조화되어 있고, 프랑스인에게는 프랑스어처럼 구조화되어 있을 수 있을까?

우리는 이 책의 5장에서 라캉이 다무레트Damourette와 피숑Pichon[26]에 이어 모종의 우유부단함과 더불어 이 질문을 분명하게 제기하는 것*을 보게 된다. 라캉이 보여주는 이 같은 우유부단함이 의미심장한 것은 전반적으로 그것이 매우 이례적이라는 사실 때문이다.

우리는 '심리분석psychoanalyse'에 대한 프로이트의 최초 언급이 이 '대화 치료'의 방식에 기초를 두고 있다는 점을 흥미롭게 주목한 바 있다. 비록 그 방식이 분명하게 명명命名되지는 않았지만 말이다.

이러한 상황으로 인해 나는 연대기적 순서를 채택하게 되었다. 물론 그 같은 순서를 항상 따르지는 않을 것이다. 그래도 일단은 연대기적 순서를 따라 1880년부터 1891년까지 거치고자 한다. 우리는 여전히 시작 지점 이전에 서 있다. 프로이트가 《실어증의 개념에 관한 연구Zur Auffassung des Aphasien》를 출판한 시기가 바로 1891년이다. 이 책은 엄밀한 전문적 관심사에서 나온 저서일까? 전혀 그렇지 않다. 젊은 신경학자로서 프로이트는 실어증 문제의 모든 생리학적 양상을 절묘하게 포착했다. 그는 이 문제와 관련한 참고서지 목록을 완벽하게 알고 있었다. 그러나 그는 이 문제의 보론補論으로서 '언어 기구機構(Sprachapparat, 프랑스어로 appareil de langage) 개념을

* 특별히 밝히고 싶은 점은 라캉과 달리 그리고 일반적으로 정신분석가들이 '머리가 두 개 달린 괴물'을 말할 때와는 달리, 나는 괴물의 두 개의 머리의 이름을 매번 인용한다는 사실이다. 물론 피숑이 단독 저자인 경우는 예외이다. 그런 경우는 다무레트에게도 마찬가지이지만 여기서 다루어지는 주제를 벗어난 연구에 한정된다.

배치하는 작업에 착수하여 '사물의 표상'과 '단어의 표상'[27]의 관계를 하나의 도식으로 기술했다. 그러나 이 이른 시기에 언어활동langage 이론과 무의식의 관계는 여전히 분명하지 않았다. 비록 그의 저서에 대한 세심한 독서를 통해서 그 관계의 윤곽을 추측할 수 있을지라도 말이다. 프로이트의 실어증Auffassung 개념 연구에 대한 분석과 '무의식'의 개념 사이에 설정된 연계성은 이 책의 2장에서 다룰 것이다. 그 연계성은 1915년에 정확히 '무의식L'inconscient'[28]이라는 제목으로 발표된 프로이트의 유명한 논문에서 제자리를 잡게 된다.

다음으로 이 책의 1장에서는 프로이트 출판물들의 간행 연대를 약간 뒤죽박죽으로 만들어 놓게 된다. 여기서 나는 1900년대에 간행된 세 권의 중요한 저서로 넘어간다. 1900년 《꿈의 해석Traumdeutung》(프랑스어 제목으로는 Interpétation des rêves)과 1901년 《일상생활의 정신 병리학Psychopathologie des Alltagslebens》(Psychopathologie de la vie quotidienne),[29] 그리고 1905년 《농담과 무의식의 관계Witz und seine Beziehung zum Unbewussten》(Le mot d'esprit et ses relations à l'inconscient)[30]가 그것이다.* 이 저서들은 다음에 이어질 세 장章에서 다룰 것이다. 그리고 그 이후 이상하게도 아직 제대로 알려지지 않은 하나의 텍스트에 이른다. 그것은 바로 〈정신분석에 대한 관심L'intérêt de la psychanalyse〉을 말한다. 이제 우리는 1913년에 당도해 있다. 정신분석은 임상적이고 과학적인 실천으로서 이미 스스로의 위치를 발견한다. 프로이트는 이 분야에서 유명인사가 되

* 나는 이 세 저서의 제목에 대하여 관습화된 프랑스어 번역 표현을 사용했다. 그 번역 표현들이 논란의 여지가 없는 것은 아니다. 최근 프랑스어로 번역된 판본에서 대체된 몇몇 관습화된 번역 제목들 역시 논란의 여지가 없는 것은 아니다.

었다. 그는 과학의 대중화를 지향하는 이탈리아의 학술 잡지《시엔티아Scientia》로부터 일반 독자들을 위해 정신분석을 소개해 달라는 요청을 받게 된다. 그는 여타의 과학들이 정신분석'에 대하여(à)' 지닐 수 있거나 또는 지녀야 할 관심을 명확히 언급하면서 논문을 집필하기로 결심한다. 여기서 프랑스어 전치사 'à'는 독일어 제목 'Das Interesse an der Psychoanalyse'에 등장하는 'an'—전통적으로 프랑스어판에서 사용되는 전치사 'de'로 잘못 번역된—을 정확하게 표현하려 한다. 프로이트는 이 소개 작업을 매우 체계적으로 수행했다. 무엇보다 그는 심리과학sciences psychologiques이 정신분석에 대하여 지니게 되거나 지녀야 할 관심을 다룬다. 이 논문의 두 번째 대목에서부터 그는 비非심리과학sciences non psychologiques으로 나아간다. 여기서 우리는 몇 가지 흥미로운 사실을 확인한다. 언어학—이는 독일어의 언어과학(Sprachwissenschaft: 프랑스어로 Sciences du langage), 그리고 이와 떼어놓을 수 없는 '언어들의 과학Sciences des langues'*이라는 전형적으로 독일적인 그 명칭을 보존하고 있다—이 그 첫 번째 위치를 차지하고 있는 것이다.[31] 즉, 언어학은 정신분석에 관심을 표명할 수 있는 과학들의 목록에서 철학이나 생물학보다 우위에 있다. 게다가 정신분석의 가장 풍성한 발달을 가져올 수 있는 것이 또한 언어학이다. 무엇보다도 프로이트는 무의식이라는 개념 자체의 정교한 구축과 관련된 언어과학의 기여에 핵심적

* 독일어의 'Sprache'는 영어의 'language'와 마찬가지로 프랑스어나 다른 로망어romanes 계통의 언어들이 지니고 있는 랑가주langage(활동으로서의 언어)와 랑그langue(개별어의 체계로서의 언어) 사이의 실제적인 구별을 작동시키지 않는다. 이러한 차이로부터 용어의 번역과 개념화에 상당한 어려움이 발생한다.

위치를 부여했다. 프로이트의 성찰 속에서 두 명의 언어학자가 맡고 있는 역할이 더욱 명확하게 드러나는 것은 바로 이 논문 속에서이다. 그의 논문에는 두 언어학자가 등장한다. '언어의 성적性的 기원에 관한 이론'(1912)의 창시자인 한스 스페르베르Hans Sperber[32]와, 그리고 많은 연구들 중에서도 특히《원시 단어의 반대 의미에 관하여Über den Gegensinn der Urworte》(1880)라는 저서에서 발표한 '원시 고대 언어에서 반대反對 의미에 관한 이론'으로 유명한 칼 아벨Carl Abel이다. 연구자 동료들 사이에서 당대의 이집트학 연구자로 널리 알려진 아벨에 따르면 '원시 고대 언어들' 특히 고대 이집트어와 같은 언어는—필자에게 소쉬르의 용어를 사용할 기회가 주어진다면—정반대의 의미를 지닌 두 개의 기의signifié에 하나의 동일한 기표signifiant를 자주 부여하곤 했다. 이렇듯 '강한' 기의와 '약한' 기의는 하나의 동일한 기표에 의해 구술 표현과 문자 표현에서 발현될 수 있다. 아벨은 특히 문자를 강조했는데 자신의 가설*을 지지해줄 수 있는 특징들을 고대 이집트의 상형문자hiéroglyphes에서 식별한다. 독자들이 기억하고 있는 바와 같이 프로이트는 꿈과 상형문자를 자주 비교하곤 했다. 프로이트는 '한정표현사déterminant'라는 개념을 도입하기에 이르는데, 아벨에 따르면 이 개념은 하나의 동일한 기표가 반대되는 두 개의 기의를 포함하는 데 있어 특정한 경우에 발생하는 모호함을 제거하도록 해준다.

---

* 마르코스 로페스Marcos Lopes는 2004년에 발표한 〈아벨Abel과 고대 이집트어에서 대립된 의미들〉이라는 논문에서 이 점을 결정적으로 지적하였다.

> 가령 꿈의 당사자는 다음과 같이 이야기한다. "나의 어머니도 또한 거기에 있었다." 〔프로이트의 도서 목록을 참고하자면 스테켈Stekel을 말한다—아리베〕 이러한 꿈의 요소는 상형문자의 한정표현사Diterminativum들에 비교될 수 있을 것이다. 즉, 한정표현사는 결코 발음되지 않지만 다른 기호들을 설명하기 위한 것이다. (1900-1967, 276쪽)[33]

두 개의 상반된 단어들을 의미할 수 있는 단어들의 경향은—역시 아벨에 따르면, 현대 언어에서도 종종 존속되었는데—독일어의 두 형용사 'heimlich'와 'unheimlich'의 특이한 위상을 설명해준다. 두 번째 형용사가 부정否定을 나타내는 접두사 un–에 의해서 첫 번째 형용사의 기의를 도치시켰지만 그 단어들은 여전히 하나의 동일한 의미를 지니게 된다.

> 따라서 'heimlich'는 'unheimlich'이라는 그 반의어反意語와 우연히 일치하게 되기까지 양면적인 방향으로 그 의미를 발달시킨 단어이다. 'unheimlich'는 일종의 'heimlich'의 한 종류이다.* (〈두려운 낯섦 Das Unheimliche, L'inquiétant〉 1919, 《프로이트 전집》 15권, 159쪽)[34]

아벨은 또한 음위전환(전도顚倒)métathèse 현상[35]을 지적한다. 프로

---

* 이 점에서 프로이트가 아벨의 권위에 한 번 더 호소하는 것이 필요하다고 생각하지 않았다는 사실에 필자는 언제나 놀라울 뿐이다. 아마도 그는 이러한 종류의 문제에 관하여 언어학자 아벨과 그가 제시한 언어과학Sprachwissenschaft을 더 이상 개입시킬 여지가 없다고 생각했을 것이다.

이트도 그 점에 관심을 갖고 아벨의 저술 가운데 가장 명료한 논문에서 동일한 제목의 논문으로 그 점을 부각시킨다. 아벨에 따르면 이 전도 현상은 고대 이집트 문자인 상형문자에서 관찰되는데, 우리는 그 단어의 의미에 영향을 주는 변화 없이도 상형문자들의 순서를 뒤바꿀 수 있다는 것이다. 프로이트는 이 현상을 독일어로 전위轉位시킨다. 즉, 독일어의 gut(좋은, 프랑스어의 bon)는 tug로 의미의 손실 없이 그 뜻이 전달될 수 있다. 프로이트는 다음과 같이 상세히 기술하기에 이른다. "전도 현상은 아마도 꿈의 작업과 더불어 반대 의미보다 더욱 밀접한 관계를 갖고 있다"(칼 아벨, 〈고대 원시 단어들의 대립된 의미들Über den Gegensinn der Urworte(Sens opposés des mots primitifs)〉 1910-1971, 67쪽).

아벨에 이어 프로이트가 '전도'라는 전통적인 명칭을 통해서 지칭한 이 현상은 결국 무엇인가? 그것은 소쉬르가 《일반 언어학 강의》에서 '기표의 선조성線條性 linéarité'이라 명명하고, 아나그램anagrammes 연구에서 '연속성連續性 consécutivité'이라 명명한 문제 제기와 다를 바 없다. 소쉬르의 아나그램 실행에서와 마찬가지로 연속성에 대한 이 같은 문제 제기는 꿈에서도 끊임없이 관찰된다. 이 책의 3장에서 이 같은 문제들에 관하여 자세하게 재고할 것이다.

스페르베르와 특히 아벨은 프로이트에게 발견되고부터 끊임없이 호출된다. 실제로 프로이트는 자신이 지속적으로 재고하게 될 하나의 학설을 뒷받침하기 위하여 스페르베르와 아벨로부터 언어과학Sprachwissenschaft의 권위를 제공받았고, 또 그들의 학문적 권위는 논의의 여지가 없는 것으로 판단했다. 그 학설이란 프로이트의 《꿈의 해석》에서 명시적으로 발현된 것과 같이 언어활동langage과 무의식의 공통적 기원을 말한다.

스페르베르의 테제는 언어활동의 뿌리를 성性의 표현에 두고 있다. 아벨의 테제는 다음과 같은 두 가지 중요한 요소를 확인시켜준다. 하나는 여러 언어langues에서 상반된 의미들이 꿈에서 영속적으로 공존할 수 있는가라는 가능성의 문제이고, 다른 하나는 그가 꿈에서 확인한 것처럼 압축壓縮(Verdichtung, condensation)[36]이 이루어지는 경향을 가진 기표signifiant의 유연성malléabilité에 관한 문제이다. 아벨을 발견한 이후, 프로이트는 위에서 언급한, 자신이 열광적으로 작성한 논문을 아벨에게 헌사한 1910년부터 자신의 마지막 저술인 《정신분석학 개요Abrégé de psychanalyse》[37]를 발표한 1938년까지 계속해서 아벨의 도움을 청한다. 이때 프로이트는 '어떤 언어학자들'(《정신분석학 개요》 1938-1975, 33쪽)이라는 표현으로 아벨의 이름을 복수 형태로 변화시키면서 그의 이름을 영광스럽게 드높인다. 그렇지만 그 학설의 사례들—특히 유명한 라틴어 형용사인 'altus'(심오한)와 'sacer'(신성한)—은 변화하지 않은 상태로 있었다.

아벨에 대한 프로이트의 참조는 언어학과 정신분석학의 관계의 역사에 중대한 파급을 미친다. 특히 프로이트의 아벨에 대한 지속적인 관심에 특별한 흥미를 느꼈던 라캉은 1956년에 에밀 뱅베니스트Émile Benveniste[38]에게 이 문제에 관한 질문을 제기한다. 뱅베니스트는 한 강연과 학술지 《정신분석La Psychanalyse》 창간호에 실린 논문에서 여러 종류의 발화parole와 담화discours에서 나타난 언어활동langage의 기능fonction에 관한 매우 명석한 일반적 고찰을 제시한다. 뱅베니스트가 그 고찰에서 아벨의 주장을 접했을 때, 상황은 어긋난다. 즉, 뱅베니스트는 아벨의 학문적 견해를 총체적으로 산산

조각 내는 작업에 착수한다. 아벨의 입장에 대해 행해진 뱅베니스트의 이 같은 분쇄 작업이 전적으로 정당화될 수 있을까. 뱅베니스트가 수많은 논쟁들의 개입을 야기시킨 이후, 끔찍할 정도로 복잡해진 이 문제는 여기에서 재론되지 않을 것이다.* 나는 그 논의의 역사적 파장만을 포착할 뿐이다. 처음에 라캉은 뱅베니스트의 입장을 그럭저럭 수긍하는 듯 보였다. 그러나 뱅베니스트에 대한 그의 불만은 점차 분노로 치솟았으며 마침내 뱅베니스트의 견해를 무시하는 방향으로 선회하였다. 왜냐하면 그 사건이 있고 약 15년이 지난 후 라캉이 그의 논문 〈무선통신Radiophonie〉에서 밝히고 있는 것은 진정 뱅베니스트에 대한 무시였기 때문이다.

> 그 언어학자의 이러한 직무태만, 나는 내 나름대로 한 학술지의 시작을 멋지게 장식하기 위해 프랑스인들 가운데 가장 위대한 언어학자에게 주문했던 한 편의 논문에서 이를 체험할 수 있었다. (〈무선통신Radiophonie〉, 《스킬리세트Scilicet》[39] 2-3호, 1970, 60쪽, 《다른 글 모음집Autres écrits》 2001, 410쪽)

실망인가? 신랄함인가? 의심의 여지없이 분명한 것은 1956년 라캉은 언어학자인 아벨의 학설에 대한 뱅베니스트의 동의를 구하고자 했다는 사실이다. 그러나 15년이 지난 후에 남은 것은 그에 대

---

* 1994년 출간한 나의 저서 《언어와 정신분석, 언어학과 무의식Langage et psychanalyse, linguistique et inconscient》(2005 재간행)에서 이 문제의 논점을 정확히 할 수 있었다는 점을 감히 지적할 수 있다. 마르코스 로페스Marcos Lopes의 2004년 논문과 로뱅 세기Robin Seguy의 2006년 논문은 매우 유용한 추가 내용을 제시하고 있다.

한 무시였고 '직무태만carence'이라는 용어는 논의를 황폐하게 만드는 것이었다. 또 '직무태만'이라는 표현이 '프랑스인 중에서 가장 위대한 언어학자'(뱅베니스트)와 관계될 뿐만 아니라, 그 표현의 본질적 의미에서 총칭적 성격을 지닌 정관사에 무게 중심을 두는 '그 언어학자'는 '언어학자 모두'와 관계된다는 점을 지적할 수 있다. 6장에서 확인하겠지만, 라캉이 말하는 것은 한정된 정관사, 즉 한정된 것으로서의 정관사를 말한다. '그 언어학자의 이러한 직무태만Cette carence du linguiste'이라는 표현 속에서 나타나는 정관사(le)[40] 사용이 이 점을 밝히고 있다.

로뱅 세기Robin Seguy가 2006년에 아벨에 대한 이 문제를 결정적으로 해결했다는 점에서, 1986년에 내가 이 문제에 관해서 말할 수 있다고 믿었던 것과는 달리, 여기에서 나는 '프로이트가 참조한 두 언어학자'에 관해서 더 이상 길게 재론하지 않을 것이다. 그러나 프로이트의 언어학자는 그 두 명뿐일까? 물론 아니다.[41] 언어langage에 관한 프로이트의 호기심은 지칠 줄 모르고 지속되었다. 그러나 프로이트에게는 관련 분야의 참고 문헌들이 별 근거 없는 임의적인 선택으로 여겨졌던 것과 마찬가지로, 여러 학술 분야의 분리도 그에게는 그리 탐탁지 않은 일이었다. 하지만 그런 이유로 유리한 상황[42]에도 불구하고 결정적으로 그는 소쉬르의 성찰에 접근하지 않았던 것으로 보인다. 우리는 그 유리한 상황이 다시 나타나는 것을 더 나중에 보게 될 것인데, 나는 이 책의 2장에서 다시 이 문제를 다룰 것이다. 아무튼 프로이트는 언어학자들의 수많은 저술을 읽었다. 1997년 발레리 그린버그Valerie Greenberg에 이어 2006년 이자벨 비렐라Izabel Vilela 역시 프로이트가 읽은 언어학자들과 관련하여 반드시 언급되어야 할 언어학자들의 이름을 인용했다. 그러나 그들 중 어느 누구도 프로이트에게서 스페르베르와 특히 아벨이 지니는 중요성의 문제에 접근하지 않았다.

문법은 분명 프로이트의 관심을 가장 많이 끈 언어학 분야는 아니다. 적어도 명시적으로 프로이트는 그의 담론에서 문법에 대해 자주 언급하지 않았다. 그러나 그는 문법을 무의식적 작동의 어떠한 메타포(혹은 모델?)로서 자주 다루었다. 이러한 점에서 매우 중요한 텍스트는 《욕동과 욕동의 운명Pulsions et destin des pulsions》[43]과 《편집증의 임상 사례에 관한 정신분석학적 고찰Remarques psychanalytiques sur un cas de paranoïa》(슈레버 법원장 부분), 그리고 여기 1장의 마지막에서 검토하게 될 《매 맞는 아이Ein Kind wird geschlagen》(Un enfant est battu)[44]이다. 나는 현 시점에서 프로이트가 말하는 욕동과 그것의 여정이라는 문제에 머무르고 있다. 그것은 분명히 하나의 언어학적 모델로서 태態와 관련된 형태·통사적 범주의 모델이며 이 여정이 취할 수 있는 최초의 두 가지 양상을 발생시킨다. 이 두 가지 양상만이 프로이트의 논문에서 연구되었다.* 최초의 양상은 능동태에서 수동태로 전이되는 것일 뿐이다.

> 최초 과정의 사례들은 가학증(加虐症, sadisme)과 피학증(被虐症, masochisme), 그리고 관음증과 노출증의 대립 쌍으로 제시된다. 전도(顚倒, renversement), 즉 다른 쪽으로의 방향전환은 욕동의 목적에만 관련되어 있다. 즉 능동적인 목적으로 고통을 주는 것과 쳐다보는 것

* 다른 두 가지는 프로이트가 미래의 연구로 남겨둔 승화(昇華, sublimation)와 《메타심리학Métapsychologie》의 또 다른 논문을 낳게 한 억압(抑壓, refoulement)을 말한다.

이 수동적 목적으로 고통을 감수하는 것과 노출되는 것으로 대체된다. (1915-1988, 172쪽)[45]

두 번째 양상은 더 이상 능동태가 수동태로 옮겨가는 전이에서가 아니라, 독일어의 재귀대명동사로부터 그것이 취하는 형태 속에서—프랑스어에서처럼—하나의 문법적 모델이 발견된다.[46]

피학증이 실제로는 자기 자신으로 되돌려진 가학증이고, 노출증이 바로 자기 자신의 신체를 바라보는 행위를 포함한다는 사실을 고려한다면, 본래의 주체가 뒤바뀌는 것retournement을 쉽게 생각할 수 있다. (같은 책, 같은 곳)[47]

그때까지도 여전히 기저에 숨겨진 문법적 메타포는 자기처벌autopunition에 대한 분석의 말미에서 설명된다.

능동형의 동사는 수동형으로 바뀌는 것이 아니라 재귀적 방식의 동사형으로 자신을 변형시킨다. (173쪽)[48]

나는 1915년에서 1926년으로 이동한다. 프로이트는 한 권의 소책자에서 '비전문가 분석의 문제La question de l'analyse profane'[49]를 제기하기에 이른다. 프로이트가 그 책자를 통해 말하려는 분석의 의미는 그것이 의사가 아닌 사람들, 종교와는 무관한 속세의 사람들에 의해서 실천되는 경우를 뜻한다. 그런데 그가 사용하는 '종교와 무관한 사람들laïcs'이라는 단어는 '세속적profane'이라는 형용사와 마찬가지로, 분명한 종교적 의미를 함축하고 있다. 의사가 아니었던 테오도르 라이크Theodor Reik가 행한 분석을 계기로 그 문제는 날카롭게 제기된다. 그녀는 때때로 여러 장소에서 불쑥 등장한다. 우리는 그녀가 2004년 프랑스에서 다시 등장하는 것을 보았다. 당시에 그녀는 사용된 말들—빈번하게는 욕설—중에서 약 80여 년 전 비엔나에서 벌어진 논쟁들까지 정확히 연상시키는 여러 논쟁을 야기했다.

1926년 프로이트는 환자와 의사가 정신분석학적 치료를 하는 동안 일어난 일을 '편파성 없는 대화 상대자'에게 기술記述하기로 방침을 정한다. 그렇게 해서 프로이트는 자신의 텍스트 여러 곳에서 의사의 자격증을 가지고 있건 그렇지 않건, 그 사람을 '분석가analyste'라고 명명하고 다른 곳에서도 그러한 명칭을 부여한다.

> 그들 사이에서 그들이 서로 말한다는 점을 제외하고는 어떤 일도 일어나지 않았다. 분석에서는 검사를 위해서조차도 어떠한 도구도 사용되지 않으며 어떠한 약도 처방되지 않는다. 〔…〕 분석가는 환자를 특정 날의 어떠한 시간에 오게끔 만들고 환자가 말할 수 있도록 참여시키고 그리고 그의 말을 듣는다. 그러고 나서 분석가는 환자에게 말을 걸고 환자로 하여금 자신의 말을 듣도록 만든다. (1926, 《전집》 18권, 9쪽)[50]

여기서 분석은 분석인 것뿐만 아니라 분석이 아닌 것에 의해서도 기술된다. 브로이어의 시기와 마찬가지로 분석은 '도구'가 아니며 약물 처방은 더더욱 아니다. 결국 대화의 종류에 속하는 담화discours 이외의 '다른 무엇도 아니다'. 즉, 매우 엄격한 규칙을 따르는 대화이다. 프로이트는 여러 단계를 구별한다. 우선 분석가의 최초의 개입이 있다. 이것은 환자에게 말을 하도록 유도하는 것인데 일반적으로 효과가 있는 수행적 제스처이다. 두 번째 단계는 환자의 발화parole가 차지한다. 여기서 말은 배타적인 것으로 기술된다. 그리고 분석가가 예견한 개입 지점이 생긴다. 하지만 다른 증언들을 통해서, 우리도 알고 있듯이, 프로이트는 환자들의 화제에 개입하는 것을 거부하지는 않았다. 레몽 드 소쉬르—짐작대로, 페르디낭 드 소쉬르의 아들이다—는 분석을 끝내고 오랫동안 신랄한 어조로 "프로이트는 말을 너무 많이 한다"(아리베, 1994-2005, 19쪽)고 말했다. 분석의 마지막 단계에서 분석가는 말을 장악하게 된다. 프로이트도 주장하듯이 이는 새로운 수행적 제스처를 포함시킨다. 이른바 듣기로의 초대이다.

이렇듯 정신분석학적 치료를 묘사하고 나서 프로이트는 '무지'하지만 '공정'한 사람으로 전제된 그의 내담자(환자)의 반응에 잠시 머뭇거린다.

> 공정한 우리 인간의 얼굴은 지금 명백하게 완화된 상태와 이완된 상태를 증언한다. 그러나 또한 어떠한 경멸을 선명하게 드러낸다. 그것은 마치 그가 이렇게 생각하는 것 같다. 고작 이런 것밖에 없단 말인가? 햄릿 왕자가 말했듯이 이것은 단어, 단어, 여전히 단어들이다. (같은 책, 같은 곳)

'공정한 인간'의 '경멸'이 납득할 만하다는 사실을 고백해야 할 것이다. 햄릿에 의해 경멸스럽게 인용된 이 지푸라기 같은 단어들이 도대체 어떻게 영혼의 괴로움 속에 도사리고 있는 끝없는 고통에 효과를 가질 수 있단 말인가? 여기서 우리는 프로이트에게서 셰익스피어Shakespeare의 텍스트 참조가 빈번히 나타나고 있음을 주목한다. 프로이트에게 문학 텍스트는 사례로서 개입하기도 하며 때로는—여기에서와 같이—추론 과정에서 권위의 자격으로 개입하기도 한다. 바로 '공정한' 내담자(환자)라는 무지한 사람의 견해를 더욱 탄탄하게 하기 위해서는 바로 햄릿이 필요하지 않은가! 여기서는 그저 논의의 세세한 부분(디테일)으로만 햄릿이 개입했는지 몰라도 프로이트의 텍스트에서 이러한 제스처는 지속적으로 나타난다. 여기에서처럼 '디테일'이란 표현은 근본적인 원리이다. 다시 언급하게 될 테지만, 프로이트에게는 문학 텍스트와 정신분석학 사이에 매우 가까운 어떤 유사성parenté이 존재하는 것이다.

햄릿 왕자에게 기대고 있음에도 불구하고 공정하고 빈곤한 내담자(환자)는 단어에 부여된 효력에 상당히 빈약한 해명만 할뿐이다. 즉 그것은 일종의 마법(Zauberei, enchantement)이다. 프로이트는 매우 놀라면서도 그 가설에 부분적으로 동의한다.

> 매우 정확한 논지이다. 만약 그 작용이 더욱 신속하다면 그것은 하나의 마법의 방식일 것이다. 마법은 그 본질적 속성으로 돌발성은 아닐지라도 신속성을 갖고 있다. 허나 그 기원起源에 있어서 단어란 결국 일종의 마법이고 하나의 마법적인 작용이며 아울러 단어는 여전히 오랜 마법의 효력에서 많은 것을 간직하고 있다. (1926, 《전집》 18권, 10쪽)

비로소 우리는 이 특별한 '마법'의 진정한 동력이 바로 단어, 더 정확히 말해 'Wort'(독일어로 '단어')임을 알게 된다. 그 '단어'란 아직도 담화에서 발화되며, '오래된 효력'이 여전히 남아 있는 단어를 말한다. 프로이트가 〈토템과 터부Totem et tabou〉[51]에서 죽은 이를 부르는 발화작용인 '귀신 쫓기' 또는 '초혼招魂'에 관하여 오랫동안 상기시켜온 말이 바로 이 '단어'다(4장에서 이 문제를 다시 논의할 것이다). 이 점에서 프로이트를 매우 세심하게 읽은 라캉이 기술하고 있는 것이 바로 이 '단어'다.

> 독일어에서 'Wort'는 단어mot인 동시에 발화parole이다. (라캉 《세미나Séminaire》 7권, 〈정신분석학의 윤리〉, 68쪽)

사실이다. 특별히 프로이트적인 의미에서 살아있는 발화parole에 가까운 독일어 'Wort'는 언어학적 단위, 특히 시각적인 형식적 양상이 강조된 프랑스어의 단어mot와 완전히 합치되지는 않는다. 독일어 'Zauberei'(마법)의 가능한 번역어인 프랑스어 'magie'에 관하여 말하자면, 이 단어는 라캉의 여러 담화에서 등장하고 때때로 '연금술alchimie'의 형상으로 등장하기도 한다. 라캉은 이러한 실행에 이미지를 부여한다. 실제로 여기서 이미지는 불가피한 것이기도 하고 과장된 것이기도 한데, 이를테면 라캉의 《세미나》 8권 143쪽에 '단어의 마법적 힘'이라든가 《세미나》 11권 14쪽에 '연금술'이란 표현이 등장한다.

단어들은 마법적이지 않으면서도 힘을 갖는다. 라캉은 1973년 논문 〈텔레비지옹Télévision〉에서 매우 간략하게 이 힘을 묘사한다.

치유治癒, 그것은 고통을 겪는 사람의 목소리로부터 출발하는 하나의 요구이다. 또한 몸이 아프거나 혹은 자신의 생각으로 인해 고통을 겪는 사람일 수도 있다. 응답이 있었다는 것은 놀랄 만하며 (나는 여기서 1926년의 프로이트의 '공정한 내담자(환자)'를 의미한다고 생각한다 —아리베) 의사들이 언제나 단어들을 가지고 핵심을 찔렀다는 것 또한 놀랄 만한 일이다.

무의식이 포착되기 전에 이러한 것들은 어떻게 이루어졌을까. 하나의 치료가 작동되기 위해서 이것이 명확히 밝혀져야 할 필요는 없다. 다시 말해 그것은, 그것의 실천으로부터 우리가 연역演繹할 수 있는 것이다. (1973, 17쪽, 《다른 글 모음집Autres écrits》, 512-513쪽)

1880년에서 1926년까지 두 연대 사이에는 46년이 경과한다. 프로이트는 자신의 입장을 견고하게 유지했다. 위험스럽긴 하지만 그의 입장을 두 가지 공식으로 정리해보기로 한다. 사실 두 번째 공식은 '담화가 없으면 분석도 없다'는 첫 번째 공식으로부터 직접 파생된 것이다. 그것이 바로 안나 오와 햄릿 왕자가 우리에게 반복했던 것이 아니던가. 그러므로—언어활동langage 없는 담화를 어떻게 이해할 것인가—'담화가 없으면 분석도 없다.' 라캉은 다음과 같이 말한다. "무의식은 오직 말하는 존재에게만 있다"(《텔레비지옹Télévision》 1973, 15쪽, 《다른 글 모음집》, 511쪽). 여기서 내가 '무의식'이 '분석'하는 데 그 가치가 있다고 주장한다면 너무 앞서 나가는 것일까? "정신분석은 심적인 과정들을 탐구하는 방식의 이름이며 다른 방식으로는 거의 접근되지 않는다"(《인간 성性의학 백과사전》 1923, 《전집》 XVI권, 183쪽 '정신분석학'과 '리비도libido 이론' 항목[52])는 대목에서 필자는 프로이트가 가능한 한 원문 그대로 이렇게 표현했다고는 생각하지 않는다. '다른 방식으로는 거의 접근되기 힘든 이러한 심적인 과정들'이란 무의식의 과정들을 말하는 것이 아니겠는가? 그러므로 우리는 프로이트적인 의미의 무의식을 정신분석학으로부터 분리시킬 수 없다.

"무의식은 오직 말하는 존재에게만 있다." 왜냐하면 동물들은 무의식의 영향을 받지 않기 때문이다. 실제로 동물들은, 특정 종種들은 우리에게 매우 낯선 인간 언어들보다 어쩌면 더욱 효과적인 신호를 사용하는 것으로 보이는, 커뮤니케이션 체계를 구비하고 있다. 그러나 정확히 말해 이 매우 낯선 인간의 언어들langues은 동물의 언어langages와 구별되는 특이성을 지닌다. 어찌 되었든 라캉은 이 점을 말하고 있다.*

---

* '인간의 언어들langues humaines'과 '동물 언어활동langages animaux'이라고 명명되는 동물 사회의 커뮤니케이션 체계들 사이에 존재하는 관계들의 문제는 이 모든 것들 사이에서 복합적이고 한데 뒤얽혀 있다. 가령 《언어들langues과 언어활동langages의 기원들》에 관한 최근 저서에서 동물의 커뮤니케이션에 관한 장章을 담당한 한 공저자는 인간의 언어들과 동물 사회의 커뮤니케이션의 체계들을 애초에는 동일시하려 하지는 않았다손 치더라도, 최소한 어떻게 해서라도 '소통 능력의 예외'를 상대화시키기를 원했다(77쪽). 그 저자가 언어학의 매우 기본적인 개념들을 뒤섞어놓은 것은 참으로 아쉬운 일이다. 이를테면 그는 '2차적 구성'이 곧 통사적統辭的 구성이라고 생각한다. 그에 따르면 "언어학자들이 자주 믿고 있는 것과는 반대로, 동물의 커뮤니케이션에 이중 분절이 없는 것은 아니다. 이를테면 남아프리카의 명주원숭이, 중남미의 난쟁이 명주원숭이, 아메리카 원숭이, 아시아 벵골 원숭이들에게서 단순한 통사 구성이 발견된다"(79쪽). 언어학자들은 몇몇 동물 사회에 통사법(구문 구성법)이 있다는 것을 부인하지는 않는다. 그러나 '단순한 구문 구성법'에 따라 문장을 산출하는 능력은 이중 분절과 공통점이 없다. 몇몇 동물 사회에서 진정한 이중 분절이 존재하는가에 대해 그는 아무 말도 하지 않는다. 이를 통해 그 논증은 전적으로 무효인 것으로 판명되었다. 게다가 그 저서의 다른 저자는 다른 장에서 그

즉, 인간의 언어들은 동물 언어의 많은 특징들 속에서 상상되고 확인될 수 있는 것과는 아무런 관련성이 없다.

실재계le réel는 우리에게 모델을 제공할 수도 있는, 그러므로 동물들이 우리를 후계자로 삼을 일방적인 커뮤니케이션으로부터 멀리 떨어져 있지 않다. 즉 약호code의 기능은 관찰 결과인 네겐트로피néguentropie[53]가 이루어지는 곳을 통해서 행사된다. 게다가 생명 유지에 필수적인 행위들은 〔…〕 결코 모호하지 않다는 점을 제외하면, 전부 우리의 것과 유사한 상징들로 조직되어 있다. (〈얼빠진 사람L'Étourdit〉, 《실리세Scilicet》, 47-48쪽, 《다른 글 모음집》, 49-491쪽)

결코 모호하지 않다고? 계속해서 라캉에 따르면 바로 이 점에서 동물의 언어가 인간의 언어들과 구별된다. 정확히 말해서 인간의 언어들은 모호함에 의해서, 인간 언어의 역사가 존속시켜온 모든 모호함에 의해서 지속적으로 작동되었다. 여기서 라캉은 소쉬르의 통시태通時態 이론과 그 이론에 개입하는 '우연hasard'이라는 측면에서 소쉬르와 매우 가깝다. 물론 두 사람을 소통시킬 목적은 염두에 두지 않는다(소쉬르, 1916-1986, 아리베, 2007 참고).

문제는 동물의 커뮤니케이션 실행 속에 부재하는 모호함에만 관련된 것은 아니다. 또한 동물의 커뮤니케이션 실행에서 부재하는 것은 속임수가 아니라—물론 이것도 발견되지만—속이는 척하는

저자에 대한 절대적인 반론과 더불어 '원숭이 사회'는 '이 신비스러운 이중 분절의 체계'에 이를 수 없다고 제기한다(212쪽). 이렇게 다른 기준을 따른다 하더라도 결국 그는 라캉이 말하는 인간의 언어활동langage과 동물의 커뮤니케이션 체계들 사이의 단절을 확인시켜 준다.

가장假裝이다.

> 〔…〕 동물은 가장하는 척하지 않는다. 동물은 진짜인 것, 즉 정직한 흔적을 제공하는 것을 가짜인 양 여기게 할 기만의 자취를 만들지 않는다. (《에크리》 1966, 807쪽)

이렇듯 동물은 가장하는 데 부적합하므로 일본인이나 유대계 폴란드인과 구별되며, 말하자면 인간과 구별된다. 그들은 실제로 크라쿠프에 가면서도 렘베르크에 가는 것으로 믿게 하려고 크라쿠프에 간다고 말할 수 있다. 6장에서 이 문제를 다시 언급할 것이다.

라캉은 '인간의 언어활동langage'과 '동물의 언어들langages'의 대립에 관한 이 문제를 신중하게 다룬다. 그는 자신의 논문 〈텔레비지옹〉에서 비록 장난스럽지만 신중한 한 가지 예외를 고려하면서 유사한 표현들로 이 문제를 반복한다.

> 무의식은 오직 말하는 존재에게만 있다. 다른 존재들은 실재계le réel로부터 부여된다 하더라도 자신이 명명하는 것에만 존재를 부여하는 본능만 있을 뿐이다. 즉, 생존을 전제로 하는 지식을 말한다. 이는 아마도 우리 생각에 여전히 불충분한 것이다.
>
> 동물은 흔히 인간적이라고 표현되는 인간의 성질을 결핍하고 있으며 이러한 점 때문에 인간의 유사종 상태로 남아 있다. 이런 이유로 동물들에게는 매우 짧긴 하지만 무의식적 혼란이 그들을 스쳐 지나갈 뿐이다. (〈텔레비지옹〉 1973, 15-16쪽, 《다른 글 모음집》, 511쪽)

우리는 위에서 다음과 같은 사실을 알았다. 프로이트는 정신분석학적 치료에서 단어들의 역할을 설명하기 위해 셰익스피어의 문학 텍스트—이 경우 〈햄릿〉이라는 희곡 형태의 문학 텍스트—를 곧바로 내세우고 인용하는 것을 염두에 두었다. 프로이트의 성찰이 모든 점에서 수많은 문학 작품을 참조하고 있음은 상투적인 반복이 되었다. 문학에 대한 프로이트의 이러한 취향을 '설명'하려는 시도는 신중하지 못하거나 경솔하다는 의심을 살 여지가 있다. 문학 텍스트와 정신분석학 사이에 모종의 연관성이 있다는 점을 끝까지 주장하는 것이 최선이다. 이 둘은 모두 담화이며, 이는 메타언어를 부각시키려는 노력 없이도 언어활동langage에 들러붙어 있는 담화이다. 언어학자들의 담화는 이 같은 언어의 분절들 각각에 필연적으로 부여된 메타언어를 스스로 부각시키려 한다.[54] 라캉이나 프로이트처럼 내 방식으로 파악하는 '메타언어는 없다'라는 공리에 관해서는 4장에서 다시 논의할 것이다. 그 공리는 분석적 담론만큼이나 문학적 담론에 대해서도 매우 가치가 있다. 물론 문학 텍스트가 부분적으로 메타언어학적 혹은 메타기호학적 외양으로 그 중심에 나타나는 것이 빈번하다는 점을 이해하기 바란다. 즉, 텍스트가 자신에 대해서 말한다는 것은 어느 시대에나 볼 수 있는 흔한 일이다. 그러나 이는 담화의 층위에서만 그러하다. 문학 텍스트는 이를 위해 형식적으로 구분되는 메타언어métalangage에 호소하지 않는다.

다음 사실을 내가 굳이 고백해야 할까. 나는 위에서 인용된 1923년에 간행된 정신분석학의 이러한 정의가 등장하는 텍스트를 다시 읽으면서 '무의식의 심적인 과정'이라고 규정되는, '다른 식으로는 거의 접근 불가능한' 것에 오랫동안 주의를 기울였다. 물론 그렇기는 하지만 '거의 — 않는'(프랑스어로는 'à peine')과 같은 부사어는 분석이 아닌 다른 방식으로의 접근이 가능하다는 점을 가까스로 드러낸다. 하지만 이 다른 방식들이란 어떤 방식을 말하는 것일까. 그 정의定義에 이어서 정신분석학의 임상·치료적인 양상과 그리고 더욱 엄밀히 말해 그 과학적인 양상을 성찰한 프로이트는 이를 말하는 것에 동의하지는 않는다. '거의 — 않는' 따위의 부사어가 드러내는 이 수수께끼에 의해 전제된 다른 방식들 가운데 문학이 등장하는 것은 가능할지도 모른다. 독자들은 짐작하겠지만, 이 괴로운 질문에 나는 어떠한 답변도 하지 않을 것이다.

하지만 문학이 무의식을 향한 '완벽한 방식'들 가운데 한 가지를 프로이트에게서 확인하는 것은 쉬운 일이다. 분명하게 다루어진 예시는 오이디푸스 콤플렉스다. 그것은 매우 일찍이 그리스 신화의 모델에 기초해서 개념화되었다. 무의식은 정확히 소포클레스Sophocle의 〈오이디푸스 왕〉이란 작품에 부여된 '문학적littéraire'인 형태였다.

> 작품의 영향력은 점차 앞으로 나아가면서 교묘하게 달랐던 이러한 폭로가 아닌 다른 그 어떤 것도 아니다. 하나의 정신분석학적 작업에 비견될 만한 — 오이디푸스의 종말 그 자체는 라이오스Laïos의 살인자였다. 그러나 오이디푸스는 마찬가지로 살인 희생자의 아들이며 조카스트Jocaste의 희생자 아들이다. (《꿈의 해석》, 302쪽)

독자는 다음과 같은 사실을 깨닫는다. 문학 텍스트가 앞으로 나아갈 길, 어쨌건 바로 이 같은 종류의 텍스트의 여정이 분명히 '하나의 정신분석학적 작업에 비견될 만한 것'으로 제시되었다는 점이다.

예기치 못한 방식으로 내가 텍스트의 개입을 정당화하는 것은 정확하게 오이디푸스에 관한 것이다. 그러나 나는 이 책의 서문에서 바로 그 개입을 예고했다. 그것은 바로 알프레드 자리의 텍스트를 말한다. 1873년생인 자리는 프로이트보다 17년 늦게 태어났지만 그와 동시대인이다. 그리고 프로이트보다 32년 앞선 1907년에 죽었다. 크리스티안 디트리히 그라베Christian Dietrich Grabbe[55]의 너무나도 기묘한 텍스트《해학, 풍자, 반어 그리고 심층적 의미Scherz, Satire, Ironie und tiefere Bedeutung》를 '술의 신들(시렌)Les Silènes'이라는 제목으로 번역할 정도로 자리는 아주 빼어난 게르만 문화의 소유자였으며, 또《인간 기원에 관한 인식의 실재 상태L'État actuel des connaissances sur l'origine de l'homme》에 대한 해켈Haeckel[56]의 저서를 비평하기도 했다. 하지만 그가 이미 출판된 프로이트의 저서를 어떤 식으로든 알고 있었을 것이라고는 생각하지 않는다. 어쨌든 내가 자리를 제대로 읽었다면 자리는 프로이트의 이름을 결코 인용하지 않았거니와 프로이트라는 이름은 플레이아드Pléiade 판 자리 전집의 색인에도 나타나지 않는다.

자리는 단지《위뷔 왕》의 작가에 불과한 것이 아니라 더 특별한 방식*에서 '작가'이다. 게다가 그는 일곱 편의 소설도 썼다. 그 작품 가운데 가장 놀라운 것은 매우 짧은 단편 텍스트인〈절대적 사랑

---

* 《위뷔 왕》이라는 작품은 원래 또래집단 문화의 민요 텍스트로 고등학생들이 만들었고 이어서 자리가 그 텍스트를 약간 변형하고 손질했다는 사실을 상기시키고자 한다. 그 몇 가지 변형 사항 중에 가장 중요한 것이 'Ubu'라는 이름이다.

L'amour absolu〉이다. 플레이아드판으로 40쪽에 이르는 이 텍스트는 1898년에 집필을 시작하여 1899년 초에 완성했다.

내가 알고 있는 한, 다른 어떤 텍스트도 그때까지 오이디푸스 콤플렉스라 명명되지 않던 것을 그처럼 강렬하게 무대에 등장시키지 못했다. 소설의 중심인물은 바로 다름 아닌 신Dieu이며, 혹은 최소한 '신의 분야에서 인간'이다(《전집》 1권, 920쪽). '신'이라는 표현이 담고 있는 모든 의미에서 신은 특히 문자 그대로 그의 이름이다.

> 그는 신Dieu의 분야에서 인간이다.
>
> 그리고 바로 이러한 이유로 또는 다른 이유로 가장 좋은 이유는 그의 진짜 이름이다.
>
> 그는 문門에 이렇게 썼다. — 신神 에마뉘엘EMMANUEL DIEU
>
> (《전집》 1권, 920쪽)

유년 시절에서 33세까지 비밀스럽게 살아갈 수밖에 없는 운명에 처해진 이 '무명 신神'의 전기傳記가 계속해서 이어진다(922쪽). '라La'라는 장章—프랑스어의 여성형 정관사로 한정되는 명사가 없는 이 장의 제목—에서 젊은 신 에마뉘엘은 유년 시절의 몇 가지 추억을 그 도시의 고등학교 수사들(修士 Minimes, 성 프랑수아 드 폴St. François de Paul 가톨릭회)의 학급에서 옮겨 적는다.

> 에마뉘엘을 향하여 다른 수사들이 정원을 가로질러 모여들었다.
>
> 아마도 그의 어머니의 치마에 대한 추억과 복잡한 단어를 발음하기 위한 호흡. 아마도 실제로 이 작은 추억들은 소녀들의 주름진

드레스로 이루어져 있기 때문에 그는 공증인公證人 부부와 연관된 상류사회의 과장된 연애 사건들을 회고하면서 그러한 추억 모두를 바로 '라La'라고 불렀다.

"바로 그 메케르바크La Mecqerbac, 바로 그 지네르la Zinner, 바로 그 자비에르la Xavier" (《전집》 1권, 933쪽)

수사들 모임의 동료 가운데 가학-피학증sado-masochisme의 경향을 강하게 지닌 젊은 신 에마뉘엘의 결정적인 근심은 바로 '그' 자비에르la Xavier였다.

그는 아버지인 푸에타르Fouettard의 일련의 무서운 이미지의 회초리[57] 앞에 엎드려서 즐거운 고통douleur joyeuse으로 오후 내내 약해져 갔다.

그리고 그는 저녁 파티의 대부분을 지켜보면서 흔들리는 고통의 숲을 보았다. 그곳은 사람들이 그의 친구 자비에르가 잠들었다고 생각한 소파 아래에서였다. 자비에르의 부모님은 공증사무소를 자주 찾아가곤 했다.

그리고 수사 학급에서의 결정적인 추억은 자비에르에게로 도식화되었다. 벽지의 인간의 머리의 형태로 장례식장의 대문을 대체했던 X의 윤곽선의 잊혀진 특징들.

바로 그 메케르바크La Mecqerbac, 바로 그 지네르la Zinner, 바로 그 la……

그 죽음La Mort (《전집》 1권, 934쪽)

동성애적인 유혹에서 죽음의 불안으로 전이轉移되는 장면을 매 맞는 아이의 환상fantasme과 함께 연출한, 매우 매혹적인 텍스트이다. 위에서 말했듯이, 여기서 어떻게 프로이트의 연구를 떠올리지 않을 수 있겠는가? 자리의 서사 연보年譜에서 맨 처음 개입되는 것은 바로 수동태이다. 즉 아이는 아버지로 명명된 푸에타르에게 매를 맞고—매 맞고 싶어 하고—'즐거운 고통douleur joyeuse'이라는 모순형용을 느끼게 된다. 두 번째로 능동태로의 변형이 개입된다. 즉 아이는 다른 아이를 때린다—때리고 싶어 한다. 우리는 프로이트가 그의 논문에서 환상fantasme의 남성적 형태보다 여성적 형태에 더욱 흥미를 느꼈다는 점을 기억한다. 그동안 우리는 소설에서 연출된 시나리오를 재발견했다.

우리는 인간 주체의 방황에서 한 단계가 반드시 존재한다는 점을 알았다. 그 단계란 문자의 단계, 즉 기표signifiant의 단계이다. 여기서는 그때까지 잊고 있던 사랑하는 이의 특징이 그 '윤곽'으로 '대체'되는 'X'의 단계를 말한다. 이렇듯 칭호로 은폐된 이름이 회복된다. 바로 죽음La Mort이다. 그것을 명명하는 것이 더는 지속적으로 필요하지 않을 것이다. 소설 속에서 이어지는 분위기의 울림이면 충분할 것이다.

> '라La', 그것은 분위기를 말한다. (《전집》 1권, 953쪽)

신神 에마뉘엘은 신이다. 신Dieu이 그의 이름이기 때문이다. 실제로 그것만이 유일한 이유는 아니다. 그의 신성神性—더 나아가 그가 신성을 지니고 있다는 확실성—은 다른 기원을 가지고 있다. 이

점에 대해 그는 다음과 같이 설명한다.

> 나는 아들Fils이다, 나는 당신의 아들이다, 나는 정신Esprit이다, 나는 아주 옛날부터 당신의 남편이자 당신의 아들, 매우 순수한 조카스트Jocaste이다.
>
> 그러나 나는 나의 가장 사랑하는 연인의 침대에서는 매우 젊은 남편이다. 바로 내가 당신이 동정녀 마리아vierge라는 것을 깨닫기 때문이다. 오! 나의 어머니, 나의 사랑스런 아내여,
>
> 그리고 신이 곧 나 자신이라고 확신하기 시작하기 때문이다. (《전집》 1권, 924-925쪽)

우리는 젊은 에마뉘엘이 그의 어머니인 동정녀 마리아의 연인이기 때문에 자신의 신성이 확신에 이르는 것을 보고 있다. 여기서 우리는 작품 전체를 지배하는—절대적으로 그것을 말하는 경우겠지만—시적詩的 유명론唯名論을 재발견한다. 위에서 우리가 보았듯이 에마뉘엘은 그가 신Dieu이라고 불리기 때문에 신神인 것이다.

내가 '절대적으로'라고 말했는가? 이 부사는 자리의 작품 〈절대적 사랑L'amour absolu〉에서 매우 기이한 문자 수수께끼charade를 야기한다. 이 문자 수수께끼는 앞서 서문에서 우리가 보았듯이 자리를 읽은 라캉이 심혈을 기울였던 것을 뛰어넘는다.

> 신이시여Monsieur Dieu! 모든 것을 '이성적으로 판단raisonne'하시는 신은 분명히 '절대적으로absolument' 미친 것이 틀림없다.
>
> '절대적 - 거짓Absolu–ment'

이것은 하나의 문자 수수께끼charade이다.

최초의 단어가 규정할 수 없는 것은 두 번째 단어의 주체이다.

우주의 모든 것은 이 동사 혹은 이 형용사에 의해 정의定義된다.

(《전집》 1권, 951쪽)

여기서 해방된 것은 기표signifiant이다. 즉, 이 두 개의 'ment'의 동음이의어—부사적 접미사와 동사 'mentir'('거짓말하다')의 활용된 형태—는 말 그대로 우주에 대한 하나의 해석을 만들어낸다. 이 텍스트의 모든 점에서 언어langage는 은밀하고도 때로는 명시적으로 이와 유사한 과정을 따른다. 심지어 부정négation조차도 동음이의어의 효과로 부정어인 'pas'가 하나의 무의미한 '나비papillon'로 변형되고 이를 통해 스스로 약화되거나 갑자기 사라지기에 이른다. 부정否定이 영향을 미치곤 하던 의지는 사라진 것으로 나타난다. 미리암Miriam, 달리 말해 미르Myrrhe—죽음la Mort의 다른 이름—는 공증인의 삶으로 갱생하는 것을 받아들이고 거기서 그의 아들 신神 에마뉘엘의 연인이 되는 것을 수락하게 된다.

지금, 나의 사랑스런 미리암Miriam, 아니 미르MYRRHE여. 너는 죽고 공증인의 삶으로 갱생한다.

나는 원하지 않아pas!

깨어나라! '아니pas'라니? 계속해서 그것을 말할 거야?

아니야pas…… 아니야pas……

"…… 나비Papillon" (《전집》 1권, 928쪽)

프로이트보다 자리가 '앞서 있음'을 두고 더 이상 나의 사변적인 성찰을 감행하지는 않겠다. 더 넓게 보면, 소포클레스가 자리와 프로이트보다 앞선다. 더구나 프로이트가 어떤 식으로든, 다시 말해 아직 알려지지 않은 다른 어떤 경로로 자리의 〈절대적 사랑〉을 읽었을 가능성에 대해서도 무모하게 문제 삼지 않을 것이다. 그것은 불가능하다. 그 텍스트는 1899년에 작가가 자비를 들여 50권만 재출간했으니까… 그렇다. 나는 이 모두에 대해 아무것도 할 수 없을 것이다. 그저 프로이트 식의 사변적인 성찰 같은 요소들을 이 텍스트에 적용시키는 명백한 유추analogies에 관심을 두는 것으로 족하다. 《매 맞는 아이》의 대수롭지 않은 어느 괄호 속에서 프로이트는 그의 환자 중 한 사람의 백일몽白日夢이 "거의 문학적 허구fiction littéraire의 수준에 이르렀음"을 지적한다(133쪽). 만약 프로이트가 자리의 〈절대적 사랑〉을 읽을 기회가 있었다면, 거기서 그는 자신에게 결핍된 그 '문학적 허구'를 발견했을지도 모를 일이다.

참고 문헌

Abel Carl(1884-1885), «Über den Gegensinn der Urworte», in *Sprachwissenschaftliche Abhandlungen*, Leipzig. Voir, sous le même titre, Freud, 1910-1971.

Arrivé Michel(1994-2005), *Language et psychanalysem linguistique et inconscient*, Paris: PUF, puis Limoges: Lambert-Lucas.

______(2007), *À la recherche de Ferdinand de Saussure*, Paris: PUF.

Benveniste Émile(1956-1966), «Remarques sur la fonction du langage dans la découverte freudienne », in *La Psychanalyse, I, Puis de linguistique générale*, Paris: Gallimard, pp. 75-87.

Damourette Jaques et Pichon Édouard, *Des mots à la pensée. Essai de la langue française*, Paris: d'Artray

Freud Sigmund(1891-1983), *Contribution à la conception des aphasies (Zur Auffassung der Aphasien)*, Paris: PUF.

______(1896-1989), «L'hérédité et l'origine des nérvroses», in *Œuvres complètes*, vol. III, PUF, pp. 105-120.

______(1900-1967), *L'interpretation des rêves(Die Traumdeutung)*, Paris: PUF.

______(1901-1922), *Psychopathologie de la vie quotidienne(psychopathologie des Alltagslebens)*, Paris: Payot.

______(1905-1988), *Le mot d'esprit dans ses relations à l'inconscient(Der Witz in seine Beziehungen zum Unbewussten)*, Paris: Gallimard.

______(1910-1971), «Des sens opposés dans les mots primitifs»(«Über den Gegensinn der Urworte»), in *Essais de psychanalyse appliquée*, Paris: Gallimard, pp. 59-67.

______(1910-1993), «Remarques psychanalytiques sur un cas de paranoïa»(Le président Schreber), in *Œuvres complètes*, vol. X, PUF, pp. 231-304.

______(1912-1924), *Totem et tabou(Totem and Tabu)*, Paris: Payot.

______(1913-1980), L'intérêt de (sic) la psychanalyse(«Das Interesse and der Psychoanalyse»), *Scientia*, 31, pp. 240-250 et 32, 369-384, Paris: Retz.

______(1915a-1988), «Pulsions et destins des pulsions»(«Triebe und Triebschicksale»), in *Œuvres complètes*, XIII, pp. 161-185.

______(1915b-1988), «L'inconscient»(«Das Unbewusste»), in *Œuvres complètes*, XIII, pp. 203-242.

______(1919a-2002), «Un enfant est battu»(«Ein Kind wird geschlagen»), in *Œuvres complètes, XV*, pp. 116-146.

______(1919b-2002), «L'inquiétant»(«Das Unheimliche»), in *Œuvres complètes*, XV, pp. 147-188.

______(1923-1991), «"Psychanalyse" et "Théorie de la libido"», Encyclopedie de la sexologie humaine, in *Œuvres complètes*, t. XVIII, pp. 1-92.

Freud S.(1938-1981), *Abrégé de psychoanalyse(Abriss der Psychoanalyse)*, Paris: PUF.

Freud S. et Breuer J.(1895-1981), *Études sur l'hystérie*, Paris: PUF.

Greenberg Valerie(1997), *Freud and his Aphasia Book: Language and the Source of Psychoanalysis*, Ithaca(NY): Cornell University Press.

Jarry Alfred(1899-1972), *L'Amour absolu, exemplaires multigraphiés*, puis *Œuvres complètes*, t. 1, Paris: Gallimard, Bibliothèque de al Pléiade, pp. 917-958.

Hombert Jean Marie(direct.)(2005), *Aux origins du langage et des langues*, Paris: Fayard.

Lacan Jacques(1970-2001), «Radiophonie», *Scilicet*, 4, pp. 5-52, in *Autres écrits*, 2001, pp. 403-447.

______(1973a-2001), *Télevision*, Paris: Le Seuil, in *Autres écrits*, 2001, pp. 449-495.

______(1973b-2001), «L'Étourdit», *Scilicet*, 4, pp. 5-52, in *Autres écrits*, 2001, pp. 449-495.

______(1973), *Le Séminaire, Livre XI: Les quatre concepts fondamentaux de la psychanalyse,* 1964, Paris: Le Seuil.

______(1986), *Le Séminaire, Livre VII: L'éthique de la psychanalyse, 1959-1960*, Paris: Le Seuil.

______(1991), *Le Séminaire, Livre VIII: Le transfert, 1960-1961*, Paris: Le Seuil.

______(2001), *Autres écrits*, Paris: Le Seuil.

Lopes Marcos(2004), «Abel et les sens opposés en égyptien classique», in *Marges Linguistiques*, pp. 7-8.

Roudinesco Élisabeth et Plon Michel(1997), *Dictionnaire de la psychanalyse*, Paris: Fayard.

Saussure Ferdinand de (1916-1986), *Cours de linguistique générale*, Lausanne, puis Paris et Lausanne, Payot.

Seguy Robin(2006), «Du sens opposé des mots originaires comme problème de linguistique générale», in *Langage et inconscient*, n° 1, janvier, pp. 97-

117.

Shakespeare, *Hamlet*.

Sophocle, *Œdipe roi*.

Sperber Hans(1912), «Über den Einfluss sexueller Momente auf Entstehung und Entwicklung der Sprache», in *Imago*, I, 5, pp. 405-453.

Vilela Izabel(2006), «In principio erat verbum», in *Langage et inconscient*, n° 1, janvier, pp. 118-142.

2장

프로이트에게 있어서 단어와 사물[58]

2003년에 출판된 한 편의 텍스트가 포함하고 있는 미세한 세부사항 하나를 되새기면서 나는 이번 장을 인색하고 치사스러우며 논쟁적이고 불쾌한 방식으로 시작하려 한다. 그것은 하나의 각주脚註인데, 표면상으로는 아무런 중요성도 없어 보이는 너무도 사소한 것이다. 우리는 그 각주를 앙드레 그린André Green[59]이 발표한 〈발화의 언어학과 의식적이지 않은 정신 현상Linguistique de la parole et psychisme non conscient〉(2003)[60]이라는 논문에서 접할 수 있다. 그린은 페르디낭 드 소쉬르와 프로이트 사이에 존재할 수 있는 잠재적인 관계들의 문제를 환기하면서 자신의 논문 각주 1에서 다음과 같은 형식의 진술을 내뱉고 있다.

> 프로이트의 지도하에 정신분석 연구를 하던 레몽 드 소쉬르Raymond de Saussure〔페르디낭의 아들—아리베〕는 부친의 몇몇 생각들을 인용한 자신의 박사학위 논문을 프로이트에게 제출했을 것이다. 하지

만 우리는 그의 그러한 행동이 정신분석학의 설립자인 프로이트의 저술에는 어떠한 반향도 일으키지 못했다는 점을 알고 있다. (2003, 283쪽)

앙드레 그린은 필시 그 사건을 알고 있었으며, 또 그가 인용한 저서들에서 보고된 그 사건의 실상을 알고 있었다. 레몽의 정신분석 박사학위 논문은 프로이트에게 틀림없이 제출되었고, 프로이트는 그 논문의 서문序文을 썼으며, 심지어 두 개의 흥미로운 각주를 작성하기도 했는데, 이 각주는 레몽 드 소쉬르가 자신의 저서 속에 조심스럽게 통합시켰다. 그 서문과 두 개의 각주는《프로이트 전집》독일어판과 영어판, 그리고 프랑스어판을 통해서 알려졌다(프랑스어판의 경우는《전집》16권, 159-160쪽). 말실수lapsus[61] 현상에 관하여 프로이트가 서문을 썼던 (바로 이 같은 사실로부터 프로이트가 틀림없이 읽었을) 바로 이 저서에서, 레몽 드 소쉬르가 그의 부친 페르디낭의 연구들을 암시했다는 것은 정확한 사실이다. 페르디낭의《일반 언어학 강의》는 그의 아들인 레몽의 저서에 분명히 인용되어 있다(1922, 83쪽). 그렇다면 프로이트는 왜 이 짧은 대목을 인용하지 않았을까? 그 대목은 흥미로운 부분이었다. 그 대목은 여러 유형의 '말실수들 lapsus linguae'*을 겨냥하고 있었고, 특히 말실수의 몇몇 경우에 나타

---

* 특히 레몽 드 소쉬르의 흥미를 끈 이 '말실수'의 문제는 그의 아버지 페르디낭 드 소쉬르의 연구와 프로이트의 연구 사이에 그가 도입한 관계를 통해서 이루어졌다. 특히 이 문제는 페르디낭 드 소쉬르가 1916년 이후에 샤를 바이Charles Bally(소쉬르의 제자이자 동료 교수였고《일반 언어학 강의》의 편집자—옮긴이)에게 보낸 편지에서 그 실마리를 찾아볼 수 있다. 미셸 아리베의 1994-2005년 저술 18-19쪽을 참고할 것.

나는 최소 수고의 원리principe de moindre effort가 어떻게 개입되는가의 문제를 중심에 두고 있었다.

> 언어학자들은 사람들이 통상적으로 사용하는 단순화에 속하는 이 같은 상이한 종류들을 연구하고 분류했다.

그리고 한 권의 저서에 대한 관심을 표출하는 각주 하나가 제시된다.

> 이 주제에 관하여 페르디낭 드 소쉬르의 1915년[62] 파요Payot 출판사의 《언어학 강의》('일반'이 빠진 원문대로)*를 참고할 것.

앙드레 그린은 이 모든 것을 알고 있었다. 하지만 너무나 잘 알고 있던 이 사실을 옮겨 적는 순간에, 그의 펜촉 아래 떠오른 것은 조건법le conditionnel—2002년 아이예Haillet[63]의 탁월한 표현에 따르면 '발화적 이타성altérité의 조건법'—이었다. 결국 그린은 자신이 알고 있던 명백한 사실로 드러난 진술에 대해 스스로 책임지기를 거부했다. 요컨대 그는 그 사실을 부인한 셈이다. 최소한 그는 프로이트가 페르디낭 드 소쉬르를 인용하려고 읽었을(혹은 소쉬르라는 이름을 들어봤을) 가능성을 확인되지 않은 불확실한 담론으로 내버려두고 만다(소쉬르의 아들 레몽이 프로이트와 정신분석 연구를 함께하던 기간 동안 어떻게 아버지의 이름을 침묵하고 넘어갈 수 있었겠는가? 내가 그러한 가능

---

* '원문대로*sic.*' 여기서는 '*Cours de linguistique*'(《언어학 강의》)라고 되어 있고 '일반 *générale*'이 빠져 있다.

성을 주장하는 이유다).*

그린의 각주에 나타난 '논문을 제출했을 것aurait communiqué'이라는 (프랑스어의) 조건법 표현이 유일하게 주목할 만한 요소는 아니다. 또 '사람들은 알고 있다on sait'라는 표현에서 '사람들on'(프랑스어에만 존재하는 독특한 인칭대명사—옮긴이)이라는 눈여겨볼 만한 요소도 있다.[64] 과연 이 사실을 알고 있던 (인칭대명사) '사람들on'이란 도대체 누구인가? 뿐만 아니라 그린은 무엇으로부터 사람들이 그 사실을 알고 있다는 입장을 견지하는 것일까? 요컨대 그러한 사실을 알고 있다고 전제하는 그 인칭대명사 '사람들on'의 표현에서 그는 사람들이 알고 있다는 그 앎의 기원을 떠도는 의구심을 어떻게 받아들이는 것일까?

감히 말하자면 사소한 이 각주 속에 나타나는 그린의 담론은, 최소한 사람들이 말할 수 있는 한, 논쟁을 초래할 만한 것이다. 특히 그의 담론은 무엇보다도 극도로 징후적이다. (의식적이었든 아니었든) 그린의 담론은 자신의 연구 프로젝트 자체에 통합되기도 하며 위에서 인용된 그의 논문과 다른 많은 출판물들 속에 편입되는데, 그 가운데 몇몇 출판물은 이 책에서 인용할 것이다. 언어학과 정신분석학 사이의 관계가 무엇이든지 간에, 그 관계의 어떤 가능성마저 금지시키는 것이 그의 핵심 논지였다.** 그린의 이러한

---

* 이러한 점에서 그린의 경망스러운 행동은 평소 참고 문헌을 다루던 그의 세심함과는 완전히 상반되는 매우 놀랍고도 의미심장한 것이다. 그린이 1977년에 발표한 논문에서 우리는 날짜 표기의 오류에 관하여 그가 보고한 일화逸話를 읽으면서 이 점을 확인할 수 있을 것이다.

** 페르디낭 드 소쉬르를 다룬 출판물에서 그린은—이 각주는 바로 이 연구물에서 나타나는데—소쉬르에 대해서 글을 쓰도록 자신을 초대한 언어학자들에게 하찮은

—요컨대 거의 쓸모없는—시도의 역사는 언급하지 않고, 나는 앞서 언급된 논문보다 더 오래된 그린의 논문에 등장하는 두 개의 문장을 인용하고자 한다. 이 연구는 1997년에 발표된 〈표상의 일반 이론 한복판에 있는 언어활동Le langage au sein de la théorie générale de la représentation〉[65]을 말한다.

첫째, '언어학자들의 언어활동langage'이라는 제목을 달고 있는 이 논문의 단락에서 그린은 다음과 같이 냉정하게 서술한다.

> 나는 정신분석학의 장場 밖에 위치해 있는 연구들을 조금도 참조하지 않고도 나의 주제를 다룰 수 있다는 것을 너무나 잘 알고 있다. 연구의 소재는 나머지 것을 필요로 하지 않을 만큼 충분히 넉넉하다. (1997, 25쪽)

언어학자들은 자신들의 연구가 위의 그린의 글에서 사용된 '나머지 것'이라는 표현으로 가볍게 퇴출당하는 방식을 평가할 것이

미끼를 던져주어야 했다. 그린이 언어학자들에게 준 이 미끼는 바로 발화 언어학에 대한 소쉬르의 기획이었다. 다른 누구보다 먼저 나 자신이 이 주제에 대해 지나칠 정도로 많은 연구물을 출판했는데 이는 다른 사람들에 앞서 그것을 자명하게 만드는 데 기여했던 것들을 반박하기 위해서였다(특히 1998년, 1999년, 그리고 2007년 나의 저서를 참고할 것). 그렇지만 너무도 분명한 사실은 저자의 의도 속에서 실제적이고 확실한 '발화 언어학linguistique de la parole'이라는 기획은 (아마도 시간의 부족 때문이었겠지만) 소쉬르가 구상한 실제로 실현되지 않았다는 점이다. 따라서 프로그램화되고 자리매김은 되지만, 결국 언어학과 정신분석학 사이의 가능한 협정의 유일한 지점으로서 연결되지 못한 이 '발화 언어학'을 제시하는 것은 최소한 무모하고 (혹은 무모하거나) 논쟁을 초래할 만하다. 궁극적으로 우리가 언어학과 정신분석학 사이에는 가능한 어떠한 관계도 없음을 암시하려 애쓰는 게 아니라면 말이다.

다. 그러나 그린의 열정적 활력으로 부각되는 그처럼 특이한 형식을 차치하고라도, 이러한 제스처는 정신분석학자들의 진영에서 빈번하게 나타난다. 최소한 그린은 자신이 퇴출시킨 그 '나머지'의 몇몇 요소들을 알고 있다는 미덕을 지녔다.

둘째, 돌연 외교적 배려로 입장을 선회한 그린은 그간 자신의 입맛에 맞는 한 언어학자를 발견하는데(사실 그도 정신분석학자였다), 그에 대한 평가에는 다소 온건해졌다. 그린은 다음과 같이 지적하는 데 만족한다. "언어학과 정신분석학 사이의 관계들은 상당한 공력을 필요로 한다"(1997, 33쪽).

사람들이 이 텍스트들을 읽을 때—당연히 이 텍스트들은 그린의 펜으로만 생산된 것들은 아니다—그들은 어떤 긴장을 감지한다. 이를테면 '무의식inconscience'이라는 말로 장난치지 않는다면, 언어활동langage과 무의식의 관계뿐만 아니라 언어학과 정신분석학의 관계라는 장場에서 연구를 계속하기 위해서는 상당한 용기를 필요로 할 것이다. 특히 '무엇으로부터 그것ça[66]이 말하는가'[67]라는 질문을 제기하는 학술대회에 참여하기 위해서는 더욱 그렇다. 실제로 이 책의 2장에서 그것ça의 기원 중 하나를 지엽적으로나마 찾아낸 마주침이 바로 그 물음이었기 때문이다. 이 질문을 스스로 제기하기 위해서는 그것ça이라는 단어의 모든 의미에서의 '그것ça'이 말해야 한다. 이 얼마나 끔찍한 일인가! 라캉의 논지는 이렇다. "무의식, 그것이 말한다. 이것은 무의식을 언어활동langage에 의존하게 만드는 것이다"(라캉 《텔레비지옹Télévision》 1973, 16쪽). 만약 '그것'이 말한다면 그것은 무엇인가를 갖고 말해야 한다. 그것을 '단어'라고 하면 어떨까. 묘한 이 '단어'라는 단어 말이다. 라캉은 (거의 어원적으로)

라틴어화된 'motus'*의 형태 속에 단어가 자신의 고유한 부정否定인 침묵(無言silence)을 의미하고 있다고 어디에선가 상기시킨다. 라퐁텐La Fontaine의 도움을 받자면, 그는 "단어는 본질적으로 응답應答의 부재이다"라고 말한다. 라퐁텐은 또 이렇게 말했다. "단어, 그것은 침묵하고 있는 것이며, 이는 다시 말해 그 단어에 대해 어떠한 단어도 발음되지 않는 바로 그것이다"(라캉 《세미나Séminiare》 7권 《정신분석학의 윤리L'Éthique de la psychanalyse》 1986, 68쪽). 우리가 아돌프 리포투아Adolphe Ripotois의 유명한 격언을 생각해본다면 "단어mot, 그것은 R를 갖지 않은 죽음mort을 말한다"(1977년에 발표한 나의 소설 《바보 같은 늙은이의 회상Les remembrances du vieillard idiot》을 참고할 것).

단어, 그것은 1891년부터 1938년까지의 연구 기간 내내 끊임없이 프로이트의 흥미를 끈 문제이다. 1919년에 프로이트는 수많은 사례 가운데 독일어 형용사 'unheimlich'(두려운 낯섦)[68]과 관련하여, 이 말의 너무나 특별한 위치를 연구하기 위해 엄밀하게 말하자면 스스로 어휘학자lexicographe로 변모하게 된다. 몇몇 경우에서 이 단어는 부정否定 접두사가 없는 형태인 '반의어' 'heimlich'와 똑같은 의미를 지니게 된다(〈두려운 낯섦Das Unheimliche(L'inquiétant)〉 1919, 《프로이트 전집》 15권, 148-188쪽).

이와 동시에 단어는 소쉬르에게 있어서 '기호'가 취할 수 있는

---

* 'motus'라는 말은 리슐레의 저술에서 '침묵'이라는 의미와 함께 확인된다[세자르-피에르 리슐레(César-Pierre Richelet, 1626-1698)는 1680년 최초의 프랑스어 사전(*Dictionnaire françois contenant les mots et les choses*)의 편찬자로 알려져 있다 — 옮긴이]. 그러나 그 어원은 'mottum'이라는 형태를 가지고 있었다. 이 말은 후기(중세) 라틴어의 'muttum'의 변화된 형태로서 '발화된 소리son émis'를 의미했다.

양상들 가운데 하나이다. '기호'는 다들 알고 있듯이 1911년 6월 소쉬르가 최종적으로 수립한 주조鑄造 속에서 '기의signifié' 와 '기표signifiant'의 조합이다. 따라서 우리의 관심은 프로이트가 제시한 단어에 대한 문제 설정으로부터 어쩔 수없는 상황—여기서는 단어들의 어쩔 수 없는 상황을 말한다—으로 인하여 라캉에게서 나타나는 기표의 문제 설정으로 나아간다.

나의 주제를 가로막는 끔찍한 어려움을 독자들은 알 것이다. 그것은 무의식의 문제에 다름 아니기 때문이다. 그것은 개념으로서의 무의식—하나의 언어활동un langage처럼 구조화되어 있든 아니든—을 말하는 것이고, 하나의 논문뿐만 아니라 두 개의 중요한 논문에 등장하는 제목으로서의 무의식을 말한다.

첫째, 〈무의식L'inconscient〉,[69] 독일어로 〈Das Unbewusste〉(1915e. 참고 문헌의 일러두기를 참고할 것). 이 논문은 1915년에 발표된 프로이트의 《메타심리학Métapsychologie》 중 세 번째 글이다. 아마도 독일어판의 도움을 받아야 할 것이다. 필자가 보기에 제일 좋은 프랑스어 번역은 프랑스어판 《프로이트 전집》이 아니고 (그 이유에 대해서는 여기서 논증하지 않겠다) 1992년에 간행된 번역판인 것 같다. 이와 동시에 《윈베뷔L'Unebévue》라는 정신분석학 전문 학술지의 어느 분책에 수록된 독일어 텍스트 역시 우수해 보인다.

둘째, 본느발Bonneval에서 열린 학술대회에서 발표된 논문으로 1961년 《현대Les Temps modernes》지 6월호에 게재된, 장 라플랑슈Jean Laplanche[70]와 세르주 르클레르Serge Leclaire[71]가 공동으로 연구한 〈무의식. 정신분석학적 연구L'inconscient, une étude psychanalytique〉[72]를 지적할 수 있다.

프로이트의 성찰 속에서 언어활동langage의 위치는 놀랄 만큼 다양한 평가를 야기한다. 앙드레 그린은 이 점을 매우 날카롭게 주목한다. 단, 이는 그가 극심한 반反라캉주의적 태도로 인해 그러한 날카로움이 희석되지 않았을 때이다.

> 프로이트의 사상과 언어활동langage 사이에 존재하는 관계들이 항상 명확한 것은 아니다. 이러한 상황은 몇몇 우리 동시대인들로 하여금 프로이트에게 있어서 언어활동이 단지 아주 드물게만 문제시되었다는 점을 한결같은 확신을 갖고 단정 짓도록 했다. 반면 다른 사람들은 오직 '그것ça'만이 문제시되었다는 주장을 견지하고 있다. (《현대 정신분석학을 위한 주요 사상Idées directrices pour une psychanalyse contemporaine》 2002, 270쪽)

이보다 더 잘 표현할 수는 없을 것이다. 오직 '그것ça만이 문제시되었다'는 것을 확신하는 나 같은 프로이트 독자는 이와는 상반된 견해를 가진, 이론의 여지가 없는 확신을 마주하면서 놀랄 수밖에 없다. 그렇지만 단어에 관해 프로이트는 어떠한 망설임도 내비치지 않은 것처럼 보인다. 즉, 프로이트의 입장에서 그것이 특별한 호기심의 대상이었다는 점은 매우 분명하다. 그의 첫 번째 저서인 《실어증 개념에 관한 연구Zur Auffassung des Aphasien》(흔히 프랑스어 번역으로 *Contribution à la conception des aphasies*)는 매우 핵심적으로 대상(Objekt, objet)과 사물(Sache, chose)의 관계 속에서 단어Wort의 개념에 관한 성찰을 포괄한다. 단어의 표상Wortvorstellung과 사물의 표상Objektvorstellung 사이에 존재하는 관계의 구조를 나타내는 프로이트의 도식은 다음과 같다.

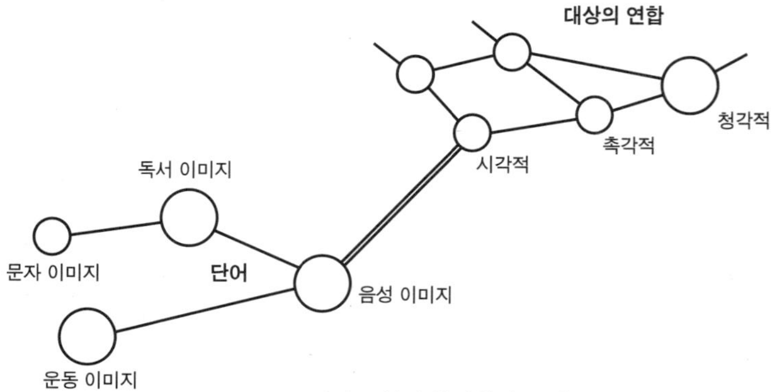

단어 표상의 심리학적 도식

이 도식은 아무리 주의 깊게 읽어도 지나치지 않을 다음과 같은 문구로 설명된다.

> 단어의 표상은 닫힌 표상적 복합체로서 나타나고, 대상의 표상은 열려진 복합체로서 나타난다. 단어의 표상은 그것을 구성하는 모든 부분에 의해서 대상의 표상과 연결되는 것이 아니라 단지 청각 이미지image acoustique에 의해서만 연결된다. 음성 이미지image sonore가 단어를 표상하는 것과 마찬가지로 사물의 연합 가운데 대상을 표상하는 것은 시각적이다. 언어의 음성 이미지와 대상의 다른 연합의 관계들은 지시되지 않았다. (《실어증 개념에 관한 연구》 1891-1983, 127쪽)

내가 이 단락을 이처럼 강조하는 까닭은 무엇일까? 그 이유는 이 단락이 확실히 이론적이고도 역사적인 중요성을 지니고 있기 때문이다. 이론적 중요성을 갖는 것은 이 단락이 단어와 단어의 표상에 대한 매우 명료한 정의를 제시하고 있기 때문이다. 프로이트에게 단어는 결국 자신의 고유한 표상일 뿐이다. 역사적 중요성을 갖는 것은 이 단락이 단어에 대한 프로이트의 개념화를 결정적으로 확정짓고 있기 때문이다. 우리는 실어증 개념에 관한 저서를 통해서 1891년*에 당도해 있다. 이번에는 1923년으로 32년을 훌쩍 뛰어넘어 가보자. 《자아와 그것Le Moi et le Ça》[73]이라는 저서에서 단어의 개념화는 거의 정확히 단어의 표상Wortvorstellung의 다양한 구성 요소들 사이에 존재하는 위계질서가 명시적으로 설정되면서 다시 다루어진다.

> 단어의 나머지 요소들은 본질적으로 청각적 지각 작용에 속하는 요소들이다. 그 결과 이를 통해서 이를테면 전의식계Pcs의 특별한 감각적 기원이 주어진다. 단어의 표상을 이루는 시각적 구성 요소들을 엄밀하게 따져보면 독서에 의해 획득된 부차적인 요소들로 무시할 수 있다. 지지支持 기호의 역할을 하는—물론 귀먹은 벙어리의 경우는 예외로 한다—단어의 운동 이미지의 경우도 마찬가지이다. 엄밀하게 말해서 단어는 소리로 들은 단어mot entendu의 기억을 도와주는 나머지 것이다. (《자아와 그것Le Moi et le Ça》 1923b-1991, 《전집 XVI》, 265쪽)

* 그것은 1881년이 아니다. 줄리아 크리스테바Julia Kristeva의 1996년 저서인 《저항의 의미와 무의미Sens et non-sens de la révolte》(60-68쪽)의 어느 한 장—요컨대 매우 흥미로운 장이다—에서 여러 페이지에 걸쳐 1881년이라는 해가 반복되었던 것과는 달리 말이다.

1891년 도식에서 의미작용은 어떻게 정의될까? 우리는 의미작용이 음성적 양상을 띤 단어의 표상과 시각적 양상을 띤 사물의 표상 사이의 관계로서 정의되고 있다는 점, 즉 의미작용이 단어의 표상과 대상의 표상 사이에 존재하는 관계로서 정의되고 있다는 것을 알 수 있는데, 이 관계를 나타내는 비스듬하게 그어진 이중선을 보면 어렵지 않게 파악할 수 있다.

단어들의 표상부터 시작해보자. 그것은 다음과 같은 세 가지 특징을 갖고 있다.

첫째, 단어의 표상은 복잡하고 종합적이다. 정확하게 말해서 음성 이미지image sonore에 읽기(독서) 이미지와 쓰기(문자) 이미지 그리고 운동 이미지가 추가되어 단어의 표상이 네 가지 유형의 이미지를 결합시킨다는 점에서 그렇다.

둘째, 그렇지만 음성 이미지는 특권화된 위상을 갖는다. 왜냐하면 대상의 표상과 더불어 관계가 설정되는 것은 바로 음성 이미지이며 이 음성 이미지만이 유일하기 때문이다. 1923년에 프로이트는 시각적 요소들을 '부차적인 것'으로 간주하기에 이른다.

셋째, 단어의 표상은 그 복잡성에도 불구하고 하나의 닫힌 복합체이며 이를 통해서 대상의 표상과 대립한다.

몇 가지 구성 요소들과는 동떨어진 완성되지 않은 선들이 그 점을 발현하고 있듯이, 단어의 표상과는 대조적으로 대상의 표상은 하나의 '열린 복합체'를 구성한다. 분명히 문제가 되는 것은 있는 그대로의 지시체référent(지시대상)가 아니라 '매우 이질적인 시각적, 청각적, 촉각적, 운동 감각적인 것과 그 밖의 다른 매우 이질적인 표상'(127쪽)에 의해 주어진 지시체이다.

의미작용에 관한 한 그것은 일말의 모호함도 없이 다음과 같이 정의된다.

> 우리가 만약 최소한 우리의 합리적 추론을 실사實辭로 제한한다면 단어는 '대상의 표상'과의 관계를 통해서 자신의 의미작용을 얻게 된다. (127쪽)

우리는 실사들의 부류에 설정된 한계의 범위를 이해한다. 이 같은 부류의 경우는 의미작용을 단어와 실질적인 현실의 지각 사이에 존재하는 관계로서 가장 잘 이해할 수 있다. 이 관계는 이를테면 동사나 형용사처럼 우리가 실사들의 부류로부터 벗어나자마자 그것 자체로는 좀처럼 이해하기가 어렵게 된다.

여러 실어증에 관한 프로이트의 분류와 특히 비非상징적 실어증aphasie asymbolique의 자리매김은 의미작용의 이러한 개념화에서 직접적으로 유래되었다. 프로이트는 이 개념을 정당하게 강조한다. 프로이트는 상징적인 것le symbolique이 단어의 표상과 대상의 표상 사이에 존재하는 관계 속에 그 근거를 두고 있다는 점과 아울러 동시에 비非상징적인 것l'asymbolique은 이 관계의 단절에 기인한다는 점을 주목한다. 이 개념은 그의 시대에 새로운 것이었으며 그는 이 점을 명확하게 환기시켰다.

> 나는 핀켈부르크Finkelburg 이후에 사용된 것과는 다른 의미에서 비

非상징성asymbolie이라는 명칭에 도움을 청한다. 왜냐하면 내가 보기에 단어의 표상과 대상의 표상의 관계는 대상과 대상의 표상 사이에 존재하는 관계보다 '상징적symbolique'이라는 제목이 더 어울릴 듯 보이기 때문이다. (128쪽)

우리는 다음 사실을 알게 된다. 단어 표상의 의미론적 성분은 전적으로 대상의 표상과 더불어 맺는 그것과의 관계에 의해 고려된다. 단어와 사물 사이에 존재하는 이 같은 관계의 직접성은 프로이트가 특히 《세속적 분석의 문제La question de l'analyse profane》에서 그리고 무엇보다도 《토템과 터부》에서 단어의 마법적인 효력이라고 부른 것을 설명해준다. 즉, 단어를 발설한다는 것, 그것은 곧 사물이 솟아나도록 만드는 것이다. 이 문제는 '프로이트의 메타언어métalangage와 자기지시성autonymie'에 대해 다루는 4장에서 재론할 것이다.

나는 그의 이러한 개념화가 거의 동시대에 이루어진 소쉬르의 개념화와는 완전히 대척점에 있다는 데 주목한다. 1891년은 바로 소쉬르가 제네바Genève 대학에서 행한 몇 차례의 강연에서 사물이라고 부른 것에 대한 모든 고려를 배제하면서 '언어기호'—이를테면 단어—의 개념화를 자리매김한 때이다. 두 사람이 제안한 도식의 형태는 근본적으로 다르다. 즉, 소쉬르에게 '개념concept'과 '청각이미지image acoustique'—이때까지만 해도 기의signifié와 기표signifiant라는 명칭은 아직 부여되지 않았다—는 밀접하게 결합된 하나의 실재entité—이 실재가 '기호'가 된다—의 두 측면이다. 이것은 기표와 기의를 결합하는 선이 표시하고 있는 바이다.* 프로이트에게서 단어는 사물과 거리를 두고 있다. 즉, 단어와 사물이 서로가 서로에게 유도하는 경로로 이루어진 위의 도식이 이를 나타내고 있는 것이다. 이것은 소쉬르가 프로그램화한 비非지시적 의미론과는 정반대로 프로이트의 의미론적 도식이 하나의 지시적 의미론이라는 점을 말해주고 있다. 프로이트는 '표상représentation'—여기서는 단어에 의한 사물의 표상인—을 지칭하기 위하여 다른 곳에서 같은 의미의 'Vorstellung'[74]이라는 독일어를 사용하여 'Darstellung'[75]에 대해 말한다(《꿈의 해석》 독일어판 1900-1961, 251쪽). 이 점에서 소쉬르에게는 근본적인 개념인 '네거티브 가치valeur négative'[76]가 프로이트의 성찰에서는 완전히 부재한다.

폴-로랑 아순Paul-Laurent Assoun은 프로이트와 소쉬르의 대립을 정확하게 주목한다. 비록 프로이트를 적절히 읽었다고는 하지만, 소쉬르에 대한 해석에서 안타깝게도 그는 처음부터 끝까지 착각했다.

> 소쉬르에게 그 '사물'—사물은 프로이트에게 고유한 표상적 특색registre을 가지고 있는데—은 개념의 상관물로서 언어기호의 절반인 것이다. (1992, 274쪽)

사물은 '언어기호의 절반'이기는커녕 언어기호의 소쉬르적 개

* 라캉이 기호의 두 요소(기표와 기의)를 결합시키는 이 선線을 그 둘을 분리시키는 하나의 차단선으로 읽을 것이라는 점을 우리는 물론 알고 있다. 내가 여기서 그 같은 라캉의 오해(혹은 오역)에 관해서 말하기를 자제하고 있다는 사실을 굳이 언급할 필요가 있을까. 심오하게 변증법적인 소쉬르의 사고는 그 몇 가지 양상에서 이러한 해석을 낳을 소지가 있다…

념화로부터 가장 분명한 방식으로 제거된다.* 따라서 이 점에서 소쉬르와 프로이트 사이에는 그 어떤 양립가능성도 없다. 만약 우리가 두 사람의 성찰에서 공통적인 어떤 것을 발견하려 한다면 프로이트의 음성 이미지image sonore 쪽에서 찾아보아야 할 것이다. 용어의 측면에서 이 표현은 충분히 정확하게 소쉬르의 청각 이미지image acoustique를 환기시킨다. 요컨대 이 두 '이미지'가 동일한 방식으로 착안되었는지 자문해볼 여지가 있을 것이다. 즉, 우리는 소쉬르에게서 그 이미지가 '기표'로 변형되는 것이 예고되었던 것을 기억한다. 그 같은 '기표'로의 변형은 실제 현실에 대해서 아직은 포함할 수 있는 모든 것들을 그 청각 이미지로부터 제거해버리는 결과를 낳았다. 프로이트에게서 사정은 전혀 다르다.

단어들과 사물들에 대해 프로이트가 제시한 이론의 내용을 살펴보기에 앞서 한 가지 질문을 제기할 필요가 있다. 1891년 소장학자 프로이트의 이론적 착상 과정에서 무의식은 어디에 있는가? 첫눈에 보면 어디에도 없다. 대문자가 사용되지 않은 '무의식적unbewusste'이란 단어, 즉 형용사로 사용되는 이 단어는 여러 번 나타나지만 프로이트가 나중에 말한 바 있듯이 명백하게 관습적이며 '묘사적'인 의미와 함께 나타난다. 즉, '무의식적'인 것은 잠정적으로

* 나는 너무나도 잘 알려진 이 문제를 재론하지 않을 것이다. 피숑(1937)과 뱅베니스트(1939) 이래로 널리 알려진 이 문제는 최근에 아제주(Hagège, 2003)와 나의 저서(Arrivé, 2007)에서 다시 논의되었다. 어쨌거나 빈번하게 범하는 오류를 피해야 할 것이다. 즉, 사물이 기호로부터 제거되었으나 소쉬르의 자필 수고手稿에서 상기시키는 바대로라면, 발화 행위acte de parole에서는 그렇지 않다는 사실이다. 불행히도 소쉬르의 자필 수고에서는 너무나 짧고 부정확한 암시들로 그 문제가 언급되었을 뿐이다.

의식에서 벗어나는 것을 말한다. 그렇다면 대문자를 동반하는 '무의식Unbewusste'은 완전히 부재하는 것을 말하는가? 아마도 아닐 것이다. 그러나 마치 고양이(또는 장난꾸러기)가 나뭇가지나 벽난로의 불길 속에 숨어 있는 숨은 그림 찾기에서처럼 무의식을 찾아야 할 것이다. 내가 생각하기에, 사람들이 무의식의 전조前兆 préfiguration로 해석하려 했던 명시적으로 발화되지 않은 무엇인가가 은연중에 나타나는 듯이 보이는 성찰의 한 지점으로 무의식을 내몰았다. 프로이트가 정신적 '표상'—그것이 단어이든 사물이든 양자 가운데 어느 하나의 표상이 문제가 된다는 점은 구체적으로 명시되지 않았다—과 그리고 그 '생리학적 상관물'인 신경 세포의 변형 사이에 존재하는 관계라는 불가사의한 문제에 대해 연구를 시도하려는 순간, 그는 다음과 같이 연구의 난점에 이르게 된다.

> 단순 표상의 생리학적 상관물은 무엇인가? 혹은 무엇이 그 자체로 다시 나타나는가? 분명히 그것은 부동不動의 어떤 것이 아니라 오히려 한 과정의 본질에 속하는 그 무엇이다. 이 과정이 국지화localisation와 양립할 수 없는 것은 아니다. 이 과정은 피질cortex의 특별한 어느 지점에서 출발하고 그곳에서부터 대뇌 피질의 나머지 전 영역으로 확장되거나 혹은 특별한 경로들을 따라서 확장되어간다. 그 과정이 진행되었을 때, 그 과정 배후에 하나의 발현, 즉 기억souvenir의 가능성을 남긴다. 정신적인 어떤 것이 이러한 변형에 똑같이 상응한다면 이는 대단히 의심스러운 것이다. 우리의 의식은 정신적인 것 외에 '잠재적 기억 이미지image mnésique latente'라는 이름을 정당화시킬 만큼 유사한 그 어떠한 것도 제시하지 않는다. 그렇

> 지만 피질의 동일한 상태가 자주 촉진되는 것만큼이나 정신적인 것le psychique은 하나의 기억 이미지라는 형태 아래에 새롭게 다시 태어난다. (106쪽)

위 인용문은 극도로 난해하다. 이것을 이해하기 위해서는 겉보기에 모순적인 두 문장을 비교해보는 것이 중요하다. 한편으로는 의식에서 '잠재적 기억 이미지'의 모든 가능성을 배제하는 부정적 명제가 있다. 프로이트가 개진했던 성찰의 이 지점에서 정신적인 것le psychique은 결국 의식으로 환원되는 것처럼 보인다. 그러나 곧바로 긍정적인 명제가 도래하는데 그것은 하나의 '기억 이미지'라는 형태로 정신적인 것을 새롭게 재탄생시킨다. 비록 무의식이란 단어가 분명하게 명명되지 않았다 하더라도, 이 같은 이미지의 재탄생에서 과연 무의식이 아닌 다른 어떤 것을 할당시킬 수 있을까? 이렇듯 위 인용문은 분명 '무의식Inconscient'과 '전의식Préconscient'을 명명하고 있진 않지만 그때로부터 24년 후에 서술된 '의식적 기억mémoire consciente'과 '기억의 흔적traces mnésiques'의 관계들이 기술되는 방식을 미리 예고하고 있다.

> 의식적 기억은 의식계Cs에 총체적으로 결착되는 것으로 나타난다. 즉, 의식적 기억은 무의식계Ics의 사건들이 고정되는 기억의 흔적들과 엄밀하게 분리되어야 한다. (〈무의식〉 1915b-1992, 29쪽)

나는 단어와 사물의 관계에 대한 프로이트의 성찰이 변모하는 과정의 문제로 다시 돌아온다. 1891년과 1923년 사이에 나타난 두 시기를 예측할 수 있다. 하나는 20세기 초반 세 권의 중요한 저서가 출판된 시기를 말한다. 그 저서들은 《일상생활의 정신병리학》[77]과 《농담과 무의식의 관계》[78]를 말한다. 다른 하나는 1915년으로 거슬러 올라가서 '무의식'[79]이라는 제목의 논문이 발표된 시기를 말한다.

1900년에서 1905년까지의 기간

이때가 바로 《꿈의 해석Traumdeutung》과 《일상생활의 정신병리학Psychopathologie des Alltagslebens》 그리고 《농담과 무의식의 관계Witz und seine Beziehung zum Unbewussten》라는 중요한 세 권의 텍스트가 나온 시기이다. 특히 단어의 다양한 종류들로 제시된 언어 자료는 이 세 권의 텍스트에서 상당한 위치를 차지한다. 하지만 순서상 뒤에 언급된 두 편의 텍스트와 첫 번째 텍스트를 구별해야 할 것이다.

《일상생활의 정신병리학》과 《농담과 무의식의 관계》에서 언어활동langage 현상에 대한 분석과 더 구체적으로 단어 현상에 대한 분석은 있는 그대로 말하자면 파상적으로 확대된다.[80] 《일상생활의 정신병리학》은 'Signorelli'[81]에 대한 유명한 분석으로 나아가고 있으며, 《농담과 무의식의 관계》는 하인리히 하이네Heinrich Heine의 잘 알려진 'famillionnaire'에 대한 실질적인 분석으로 나아갔다는 점을 상기시키고자 한다. 그것은 모두 단어들이다. 물론 기묘한 단어들이다. 이 단어들은 프로이트가 제시한 1891년의 도식에서 나타난 것과 좀처럼 닮아 있지 않다. 나는 그 예로 'Signorelli'라는 단어를 포착하고자 한다. 이 말은 고유명사인데 이미 잊힌 말이다. 그 망각의 이유를 탐지하기 위한 프로이트의 작업은 엄밀히 말하면,

모든 언어학적 제약을 벗어나 그 말의 분산된 단편 조각들을 재구성하는 것으로 이루어져 있다. 그중에서도 특히 엄밀한 의미의 언어학적 제약의 관점에서 포착된 자율권을 설명하기 위해서, 나는 많은 사실들 가운데 두 가지 사실을 인용하고자 한다. 고유명사—원칙적으로 고유명사는 그 내용이 없지만—는 signor라는 의미적 요소를 나타나게 한다. 이탈리아어 단어인 이 'signor'는 다른 언어인 독일어에서 이와 동일한 단어인 'Herr'를 갑자기 출현시킨다.[82] 그것은 곧 무의식 속의 언어들langues이 더 이상 닫힌 체계로서 작동하는 것이 아니라 의미를 지닌 음절들의 저장소, 또는 음절들이 상기시키는 지시체들을 지닌 음절들의 저장소로서 작동한다는 것을 말한다.

유명한 'famillionnaire'라는 예를 살펴보자. 이 혼합어(Mischwort, mot-valise)는—곧 지적할 테지만 오류의 경우를 제외한다면 프로이트는 여전히 그 지칭을 알지 못했다—엄밀히 말해서 'familier'와 'millionnaire'라는 두 단어가 서로 압축된 하나의 '언어 기형'이다. 이 말은 언어학적으로 두 단어가 공통적인 것으로 지니고 있는 'mil(l)i'이라는 형태적 콘텍스트prétexte로 동음적同音的 분절체를 띠고 있다. 독자들은 프로이트가 출간한 이 두 권의 저서에서 이러한 유형에 속하는 매우 다양한 작동들이 매우 끈기 있게 분석되었다는 것을 기억하고 있을 것이다.

《꿈의 해석》에서 단어들은 표면상으로는 훨씬 덜 사용되었다. 하지만 단어들은 그 저술의 한 부분을 낳았으며 프로이트는 "여기에 제시된 적은 수의 예들에도 불구하고 이 방식은 매우 빈번하게 사용된다"는 점을 정확히 지적하고 있다(《꿈의 해석》, 262쪽). 이 몇 가지 예시들—정확하게 6개의 단어들—은 '꿈 작업'이라는 장章에서 '압축'(壓縮, Verdichtung, condensation)이라는 개념에 할애된 맨 마지막 부분에 나온다. 요컨대 꿈 작업의 첫 번째 양상에서 가장 눈길을 끄는 예시들은 바로 이 단어들이다. 음절들은 서로가 서로를 떠밀고 무너뜨리는 압축의 결과로 나타난다. 프로이트가 빈번하게 반복했던 공식에 따르면 단어들은 '사물들로서 다루어진다.' 이 장章의 뒷부분에서 유명한 '아우토디다스커Autodidasker'의 문제를 다시 다룰 기회가 있을 것이다. 필자는 이것이 매우 특별하게 라캉의 관심을 끌었다는 사실을 독자들에게 환기시키고자 한다(라캉, 《세미나》 3권, 269쪽). 3장—구체적으로 '어떻게 하나의 단어를 사물로 삼을 것인가'라는 부제가 달린 3장—에서는 단어가 사물로 변형해가는 문제를 매우 길게 다룰 것이다.

분명히 해둘 점은 분석의 대상으로 삼는 단어가 단지 《꿈의 해석》에서만 나오지는 않는다는 것이다. 즉 분석의 구성 요소들, 철자들, 음절들 그리고 텍스트 속에서 그것들의 배열은 꿈을 조직하는 모델로서 작동한다. 내가 정확하게 읽었다면, 나는 여기서 프로이트의 분석가들이 아주 드물게 인용하는 《꿈의 해석》의 한 부분을 인용하고자 한다.

> 꿈이 두 요소를 연결할 때마다 꿈은 이를 통해 꿈-사고 속에서 그 요소들에 상응하는 것 사이에 특별히 밀접한 관계가 있다는 점을 보증한다. 이러한 사실은 우리의 문자 표기에서 유래한 것과 마찬가지로 다음의 사실로부터 유래한 것이다. 즉 ab가 단일한 음절을 나타내고 있다는 것과 그리고 하나의 공간에 의해서 분리된 a와 b는 우

리에게 a가 어떤 단어의 마지막 철자이고 b가 다른 단어의 첫 번째 철자라는 점을 깨닫게 해준다. (1900-1967, 271쪽)[83]

여기서 언어학적 대상은—담화 속에서 단어들의 연쇄와 이 연쇄의 다른 형태에 부여된 변별적 표지들marques—꿈과 유사한 것analogue으로서 그리고 틀림없이 꿈의 모델로서 제시된다. 물론 그 대상이 담화 연쇄의 모델인 꿈이 아니라면 말이다.

단어라는 언어학적 대상이 꿈과 말실수 혹은 농담Witz에 나타날 때 겉보기엔 역설적이게도 자신의 언어학적 속성을 잃어버리는 것처럼 보인다. 독자들은 단어('Signorelli', 'Famillionnaire', 'Autodidasker', 기타 등등)에 대한 이러한 모든 분석에서 언어학적으로 고유한 기능들이 소거되거나 최소한 심하게 교란된다는 점에 주목할 수 있을 것이다. 프로이트가 나중에 그 단어들에 적용한 표현에 따르면(이를테면 《꿈의 해석》, 262쪽) 이 단어들은 '의미를 지니고 있지 않다'는 것을 뜻하는 것이 결코 아니다. 이러한 평가는 단어들이 분석되지 않은 만큼 그 단어들의 외양에 관한 것일 뿐이다. 단어들이 분석되었을 때에는 의미를 띠게 된다. 그러나 이 의미는 언어학적 대상들의 절차가 아닌 다른 절차에 따라 구성된다.

다음 기간은 1915년 〈무의식L'inconscient〉이라는 논문이 발표된 시기이다. 이 논문에 나타난 몇 가지 특징에 주의를 기울이는 것은 유용한 일이다.

첫째, 이 논문을 읽은 많은 독자들이 이 논문의 매우 기묘한 형태에 대해서는 거의 아무 말도 하지 않았다는 사실에 나는 줄곧 놀라고 있다. 즉, 그것은 처음의 6개의 장章들이 무의식이란 개념의 난점들과 패러독스 그리고―프로이트식 용어에 따라서―'수수께끼들'을 나열하고 있다는 점이다. 이 6개의 장들은 매우 격식 있는 표현으로 이루어진 7장 '무의식의 동일시Die Agnoszierung des Unbewussten'를 은연중에 예고한다. 프로이트는 '재인'(再認, reconnaissance)[84]이란 의미를 지니고 오스트리아의 법률학 어휘에서 특별하게 사용되는 라틴어 기원을 가진 매우 희귀한 한 용어를 선택했다. 사실상 문제의 관건은 공식적으로 〔권리상〕 무의식이란 개념을 설정하는 것이다.

> 우리는 앞선 논의에서 꿈과 전이 신경증névrose de transfert[85]에 국한시켜 논의했던 만큼 무의식Inconscient에 관해서 진술될 수 있는 거의 모든 것에 집중하였다고 본다. 물론 이것이 전부는 아니다. 군데군데 명확성이 부족하고 모호한 인상을 주기도 하며 무엇보다 무의식을 이미 잘 알려진 연구와 연결시켜 정리할 수 없거니와 그 연구 속에 위치시키는 일이 어렵기 때문이다. 아마도 우리가 나르시스적 〔자기편애적/자기도취적〕 정신신경증psychonévroses narcissiques이라고 부르는 질환들 가운데 하나를 분석하는 것만이 수수께끼 같은 무의식에 근접할 수 있거나 무의식을 거의 파악할 수 있게 만드는 개념화로 우리를 인도하게 해줄 것이다. (1915e-1992, 34쪽)[86]

둘째, 마찬가지로 나는 무의식의 '재인'에 접근하는 방법에 대한 프로이트의 선택 앞에서 경이로움을 표하는 독자들이 거의 없었다는 사실에 또 놀란다. 무의식이라는 여전히 불가사의한 대상에 마침내 우리가 제대로 접근할 수 있도록 한 것처럼, 한마디 설명도 없이 우리에게 갑작스럽게 주어진 것은 바로 나르시스적 〔자기편애적/자기도취적〕 정신신경증, 특히 블로일러Bleuler[87]의 정신분열증*이었다.[88] 〈무의식〉의 몇몇 독자들은 이 논문이 무의식에 관한 성찰이라기보다는 오히려 정신분열증에 관한 성찰로 이해할 정도였다(클로드 바라제Claude Barazer, 〈정신분열증의 언어에 관한 고찰〉, 2003, 71쪽). 나중에 보겠지만 프로이트는 이 점에 관해 매우 명확하게 설명한다. 물론 그가 정신분열증을 조준하고 있긴 하지만 정신분열증을 넘어선 문제, 그리고 그 덕분에 (전)의식과 무의식의 대립의 문제를 조준한 셈이었다.

이와 관련된 몇몇 페이지는 끔찍할 정도로 어렵다는 사실을 나는 순진하게 실토한다. 일반적으로 독자들 모두가 알고 있겠지만 대부분의 사람들은 프로이트가 매우 명료한 언어를 사용했다고 말한다. 비록 그의 모든 문장이 개별적으로는 완전히 이해할 수 있다 하더라도 예외적으로 완전히 난해한 경우가 있다. 이를테면 유명한 논문인 〈부정Die Verneinung〉[89]이 그러했다. 나는 〈무의식〉의 마지막 장에 관해서 나의 분석이 갖는 타당성에 절대 확신하지 않고 내가 이해한 대로 프로이트의 논증을 보여주고자 한다. 반면에 알랭 코스트Alain Coste의 분석은 타당하지 않다고 거의 확신한다(《라캉, 언어학적 일탈Lacan, le fourvoiement linguistique》, 2003, 40-42쪽).

프로이트는 블로일러의 정신분열증에서 두 가지 변별적 특징을 주목하기 시작한다. 하나는 사물들의 〔심리적〕 집중集中 investis-

---

* 프로이트는 앞서 조발성 치매dementia praecox라고 불리는 이 질환에 관하여 매우 정확하게 그것과 관련된 지식들을 연대기적으로 설명했다.

sements[90]의 소멸에 관한 것인데 이로부터 인간 주체들의 무기력apathie 상태와 그 자체로 임상·치료의 접근 불가능을 유발시키는 주체들의 전이轉移 transfert[91] 불능에 관한 것이다. 두 번째 특징은 이러한 주체들의 무의식이 공공연히 나타난다는 사실이다. 다음 대목을 이렇게 해석해볼 수도 있다.

> 전이 신경증들의 경우 모든 관찰자들은 정신분열증에서 의식적으로 표현된 많은 것들이 정신분석(여기서 '정신분석'은 '정신분석적 치료'를 뜻한다—아리베)에 의해서만 증명될 수 있다는 사실에 놀랐다. (1915e-1992, 35쪽)

내가 여기서 다소 과하다 싶을 정도로 강조하는 것은 바로 무의식Inconscient이 역설적이게도 의식적conscient이라는 점이다. 따라서 무의식의 본질적인 속성은 부정否定적인 특질이 아니라는 것이다.[92] 실제로 무의식은 구조의 특성에 의해 특징지어진다. 이것이 바로 라캉이 역점을 둔 것이다. 그러나 그는 프로이트의 이 추이推移 passage에 명백한 근거를 두지 않았다.

> [···] 우리는 다음과 같은 사실을 단번에 주목할 수 있다. 프로이트가 항상 강조했듯이, 무의식이 그 효력을 유지하는 것은 순전히 '무의식Unbewusst', 즉 비非의식적인 것un non-conscient이라는 이 부정적 특질 때문만은 아니라는 것이다. 프로이트의 의도를 해석하자면 무의식은 하나의 언어활동un langage이라고 말할 수 있다. (1981, 20쪽. 우리는 1955-56년으로 거슬러 올라가서 '무의식inconscient=언어활동langage'

이라는 순전한 동일시(同化, assimilation)가 이 시기 라캉의 특징임을 주목할 것이다. 《세미나》 3권: 《정신병Les Psychoses》, 1981. 이 같은 사실의 역사에 관해서는 122쪽의 저자 주를 참고할 것. 1973년 논문 〈텔레비지옹Télévision〉 15쪽에서 라캉은 '나머지 것은 말할 것도 없이 세상의 어떠한 것이든 가정하도록 허용하는 무의식이란 말의 '부정적négatif' 특징에 대해 또 다시 불평할 것이다)

셋째, 독자들 가운데 특히 언어학자가 겪는 놀라움이 바로 이 점이다. 프로이트는 증상의 경과를 임상적으로 기술한 정신분열증 환자들에 대한 접근 방식에서 '예상 밖의 경로'를 취하게 된다. 이것은 바로 언어활동langage에 대한 정신분열증 환자들의 특별한 태도를 말한다.

> 특히 매우 초기 단계의 정신분열증 환자들에게서 언어활동langage의 어떤 변화들altérations을 관찰할 수 있다. 그러한 변화들 중 몇몇은 어떤 특별한 관점에서 고려될 만한 가치가 있다. 〔Veränderungen des Sprache(우리말로 '언어의 변화'): 우리는 독일어의 Sprache라는 말의 뜻이 '활동으로서 언어'(langage)이자 '개별어로서 언어'(langue)라는 두 가지 의미를 모두 지니고 있다는 것을 기억할 것이다—저자〕 (1915e-1992, 35쪽)

이상하게도, 사례들이 곧장 제시되지 않았는데, 이는 설명을 명확히 하는 데 해가 되었다. 왜냐하면 독자는 처음에 그 사례들이 설명해줄 수 있으리라고 추정되는 것에 한순간 의심을 품게 되기 때문이다. 하지만 그 의심은 이내 해소된다. 그 사례들은 "어떤 특별한 관점에서 고려될 만한 가치가 있기" 때문이다. 그것들은 나중에 잘 알려지게 된다. 우선 타우스크Victor Tausk[93]에게서 차용한 젊은 엠마Emma의 이야기와 프랑스어로는 번역이 불가능한 말놀이와 함께 제시된 그녀의 '눈의 비틀림'(retourneur d'yeux, Augenverdreher) 이야기를 들 수 있다. 이 표현 der Augenverdreher은 '가짜 독신자, 위선자, 거짓 신자'를 뜻하며 문자 그대로 '시선을 변화시키는 사람'을 뜻한다. 이 젊은 신경분열증 숙녀는 이렇듯 자유 간접 화법으로 매우 명석하게 자신을 표현하면서 자신과 심각한 갈등에 직면한 약혼자를 지칭하고 있다.

> 위선자Augenverdreher인 그는 그녀를 향한 시선을 비틀어버렸다.* 지금 그녀는 비틀린 시선을 가지고 있고, 그것은 더 이상 그녀의 시선이 아니게 되어갔다. 지금 그녀는 다른 시선을 가지고 세상을 보고 있다. (1915e-1992, 36쪽)

그리고 프로이트는 이렇게 주석을 달고 있다.

> 필자는 이 사례로부터 신체 기관인 눈과 맺는 관계가 내용 전체의 대용물로 여겨진다는 사실을 부각시키고자(sich aufgeworfen hat) 한다. (같은 책, 같은 곳)

---

* 나는 여기서 정신분석학 학술지 《윈베뷔L'Unebévue》에 실렸던 결함이 노출된 번역을 고친다. 그 번역은 아마도 반복을 피하기 위하여 독일어 표현인 'er hat ihr die Augen verdreht'를 프랑스어로 'il lui a tourné la tête'(그는 그녀를 향해 머리를 돌렸다)라고 옮겨놓았을 터인데, 그 결과 독일어 표현의 액면적 의미를 소거하고 말았다.

이 젊은 숙녀의 담화에서 분명 '눈'이라는 단어가 뜻하는 신체 기관이 그녀의 약혼자에 대해서—오히려 의식적인 것으로 남아 있는—억압된 감정의 역할을 대신하는 것처럼 작동하고 있다는 점을 이해해야 한다.

다른 사례는 더욱 눈길을 끈다. 이보다 앞서 나온 젊은 정신분열증 청년의 사례야말로 그러한 〔심리적 요인에 의한〕 억제inhibitions의 기원을 잘 설명한다. 그는 그 기원을 완벽하게 의식하고 있기 때문이다.[94] 그는 자신의 구두를 신는 데 어려움을 겪는다. 사실 그가 구두를 벌리는 것은 구두의 빈 구멍들Löcher을 보이게 하는 것인데 각각의 구멍은 그에게 여성성을 향한 열림의 상징이다(jedes Loch [ist] ihm Symbol der weiblichen Geschlechtöffnung). 우리는 그 메커니즘이 위선자Augenverdreher의 그것과 동일함을 알게 된다. 즉, 두 개의 지시체를 분리시키는 상당한 차이에도 불구하고—여기서 두 개의 지시체란 구두의 늘어난 틈과 여성성을 향한 열림을 지칭한다—구멍trou이란 단어는 환자(청년)가 갖고 있는 여성성과 관련된 생각들 일체의 연쇄 반응물처럼 작동한다.*

---

* 꿈속에 등장하는 단어들의 기능 작동은 그것의 메커니즘에서 우리가 언급한 정신분열증 환자들이 사용하는 단어의 기능 작동과 비견될 만하다. 이를테면 《꿈의 해석》에 나오는 유명한 표현인 '아우토디다스커Autodidasker'(1900-1965, 259쪽)는 유음중첩적(類音重疊的, panoromastique) 관계와 철자를 바꾸는 말놀이anagrammatique라는 상이한 관계들의 효과 아래 사고思考의 모든 연쇄를 압축시킨다. 정확하게 말하자면 하나의 '억압된 의미'를 압축시키는 것이다. 양자의 차이점은 꿈속에 등장하는 단어가 사물로 변형된 후에 1차적 과정을 따른다는 데 있다. 바로 이러한 작동이 꿈속에 등장하는 단어들에 너무나도 엉뚱한 신조어적 양상을 부여하는 것이다. 정신분열증 환자의 단어들은 단어로서 지위를 보전하고 있다. 여기에서 그 단어들은 전통적인 형태로 존속된다.

그 논문에서 프로이트가 우연히 인용한 다른 사례들처럼 위의 두 사례에서 우리는 '사물의 관계Sachbeziehung에 대한 단어의 관계Wortbeziehung의 우위'를 관찰한다(39쪽). 마찬가지로 우리는 정신분열증에 걸린 젊은이들의 행위에 잠재된 기호학적 실천 속에서—'글자 그대로의 의미sens littéral'의 양상으로서—문자의 심급(審級 혹은 기원起源, l'instance de la lettre)[95]을 주목한다. 이러한 점만 보더라도 정신분열증에 걸린 젊은이들은 《히스테리 연구Études sur l'hystérie》에 등장하는 젊은이들을 떠오르게 만든다. 이를테면 엘리자베트 폰 R Fraülein Elisabeth von R은 독일어에서 '독신'(alleinstehend, vivant seule)이라는 행정적인 표현—프랑스어에서 '혼자 서 있다se tenant debout toute seule'는 표현의 의미와 함께—을 '문자 그대로à la lettre' 담고 있다(1895-1981, 120쪽). 또 세실리 부인Frau Cecilie은 그녀의 할머니가 그녀에게 던지는 '무언가를 뚫을 듯이 날카로운perçant' 시선을 물리적 신체의 상처처럼 받아들인다(1895-1981, 143-144쪽).

바로 이 지점에서 지금까지 언급된 여러 정신분열증 환자의 경우를 넘어서는 결론에 도달하게 된다. 결국 그 환자들의 경우는 '그것이 우리에게 무의식의 인식에 필수 불가결하게 보이는 (보일 수도 있는) 한에서만' 포착된 것이다. 프로이트는 정신분열증 환자들에게 나타나는 사물의 〔심리적〕 집중의 부재不在를 회상한 후에 다음과 같은 결정적이고 중요한 논지에 이르게 된다.

> 따라서 우리는 하나의 무의식적 표상으로부터 의식적인 표상을 구별 짓는 것이 무엇인지를 알고 있다고 단번에 믿게 된다. 우리가 생각했듯이 이 두 가지 표상은 다른 정신적 장소에 동일한 내용을 다

르게 각인시킨 것도 아니며 더욱이 동일한 정신적 장소에 다른 기능적 집중의 상태도 아니다. 오히려 의식적인 표상은 사물의 표상과 이와 연관된 단어의 표상을 포괄한다. 사물의 표상만이 유일하게 무의식적인 것이다. 무의식 체계Ics는 대상들에 대한 상황의 〔심리적〕 집중, 대상들에 대한 최초의 진정한 〔심리적〕 집중을 포함한다. 반면 전의식 체계Pcs는 사물의 표상에 상응하는 단어의 표상과 연결된 이 사물의 표상을 과잉 집중하면서 생겨난다. (39쪽)

무의식계Ics와 전의식계Pcs(또는 의식계Cs—이 점에서 프로이트는 불안정하다. 특히 연속되는 자신의 판본들 가운데 면밀히 연구될 만한 조건들에서 그러하다)의 이러한 대립된 개념화는 결정적으로 프로이트의 개념적 장치 속에 들어가게 된다. 1923년 그는 약간 느슨하게나마 무의식계의 구성적 요소들을 제시하면서 그 구별을 다시 포착하기에 이른다.

무의식ics의 표상(즉 사고思考)과 전의식pcs의 표상 사이에 존재하는 실제적인 차이점은 전자前者가 알려지지 않은 채로 있는 어떤 물질적인 소재에서 실현되는 반면에 후자後者는 단어들의 표상들과 관계를 맺으면서 덧붙여진다는 데 있다. 〔…〕 '어떻게 어떤 사물이 의식적이게 되는가'라는 문제는 더욱 적합한 방식으로 다음과 같이 표현될 수 있을 것이다. 즉 '어떻게 어떤 사물이 전의식적인 것이 되는가.' 답변은 '상응하는 단어들의 표상들과 관계 맺기를 통해서'라고 할 수 있을 것이다. (〈자아와 그것Le Moi et le Ça〉, 1923b, 264쪽)

이후 1938년 《정신분석학 개요Abrégé de psychanalyse》[96]에서 프로이트는 발화parole에 좌우되는 하나의 과정이 틀림없이 전의식적인 본질에 속한다는 사실을 보여주게 된다(1938-1975, 25쪽).

그렇지만 프로이트의 화제話題 속에서 조심스럽게 나아가야 한다. 주목할 것은 1923년 텍스트에서 프로이트가 무의식을 구성하는 요소들의 본질에 관해 말한 1915년만큼 결코 단호하지 않다는 점이다. 분명 그것은 더 이상 '사물의 표상'은 아니지만, 보다 더 신중하게 보면 그것은 "알려지지 않은 채로 있는 어떤 물질적인 소재"인 것이다. 이러한 구성 요소들 사이로 '단어의 표상'이 미끄러지는 것은 심지어 불가능할까? 사실상 이 단어의 표상은 의식적인 것이 되기에 완전히 부적합해 보인다. 독자들이 자주 간과해온 어느 문구에서 프로이트가 지적하듯이, 단어의 표상이 무의식적인 것이 되었을 수 있다는 점은 간접적으로는 사실이다. 실제로 단어의 표상은 "기억의 흔적들restes이다. 어느 날 그것들은 지각知覺되고 다른 모든 기억의 흔적처럼 다시 의식적인 것이 될 수 있다"(1923b, 264쪽).[97] 다음 장에서는 무의식 속에 잠재된 단어들의 현존現存의 문제를 재론할 것이다.

프로이트에서 라캉으로 넘어가기 위해서는 여기서 잠시 멈추는 것이 적절하다. 위에서 마지막에 인용된 문장의 그 부드러운 어조bémol—그 어조가 상당히 부드럽다는 사실을 인정해야 한다—에도 불구하고 1915년 논문의 끝에서 프로이트가 도달한 그 구별이 단호하다는 것은 거의 이론의 여지가 없다. 즉 단어들의 표상들은 전의식Préconscient과 의식Conscient을 특징짓는 것이지 무의식Inconscient

을 특징짓는 것은 아니다.

이 점에서 우리는 프로이트와 라캉 사이에 눈에 띄게 존재하는 불일치를 찾아낼 수 있다. 우리는 방금 전에 정리된 프로이트의 입장과 라캉의 근본적인 공리 사이에 존재하는 대립 속에서 그 불일치를 읽었을지도 모른다. 여기서 라캉의 근본적인 공리란 바로 "무의식은 하나의 언어활동un langage처럼 구조화되어 있다"[98]를 말한다. 정신 분석가들은 어떻게 이 난점을 벗어날 것인가.

나중을 위해 라캉을 유보해두자. 짐작하듯이, 라캉은 나름대로 할 말이 있기 때문이다. 이 문제를 라캉주의자와 비非라캉주의자로 분리하지 않고 다른 사람들은 어떻게 말하는지 보도록 하자.

(1) 첫째, 라캉주의자—결국 프로이트를 읽은 사람들—에게 문제는 너무 간단하다. 즉 프로이트를 잘못 읽거나 혹은 심각할 정도로 제대로 읽지 않은 것이라 볼 수 있다. 파트리크 발라스Patrick Valas의 《향락의 차원들Les di(t)mensions de la jouissance》[99]을 예로 들어보자.

> 〈무의식〉이란 논문에서 프로이트는 단어의 표상Wortvorstellung과 사물의 표상Sachvorstellung을 구별했다. 이 둘은 무의식 속에서 공존한다. (1998, 41-42쪽)

이처럼 프로이트의 텍스트를 읽기 위해서는 상당한 선의善意(또는 악의?)가 필요하다는 걸 인정해야 한다! 그렇지만 우리는 발라스의 이 오류가 어쩌면 역설적으로 이 문제를 풀기 위한 방향을 제시하고 있음을 아래에서 보게 될 것이다.

(2) 둘째, 비非라캉주의자에게 그것은 명백한 승리이다. 그들은

〈무의식〉에서 라캉의 '오류erreur'—그들 중 어느 한 사람이 예리하게 말했듯이 라캉의 '일탈fourvoiement'—의 증거를 의심의 여지없이 발견했다고 믿는다. 좀 더 우유부단한 사람들에게는 프로이트와 관련된 오류를 뜻하고, 다른 한편 더 대담한 사람들에게는 무의식이란 개념 자체와 관련된 오류를 뜻한다. 우리는 여기서 다른 많은 사람들 가운데 앙드레 그린을 다시 언급할 수 있다. 책에서 논문으로 또 논문에서 책으로 그는 같은 말을 지겹게 되풀이하고 있다.

> 프로이트에 따르면 무의식적 체계의 특징은 단지 사물들의 표상들로 형성된다는 것이다. 따라서 언어활동le langage이 거기에서 최소한의 지분도 갖지 못할 수 있다는 것은 명백하다. (2003, 275쪽. 또 2002, 137-138쪽과 270쪽 여기저기 참고)

여기선 때늦은 선전포고인가. 그렇지만 다른 때 같으면 시기상조의 선전포고인 셈이다. 그러나 완전히 시기상조는 아니라고 생각할 수도 있다. 왜냐하면 우리는 당시 그린이 라캉 세미나의 열성적인 청중이었다는 것을 기억할 수 있기 때문이다. 그가 1967년 라캉의 세미나에 참여한 일을 회상하는 그의 1984년 텍스트 19쪽에서 그러한 암시를 주고 있다. 그는 1966년에도 이미 세미나에 두 번이나 참여했다. 계속해서 그의 1984년 텍스트 168쪽에서도 라캉의 기표가 분명히 언급되고 있다. 반면 2002년 논문 274쪽에서는 라캉의 기표를 혹독하게 검열한다. 앙지외Anzieu, 라플랑슈Laplanche, 로졸라토Rosolato와 같은 라캉이 아닌 사람들이 라캉의 기표를 사용했을 때에도 말이다(특별히 그때만이었을까?).

이상하게도 그린은 위에서 인용된 자신의 1997년 텍스트에서, 프로이트가 무의식 속에서 단어의 표상의 존재를 성찰했던 1923년 b 텍스트의 대목을 거리낌 없이 인용했다. 하지만 그는 프로이트의 논문 〈무의식〉(1997, 53-54쪽)과 관련하여 이 텍스트에 내포된 다른 어떤 것에 대해 자문하는 일은 허용하지 않는다.

그러면 라캉 자신의 경우는 어떠한가? 그는 1915년에 프로이트가 제기한 그 구별을 어떻게 읽었을까? 분명히 그는 그 점에 대해 깊은 인상을 받았다. 사실 처음부터 그는 전의식계-의식계Psc-Cs의 단어의 표상Wortvorstellung에서 '하나의 언어활동un langage처럼 구조화된 무의식' 이론이 양립하기 어려울 뿐만 아니라 모순적이기까지 하다는 점을 탐지한 듯 보인다. 바로 《세미나》 7권 《윤리L'Éthique》에서 그는 1959년 12월 9일에 이 난점을 환기시킨다.

> 오늘 나는 이 강의가 최소한 하나의 의문점으로서 여러분에게 프로이트를 읽게 만들 것입니다. 그리고 무의식의 진정한 구조를 제시하는 것으로서 내가 분절에 대해 강조한 것에 이의를 제기하는 듯 보이는paraît, 여러분에 의해 빈번히 원용되는 이 대목에 응답을 가능하게 하는 것에 대한 토론을 진행하지 않을 것입니다. 이 대목은 무의식에 속하는 것으로서의 사물의 표상Sachvorstellung을 전의식에 속하는 것으로서의 단어의 표상Wortvorstellung에 대립시키면서 이의를 제기하는 것처럼 보입니다l'air d'aller là-contre. (1986, 56쪽)

우리는 라캉이 말의 형태를 변화시키고(우리는 조만간 'paraît'와 'a l'air'의 표현[100]을 주목하게 될 것이다) 동시에 논의를 질질 끄는 방식을 사용하고 있음을 알 수 있다. 즉 그는 나중에 이 문제의 본질에 대해 검토하게 된다. 그러나 그는 즉시—내가 '하나의' 해결책une solution이 아니라 바로 '그' 해결책la solution이라고 말하는—그 문제의 방식을 세심하게 읽는다.

> 프로이트가 단어의 표상Wortvorstellung을 사물의 표상Sachvorstellung에 대립시키면서 제안하고 있는 것처럼 보이는 바로 그 해결책에는 그 자신도 강조하고 있고 당대 언어학의 상황에 의해서 설명되는 하나의 난점 혹은 난관이 있다. 그럼에도 불구하고 그는 놀랍게도 기능으로서 언어활동langage의 작동과 언어활동의 구조 사이에 설정되어야 할 구별을 이해하고 공식화했다. 여기서 기능으로서의 언어의 작동은 전의식 속에서 유기적으로 구성되고 사실상 그 최초의 역할을 할 때의 작동을 말하고, 언어의 구조는 무의식 속에서 작동되는 요소들이 언어의 구조에 따라 정돈된다. 이 두 가지〔즉, 기능으로서의 언어의 작동과 언어의 구조—옮긴이〕 사이에 연계들(coordinations, Bahungen)이 확립되고 이러한 연쇄작용mise-en-chaîne은 연계들의 경제성économie을 지배하게 된다. (같은 책, 57쪽)

이 인용문 앞에서 알랭 코스트Alain Costes는 분개하며 탄식했고, "기능으로서의 언어활동langage과 구조로서의 언어활동 사이의 논리적 구별은 프로이트의 생각과는 거리가 멀다"(2003년 42쪽)는 사실에 주목해야 한다고 믿었다. 아무런 의심의 여지도 없이 말이다. 게다가 라캉이 1915년경 언어학의 상황을 암시하면서 바로 이 점을 넌지시 알린 것이다(그때는 《일반 언어학 강의》가 출간되기 이전이다). 그렇지만 알랭 코스트의 탄식은 일단 내버려두자. 그리고 라캉의 그 어려운 텍스트로 다시 돌아가자. 우리는 거기서 언어활동langage에 나타나는 두 가지 양상의 대립을 발견한다.

(1) 첫째, 언어의 작동들—또는 내가 감히 표현하자면 발화적 작동들—은 전의식의 영역에 속한다. 여기서는 주체가 1인칭대명사인 '나je'의 발화작용을 의미한다. 즉 '나'를 말하는 사람은 바로 그 자신이라는 것을 생각하면서 '나'를 말하는 주체의 발화작용을 뜻하는 것이다. 얼마든지 가능한 일이 아닌가. '단어의 표상'은 틀림없이 이 차원에 속해 있다. 즉 의식적 발화작용의 '나'는 자신의 이야기를 발화하기 위해 이러한 차원의 단어의 표상을 자유로이 이용해야만 한다.

(2) 둘째, 하지만 무의식에 속해 있는 요소들은 언어활동langage의 의식적 작동과 함께 성찰할 만한 어느 것도 갖고 있지 않다. 이 요소들은 '작동'으로서 언어활동(le langage, 일반적 총칭의 언어)의 영역에 속하는 것이 아니라, '구조'로서 '하나의' 언어활동(un langage, 어떤 하나의 언어활동)의 영역에 속한다. 단어의 표상과 더불어 성찰할 수 있는 어느 것도 갖고 있지 않은 바로 이러한 요소들 가운데서 의미를 지니는 유기적 구성이 만들어진다. 이러한 자격으로 그리고 오직 이 자격으로만—즉 이러한 요소들이 하나의 언어활동un langage'처럼'* 구조화되어 있는 자격에서—기표signifiant란 명칭의 지

* 본래 있어야 할 'par'(우리말로는 '-으로', '-를 통해서', '-로', '-에 의해' 등에 상응된다—옮긴이)라는 프랑스어 전치사의 자리를 차지하고 있는 이 'comme'(우리말로는 '-처럼', '-같이', '-로서', '- 같은', '-와 마찬가지로' 등—옮긴이)라는 표현에 대한 라캉의 고집스러운 반복을 알고 있다. 《세미나》 20권(1981, 46-47쪽)에서 라캉이 명시적으로 강조한 'par'

위를 갖게 된다. 여기서 그 명칭은 소쉬르의 것인데 이를 연상시켜야 하는가?

여기서 다음과 같은 점에 주의해야 한다. 하나의 구조에 불과한 하나의 언어활동un langage이란 무엇이겠는가? 모든 작동이 혹은 작동의 가능성이 배제될 것인가? 틀림없이 이 언어는 언어의 성질qualité을 상실할 것이다. 따라서 이러한 작동 요소의 가능성을 고려해야 한다. 반복하자면 바로 발화 작동의 가능성을 고려하는 것이다. 이렇듯 '또 하나의 다른 발화작용une autre énonciation'은 윤곽이 드러나고 이 작동의 주체는 자연스럽게도 일상적 담화 속의 '나je'와 함께 고려될 수 있는 그 어떤 것도 가지고 있지 않다(라캉도 그러했듯이(1975, 35쪽), 내가 여기서 이를테면 '일상적 이야기disque-ourcourant'[101]에 관해 말하지 않는다는 점을 독자들은 알아차렸을 것이다). 이 주체의 문제는 〈주체의 전복과 욕망의 변증법Subversion du sujet et dialectique du désir〉 텍스트에서 길게 탐색되고 구성되었던 문제이다(1966, 793-827쪽). 언어학자는 이 주체에 관해서 간섭하지 않고 있어야만 하는가. 물론 아니다. 나는 5장에서 그 작업의 진행을 살펴볼 것이다.

구조의 문제로 돌아가 보자. 이제 남은 일은 그 구조가 무의식을 구성하는 이러한 요소들—어떤 명칭으로 호명하자면 '기표'들—이 무엇인지 말하는 것이다. 그것은 가장 어려운 과제임이 틀림없다.

를 'comme'로 대치한 것은 '구조화된' 요소들이 언어활동langage의 요소는 아니라는 것(개별어로서 언어langue의 요소들은 더더욱 아니라는 것)을 잘 표명해주는 기능을 한다. 이를테면 언어활동의 요소들은 일상의 의사소통을 야기한다. 동시에 그 대치는 두 언어활동의 구조들 사이에 존재하는 동위성isomorphisme을 표시한다. 즉, 그들은 그 단위들이 아니라 그 구조만을 공유한다. 우리는 5장에서 이 문제를 다시 접하게 될 것이다.

신중하게 그 순서를 밟아가야 할 것이다. 무엇보다 소극적인négative 방식으로 진행시켜야 한다. 이 요소들은 단어가 아니다. 아니 더 정확하게 말해서 이 요소들은 임의로 단어의 양상을 띨 따름이다. 이렇게 된다면 그 요소들은 일상적 언어활동le langage에서 단어라 말하는 그런 의미에서의 단어는 아니다. 바로 이 점에—독자들은 내가 그 점을 기탄없이 말하고 있다는 사실을 알 것이다—그린과 코스트의 오류가 정확하게 위치한다. 그들은 자발적으로든 그렇지 않든—나는 이 문제에 대해서는 제기하지 않을 것이다—프로이트의 텍스트에서 '단어Wort'라는 용어를 기표signifiant라는 의미로 읽었다. 그들은 단어가 하나의 언어활동un langage 혹은 하나의 언어처럼 구조화된 실체entité가 될 수 있는 유일한 단위라고 믿었다(단지 그렇게 말했을까?). 프로이트에게 단어는 무의식에서 제거되었다는 사실에 근거하여 (그런데 만약 프로이트의 1923년 텍스트[102]를 전체 맥락에서 때맞춰 읽지 못했다면) 그들은 프로이트를 하나의 언어활동un langage처럼 구조화된 무의식의 개념화에 대해 아직 설익은 비판자로 만들어버린다. 그들은 분명 착각한 것이다. 그것은 프로이트의 논증이 다루고 있는 단어에 관해서만 그럴 뿐이다. 기표signifiant에 관해서는 아니었다. 아울러 독자들은 프로이트가 그 어느 곳에서도 기표에 관해서는 언급하지 않았다고 말하지 않았으면 한다. 말 그대로 이는 분명 정확하다. 즉, 프로이트는 적절한 용어를 찾지 못해 그것을 말할 수 없었을 것이다. 그는 그저 기표에 다른 이름을 부여했을 뿐이다. 우리는 이 장의 마지막 부분에서 그 이름을 읽을 것이다.

이 문제는 소극적으로 해결되었다. 어쨌든 기표는 그 언어학적 의미에서 단어가 아니다. 그러나 이 문제는 항상 적극적인 답변을 요구한다. 내가 그 답변을 제공하지 않을 것이라는 점은 두말할 필요도 없다. 나는 위에서 환기된 파트리크 발라스의 독서에서 발견된 오류—오류란 때때로 진리를 향한 여정旅程이다—를 통해 떠오른 질문을 던지고자 한다. 즉, 이 기표들이 이를테면 '사물들의 표상'이 될 수는 없는가? 기표라는 이 요소들이 '하나의 언어활동un langage처럼 구조화된' 체계 속으로 들어가기만 하면 된다. 이렇게 되는 것을 방해하는 요인은 무엇인가? 그렇게 되는 것을 막는 방해물은 없다. 이것이 바로 1960년 본느발에서 열린 학술대회에서 장 라플랑슈Jean Laplanche*가 공동 저술한 〈무의식. 정신분석학적 연구〉라는 탁월한 논문의 4장에서 매우 잘 식별해냈던 내용이다.

> 프로이트는 중대한 구별을 하기에 이른다. 바로 사물의 표상Sachvorstellungen과 단어의 표상Wortvorstellungen의 구별이다. 둘 중의 어느 하나처럼 또 다른 하나는 있는 그대로 매우 엄격하게 포착되어야 한다는 점에 주의하자. 즉, 언어활동langage의 요소들, 기표signifiant를 말한다. (1960, 116쪽)

라플랑슈는 단어와 기표를 혼동하지 않았으며 또한 기표가 사물의 표상이 될 수 있다는 점을 제기하면서 그린과 코스트의 오류

* 나는 라플랑슈가 43년이 지난 후에 알랭 코스트가 출판한 저서의 서문을 쓴 것을 보고 놀랐음을 고백한다. 사실 이 서문은 일개 서문이 아니다. 즉 라플랑슈는 '언젠가부터 이 서류 더미 속에 있던 (압축壓縮과 전위轉位에 관한) 짧은 텍스트'를 발표했다(2003, 서문 11쪽). 그는 코스트의 텍스트에 관하여 결코 장황하지 않게 잘 서술하고 있다.

를 피해갔다. 심지어 그는 무의식의 이러한 기표들의 기원에 대해서 자문하기에 이른다. 바로 이 점에서 그는 자기지시적 내포의 표시—여기서는 강조 부호인 작은따옴표guillemets—를 붙이면서 이 기표들을 '단어'라는 용어로 지칭하기에 이른다. 사실 더 정확하게 말해서 기표가 언어langue의 단어와 더불어 공유하고 있는 것이 바로 기표처럼 구조화되어 있다는 점을 고려한다면, 기표들은 은유적인 방식으로만 단어인 것이다.

> 그것('무의식'을 뜻한다—저자)을 구성하는 '단어들'은 상상계l'imaginaire—특히 시각적 상상계—에서 차용한 요소이지만 그 요소들은 기표signifiant의 높은 수준까지 승격된다. (1960, 118쪽)

이처럼 우리는 약간의 시차를 두고 출판한 《세미나》 20권에서 라캉이 언급한 두 단어를 대립시키는 것처럼 보이는 표면상의 모순을 이해하기에 이른다. 실제로 그는 우선 "무의식은 발견된 순간부터 언어학의 세계로 진입하지 않는 것이 어렵다"고 주장한다(1975, 19쪽. 라캉의 텍스트에서 사용된 두 개의 동사는 프랑스어의 과거 시제의 하나인 반과거 형태로 되어 있다. 왜냐하면 그 동사들은 바로 '내가 스스로 알아차리게 된 것un je me suis perçu'에 의존하기 때문이다). 그러나 라캉의 이 말은 "무의식이 하나의 언어활동un langage처럼 구조화되어 있다고 해서, 언어학의 장場에 속하는 것은 아니다"(1975, 20쪽)라는 나의 설명을 놀라울 만큼 정확히 밝혀준다. 언어학 안으로 진입하는 것은 실제로 구조의 개념에 접근하기 위해 반드시 필요하다. 즉 처음의 문장이 드러내는 필연성 때문이다. 그렇지만 이 언어활동ce langage을 구성하는 기표들은 언어학자의 연구 대상인 단어와 함께 기표들처럼 구조화되는 것과는 다른 관계—정말 중요한 것이다—를 맺는다.

나중이기는 하지만, 아마도 훨씬 더 어려운 마지막 단계를 완수하는 일이 우리에게 남을 것이다. 그 단계는 라플랑슈로부터 라캉으로 그리고 다시 프로이트로 우리를 되돌아가게 만들 것이다. 그 단계에서는 다음과 같은 이중적인 질문이 제기된다. 라캉에게 있어서 기표는 무엇인가? 그리고 그것의 프로이트적 원의原義는 무엇인가? 사실 너무나 잘 알려진 소쉬르의 원의는 이제 더 이상 말하지 않겠다.* 이 단계를 위해 우리는 《메타심리학》으로 다시 거슬러 올라갈 필요가 있다. 그러나 그 전에 〈무의식〉의 시발점으로 조금만 올라가면 되는데, 《메타심리학》에서 〈무의식〉보다 앞서 있는 텍스트는 바로 〈억압Die Verdrängung〉(프랑스어로 Le refoulement)이다. 사실상 논평가들과 번역자들을 매우 애먹이는 수수께끼 같은 독일어 'Vorstellungsrepräsentanz'[103]라는 개념이 바로 이 텍스트에서 등장한다. 그 논쟁은 그대로 남겨두자. 더 본질적으로는 억압으로 종속되고 심지어 이를 통해서 무의식을 구성하는 것이 바로 이 'Vorstellungsrepräsentanz'를 증명하는 것이다(1915d-1988, 191쪽 참조)(1988년판의 번역자들은 'représentant-représentation'〔한국어로는 '대표-표상'〕이라는 전통적인 프랑스어 번역보다 여전히 이론의 여지가 있는 'représentance de représentation'〔한국어로는 '표상의

* 매우 많은 참고 문헌들 가운데서 나의 저서들(1986, 1994-2005)뿐만 아니라 이자벨 빌레라Izabel Vilela(2001)를 참조할 수 있을 것이다. 마르졸렌 하츠펠트Marjolaine Hatzfeld(2001)의 탁월한 논문은 여기서는 논의할 수 없는 문제들을 제기하며, 나중에 이 논문은 다시 논의하게 될 것이다.

대표자']이라는 표현을 사용한다). 하지만 라캉은 매우 명료하게 이 'Vorstellungsprepräsentanz'를 프로이트적인 원의를 지닌 '그것의' 기표로 제시한다.

> 억압되는 것은 바로 기표(시니피앙)이다. 왜냐하면 이 텍스트들에서 'Vorstellungsprepräsentanz'라는 말에 부여될 수 있는 어떠한 다른 의미도 없기 때문이다. (여기서 '이 텍스트들'은 프로이트의 〈억압Le refoulement〉, 〈무의식L'inconscient〉, 《욕동과 욕동의 운명Pulsions et destins des pulsions》을 말한다—저자) (라캉 《에크리Ecrits》 1966년 714쪽)

지금 우리가 이 장에서 그 위상과 운명을 기술하려고 시도한 두 개의 다른 'Vorstellungen'(표상들)이 맺는 관계에 있어서 결국 이 'Vorstellungsrepräsentanz'는 무엇인가? 이 문제는 미래의 책에서 시도할 작업이 될 것이다. ■

참고 문헌

일러두기 — 그릇된 역사적 시각을 제시하지 않도록 프로이트, 라캉, 소쉬르에 대해서 인용된 저술들의 본래의 출판 연도 (또는 구술 발표의 연도), 아울러 이 논문의 집필을 위해 사용된 판본의 연도를 차례로 지적했다. 라캉의 저서 《세미나》에 대해서는 세미나가 발화된 연도를 상기시켰다. 미세한 누락에도 불구하고 (《세미나》 7권 속에 나오는 라퐁텐 언급은 추려내지 않았다) 크루첸Henry Krutzen이 정립한 《세미나

1952-1980》(Anthlopos, 2000)의 참고 문헌 색인은 텍스트에서 위치가 명시되지 않은 단락들을 다시 찾는 데 있어 나에게 매우 유용했다.

Arrivé Michel(1977), *Les remembrances du vieillard idiot, d'Alfred Hellequin, avec des fragments de la biographie d'Adolphe Ripotois et de ese auvres inédites*, roman, Flammarion.

______(1986), *Linguistique et psychanalyse. Freud, Saussure, Hjelmslev, Lacan et les autres*, Paris: Méridiens-Klincksieck.

______(1994-2005), *Langage et psychanalyse, linguistique et inconscient. Freud, Saussure, Pichon, Lacon*, Paris: PUF, puis Limoges. Lambert-Lucas.

______(1998), «Trois paradoxes relatifs à la "linguistique de la parole"», in *Et multum et multa, Festschrift für Peter Wunderli zum sechzigsten Geburtstage*, München, Gunter Narr, pp. 3-15.

______(1999), «Parole saussurienne et énonciation benvenistienne», *Mémoire de la Société de Paris*: Nouvelle série, t.VI, pp. 99-109.

______(2003), «Représentations de mots et représentations de choses chez Freud», *Cliniques méditerranéennes*, n° 68, pp. 7-22.

Arrivé M. et Normand Claudine(eds)(2001), *Linguistique et psychanalyse*, Paris: In Press.

Arrivé M. et Vilela Izabel(2004), «Langage et inconscient chez Freud: représentations de mots et représentations de choses», *Marges linguistiques*.

Assoun Paul-Laurent(1992), «Représentations de chose chez Freud: pour une métapsychologique(sic, M. A.) du langage», *Histoire, épistémologie, langage*, t. 14, fasc. Ⅱ, pp. 259-279.

Barazer Claude(2003), «Remarques sur le langage dans la schizophrénie», in *Le théâtre des mots, Libres cahiers pour la psychanalyse*, n° 7, pp. 71-78.

Benveniste Émile(1939), «Nature du signe linguistique», *Acta Linguistica*, I; repris dans Benveniste, 1966, pp. 49-55.

Costes Alain(2003), *Lacan: le fourvoiement linguistique. La métaphore introuvable*, Paris: PUF.

Freud Sigmund(1891-1983), *Contribution à la conception des aphasies(Zur Auffassung der Aphasien)*, PUF.

______(1900-1961), *Die Traumdeutung*, édition allemande, Frankfrut am Main und Hamburg, Fischer Bücherei KG.

______(1900-1965), *L'interprétation des rêves (Die Traumdeutung)*, Paris: PUF.

______(1905-1992), *Le mot d'esprit et sa relation à l'inconscient(Der Witz und seine Beziehung zum Unbewussten)*, Paris: Gallimard.

______(1915d-1988), «Le refoulement»(«Verdrängung»), in *Œuvres complètes*, PUF, t. XIII, pp. 189-201.

______(1915e-1992), «L'inconscient»(«Das Unbewusste»), Supplément au n° 1 de la revue *L'Unebévue*.

______(1919), «Das Unheimliche», in *Œuvres complètes*, t. XV, pp. 148-188.

______(1922e-1991), «Préface àRaymond de Saussure», *La méthode psychanalytique*, in *Œuvres complètes*, PUF, t. XV, pp. 159-160.

______(1923 b), «Le Moi et le Ça» («Das Ich und das Es»), in *Œuvres complètes*, PUF, t. XVI, pp. 257-301.

______(1938-1975), *Abrégé de psychanalyse(Abriss des Psychoanalyse)*, Paris: PUF.

Freud S. et Breuer Josep (1895-1981), *Études sur l'hystérie*, Paris: PUF.

Green André(1977), «Transcription d'origine inconnue», in *Écrire la psychanalyse. Nouvelle revue de psychanalyse*, 16, Automne.

______(1984), «Le langage dans la psychanalyse», in *Langages*, II es rencontres psychanalytiques d'Aix-en-Provence, Paris: Les Belles Letttres, pp. 19-250.

______(1997), «Le langage au sein de la théorie générale de la représentation», in Monique Piñol-Douriez(éd.), *Pulsions, représentations, langage*, Lausanne-Paris: Delachaux & Niestlé, pp. 23-66.

______(2002), *Idées directrices pour une psychanalyse contemporaine*, Paris: PUF.

______(2003), «Linguistique de la parole et psychisme non conscient», in Simon Bouquet(éd.), *Ferdinand de Saussure*, L'Herne, pp. 272-284.

Hagége Claud(2003), «La vulgate et la lettre ou Saussure par deux fois restitué.

De l'arbitraire du signe et de la syntaxe dans le Cours de linguistique générale», *Cahiers Ferdinanad de Saussure*, pp. 111-124.

Haillet Pierre Patrick(2002), *Le conditionnel en français, une approche polyphonique*, Gap-Paris: Ophrys.

Hatzfeld Marjolaine(2001), «Le signifiant est ce qui représente le sujet pour un autre signifiant», in *Arrivé et Normand*, 2001, pp. 341-350.

Kristeva Julia(1996), *Sens et non-sens de la révolte*, Paris.

Lacan Jacques(1953-1966), «Fonction et champ de la parole et du langage en psychanalyse», in *1966*, pp. 237-322.

______(1960-1966), «Subversion du sujet et dialectique du désir dans l'inconscient freudien», in *1966*, pp. 793-827.

______(1966), *Écrits*, Paris: Le Seuil.

______(1973), *Télévision*, Paris: Le Seuil.

______(1975), *Le Séminaire, Livre XX : Encore(1972-1973)*, Paris: Le Seuil.

______(1981), *Le Séminaire, Livre III: Les psychoses(1955-1956)*, Paris: Le Seuil.

______(1986), *Le Séminaire, Livre VII: L'Ethique de la psychanalyse(1959-1960)*, Paris: Le Seuil.

______(1998), *Le Séminaire, Livre V: Les formations de l'inconscient(1957-1958)*, Paris: Le Seuil.

Laplanche Jean(2003), «Préface» à *Costes*, Alain, 2003.

Laplanche Jean et Leclaire Serge(1961), «L'inconscient. Une étude psychanalytique», *Les Temps modernes*, juillet, pp. 81-129.

Pichon Édouard(1937), «La linguistique en France: problèmes et méthodes», *Journal de psychologie normale et pathologique*, pp. 25-48.

Saussure Ferdinand de(1916-1975), *Cours de linguistique générale*, Lausanne-Genève, puis Paris: Payot.

Saussure Raymond de(1922), *La méthode psychanalytique*, Lausanne-Genève, Payot.

Valas Patrick(1998), *Les di(t)mensions de la jouissance*, Remonville-Saint-Agne, Érès.

Vilela Izabel(2001), «Retour aux origines saussuriennes du signifiant lacanien», in M. Arrivé et Claudine Normand, pp. 377-384.

3장
무의식 속의 단어들, 또는 어떻게 하나의 단어를 사물로 삼을 것인가

자칫 엉뚱하게 보일 수도 있지만 어떤 꿈 이야기로 이 장을 시작하고자 한다. 내가 이 같은 접근 방식을 택한 이유를 독자들은 곧장 간파할 것인데, 그것은 꿈 이야기라는 수단을 통해 아마도 거의 예상치 못한 것을 인식할 수 있기 때문이다. 더 이상의 부차적인 설명 없이 나는 직접 화법과 1인칭 시점으로 이루어진 이 이야기 속으로 들어가고자 한다. 이 1인칭은 내가 아닌 꿈꾸는 사람의 시점이다. 또 이 꿈 이야기는 글의 형태로 나에게 전해졌다는 사실도 밝혀두고자 한다.

'파라-에크리비앙'[104]의 꿈RÊVE DU PARA-écrivian

전날 혹은 전전날 나는 어느 총기 판매업자와 전화로 약속을 정했는데 나는 그에게 2,200유로에 총 한 자루를 구매하고 싶다고 말했다. 우리는 판매 조건에 합의했다.

약속된 날 나는 자동차로 약속 장소로 향했다. 전화로 나눈 대화에서 총기 판매업자는 나에게 "당신은 나를 쉽게 찾을 것입니다. 나는 방의 오른쪽 모퉁이에 앉아 있을 겁니다"라고 일러주었다. 나는 겉으로 보았을 때 엄청나게 옛날 총은 아니지만 나 스스로도 다소 놀랄 정도로 상당히 구식인 총을 지니고 있었다.

나는 예정된 장소에 도착했고, 이 장소가 폐쇄된 아노네Annonay 역과 어렴풋이 닮았다고 혼잣말을 했다. 나는 차에서 내렸다. 나로 하여금 총을 잡게 만드는 이유들을 곰곰이 생각하지도 않고 나는 총을 잡았다. 내가 방금 전에 들어간 큰 방의 오른쪽 모퉁이에 총기 판매업자일 것이라고 단번에 알아볼 수 있는 한 사람이 실제로 앉아 있었다. 그는 키가 크고 기다란 잿빛 수염을 가진 수척한 노인이었다. 그를 발견하자마자 놀랍게도 다른 많은 판매자들과 구매자들이 나는 그 장소 전체를 마치 벼룩시장처럼 차지하고 있음을 확인했다. 술잔치와 대화, 논쟁들로 여기저기서 웅성거렸다. 나는 참가자들 가운데 붉은 안색에 턱수염이 있는 뚱뚱하고 건장한 한 남자가 3,000유로에 총을 샀다고 막후에서 외치는 소리를 들었다. 단번에 나는 그것이 전날 혹은 전전날 내가 약속한 총기 판매와 관련된 것임을 확신했다.

놀라고 심지어 화가 난 나는 노인 쪽으로 향했다. 한마디 말도 없이 그는 손으로 내 총을 잡았다. 그는 내 총—헝겊으로 닦아 광택이 있지만 실제로 금속성의 손잡이는 색이 바래고 녹이 슬었다—을 주의 깊게 살펴보았다. 오랜 고민 끝에 그는 나에게 총을 구입할 의향이 있다고 말했다. 나는 그에게 내 총을 팔려고 온 것이 아니라 그와의 전화 통화로 맺은 계약에 따라 합의한 2,200유로의 가격으로 그의 총을 구입하러 온 것이라고 대답했다. 그는 일말의 당혹감도 없이 총은 이미 다른 사람에게 3,000유로에 팔렸다고 대답했다. 순간 그 총을 3,100유로에 사겠다고 그 방에서 큰 소리로 외치고 싶은 마음이 굴뚝같았다. 나의 의도는 그 총기 판매업자를 당혹스럽게 만드는 것이었다. 그러면 붉은 안색에 턱수염이 있는 뚱뚱한 사람은 항의할 것이고 아마도 판매업자에게 기만당했다고 느낄 것이다. 그러나 나는 그 총이 3,100유로라는 너무 비싼 값에 내 품에 떨어질 일을 생각하면서 결국 포기하고 말았다. 부아가 치민 나는 신용이 없는 판매업자를 돌아보면서, 정말로 그가 무기 판매업자인지 물어보았다. 그는 나에게 무기 거래 자격증carte professionnelle을 제시할 수 있을까? 몹시 당황한 그는 일어나 벽을 따라 그 뒤에 놓여 있던 판지로 된 두꺼운 서류 자료를 들춰보더니, 서류들과 구겨진 오래된 편지들 그리고 기한이 지난 인쇄물 묶음에 미리 클립으로 고정시켜둔 자격증 한 장을 마침내 찾아 꺼냈다. 그 자격증 자체는 복사본인데다 구겨진 채 접혀 있었다. 이는 점쟁이와 무면허 치료사가 실력을 떠벌리려고 몇몇 아프리카 마술사로부터 수여받은 자격증들을 떠올리게 했다. 그 자격증에는—분명히 판매자의 이름인—한 고유명사가 기재되어 있었다. 나는 이름에는 주의를 기울이지 않았지만, 그 이름에 뒤따르는 주의사항에는 확실히 주목했다.

파라-에크리비앙PARA-écrivian, 다카르Dakar,

그 주의사항은 여기서 문자 그대로 재생되었다. 즉 '파라PARA'

는 대문자로, 나머지는 소문자로 그리고 철자 'i'와 'a'는 '작가écrivain'라는 명사와 같이 내가 금방 알아볼 수 있는 단어의 표기법에서 도치倒置되었다. 다카르Dakar라는 도시의 언급은 그다지 놀랍지 않았는데, 왜냐하면 방금 전 나는 아프리카의 한 마술사를 생각했기 때문이다.

이 두 단어는 내가 기억하고 있지 않은 다른 여러 표시들 뒤에 위치하고 있었다. 나는 혼잣말로 그것이 이름뿐인 대학 기관의 자격취득과 관련된 세부사항들의 표시임에 틀림없다고 웅얼거렸다. 철자 'i'와 'a'의 도치를 하나의 오식(誤植, coquille)으로 보고 그렇게 해석했다.

나는 판매업자에게 '유사類似 작가PARA-écrivain'가 무엇인지 설명해 달라고 요구했다. 왜냐하면 나는 정확한 발음[105]을 말했기 때문이다. 그는 매우 당황했다. 나는 그때 그에게 '유사 작가PARA-écrivain'가 무엇인지를 알고 있다고 단언했다. 즉, '유사 심리학parapsychologie'을 떠올리며 실제로 '유사 작가PARA-écrivain'가 무엇인지 거의 알고 있다고 확신한 것이다. 나는 그저 엿 먹이려고emmerder 그에게 질문을 했다. (그렇다! 나는 그 동사(emmerder)를 발음했다.)

그는 한마디도 하지 않았다. 나는 보복의 제스처로 그 단어의 한가운데가 갈라지는 것을 의식하면서 '파라-에크리비앙PARA-écrivian'의 자격증을 찢었다. 복원이 불가능할 만큼 갈기갈기 찢긴 종잇조각들을 그대로 던져버렸다.

나는 이 장의 끝부분에서 이 꿈에 관해 상세하게 재론할 것이다. 지금으로선 이 꿈이 계시하는 매우 명백한 사실들에 대하여 주의를 끄는 것으로 만족하고자 한다.

첫 번째 사실은 꿈의 중요한 부분이 하나의 단어로 구성되어 있다는 것이다. 그것은 절대적 신조어이다. 매우 특별하면서 엉뚱한 표기와 함께 대문자들로 이루어진 부분과 소문자들로 이루어진 다른 부분 그리고 두 철자의 순서를 도치시킨 이 '오식'(誤植, coquille)을 포함한 '파라-에크리비앙PARA-écrivian'은 단 한 번 사용된 단어hapax이다. 《꿈의 해석》에 인용된 많은 꿈 이야기에서 프로이트가 인용한 단어들('norekdal', 'maistollmütz', 'tutelrein', 'autodidasker')과 마찬가지 경우이다. 《꿈의 해석》을 읽은 많은 독자들이 알고 있듯이, 그 단어들은 '파라-에크리비앙PARA-écrivian'처럼 전체를 구성하거나 단어를 장면화하는 꿈의 중요한 부분을 담당한다.

두 번째 사실은 이 단어가 완전히 신조어라 하더라도—방금 전에 인용한 프로이트의 단어들처럼—앞서 존재한 언어적 요소들을 쉽게 인식하게 해준다는 것이다. 그러나 그 같은 언어적 요소들은 형태의 측면과 의미의 측면에서 모두 심하게 변형된다. 십중팔구 이 변형은 언어langue 속에서 그 본래의 기능으로부터 동떨어진 요소들을 만드는데, 여기서 말하는 언어langue란 그 요소들을 차용한 프랑스어이다. 이 점은 아마 나중에 다시 검토하게 될 것이다.

세 번째 사실은 '파라-에크리비앙PARA-écrivian'이라는 단어가 일정 부분 수수께끼라는 것이다. 꼭 어떤 부분에서만 그러한데, 그것은 꿈꾸는 사람 자신이 그 단어의 두 가지 양상을 해독하고 있기 때문이다. 무엇보다 'PARA'라는 요소는 꿈꾸는 사람에 따르면 'parapsychologie'(우리말로 '유사 심리학')와 같은 조어造語 형성에서 발견되는 접두사이다. 그렇지만 이 접두사가 '작가écrivain'라는 단어에 영향을 미치게 될 때 어떠한 의미를 취할 수 있는지를 명확히 말해주지는 않는다. 이어서 두 철자의 도치 양상이 나타난다. 이 점에서 꿈꾸는 사람의 설명은 두 가지 특징을 제시한다. 한편으로 그는 꿈속에서 용어의 액면 그대로의 의미로 문자의 심급을 정확하게 부각시킨다. 실제로 그는 철자 순서의 변동과 도치에 아랑곳하지 않는, 구두orale 발현에서 나타나는 불일치에 주목하고 있다. 여기서 문자la lettre는 단어의 음성적 양상에 영향을 미치지 않는 자율적인 기능 작동fonctionnement을 갖고 있기 때문이다. 다른 한편으로 그는 이 도치에서 오식을 고려하고 있다. 이 오식이 의미를 가지는지 그리고 그것이 어떠한 의미인지는 자문해보지도 않은 채 말이다. 꿈에서는 아주 기묘한 일들도 완전히 자연스러워 보이고 어떤 놀라움에 대해서도 설명하려 하지 않는 태도가 빈번하게 나타난다.

네 번째이자 마지막 사실에서도 여전히 수수께끼인 것은 바로 그 용어의 지시적 가치이다. 비록 단어가 필시 의미를 지니고 있는 오식의 영향을 받더라도, 또한 접두사 'PARA'가 단어에 아마도 경멸적인 미묘한 의미를 부여하더라도, 그 늙은 무기-골동품 판매업자가 어떤 의미에서 '작가écrivain'라고 규정될 수 있을까? 이 점에서도 꿈꾸는 사람은 어떠한 당황스러움도 드러내지 않는다. 이는 바로 의심의 여지없이 단어의 해석을 위한 하나의 지표이다.

이 꿈 이야기를, 특히 '파라-에크리비앙PARA-écrivian'이라는 단어를 정확하게 기억하고 있어야 할 것이다. 그리고 이제 사물로 변형된 단어에 관한 문제를 핵심적으로 검토해보고자 한다.

우선 한 가지 자명해 보이는 것을 상기해보자. 프로이트에게 있어 단어의 위상에 대한 문제는 연구자를 겁에 질리게 할 정도로 개념적 외연外延이 방대하다. 그 이유는 간단하다. 엄밀히 말해 그 문제는 프로이트의 성찰이 포괄하는 외연에 버금가기 때문이다. 앞 장에서 우리는 프로이트의 이 기나긴 성찰에 나타난 단계들의 핵심을 이미 간파했다. 여기서는 앞 장에서 암묵적으로 제기되었으나 어떠한 해답도 찾지 못한 한 가지 문제에 관해 자세하게 다루고자 한다.

이 문제는 다음과 같은 방식으로 정리될 수 있다. 만약 프로이트가 그렇게 파악한 무의식이 단어의 표상을 포함하지 않는다면, 예컨대 꿈, 재담才談, 말실수 등으로 나타나는 무의식의 형성물 속에서 우리가 단어들과 마주친다는 것이 어떻게 가능하단 말인가? 물론 내가 의미하는 것은 꿈들을 이야기하는 데 사용되는 단어들이 아니다. '아우토디다스커autodidasker'에 대한 프로이트의 꿈이나 여기서 이야기되는 '파라-에크리비앙PARA-écrivian'에 대한 꿈에서 제시되는 그런 부류의 단어들을 뜻한다.

이 질문에 대해서 우리는 우선 세 가지 답변을 살펴볼 수 있다. 처음 두 가지 답변은 지극히 부분적이고 불충분하다. 세 번째 답변은 이 두 가지 답변들을 포괄하고 해명해줄 수 있는 장점을 지녔다는 점에서 이들을 대치하기에 적절할 것이다.

1. 첫 번째 답변은 앞 장에서 환기된 프로이트의 1923년 텍스트(《자아와 그것》, 44쪽 참조)에서 관찰된 내림표(플랫 b, bémol)를 강조하는 데 있다. 이 텍스트가 무의식의 구성 요소로서 단어의 표상을 드러나게 할 여지를 주는 것은 사실이다. 나에게는 매우 간결하고 암시적인 이 텍스트가 그러한 입장을 표명하는 희소한 텍스트들 중 하나인 것으로 보인다. 그렇지만 우리는 즉시 동일한 가능성을 제

기하는 듯 보이는, 위의 텍스트만큼이나 간결하고 암시적인 또 다른 텍스트를 발견하게 될 것이다.

2. 두 번째 해결책은 더 근본적이다. 이것은 꿈에서 만나는 단어들이 무의식으로부터 온 것이 아니라는 점을 주장한다. 그 단어들은 '낮 동안의 흔적들restes du jour'로부터 직접 온 것이다.

> 〔…〕 여러 단어와 발화는 꿈의 내용에서 새로운 조어들이 아니라 꿈에 앞선 낮 동안의 발화들(혹은 마찬가지로 사물들로부터 읽힌 최근의 다른 모든 인상들)을 다시 포착하는 조어들이다. (〈꿈의 학설에 대한 메타심리학적 보론Complément métapsychologique à la doctrine du rêve〉, 1917-1988, 251쪽)[106]

무의식 속에서 목격되는 단어들의 부재와 꿈속에서 드러나는 단어들의 현존 사이에 모순이 없음을 알 수 있다. 낮 동안의—의식적인—삶의 흔적들restes은 구두 출처('발화들')나 글로 쓰인 출처('읽힌 사물들')를 가지고 있을 수 있다. 그 흔적들은 "수면의 특징을 규정하는 무의식계Ics와 전의식계Pcs 사이의 검열이 줄어드는"(같은 책, 248쪽) 덕분에 꿈속으로 도입된다.

이 해결책은 매력적이다. 문제는 이 해결책이 프로이트의 다른 주장들과 더불어 이중적인 모순에 접어든다는 것이다.

첫 번째 모순은 《꿈의 해석》에서 프로이트가 분석한 '꿈속의 단어들'의 수많은 사례에 나타나는 몇몇 경우에는 다소 최근에 듣거나 읽은 단어들이 문제된다는 것이다. 입센Ibsen에 관한 논문에 등장하는 '노라Nora'와 '엑달Ekdal'의 경우가 그러한데, 그 두 단어가 압축되면서 '노렉달Norekdal'이라는 단어를 낳았다. 하지만 이것은 가장 빈번한 경우인 것과는 한참 멀다. 즉, '플리스Fliess'[107] —'허싱Hearsing'의 꿈, 또는 '알렉스Alex'의 꿈속에 나타나는 기차역 명(!!!)으로서 나오는 친구—알렉스는, 간접적으로나마 몽환적 단어인 '아우토디다스커autodidasker'에 나타나는 프로이트의 남동생 — 의 다른 이름들은 여전히 "꿈에 앞선 낮 동안의 발화들"임이 너무도 분명하다.

두 번째 모순은 방금 전에 인용한 248쪽의 대목에서 명확하게 밝혀진다. 그 대목에서는 "전의식계와 무의식계 사이의 검열이 수면 속에서 매우 줄어들었고, 두 체계 사이의 교류는 오히려 용이해졌다"고 분명히 제시하고 있다. 단어들이 무의식 속에 도입되고 꿈속에서 다시 떠오르는 것은 바로 이러한 검열의 줄어듦 덕분이다.

3. 내가 보기에 진정한 해결책이라 할 수 있는 세 번째 해결책은 —내 판단으로는—다음과 같이 표명될 수 있다. 즉, 무의식 속에는 분명 단어들이 존재한다. 왜냐하면 꿈속에는 단어들이 존재하고 있고 "그 꿈의 기원은 무의식 속에 침잠하고 있기"(《꿈과 그 해석Le rêve et son interprétation》, 13쪽) 때문이다. 라캉은 이 점에서 필자와 동일한 시각으로 프로이트를 읽고 있다.

> 프로이트에게 의미를 부여하는 것은 여기서의[꿈속에서의] 사물들이 아니라 교차점들points de concours이다. 이 교차점들은 하나의 텍스트로부터 일종의 전사(轉寫, décalque)로 추출된다. 프로이트는 단어 위에 단어를, 문장 위에 문장을, 구두 표현 위에 구두 표현을 다시 적용하는데, 말장난calembour[108]까지도 이렇게 한다.

둔한 사람들은 여기서 전의식이 관건이라고 말한다. 하지만 전의식을 동요시키고 괴롭히면서 전의식 자체에 파문을 일으키는 것은—프로이트는 전의식을 이 용어들로 정리한다—전의식 스스로가 통제하지 못하는 단어들을 만나는 곳에서의 작용이다. 이 단어들은 어디로부터 와서 전의식에 나타나는가? 그곳은 다름 아닌 단어들이 억압된 상태로* 머무는 무의식으로부터이다. 프로이트는 이 점을 달리 말하지 않는다. (라캉, 〈ORTF[109]에서의 짧은 담화Petit discours à l'ORTF〉(1966, 2001, 222쪽)

그러나 그곳에서 이 단어들은—프로이트의 표현에 따르면—사물들로 변형된다. 이 단어들은 그런 자격으로 특별한 위상을 누리게 된다. 즉, 이 단어들은 앞서 존재한 단어들의 몇몇 속성들과 이들로부터 생성된devenu 사물에 있는 특징에서 차용한 몇몇 속성을 누적시킨다. 이 점은 "이 단어들이 떠도는 상태로 제멋대로 존재하는 것이 아니라는 점, 말하자면 이 단어들의 표류는 오직 단어들의 법칙 속에 이루어진다는 점"(라캉 《짧은 담화》, 2001, 222쪽)을 설명해준

---

* 내 감각으로, 그 판본이 제시하는 "il gîte comme refoulé그것은 억압된 것처럼 머문다"는 표현은 "ils gîtent comme refoulés그것은 억압된 것들처럼 머문다"—여기서 지시대명사의 3인칭 복수형('ils')은 단어들('les mots')을 지칭한다—로 읽혀야 한다. 《짧은 담화Petit discours》의 구술에서는 이 두 가지 표현 사이에 어떤 차이도 없으며, 이 점은 바로 오류가 있었음을 설명해준다. 단수형인 "il gîte"는 오직 '전의식'만을 표상할 수 있을 것이다. 전의식을 억압된 것으로 제시하는 것은 매우 역설적으로 보인다. 반면, 단어의 양상을 취할 수 있는 기표signifiant는 라캉에 의해 다름 아닌 억압의 대상으로서 제시된다. 이 점은 바로 그 자체가 기표로 동화되는 'Vorstellungsrepräsentanz'에 관하여 명시적으로 밝혀진 내용이다. 이 점에 대해서는 2장에서 인용된 라캉의 《에크리Écrits》(1966) 714쪽을 참고할 것.

다. '단어들의 법칙'이라고? 그렇다. 이는 무의식 속에 머물고 있는 이 특수한 단어들의 법칙을 말한다. 이 속성들은 '소쉬르의 알고리즘algorithme saussurien'에 대해 뚜렷한 왜곡을 감수하게 만들지 않는 한, 소쉬르가 기호들에 할당한 속성들과는 구별된다.

프로이트는 단어들을 사물들로 다루는 작업을 수없이 되풀이한다. 이 점은 특히 《꿈의 해석》 257쪽과 262쪽에서 계속 반복해서 나타나는 핵심 동력leitmotiv이 될 정도이다. 여기서는 일반적으로 이용되는 《꿈의 해석》보다 확실히 덜 알려진 한 텍스트를 인용하고자 한다.

> 〔꿈의 형성에서〕 사고思考는 이미지—대부분 시각적인 이미지들—로 바뀐다. 따라서 단어의 표상은 이들에 상응하는 사물의 표상으로 귀착된다. (〈꿈의 학설에 대한 메타심리학적 보론Complément métapsychologique à la doctrine du rêve〉, 1917-1988, 251쪽)

문제는 겉으로는 매우 단순하고 설득력 있어 보이는 이 공식이 실제로는 아주 모호하다는 것이다. 즉, 단어들을 사물로 다룬다는 것 혹은 여전히 "단어의 표상을 이들에 상응하는 사물의 표상으로 귀착시킨다는 것"은 정확하게 무엇을 의미하는가?

가령, 적어도 내가 제대로 읽었다면 《꿈의 해석》에서 프로이트는 우리가 기대하는 이론적 공식을 명확한 방식으로 제시하지 않는다. 우리는 이 공식을 그의 논문 〈무의식L'inconscient〉에서 발견할 수 있다.

정신분열증에서 단어들은 잠재된 꿈 사고思考로부터 꿈의 이미지들을 만드는—우리가 1차 정신적 과정processus이라고 명명한—동일한 전개procès[110]를 따른다. 이 단어들은 압축(壓縮, condensation)과 전위(轉位, déplacement)를 통해서 흔적도 없이 그것들의 〔심리적〕 집중을 서로 전이시킨다. 즉, 이 전개는 다중적 관계들로 인하여 이에 적합한 단 하나의 단어가 사고의 모든 연쇄 대상작용(代償作用, vicariance)을 확고히 하는 데까지 멀리 나아갈 수 있다. (1915-1988, 237쪽)

하지만 정신분열증 환자들이 보여주는 언어적 특수성에 대하여 지극히 명시적인 내용을 담고 있는 이 텍스트는 단지 간접적인 방식으로만 꿈을 바라보고 있다. 꿈에 대한 직접적 참작을 발견할 수 있는 곳은 바로 〈메타심리학적 보론Complément métapsychologique〉에서이다. 여기서 하나의 난점—우리는 이 점을 어렵지 않게 보게 될 것—을 제시하는 한 편의 텍스트를 상당히 길게 인용해야 한다.

퇴행régression[111]이 일단 실현되면, 무의식계Ics 체계에서 일련의 심리적 집중들이 남는다. 사물들에 대한 기억들의 심리적 집중에 대해서 1차 정신적 과정이 자체 작용을 행사하는데, 이 기억들의 압축에 의해서 그리고 다른 기억들과 관련하여 몇몇 기억들의 심리적 집중의 전위에 의해서 명확한 꿈의 내용을 형성하는 것에 이르기까지 진행된다. 그러니까 여기서 낮 동안의 흔적들restes에서 단어의 표상은, 사물의 표상처럼 다루어지고 그 자체로 압축과 전위의 영향을 따르는 사고의 표현이 아니라, 지각작용perception에 의해서 발생한 신선하고 현재적인 흔적들이다. 이로부터 《꿈의 해석》에서 제시된 규칙이 확인된 이래로 명증성에 이르기까지 단어와 발화는 꿈의 내용에서 새로운 조어(造語, néo-formations)가 아니라 꿈에 선행하는 낮 동안의 발화들을 다시 포착하는 조어들이다.[112] 〔…〕 꿈 작업이 아무리 적더라도 단어의 표상에 연관되어 있다는 것은 매우 주목할 만하다. 꿈 작업은 심지어 가소적可塑的 제시présentation plastique에 가장 유리한 작동을 제공하는 표현을 발견하는 데에도 매순간 단어들 사이에서 이들을 교환시킬 준비가 되어 있다. (〈꿈의 학설에 대한 메타심리학적 보론〉, 1917-1988, 251쪽)

난해한 이 텍스트에서 우리는 기대했던 해결책과 동시에 예고된 난점을 발견한다.

나는 그 해결책을 통해 논의를 시작하고자 한다. 그 해결책은 단어들을 사물로 변형하는 것이 바로 단어들을 1차 과정에서 나타난 효과에 종속시키는 것이라고 제시한다. 위에서 인용된 사례들로부터 막연히 예감했듯이, 그리고 '아우토디다스커Autodidasker'에서 좀 더 명확한 방식으로 보게 되듯이, 이 1차 과정의 양상들은 압축과 전위이다. 압축과 전위는 형상성(figurablité, Darstellbarkeit)—여기서 '가소적 제시présentation plastique'라고 번역된—에 유리하게 작용한다. 단어들에 대한 이런 작동들의 결과는 무엇일까? 그것은 단어들이 전통적인 의미에서 말하는 (결국 1891년《실어증의 개념에 관한 연구》에서 자리매김된 것과 매우 근접한 의미에서) 단어가 되는 것을 전적으로 멈춘다는 사실이다. 프로이트가 꿈은 매순간 "단어들 사이에서 이들을 서로 교환시킬 준비가 되어 있다"는 점에 주목했을 때, 그는 이 점을 암묵적으로 인식하고 있었다. 단어들에 엉뚱한 위상을 부여하고 있는 것이다. 이를테면 꿈은 '여성의 성기'와 '범주Categorie' 그리고 '배뇨하다'와 '범주화하다categorieren' 같은 단어들이 또는 다른 어떤 단어이든지 서로 '교환할' 수 있도록 허용한다(1900-1967, 263쪽). 단어들의 이러한 대체에 일체의 제약이 없다는 것은 아니다. 그러나 이러한 대체에 작용하는 제약은 1차 과정의 것이지 단어들의 의식적 사용에서 행사되는 언어학적 제약이 아니다. 다시 말해 '배뇨하다'라는 동사를 대신해 '범주화하다categorieren'라는 동사의 사용을 어렵게 만드는 언어학적 제약은 아니다.

이제 난점에 다가가 보자. 독자는 〈메타심리학적 보론〉에 나오는 이 부분을 읽으면서 이 난점에 주목했을 것이다. 즉, 프로이트는 꿈속에서 1차 과정을 따르지 않는 단어들, 달리 말해 사물로 변형되지 않는 단어들을 그다지 중요하게 다루고 있지 않은 것처럼 보인다. '사고思考의 표현'은 바로 이 단어들이다. 여기에 내가 계속해서 자문하는 한 가지 문제가 있다. 즉, 〈메타심리학적 보론〉에서 프로이트는 이 단어들의 사례를 제시하지 않았고, 그가 되돌아간 《꿈의 해석》에서 나는 1차 과정에 따르지 않는 단어들의 경우를 발견하지 못했다.

지금 우리에겐 사물로 변형된 단어들이 1차 과정을 따르는—달리 말해 이들이 단어의 위상을 잃게 되는—핵심적인 방식에 관하여 연구하는 일이 남아 있다. 중요한 작업은 사례가 거의 없는 《꿈의 해석》에서뿐만 아니라 사례가 셀 수 없을 정도로 많은 《일상생활의 정신 병리학》과 《재담과 무의식의 관계》에서 주로 이루어져야 할 것이다. 실제로 프로이트가 매순간 반복해 말했듯이 꿈 단어와 말실수, 재담에서 실행되는 방식들은 동일하다.

아주 하찮은 액면적인 분석에 독자들이 집착하지 않도록 하기 위해 'Signorelli' 혹은 'famillionnaire'보다는 아마도 덜 마주칠 '아우토디다스커autodidasker'의 몇몇 단어들에 대해 말하고자 한다. 바로 다음의 대목은 《꿈의 해석》에서 이 꿈 단어mot de rêve의 분석이 어떻게 시작되는가를 보여준다.

> 또 다른 꿈은 잘 분리된 두 개의 파편으로 구성된다. 첫 번째 파편은 내가 매우 선명하게 회상하는 단어인 '아우토디다스커AUTODIDASKER'이다. 두 번째 파편은 며칠 전 내 머릿속에 떠올랐던 별다른 중요성이 없는 환상fantasme[113]을 떠오르게 한다. (…)
>
> 우리는 쉽게 '아우토디다스커autodidasker'를 'Autor'(저자, 프랑스어로 auteur)와 'Autodidacte'(독학자) 그리고 'Lassalle'이란 이름〔한 여자를 위한 결투에서 죽었던 독일인 사회주의자의 고유명사〕에 관련된 'Lasker'〔매독(梅毒, syphilis)으로 죽은 어떤 사람의 고유명사〕로 쉽게 나눌 수 있다. (프로이트, 1900-1967, 259쪽. 이어서 '아우토디다스커autodidasker'라는 '단어Wort'는 내가 감히 말한다면 매우 메타언어학적인 단어로서 '신조어néologisme, neugebildete'로 규정된다—아리베)

우리는 압축이 어떻게 작동되었는지를 보게 된다. 즉, 압축은 가장 물질적인 의미에서—다시 말해 가장 문자적인 의미에서—'압축'시킨 'Autor', 'Autodidakte', 'Lasker', 'Lassalle'라는 네 개의 단위로 된 하나의 다발을 구성했다. 그 결과는 단어의 모든 변별적 특징들이 소거된다는 점이다. 꿈 작업의 몽환적인 술책cuisine 안으로 너무 깊이 들어가는 위험을 감수하면서 꿈 작업이 무엇인지 살펴보도록 하자.

소쉬르적 의미에서의 기표signifiant를 언급하고자 한다면, 여기서 기표는 더 이상 선조성(線條性, linéarité)을 따르고 있지 않다는 것을 알 수 있다. 즉, 'autor'를 읽기 위해서는 중간의 철자들을 성큼 뛰어넘어 배열의 맨 마지막에서 'r'을 찾아야 한다. 이 'r'은 더 이상 음소들의 변별성을 따르지 않는다. 즉, 고유명사 'Lasker'를 읽기 위해서는 표면에 나타난 단어에는 부재하는 'L'을 간단히 복원하면 된다. 불쌍한 'Lassalle'에 관해 말하자면 역경의 동반자인 'Lasker'*와 함께 공유하는 그 단어의 첫 음절을 통해서만 현존한다. 또 'Lasker'는 아나그램anagramme[114] 방식으로 보충되는 고유명사 'Alex'—프로이트의 남동생 이름—를 갑자기 나타나게 한다는 점을 덧붙인다. 여기서도 여전히 철자들은 조작되고 더욱이 이미 그 음성적 등가어들로 대체된다. 즉 'Alex'의 '–x'는 '/ks/'처럼 해석되지만 'Lasker'의 '–sk–'에 의해 전도된 것처럼 해석된다.

기의가 전적으로 부재했다는 점을 살펴보기 위해 기의signifié의 차원으로 넘어가보자. '아우토디다스커autodidasker'의 '의미'를 파악하는 것은 너무나 명백하게 불가능하다. 이 익살스런 단어의 매우 특이한 기호학적 구조에서 그 의미를 대신하고 있는 것은 사실상 연속적으로 서로 맞물려 있는 지시체들réféents들의 연쇄이다. 왜

---

* 꿈속에서 두 인물이 남자에 대한 여자의 '치명적 영향의 사례들'의 명목으로 존재한다는 사실을 우리는 방금 전 간파했다. 첫 번째 인물인 에두아르 라스커(Eduard Lasker, 1829-1884)는 매독syphilis〔비너스(Vénus, 사랑과 미의 여신)라는 이름에서 파생된 형용사로 너무 잘 지칭된 병〕으로 죽었고, 두 번째 인물인 독일인 사회주의자 페르디난트 라살(Ferdinand Lassalle, 1825-1864)은 "한 부인을 명분으로 싸웠던 결투에서 죽었다"(《프로이트 전집》 4권, 342-343쪽).

냐하면 'Lasker'와 'Lassalle'의 듀엣(이중창)과 더불어 연쇄의 끝을 맺은 것도 아니고 'Alexandre'를 줄여 쓴 'Alex'로 연쇄를 끝맺지도 않았기 때문이다. 계속해서 우리는 'Aloz'의 전도된 형태인 'Zola' 그리고 'Aleksand-re'에서 음절 전위의 효과로 나온 'Sandoz'가 차례차례 돌발적으로 나타나는 것을 보게 될 것이다. 우리는 바로 앞에서 인용된 텍스트에서 '사고思考들의 모든 연쇄 대상작용(代償作用, vicariance)'을 확고하게 만드는 몽환 상태의 단어가 지닌 두드러진 속성을 재발견한다.

이렇게 생산된 단어들과 이들이 겨냥하고 있는 대상들objets 사이에 설정된 관계는 프로이트로부터 하나의 이름을 부여받게 된다. 그것은 다름 아닌 (1961년 독일어 텍스트 251쪽에 나타난) 'Darstellung'으로서—'Vorstellung'과 함께 경쟁적인—'표상représentation'과 관련된 명칭들 중 하나이다. 프로이트의 이 용어가 매우 은밀하게 암시하고 있는 기호학의 범주는 분명 의미작용signification의 기호학이 아니라 지시작용référence의 기호학이다. 그리고 우리는 '아우토디다스커Autodidasker'를 통해 생산된 단어들과, 다른 몽환 상태의 단어들 사이에서 고유명사들의 우세를 식별할 수 있다는 사실이 놀랍지 않다. 즉, 고유명사와 그것의 지시체 사이의 관계는 하나의 기의signfié에 대한 어떠한 참작도 배제하기 때문이다.

'아우토디다스커autodidasker'를 프로이트의 대응물들처럼, 그리고 의심의 여지없이 이 장에 등장하는 꿈꾸는 사람의 '파라-에크리비앙PARA-écrivian'처럼 기술하려고 소쉬르의 개념들을 사용하는 것은 무익하다. 이 조어造語들이 언어 기호이기를 멈췄다는 간단한 이유 때문이다.

비록 소쉬르의 《일반 언어학 강의》가 여기서 배제되었다고 하더라도, 우리는 장 스타로빈스키Jean Starobinski[115]의 《단어들 속의 단어들Les mots sous les mots》이라는 탁월한 저서를 통해 소쉬르의 아나그램을 떠올릴 수 있을 것이다. 아나그램 텍스트의 기능 작동fonctionnement은 그 몇몇 양상에서 꿈 단어의 작동에 비견될 만하다. 이런 생각들을 정리하기 위해 나는 〈예언Vaticium〉(신탁)이라는 옛 고어풍의 운문에서 발췌한 유명한 예문을 다시 인용한다.

DONOM AMPLOM VICTOR AD MEA TEMPLA PORTATO

델포이 신전Delphes의 여사제(무녀)가 로마인들에게 전달한 신탁에서 말하는 이는 바로 아폴로 신Dieu Apollon이다. 이 운문의 의미는 투명하다. 즉, "승리자가 나의 신전들에 중요한 봉헌물을 가져오리라." 그러나 소쉬르는 이 표면적 의미에 만족하지 않았다. 그는 운문의 철자들 속에서, 무질서 속에서 하나의 단어로 환원되는 흩어진 또 하나의 텍스트를 찾아낸다. 바로 라틴어 주격의 형태로, 고어적 철자법과 함께 그리고 단 하나의 'L'과 함께 아폴로APOLO 신 자신의 이름을 찾아내는 것이다. 게다가 이 단어는 표면적으로 12음절 시행의 두 반구半句에 각각 위치한다.

DONOM AMPLOM VICTOR /AD MEA TEMPLA PORTATO

A PLO O A PL O O

여기서 다시 아나그램에 포함된 문자 조합법의 세부사항으로 들어가는 것은 불가피하다. 이러한 조합법을 실행함으로써 '아우토디다스커autodidasker'라는 단어를 두고 동일한 스타일의 연습에 참여했던 프로이트의 독자들이 본론에서 벗어나 샛길로 빠지게 만들어서는 안 될 것이다. 그러므로 잠시만 아나그램의 작시법을 언급하고자 한다. 텍스트 표면의 철자들 속에서 신의 이름을 읽으려면 각각의 반구에서 'P'와 'L' 사이에 첫 번째 'O'를 제자리에 놓기 위해 전위시켜야 한다. 프로이트의 꿈에 나타나는 '아우토디다스커autodidasker'의 정식화에서 '라스커Lasker'의 이름 뒤에 그의 남동생 '알렉스Alex'의 이름을 읽기 위하여 그가 한 것과 거의 동일한 방식으로 말이다. 물론 프로이트는 소쉬르보다 훨씬 절묘하다. 프로이트는 망설이지 않고 남동생의 이름에 빠진 철자 'L'을 덧붙인다. 이러한 첨가는 프로이트에게 별다른 영향을 미치지 않는다. 즉, 이것은 다른 것들 가운데 '압축Verdichtung'을 따르는—다시 말하면 우리가 보았듯이 사물로 변형된—꿈 작업의 관습이다. 소쉬르에게 있어 사정은 다르다. 실제로 이 철자들의 순서의 전복은 언어기호의 두 가지 근본적 '원리' 가운데 한 가지—바로 '선조적 특성caractère linéaire'—를 문제 삼는다. 요컨대 아나그램의 담화에서 소쉬르가 발견한 '무한히 특별한' 대상은 '일반적으로 인간의 단어'를 지배하는 규칙들을 벗어난다.

아나그램 텍스트들 속에서 작동하는 언어적 실천은 언어기호를 지배하는 원리보다는 1차 과정의 여러 기능 작동들을 환기하는 규칙들을 따른다. 필연적으로 이를 알아차린 소쉬르는 자신의 성찰의 중대한 대목을 이 문제에 할애한다. 즉, 그는 아나그램 텍스트들이 파격에 가까울 정도로 자신에게 제시한 선조성linéarité의 예외에 관하여 매우 명민하게 자문했다(스타로빈스키, 1971, 46-47쪽, 그리고 아리베 2007년 저술을 참고할 것). 언어langue 분석의 결과들과 아나그램 실천의 비非전형적인 기능 작동들에 대한 검토가 표면상의 평온함 속에서 서로 대결하는 곳은 바로 소쉬르 저술의 단편들 가운데 하나에서였다.

> 하나의 단어를 형성하는 요소들이 '순서에 따라 이어진다는' 것, 바로 거기에 하나의 진리가 존재하지만 언어학에서는* 너무나 자명하기 때문에, 흥미 없는 것으로 고려하지 않는 것이 더욱 나을 수 있다. 하지만 이 진리는 일찍이 단어들에 관한 모든 유용한 성찰의 핵심 원리를 제시한다. 우리가 다루어야 할 영역처럼 지극히 특별한 영역에서** 아울러 최초부터 늘*** 연속성consécutivité 혹은 비非연속성의 문제와 같은 한 가지 문제가 제기될 수 있는 것은 늘 인간 단어 일반의 근본적 법칙에 근거해서이다.
>
> 우리는 TAE를 ta + te를 통해서 제시할 수 있는가? 다시 말하면 독자를 더 이상 연속성 속에서 하나의 병치가 아니라, 시간을 벗어

* 이것이 필자가 방금 전에 알린 명시적 언급이다. 또한 우리는 그 텍스트의 첫 번째 줄에서 《일반 언어학 강의》에서 '요소élément'라는 단어가 가지는 의미와 함께 이 단어['요소']의 사용을 주목하게 될 것이다.

** 그 연구를 명시적으로 언어학에 결부시키고, 그것을 '지극히 특별한 영역'으로 만드는 이중적 제스처를 하면서 소쉬르가 지칭하는 것은 분명히 아나그램에 관한 연구이다.

*** 여기서 거의 은밀히 추진되고 출판할 의도 없이 수행된 이러한 연구에서 소쉬르가 빈번하게 시도했듯이 그는 그 문장의 한가운데에서 중단했다. 엄밀하게 언어학적인 그의 성찰에서 그가 자주 동일한 방식으로 수순을 밟아갔음을 우리는 목격했다.

난 청각적 인상들의 평균으로 이끌 수 있는가? 요소들을 갖는 시간 속의 질서를 벗어나서? 만약 내가 TAE를 TA–AE 혹은 TA–E를 통해서 제시한다면 관찰되는 선조적 질서를 벗어나는 것일까? 그러나 동시에 두 색깔에 대해서 내가 그렇게 할 수 있을지도 모르는 것처럼 시간을 벗어나 혼합시켜야 할 ta + te를 통해서 TAE를 제시한다면 관찰되지 않는 선조적 질서를 벗어나는 것일까? (스타로빈스키, 1971, 46-47쪽) 〔이 인용문은 소쉬르의 자필 원고의 한 대목으로 여기서 재인용되었다. Ms. fr. 3963 Cahier d'écolier sans titre. —옮긴이〕

언어학자 소쉬르가 언어활동langage의 습관적 규칙들과 견주어 완전한 위반을 나타내는 그것의 여러 기능 작동들을 참작하는 작업이 가장 명확하게 나타나는 곳은 아마도 소쉬르의 성찰에서 이 지점일 것이다.

소쉬르의 이 짧은 막간극을 끝내고 프로이트에게로 돌아가자. 사물로 변형되고 1차 과정을 따르는 몽환 상태의 단어는 통상적 의미에서 말하는 하나의 단어이기를 멈춘다. 내가 그 대목에서 주의를 환기하듯이, 이것은 또한 몽환 상태의 단어가 더 이상 메타언어métalangage에 종속되지 않는다는 점을 설명한다. "메타언어métalangage는 없다"는 라캉의 공리公理는 이렇듯 프로이트에게서 인식론적 원의原義를 발견한다. 비록 이것이 여기서 명확하게 밝혀지지 않는다고 하더라도 말이다. 꿈과 꿈 이야기를 구별하는 것을 줄곧 거부했던 방식에서도 프로이트는 더 이상 스스로 명시적인 설명을 제시하지 않는다. 그러나 공식화되지 않은 그것은 늘 지속되었다.

사람들이 미루어 짐작하듯이 라캉은 무의식의 언어적 조어들—'famillionnaire'와 함께 재담이 관건이거나 단어의 망각〔여기서 채택된 'Signorelli'〕이 관건이거나 혹은 꿈의 형성이 관건인[116]—에 대해서 치밀하게 관심을 갖고 있었다. 특히 라캉이 흥미를 느낀 것은 정확하게 '아우토디다스커autodidasker'였다. 《세미나》 3권의 텍스트는 이 조어를 생산한 문자 그대로의 조작들manipulations을 세밀하게 논평한다. 나는 이 분석들의 전사(轉寫, transcription)[117]에서 만들어진—프로이트의 모든 주의 깊은 독자에게는 분명한 방식으로—고유명사들의 동일화의 오류를 정정하면서 이 분석들을 인용한다.

> 만약에 그것〔꿈의 분석〕이 무언가와 닮아 있다면 그것은 하나의 해독(解讀, déchiffrage)이다. 그리고 관건이 되는 차원은 기표signifiant의 차원이다. 프로이트의 그러한 꿈을 포착해보자. 여러분은 거기서 '아우토디다스커Autodidasker'와 같은 한 단어가 지배하는 것을 볼 것이다. 이것은 하나의 신조어新造語이다. 거기서부터 우리는 '라스커Lasker'〔편집자가 읽게 했듯이 '라스켈l'Askel'이 아니다〕와 몇 가지 다른 기억souvenirs을 발견한다. 해석하는 것이 관건이 될 때에는 단어의 형태조차도 절대적으로 본질적이다. 최초의 해석interprétation—방향orientation 혹은 이분법dichotomie—은 우리를 '라살Lassalle'〔편집자가 읽게 했듯이 la 'salle'(라 살)이 아니다〕* 쪽으로 이끌 것이다. 우리는 거기

---

* 이러한 오류들은 이중적 관점에서 유감스러운 일이다. 소극적 관점에서, 이러한 오류들은—특히 불운하게도 '라스켈l'Askel'과 '라 살la salle'로 대체된 두 불쌍한 '라스커Lasker'와 '라살Lassalle'에 관한 여자la femme의 매우 유감스런 영향—꿈의 '의미'뿐만 아니라, 그 형성의 아나그램적anagrammatiques 절차들—특히 '라스커Lasker'

서 순수하게 음성적이고 언어적인 다른 변형을 매개로 프로이트의 남동생인 '알렉스Alex'를 발견할 것이다. (라캉, 《세미나》3권: 《정신병 Les psychoses》, 269쪽)

여기서 '기표signifiant'라는 용어에 부여된 라캉의 성찰에서, 명백하게 의도적이지만, 뭐랄까, 불가피한 모호함조차 포함하여 가장 분별력 있는 주석이라 할 수 있다. 소쉬르적 의미의 기표signifiant인가? 그렇다. 물론 어떤 식으로 꿈의 텍스트에서 작동된 '기표signifiant'이다. 그러나 이 용어에 소쉬르가 부여한 엄밀한 의미에서 하나의 기표이기를 멈출 정도로 조작된 것이다. 동음이의어homophonie[118]의 관계는—여기서 이것은 동일성identité인데—기표signifiant를 무의식의 레지스터registre[119]로 통과시키는 것이다.

기표signifiant의 기구appareil[120]와 놀이jeu의 내부에서 표현되는 것은 주체의 욕망이라고 명명될 수 있는 주체의 토대로부터 나온 어떤 무

의 대략적인 아나그램anagramme인 '알렉스Alex'라는 이름의 뜻하지 않은 출현—을 은폐하는 결과를 낳았다. 그래서 라캉이 '아우토디다스커autodidasker'라는 단어를 종속시킨 '기표의' 분석은 완전히 이해할 수 없게 되었다. 적극적 관점에서, '라스켈l'Askel'의 언급은 특히 당황스럽다. 이 언급은 트리스켈Triskel—공간 · 위상학적topologique 모델로서 라캉이 실제적으로 사용한 켈트족의 상징—을 향한 경향을 띠지만 다른 때에는(《세미나》 22권) 완전히 다른 목표들을 동반했다. 그의 오류들에 대해 편집자인 자크-알랭 밀레Jacques-Alain Miller는 프로이트가 라캉의 주의 깊은 독자인 그에게 기대해서 쓴 한 편의 텍스트에 대해 완벽하게 이해하지 못했다는 점을 목격할 수 있다. 요컨대 그것은 그의 권리이다. 그러나 그는 《꿈의 해석》이라는 텍스트에서 라캉의 '강의들leçons'을—'강연'이라는 단어의 오래된 의미에서—직접 확인해보는 신중함을 지녀야 했을 것이다.

엇이다. 이 욕망이 기표에서 포착된 이후에는 하나의 의미되어진 욕망désir signifié이다. 이 욕망의 의미작용signification에 매료된 우리 모두가 여기에 있다. 프로이트의 회상에도 불구하고 우리는 기표signifiant의 기구를 망각한다. (라캉《세미나》 3권:《정신병》, 269쪽)

무의식 속에 존재하는 사물로서의 단어에 대해 논지의 완결성을 유지하려면, 마찬가지로 프로이트에 의해 너무도 자명해진 하나의 양상을 강조해야 할 것이다. 즉, 히스테리에서 예증적으로 나타나는 단어의 육체적[121] 결착들을 말한다. 특히 이 방식procédé을 유명하게 만든 이는 바로 유명한 세실리 부인Frau Cecilie(프로이트, 브로이어 공저,《히스테리 연구Études sur l'hystérie》, 1895-1981, 143-144쪽)이다. 이 젊은 부인은 신체(몸)에 문자 그대로의 의미를 부여하면서 단어를 문자 그대로의 의미로 취한다. 예전에 그녀의 할머니가 그녀를 향해 던진 "뭔가를 뚫을 듯이 날카로운perçant" 시선은 할머니가 보내는 반대의 눈빛보다 더욱 강렬하게 계속 전면에서 그녀를 압도한다. 완전히 상이한 형식 아래서 신체 기관들에 대한 관계는 정신분열증의 경우에도 또한 발현된다. 그것은 〈무의식l'inconscient〉에서 나타나는 '눈의 비틀림'(Augenverdreher, retourneur d'yeux),[122] 프로이트가 '신체 기관 언어활동'(langage d'organe, Organsprache)이라고 부르는 것의 유명한 사례이다. 나는 앞 장에서 이 문제들을 이미 다룬 바 있다. 여기서는 단지 다음과 같은 사실을 주장하기 위해 재론할 것이다. 즉, 정신분열증 환자의 경우에서처럼 히스테리 환자의 경우에서도, 내가 감히 말한다면, 'tenir'(타동사적 어법으로 '잡다', 자동사적 어법으로 '붙어 있다'—옮긴이)라는 단어의 문자 그대로의 의미에서 단어는 신체(몸)에 결착되어 있다. 즉, 무의식은 자신의 육체적 정박碇泊으로부터 단어를 떼어놓는 데에는 부적격하다. 신체(몸)에 점착된 이 특별한 대상은 여전히 하나의 단어인가?

이 장에서 도입부 역할을 했던 꿈의 이야기로 돌아갈 시간이다. 꿈의 단어인 '파라-에크리비앙PARA-écrivian'은 무의식 속에 존재하는 단어의 위상에 관한 언급들로 과연 해명되었는가?

일정한 방식으로 나의 분석은 이 단어에 관하여 무용하지는 않았을 것이다. 나의 분석들은 우선 그 단어의 존재를 참작했다. 즉, 꿈속에 존재하는 단어들은 그 어떤 기이한 것도 갖고 있지 않으며, 이것은 프로이트에 따라서—또 의심의 여지없이 각자의 경험에 따라서—심지어 매우 빈번한 하나의 사실이기도 하다. 여기서 우리는 세르주 르클레르Serge Leclaire의 《정신분석하기Psychanalyser》의 'Pôor(d)j'e-li'[123]의 공식을 생각하는 것에 마음이 끌린다.(1968, 112-113쪽) 실제로 이 '격정적 표현jaculation'이—르클레르의 화제話題에서는 어쨌든 분명하지 않지만—꿈꾸어진rêvé 하나의 단어의 위상을 정확하게 갖고 있지 않다고 하더라도 말이다.

나의 분석은 다른 유용성을 가지고 있었다. 즉, 그것은 우리의 형성에 의해 제시된 몇몇 사실들을 몽환 상태의 단어의 특징들로 인식하게 만들었다. 나는 다음과 같은 두 가지 점을 강조하고자 한다.

첫째, 하나의 요소의 부재. 나는 무기-골동품 판매업자의 이름을 염두에 두고 있다. 꿈꾸는 사람은 이 이름이 자격증 위에 적혀 있다고 명시적으로 말한다. 그러나 그는 이 이름을 읽지 않거나 그것을 다시 쓰지 않는다. 이것은 동일한 결과를 낳는다. 즉, 그 마침내 이름은 부재한다. 이 부재에 어떤 의미들을 부여해야 하는가? 이 부재는—용어의 프로이트적 의미에서—'파라-에크리비앙PARA-écrivian'의 서술어prédicat를 전위轉位시키는 기능만을 가질 뿐이다. 꿈의 표면적 내용에 의해 제기된 것과는 반대로 '파라-에크리비앙PARA-écrivian'은 의심의 여지없이 무기 판매업자는 아니다. 왜냐하면 그 이름이 지워졌기 때문이다. 그는 누구일 수 있는가? 모든 다른 가능성의 부재 속에서 그럴듯하게도 '파라-에크리비앙PARA-écrivian'의 지칭이 가리킨다고 판명된 것은 꿈꾸는 사람 그 자신이다.

둘째, 구두적(口頭的, orale) 발현과 독립하여, 문자la lettre의 변별성. 이 변별성은 1891년《실어증의 개념에 관한 연구》이래로《꿈의 해석》에서 강조되었다. 문자의 이 자율성은 두 번 되풀이하여 우리의 단어 속에 현존한다. 한편으로 접두사 'PARA'를 대문자로 놓아두면서, 다른 한편으로는 꿈꾸는 사람이 두 철자 'i'와 'a'의 표기적 도치를 주목하면서 이 문자éciriture라는 사실에 대해 이것이 함의해야만 하는 구두적 파급 결과를 낳지 않았다는 사실에서이다. 즉, 그는 도치된 'i'와 'a' 함께 '에크리-비-앙écrivi-a-n'이라고 읽지만 '에크리뱅'(écrivain 즉 '작가')이라고 발음한다. 이 현상을 어떻게 해석해야 하는가? 가장 명백한 방식으로 단어는 우리가 그 구두적 발현이나 혹은 표기적(表記的, écrite) 발현을 고려함에 따라서 동시에 두 가지 의미를 포함한다. 말에는 어떠한 어려움도 없다. 비록 대문자의 접두사 'PARA-'에 의해 초래된 굴절을 참작하는 것이 적절하다고 할지라도 '작가écrivain'는 '작가écrivain'이다. 그러나 문자 그대로의 '에크리-비-앙écrivi-a-n'의 형태는 어떤 특수한 의미를 담당하는가? 만약 우리가 꿈꾸는 사람의 연상 작용들을 단지 마음대로 사용하기만 한다면 그 의미에 대해 어떤 것을 말할지 모른다. 따라서 나는 그 의미에 대해 아무것도 말하지 않을 것이다.

후기

나는 꿈꾸는 사람으로부터 몇 가지 보충 정보들을 얻는 데 성공했다. 그의 허락을 얻은 다음 여기서 그 정보들을 전달하고자 한다.

과거에 큰 성공 없이 네 편의 소설을 출간한 후 꿈꾸는 사람은 서점에서 방금 막 출간된 그의 다섯 번째 소설에 걸맞은 의미 있는 독자들과 만나기를 희망했다. 따라서 그의 꿈에 대한 내재적 분석이 짐작하도록 해주는 것과 일치하여 '파라-에크리비앙PARA-écrivian'이란 단어는 꿈의 표면적 이야기가 나타나도록 해주는 것과 모순된 채, 다름 아닌 꿈꾸는 사람을 지칭한다. 즉, '작가écrivain'란 이름을 자신에게 부여한 이는 그 꿈을 꾼 당사자이다. 그렇지만 그가 보기에 이러한 호칭이 요구하는 유보적 조건을 표시하지 않은 채 '작가'란 이름을 부여하고 있다. 그는 '작가écrivain'인가? 그렇다. 의심의 여지없이 그렇게 해서 두 개의 철자를 도치시킨 엄밀한 의미에서의 표기적인 변형에도 불구하고 그는 그 '작가écrivain'라는 단어를 읽어냈다. 하지만 그것은 주관적이면서 게다가 파손된 방식으로 읽어낸 것이다. 즉, 단지 진짜 '심리학자psychologue' 옆에 있는 '유사類似 심리학자parapsychologue'의 방식이었다.

'에크리뱅'(écrivain, '작가')에서 '에크리비앙écrivian'으로의 전도라는 문제가 남아 있다. 꿈꾸는 사람은 우선 입을 다물고 가만히 있는다. 그리고 갑자기 그에게 어떤 생각이 떠오른다. 그는 매일 불안 속에서 자기 소설에 관한 논문들〔비평가의 소설 비평을 뜻한다 — 옮긴이〕을 기다린다. 그가 가장 관심을 가진 비평가들 가운데 한 사람은 모델이 되는 'Safirian' 혹은 'Dalgalian'에서 기원적으로는 아르메니아식 성姓인 이 파생 형용사들을 특징짓는 접미사 '–ian'을 가진 아르메니아어 식 음조를 띤 이름을 지니고 있다. 그는 그 발음에 해를 입히지 않고 '작가écrivain'라는 단어의 표기적 구조를 전복시키면서 꿈속에 나타나는 '–ian'으로 된 이름의 이 저자(비평가—옮긴이)의 논문(비평문—옮긴이)이 나타나는 것을 보려는 욕망이 있었다.

물론 '파라-에크리비앙PARA-écrivian'에 의해 나타나는 생각들의 연쇄는 '아우토디다스커autodidasker'의 생각들의 연쇄보다 길지 않으며 몹시 복잡하지도 않다. 그래도 이 연쇄는 역시 동일한 방식으로 구성된다.

꿈의 나머지 부분에 관하여 재론하는 일만 남았다. 이것이 바로 '파라-에크리비앙PARA-écrivian'의 꿈처럼—또 한 단어로 환원된 몇몇 다른 꿈들과 달리—더욱이 긴 이야기를 포함하고 있는 '아우토디다스커autodidasker'의 꿈을 위하여 프로이트가 한 일이다. 나는 대담한 것쯤은 개의치 않는다. 꿈꾸는 사람의 성찰에 도움을 받은 나는 기꺼이 위험을 무릅쓰기로 한다.

'파라-에크리비앙PARA-écrivian'의—꿈꾸는 사람이 보기에—불충분한 위상에서부터 진짜 '작가écrivain'의 위상으로 액면 그대로 이동하기 위해서, 꿈꾸는 사람은 위엄 있는 비평가인 '마르티니앙Martin-ian' 혹은 '에르네스티앙Ernest-ian'의 길고 찬사로 가득 찬 논문이 나타나는 것을 숨김없이 보기를 원한다. 이 꿈의 기원에서 존재하는 욕망은 방금 전에 분석된 기표signifiant의 조작들 속에서 나타난다. 그러나 그 욕망은 더 나아가 이야기로서 꿈속에 등장한다. 꿈꾸는 사람은 탐나는 재화(財貨, bien)를 얻으려고 애썼다. 그는 필요한 대가를 치를 의향이 있었다. 이를 위해서 비평가는 늙은 무기 판매업자의 형상으로 구체화되었고 논문은 총으로 변형되었다. 거래는 성사되지 않았다. 즉, 그 무기 판매업자는 그 총을 다른 수집가에게 팔기를 선호했던 것이다.

그 꿈을 꾼 사람이 약속 장소에서 우연히 소지했던 구식舊式 총은 무엇인가? 그 꿈의 당사자는 서둘러 일한 그 무기 판매상에게 자신의 흥분된 마음을 표출하는 것이 하나의 위협이 될 것이라고 자기 멋대로 생각했다. 그 위협의 비효율성은 판매자가 그에게 구매를 제시함에 따라 가차 없이 의미되었다. 즉, 그는 이 구식 무기에 위협적인 것이 있음을 파악하지 않았고 이 무기를 분명히 저렴한 가격으로 얻을 수 있는 단순한 상품으로 보았다.

꿈의 마지막 장면을 살펴보는 일이 남았다. 즉, 그 무기 판매업자의 자격증을 찢는 꿈꾸는 사람의 분노의 제스처를 말한다. 사실들은 복잡하다.

우선, 여기서 문자lettre와 존재l'être가 혼동된다는 것을 인지해야 한다.[124] 텍스트—실제로 그 표면상의 간결함에도 불구하고 하나의 텍스트—인 '파라-에크리비앙PARA-écrivian'은 이것이 지칭하는 존재l'être가 된다. 존재l'être라고? 꿈꾸는 사람은 하나의 의심을 갖고 있다. 그것이 존재들les êtres이 아닐 수도 있는가? 꿈의 이 지점에서 그 이름은 무기 판매업자—다시 말하자면 무기 감정가—와 꿈꾸는 사람 그 자신을 동시에 지칭하기 시작한다. 또 그것은 전멸된 것으로 판명된 꿈의 단어에 의해 잠정적으로 구성된 머리가 두 개 달린 dicéphale 괴물[125]이다. 우리가 '손으로 잡는다prendre par la main'고 말하듯이, '이름에 의해par le nom'[126] 전멸된 자격증의 찢어진 부분은 주체(들)의 이름의 두 부분을 분리시키면서 그를(그들을) 분열시킨다. ■

참고 문헌

Arrivé Michel(2007), *À la recherche de Ferdinand de Saussure*, Paris: PUF.

Freud Sigmund(1891-1983), *Contribution à la conception des aphasies(Zur Auffassung der Aphasien)*, Paris: PUF.

______(1900-1961), *Die Traumdeutung*, édition allemand, Frankfrut am Main und Hamburg, Fischer Bücherei KG.

______(1900-1967), *L'interprétation des rêves (Die Traumdeutung)*, traduction françaies, Paris: PUF.

______(1900-2003), *L'interprétation du rêve (Die Traumdeutung)*, in *Œuvres complètes*, PUF, t. IV(édition utilisée et citée pour ses notes).

______(1901-1978), *Le rêve et son interprétation(Über den Traum)*, Paris: Gallimard.

______(1915-1988), «L'inconscient», in *Œuvres complètes*, PUF, t. XIII, pp. 203-242.

______(1917-1988), «Complément métapsychologique à la doctrine du rêve», in *Œuvres complètes*, PUF, t. XIII, pp. 243-258.

______(1923b), «Le Moi et le Ça» («Das Ich und das Es»), in *Œuvres complètes*, PUF, t. XVI, pp. 257-301.

Freud S. et Breuer Joseph(1895-1981), *Études sur l'hystérie*, Paris: PUF.

Lacan Jacques(1966-2001), «Petit discours à l'ORTE», in *Autres écrits*, pp. 221-225.

______(1981), *Le Séminaire, Livre III: Les psychoses*, Paris: Le Seuil.

Leclaire Serge(1968), *Psychanalyser*, Paris: Le Seuil.

Saussure Ferdinand de(1916-1986), *Coure de linguistique générale*, Lausanne et Paris: puis Paris: Payot.

Starobinski Jean(1971), *Les mots sous les mots. Les anagrammes de Ferdinand de Saussure*, Paris: Gallimard.

4장
프로이트, 메타언어, 자기지시성

나는 메타언어métalangage의 문제들이 이 책에서 지속적으로 제기되고 있음을 서문에서 언급한 바 있다. 그러나 그 같은 메타언어의 문제 제기 방식은 대체로 은밀한 방식이거나 세부적인 곳에서 갑작스럽게 나타나는 방식이었다. 주의력 깊은 독자라면 틀림없이 이 같은 갑작스런 출현들을 탐지했을 것이다. 이 장에서는 프로이트와 관련된 메타언어의 문제들을 정면에서 접근하고자 하는데, 그 문제들이 자기지시성autonymie[127]에 영향을 미치는 양상을 약간은 덜 엄정하게 따지면서 그 작업을 수행할 것이다.

그러나 내가 메타언어에 대해 던지는 질문들의 기원에 직접적으로 존재하는 사람은 프로이트가 아니다. 짐작하듯이 그 기원은 바로 "메타언어는 없다"라는 라캉의 유명한 경구이다. 라캉이 사용한 부정의 형식을 띤 엄청난 분량의 경구들 중에서—이를테면 "성관계는 없다"[128]라는 이에 못지않은 경구 옆에서—이 공식이 핵심적 자리를 차지한다는 사실을 알기 위해 라캉의 열렬한 독자일 필요는 없다. 메타언어를 문제 삼는 라캉의 공식이 성관계를 문제 삼는 라캉의 공식보다 언어학자들에게 훨씬 큰 동요를 불러일으키지 않는다는 사실에 나는 항상 놀라곤 했다. 성관계가 없다는 라캉의 문제 제기는 언어학자들을 대리석의 싸늘함 속에 내버려둔다. 왜냐하면 예를 들어, 메타언어가 없다는 것이 진정 사실이라면, 전문 언어학자들이 어떻게 계속 자신의 직분을 유지할 수 있단 말인가? 그렇지만 언어학자들의 분명한 입장 표명은 요컨대 드물고 절제되어 있다. 나는 메타언어 전문가들의 입장들—가령 조제트 레이-드보브(Josette Rey-Debove, 《메타언어Le métalangage》, 1978-1997)나 혹은 자클린 오티에(Jacqueline Authier, 《자명하지 않은 단어들, 말의 반성적 고리들과 불일치들Ces mots qui ne vont pas de soi, boucles réflexives et non-coïncidences du dire》, 1995)—에 대해 어떤 언급도 하지 않을 것이다. 그들의 입장이 다분히 소박해서가 아니다. 나는 좀더 일반적인 수순을 밟는 과정 속에서, 이 문제를 그때마다 이따금씩 만나게 될 언어학자들의 견해에 관심을 표명할 것이다. 실뱅 오루Sylvain Auroux[129]가 '메타언어의 거부refus du métalangage'—복수형의 거부—를 분석할 때, 기껏해야 어떤 막연한 초조감이 그의 논지를 관통하고 있다 하더라도, 그것은 그가 이론적 맥락의 상당한 차이에도 불구하고 하이데거Heidegger와 비트겐슈타인Wittgenstein 그리고 라캉을 동일한 범주 속에 위치시켰기 때문이다(실뱅 오루, 《언어철학La philosophie du langage》, 249-251쪽). 오루는 아마도 자신의 학문적 정체성에서 메타언어의 존재를 부정하는 라캉의 공식으로부터 직접적으로 위협받지는 않을 것이다. 언어학자라기보다는 언어철학자인 그는 시리우스Sirius[130]의 관점에서 그 상황을 관찰할 수 있는 것이다. 클로드 아제주[131](Claude Hagège, 《말하는 인간 : 인문과학에 대한 언어학적 기여 L'homme de paroles: contribution linguistique aux sciences humaines》, 1985, 288-291쪽)는 언어학의 영역—심지어 환경도—에 훨씬 더 가깝다. 하지만 그는 가까스로 차분한 태도를 유지했을 뿐이다. 사실 그의 차분함은 분명 라캉의 메타언어 부정이 논리적 메타언어를 겨냥하고 있다는 것을 개진하면서 이 문제를 처음부터 차단해버리는 데 성공했다는 사실로 설명될 수 있다. 하지만 이 문제는 논의의 여지를 남기고 있으며 아제주 자신도 어느 정도 그 점을 예측한 것 같다. 왜냐하면 그는 '라랑그lalangue'[132]와 언어langue의 관계에 대해서는 아무런 언급도 하지 않은 채, 라캉이 '라랑그' 개념을 그의 부정의 대상으로 삼은 것으로 암시했기 때문이다. 달리 말해 아제주가 보여준 차분함은 그가 라캉의 공식에 대해서 생각하거나 말하는 것에 의해 온전하게 설명되지 않는다. 다른 영역들에서 또는 대부분의 언어학자들에게서는 침묵만이 나타난다. —곧이어 우리는 하나의 예외를 보게 될 것이다. 결국 언어학자들의 침묵 속에서 그들의 불안감의 흔적을 탐지할 수 있지 않겠는가? 메타언어에 대한 라캉의 문제 제기를 반복하지 않는 것은 라캉에게 학문 공동체에서 인용의 권리, 다시 말해 인용될 권리를 주지 않는 것이며, 그의 문제 제기를 피하는 것이 자신들의 입장을 훼손시키지 않는 방법이었다. 언급되지 않으면 문제는 더 이상 존재하지 않는다.

자기지시성autonymie은 메타언어métalangage와 관련된다는 사실이 드러난다. 사실 자기지시성은 메타언어의 반사적 양상일 뿐이다. 약 30여 년 전에 이미 조제트 레이-드보브가 자리매김한 개념들을 다시 포착하면서 나의 생각을 집중하자면, '자기지시적 단어들'은 '메타언어적 단어들'이다. 메타언어적 단어들 가운데 자기지시적 단어들은 '엄밀한 의미에서'의 '메타언어적 단어들'과 구별된다. 실제로 자기지시적 단어는 "동일한 기표signifiant의 이름인 기호를 의미하며 단지 그 기호만을 의미하는" 데 비해, 〔엄밀한 의미에서의〕 "메타언어적 단어는 동일한 기표의 이름이 기호일 수 있는 기호를 제외하고 언어적인 모든 것을 의미한다"(조제트 레이-드보브, 1978-1997, 33-34쪽).

사례들을 통해서 조제트 레이-드보브의 다소 생경한 정의들을 명확히 하는 것은 분명 의미 있는 일일 것이다.

'엄밀한 의미에서의' 하나의 메타언어적 단어라니? '메타언어적 단어'는 '명사'라는 단어이거나 '형용사'라는 단어 혹은 더 간단하게 '단어'라는 단어를 말한다. 이들은 명사('책상table'은 명사이다)이거나 형용사('넓은large'은 형용사이다)이거나 단어('책상table'과 '넓은large'은 단어이다)인 언어학적 대상들을 의미한다. 그러나 이들은 자기 자신을 지칭하지는 않는다. '엄밀한 의미에서의' 메타언어적 단어는 한 언어langue의 어휘부의 한가운데서 그러한 단어들에 관해 말해야 할 때만 사용되는 특별한 분야를 구성한다. 이것은 누구에게나 매순간 일어난다. 이를테면 "그 말은 무슨 뜻인가요?"라고 묻는 아이는 실제로 메타언어를 사용하고 메타언어적인 단어들과 표현들을 사용하는 것이다. 언어학을 다루는 언어학자는 메타언어적 단어들을 끊임없이 사용할 수밖에 없다. 경우에 따라서 이러한 메타언어적 단어들이 통상적인 어휘의 일부분을 이룰 때조차 그렇다. 가령 '성性', '수數', '남성男性', '여성女性', '단수單數', '복수複數'는 번갈아가며 일상적mondains 용법들과 메타언어적 용법들을 갖는다.

자기지시성과 더불어 우리는 메타언어 속에 머문다. 그러나 자기지시적 단어는 '엄밀한 의미에서의' 메타언어적 단어와 완전히 다른 기능 작동을 한다. 자기지시적 단어가 세계의 대상들을 지칭할 때, 그것은 단어로서 자기 자신을 의미하고 이를 통해서 '일상적' 용법의 단어와 대립한다. 내가 "나는 신발 한 켤레를 살 것이다"라고 말할 때, '일상적' 방식으로 사용되는 (복수형의) 신발이라는 단어는 어떤 문명에서는 인간의 발을 덮고 보호하는 세계의 대상을 지칭한다. "'신발'이라는 명사는 여성이다"라는 문장에서 '신발'은 자기지시어이고, 더 이상 사물을 지칭하지 않고 '신발'이라는 단어를 지칭한다.

일반적으로 자기지시적 단어나 표현을 탐지하는 것은 어렵지 않다. 우리는 형식적 지표들을 이용한다. 문자 언어에서 자기지시성을 가리키는 것은 따옴표나 문자의 차이—우리가 이 장과 책 전체에서 보듯이 일반적으로 이탤릭체가 이 역할을 한다—이다. 음성 언어에서 사람들은 짧은 휴지休止와 억양의 특성이라는 복잡한 방식을 사용한다.

더 결정적인 지표는 자기지시적 단어는 동의어를 갖고 있지 않다는 것이다. "나는 신발 한 켤레를 샀다"는 예문에서 관찰되는 일상적 용법에서 '신발chaussures'은 최소한 지시적 정보의 관점에서 큰 손실 없이 '구두souliers'로 대체될 수 있다. 그러나 이 대체는 "'신발'은 여성명사이다"라는 문장에서는 불가능하게 된다. 물론 "'구두'는 여성명사이다"는 방금 전에 말했듯이 불가능하지 않지만, 자기 모순적인 발화이며 따라서 거의 받아들여지지 않는다.[133]

자기지시적 내포connotation[134]를 정의하거나—결국 거의 동일한 문제로 되돌아가는 것인데—자기지시적 양태화modalisation를 정의하는 일이 남았다.* 학생들의 다음과 같은 일화를 인용해보겠다.

> 그때까지 무일푼이던 내 친구 장-폴Jean-Paul은 7백만 유로의 복권에 당첨되었다. 그는 나를 '작은 식당'으로 점심식사에 초대했다. 나는 '작은 식당'으로 갔다. 그곳은 별이 세 개인 식당이었는데, 그는 우리 두 사람의 식사비용으로 1,200유로를 지불했다.

'작은 식당'이라는 표현이 의심의 여지없이 일상적 용법으로 사용된 것임을 분명히 알 수 있다. 이 표현은 바로 우리가 식사를 하는 장소인 한 식당을 지칭한다. 그러나 동시에 그것은 자기지시적으로 사용되었다. 즉, 표현으로서 그것을 지칭하기 위해 '작은 식당petit bistrot'이란 표현을 사용하면서 화자는 문맥 속의 이 표현의 특이성에 주의를 기울인다. 문자 언어로 주의를 환기시키는 작은따옴표 사이에 놓이고, 구술 언어로 식별이 가능한 표시들로 강조되는 그 독특한 표현은 '작은 식당petit bistrot'이란 표현을 통해서 고급스런 식당을 지칭하는 약간 색다른 특징을 나타낸다.

오늘날 자기지시적 양태화modalisation의 적용은 차츰 더욱 빈번해지는 것처럼 보인다. 이것은 화자에게 그가 사용하는—종종 다른 화자들의 단어인—단어들과 관련하여 거리를 유지하게 한다. 나는 기발한 한 가지 사례를 인용하는 작은 즐거움을 누리고 싶다. 이후

---

* 동일한 개념을 갖고 있는 두 지칭 사이의 차이점은 채택된 관점으로 한정된다. 즉, '자기지시적 내포connotation autonymique'는 기호의 구조적 관점에서 그 현상을, '자기지시적 양태화modalisation autonymique'는 그 발화적 양상을 고려한다.

에는 더 이상 그 형태가 아니라 내용에서 이 사례를 재인용하게 될 것이다. 그것은 바로 2008년 3월 15일자 《르 몽드Le Monde》지에 나온 어느 기사의 제목이다.

> '신성 모욕적 언사blasphème'로 사형 선고를 받은 한 아프가니스탄 언론인을 위한 총결기

사형 선고를 받은 아프가니스탄의 언론인 페르위즈 캄바크슈Perwiz Kambakhsh를 유죄로 만든 그 끔직한 중죄重罪의 근거는 도대체 무엇이었을까? 그는 "여성들의 조건에 대한 코란Coran의 규정들이 보편 인권 선언에 위배된다고 간주하는" 한 텍스트를 폭로했다. 물론 이 문제를 통해서 그는 신성한 텍스트의 권위를 문제 삼았고 이를 통해서 그 신격화된 저자의 권위를 문제 삼았다. 그 기사의 기자는 '신성을 모욕하는 언사blasphème'라는 명사를 통해서 중죄를 지칭하는 합법성에 대하여 질문을 던졌다. 이것이 그가 따옴표를 통해서 환기된 자기지시적 양태화를 사용하면서 이해시키려고 한 것이다.

자기지시적 양태화는 따옴표의 음성 언어화(구두화)로 자주 표면화된다. 즉, 우리는 분명하게 그 단어를 모든 종류의 변이형과 함께 '따옴표 사이에' 위치시킨다고 분명히 말한다. 가령 "정부는 '구매력을 유지하는 것'을 따옴표의 나쁜 의도를 갖지 않고서 기대한다." 마찬가지로 우리는 약 20여 년 전부터 가능한 한 따옴표의 외양을 흉내 내는 손가락 모양과 함께 구현된 몸짓이 사람들 사이에서 일반화되고 있음을 목격한다.

한 가지 자명한 사실, 즉 나는 메타언어의 정의定義와 자기지시적 양태화의 정의 같은 자기지시성의 정의가 기호의 정의와 떼어놓을 수 없이 연관되어 있다는 점을 강조하면서 논의를 진행하고자 한다. 기호가 없으면—언어학자의 경우—메타언어도 자기지시성도 결코 존재하지 않는다.

나는 순진한 방식으로 논의를 전개하고자 한다. 문자 그대로 단어들을 포착하는 것—그 후에 다른 관점에서 그 단어들을 다시 포착하는 한이 있더라도 언어활동langage 분야에서 단어들을 다시 포착하는 것—으로 항상 시작해야 하는 것처럼, 메타언어를 문제 삼는 것은 메타언어적 단어들과 이들 가운데 자기지시적 단어들을 문제 삼는 것을 야기한다. 그런데 자기지시적인 단어들이 없으면 물론 가능한 자기지시성은 있을 수 없다. 정의상 메타언어적 담화인 언어학적 담화의 가장 일상적인 경험은 이 담화가 자기지시성이 없이 일어날 수 없다는 것을 보여준다. "'신발'이란 명사는 여성이다"와 같은 예시나 혹은 "'구두'라는 단어는 두 음절을 포함한다"라는 예시만큼 단순하고 일상적인 배열들은 '엄밀한 의미에서의' 메타언어적 단어들을 사용하며 동시에 자기지시적 단어들을 사용한다.

그러므로 자기지시성의 존속의 문제는—내가 감히 말하건대—라캉의 공리에 의해서 극적인 방식으로 제기된다. 밀네르Milner[135]는—위에서 내가 예고한 메타언어에 대해 소박한 견해를 제시한 마지막 언어학자로서 여기서 그의 견해를 소개한다—따옴표에 관해 매우 명확히 말했는데, 그는 따옴표가 자기지시성의 구성요소로 보인다는 것을 명확하게 제시했다.

라캉이 메타언어는 없다고 말했을 때, 결국 이것은 따옴표가 문자écriture 차원의 기술적technique 발명—엄밀하게 말해서 언어langue 안에 존재하지 않는 어떤 무엇—임을 말하는 것으로 귀결되는 하나의 테제이다. 언급mention〔여기서는 자기지시적 언급을 말한다—옮긴이〕과 사용usage 사이에서 그것은 항상 구별되지는 않는다. (장-클로드 밀네르Jean-Claude Milner, 〈언어학, 정신분석학, 과학La linguistique, la psychanalyse, la science〉 1984, 21쪽)

'언급'과 '사용' 사이의 불가능한 구별 — 이를테면 말馬과 단어를 둘러싼 따옴표에 의해 잘못 분리된 단어 '말馬' 사이의 불가능한 구별 — 은 언뜻 보아 라캉이 말하는 메타언어 부정否定의 불가피한 결과이다. 그렇기는 하지만 라캉의 사유는 프로이트 사유의 연장선상에 등록된 것처럼 주어지고 라캉을 읽는 권위 있는 많은 독자들에 의해 자주 제시된다. 따라서 프로이트에게서도 마찬가지로 메타언어와 그 결과로 인한 자기지시성이 부정否定으로 인해 동요되었다고 할 수 있겠는가?

나의 성찰의 첫 번째 계기는 나를 위의 질문으로 이끌었다. 이 계기에 완전한 순진함이 깃들어 있다는 것을 상기시킬 필요가 있을까? 바로 이 점에서 순진해지는 것을 멈추거나 최소한 그 순진한 태도를 두 번째 층위로 걸러내야 한다. 선결되어야 할 몇 가지 지적 사항을 마련하면서 말이다. 그러한 성찰들은 세 가지이다.

프로이트의 메타언어와 자기지시성?

첫 번째 지적 사항은 메타언어의 개념과 마찬가지로 자기지시성의 개념 역시 프로이트의 성찰 속에서 어떤 명백한 자리도 차지하고 있지 않다는 것이다. 물론 이 점에 대해 놀랄 필요는 없다. 왜냐하면 현대적인 명칭 아래에서의 메타언어와 자기지시성의 개념들은 프로이트가 이것들을 인지하기가 어렵거나 불가능한 시대에 도입되었기 때문이다. 메타언어의 개념은 1931년에 타르스키Tarsky[136]에 의해서 폴란드어 명칭인 'metajezyk'의 형태로 도입되었다. 언어학에 그 개념이 도입된 시기는 덴마크어 'metasprog'의 형태로 1943년 루이 옐름슬레우Louis Hjelmslev[137]가 《언어 이론 서설Prolégomènes à une théorie du langage》을 출판했을 무렵으로 거슬러 올라가는 것 같다. 그러나 언리학(言理學, glossématique)[138]은 이미 1930년대 말 이래로 언어학계에 알려져 있었다. 즉, 이때부터 언어학자들에게는 '메타언어'라는 명칭이 전혀 생소한 것은 아니었다. '자기지시성'에 대해서 말하자면, 1934년에 이 명칭을—더욱 정확하게 영어 'autonym'과 'autonymous'의 형태로—사용한 카르납Carnap[139]으로 거슬러 올라간다(조제트 레이-드보브, 《메타언어Le métalangage》, 1978〔1997〕, 86-87쪽). 물론 프로이트는 1931년과 1934년뿐만 아니라 1930년대 후반에 비록 잠깐 동안이지만 여전히 이 언어학의 세계에 속해 있었다. 그러나 그는 이 개념들을 자리매김하는 문화적 환경들—더군다나 그 가운데 폴란드와 덴마크의 문화적 환경들—과 그다지 친숙하지 않았다. 따라서 그는 그들이 포착하는 중이거나 남겨둔 명칭들의 형태를 통해 그 개념들을 인식하기는 힘들었다. 그러나 나는 그 개념들이 자연스럽게 다른 이름의 형태로 이미 존재했다는 사실을 새삼 강조하지는 않을 것이다. 왜냐하면 매우 오래된 언어학적 성찰들로 거슬러 올라가야만 하기 때문이다. 이를테면 12세기 말에 발달된 명사terministe 논리학은 "'사람'homme은 5개의 철자를 지닌다"라는 표현이나 혹은 "'사람'은 명사이다"라는 표현에서 '사람homme'이라는 단어의 지위를 '질료적 지칭suppositio materialis'[140]으로 명명한다(이는 이렌 로지에-카타슈Irène Rosier-Catach가 2003년에 《질료적 지칭La suppositio materialis》에서 인용한 라틴어로 기록된 이 사례들을 내가 프랑스어로 번역한 것이다. 그 예들이 사용된 때는 라틴어가 강요되던 시기였다). 우리는 이것이 정확하게 지금 우리가 논의하고 있는 '자기지시성'이라는 것을 잘 알고 있다. 게다가 사용되기 위한 개념 혹은 사용을 거부하기 위한 개념에 — 즉, 그것에 상응하는 실재에 — 명칭을 부여하는 것이 필요하지도 않다. 자기지시적 단어들은 가장 기초적인 문법 교과서에서뿐만 아니라 아주 일상적인 대화에서도 나타났다. 첫 번째 경우의 저자나 두 번째 경우의 화자는 메타언어와 자기지시어의 개념들에 어떤 형식을 부여해야 할 필요성이나 그럴 가능성을 절감하지 않은 채, 자기지시적 단어들은 일상대화 속으로 널리 퍼져갔다. 프로이트에게도 사정은 마찬가지다. 나는 잠시 후에 이 점을 보여줄 기회를 갖게 될 것이다.

프로이트–라캉 관계

결국 메타언어의 존재를 문제로 삼은 사람은 프로이트가 아니라 바로 라캉이다. 앞에서 주목한 첫 번째 사실로 인해 나는 다음의 사실을 받아들이게 되었다. 즉, 프로이트는 자신이 명명하지 않은 개념들을 명시적으로 문제 삼는 데 있어 제약을 받았다. 라캉이 문제 삼은 것을 프로이트로 거슬러 올라가기 위해서는—이 장에서 제기된 이 문제를 모든 수단을 동원하여 반드시 면밀히 검토해야 하는데—그 두 사람의 사유에 존재하는 강한 연관성에 대한 가설을 분명히 제기해야 한다. 바로 이 점이 수많은 분석가들이 오래 전부터 서로 호된 비판을 하는 매우 어려운 문제임을 우리는 익히 알고 있다. 물론 나는 이 문제 전체에 대해서 입장 표명을 하지는 않을 것이다. 그것이 무엇이든 입장 표명을 하기에는 내가 더 이상의 학문적 권위를 가지고 있지 않기 때문이다. 아니면 적지 않은 권위를 가지고 있다고도 말할 수 있을까? 그러나 나는 특별히 우리를 사로잡는 이 문제에 관하여 감히 하나의 유력한 가설을 세울 것이다. 즉, "메타언어는 없다"라는 라캉의 경구가 프로이트의 선례를 가지고 있다는 것이다. 달리 말하면 라캉만큼이나 프로이트에게서도 메타언어는 없다는 것이다.

이 명제를 제시할 수 있기 위해서는 꿈을 통해서 짧은 우회迂回를 해야 한다. 아마도 사람들은 나에게 꿈이 언어활동langage과 무슨 관계인지 그리고 메타언어métalangage와는 어떠한 연관성이 있는지를 물을 것이다. 여기서 꿈이 하나의 기호학적 대상이라는 것을 기억할 필요가 있다. 이것은 프로이트의 견해이다. 물론 그는 '기호학적sémiotique'이라는 형용사를 사용하지는 않았다. 프로이트가 '메타언어'나 '자기지시성'을 분명히 내세우는 것을 가로막았던 이유들과 동일한 역사적 이유에서 그는 이 형용사('기호학적sémiotique')를 자유로이 사용하지 않았다. 그러나 《꿈의 해석》[141]에 대한 전체적인 분석을 해보면—텍스트로서의 꿈, 문자écriture로서의 꿈, 잠재적인 사고思考에서 다른 언어langue로의 번역으로서의 꿈—분명히 꿈은 하나의 기호학적 정의定義와 정확히 등가를 이룬다. 프로이트에게 꿈은 하나의 담화discours이고 이를 통해 하나의 언어활동un langage의 영역에 속한다.

만약 꿈이 담화라면, 다른 담화에서와 같이 지층(地層, strates)의 구별이 가능할 것이다. 이를테면 이야기된 꿈이나 의미가 풀이된 해몽, 또 실제로 꾸었던 꿈을 구별하는 것을 생각해볼 수 있다. 하나의 담화를 직접적으로 이야기한다는 것은—우리가 일반적으로 하나의 꿈에 대해서 하는 것처럼 또 프로이트가 《꿈의 해석》의 모든 페이지에서 그랬던 것처럼—하나의 메타언어적 작동이며, 이렇게 이야기된 담화는 그 전체로 자기지시어의 지위에 접근한다(다음 논문을 참고할 것. 자클린 오티에, 《간접화법의 장에서 주요 식별점들Repères dans le champ du discours rapporté》, 1992).

마찬가지로 꿈의 내부에서조차 꿈이 장면화시킨 요소들과 이 요소들에 대한 설명을 구별하는 것은 틀림없이 가능할 것이다. 눈길을 끄는 예는 스스로 꿈으로 분간되는 꿈의 예이다. 이는 프로이트가 빈번히 주장한 흔히 볼 수 있는 현상이다. 이 경우, 메타기호적métasémiotique 설명들은 꿈-대상rêve-objet의 바로 내부에서조차 넌지시 암시된다.

이따금 꿈이 '단어들', 즉 '인용된' 것처럼 보이고 따라서 진정한 자기지시어들이 되는 듯 보이는 단어들과 닮은 사물들을 나타나게 한다는 점을 차치하고라도, 독자들은 내가 작은따옴표 사이에 '인용된'이라는 표현을 인용하고 있다는 점에 주목하게 될 것이다. 가령 유명한 '아우토디다스커autodidasker'의 꿈이나 혹은 그다지 유명하지 않은 '파라-에크리비앙PARA-écrivian'의 꿈을 생각해보자. 앞 장에서 이미 연구되었지만 나는 여전히 그 꿈들에 관하여 재론할 것이다.

이 단어들은—동일한 형태의 다른 많은 단어처럼—인용된 것처럼—다시 말해서 자기지시적 방식으로 다루어지는 것처럼—보이고, 묘사되고 설명되며 논평되는 것처럼—다시 말해 메타언어적 해설을 야기하는 것처럼—보인다. 우리는 이 책의 3장에서 프로이트가 지극히 메타언어적으로 규정한 '아우토디다스커autodidasker'가 〔독일어로〕 'neugebildete', 즉 '새롭게 구성된 신조어新造語'라는 점을 이미 살펴보았다.

꿈속에서 이루어지는 이러한 메타언어적 혹은 메타기호적 지층地層의 구별은 너무나 유혹적이어서 실제로 매우 일반적으로 행해진다. 그렇기 때문에 예를 들면 로랑 다농-부알로Laurent Danon-Boileau는 "하나의 꿈 이야기는 그 꿈이 아닌 것을 자명한 것처럼 제기한다"(《발화 작용의 주체Le sujet de l'énonciation》, 55쪽). 또 꿈의 단어들에 관하여《꿈의 해석》에서 주기적으로 이루어진 해설들을 하나의 메타언어적 작동의 산물로 간주하는 것은 틀림없이 더욱 유혹적이다.

이 같은 유혹에 이끌리도록 방치해서는 안 될 것이다. 꿈의 언어학적 위상을 파악하는 것이 관건일 때, 프로이트는 기호학적 관점을 채택한다. 그러나 하나의 꿈-대상의 위계화된 지층과 이 대상에 관한 메타언어적 그리고 메타기호적 해설에 존재하는 중첩된 다른 지층을 구별하고 분리하는 것이 관건일 때, 그는 이 관점으로부터 완전히 이탈한다. 이를 보여주는 것은 가능하다. 그 작업이 쉬울까? 처음에는 그렇다. 하지만 그 다음에 이어지는 상황들은 복잡해질 우려가 있다. 꿈(실제로 꾼 꿈)과 이로부터 만들어진 이야기(이야기된 꿈)의 구별로 말하자면, 이 구별은 프로이트가 결코 실행하지 않은 것이 명백하다. 그렇지만 그 허울뿐인 편리함 때문에라도—적어도 내가 제대로 읽었다면—이 매력적인 구별을 프로이트가 하지 않은 것은 심지어 놀라운 일이기도 하다. 그럼에도 불구하고 그 구별이 한 번 거의 수면으로 떠오른 것처럼 보였을 때, 프로이트는 "그 어떠한 것도 우리에게 실제로 일어난 그러한 것〔'꿈'—아리베〕을 우리가 인식한다고 보증해주는 것은 없다"라고 지적했다(프로이트, 《꿈의 해석L'interprétation des rêvres》, 436쪽). 그러나 실제로 그 구별은 즉시 분산되기 위해서만 개입할 뿐이다. 즉, '일어난 꿈'은 꿈과 이야기의 분리 불가능성을 나타내기 위해서만 만들어지는 그 꿈의 이야기와 순식간에 구별될 것이다.

프로이트는 더 멀리 나아간다. 꿈을 이야기할 때 그 이야기의 정확성에 고정시킬 수 있는 의심 그 자체가 형식적으로 꿈에 통합되며, 어떤 분열도 없이 꿈 자체에 통합된다.

> 꿈의 이미 불명확한 하나의 요소에 의심이 다시 추가될 때, 바로 이 요소가 사람들이 없애길 원했던 꿈 사고思考의 직접적 파생물이라는 지표이다. (같은 책, 439쪽)

다소 경솔하지만 나는 다음과 같이 설명하는 것을 정당화하겠다. 의심은 불명확함과 동일한 의미를 가지고 있다. 그러나 의심은

'메타méta'의 질서에 속한다. 즉, 우리는 꿈에 '관해서' 의심하는 것이다. 한편, 불명확함은 대상objet의 질서에 속한다. 즉, 그것은 꿈의 '내부에' 머무른다. 만약 이 두 가지 메커니즘이 동일한 기능을 가진다면, 그것은 소위 말하는 하나의 '꿈 - 대상'과 이것이 야기한 설명들—여기서 의심하는 듯한 설명들—사이에 구별이 없기 때문이다.

꿈의 내부에서 그 자체로 인식된 꿈의 문제가 남아 있다. 혹은 여전히 겉보기에 더욱 중요한 문제—프로이트가 300쪽의 한 각주에서 인용한 랑크Rank[142]의 논문 연구 대상이던—'자기 스스로 해석하는 꿈'의 문제가 남아 있다. 프로이트는 이러한 사실들을 자신이 360쪽에서 작성한 '꿈의 수수께끼 목록'에 통합한다. 그는 이 수수께끼들을 푸는 데 있어 당혹감을 시인한다. 사실 그의 당혹감은 그가 이 수수께끼들을 설명하는 꿈을 철저하게 분석하는 것이 개인적인 이유들로 인해 어느 정도 불가능하다는 점에서 비롯된다.

실제로 그 문제에 접근하는 여러 가지 수단이 있다. 가장 단순한 방법은 아마도 앞선 경우로 그 문제를 다시 돌려보내는 것이다. 즉, 꿈의 한복판에서 꿈을 꿈으로 인식한다는 사실은 이러한 판단을 결정하는 요소들에 대하여 의심을 품어보고 이를 통해서 이 요소들의 논쟁적 위상을 지시하는 역할을 한다. 거의 해설되지 않은 프로이트의 한 언급—무질서 속에서 다시 옮겨 쓴 수학적algébrique 공식들과 함께 꿈을 매우 놀랍게 비교하는 아래의 언급—은 이 가설을 뒷받침해준다.

> 모든 것은 숫자나 철자 옆에 +나 - 기호 혹은 거듭제곱이나 제곱근의 기호를 포함하는 수학 방정식에서 마치 누군가가 연산 기호들을

숫자로 착각하고 두 범주의 기호들을 무질서 속에 둔 것처럼 일어난다. (1961년 독일어판, 369쪽. 1967년 프랑스어판 384쪽의 번역이 완전히 부정확하여 재번역했다—아리베)

우리는 꿈이 하나의 문자écriture라는 것, 다시 말해서 하나의 기호학적 대상이라는 것을 매우 선명하게 목격한다. 그러나 이 경우 문자는 참으로 특이한 형태의 문자écriture이다. 이 문자écriture는 한편으로는 숫자나 철자로 표시되는 양量의 요소들과, 다른 한편으로는 이 양 위에서 실현되는 연산의 요소들—완전히 다른 위상을 지닌 요소들—을 동일한 국면 위에 위치시킨다. 물론 이것은 하나의 비유일 뿐이다. 나로서는 숫자와 철자를 언어활동–대상langage-objet의 요소로 포착하고 '+'나 ' - '와 같은 기호들을 이 대상들 위에서 실현되는 메타언어적 작동들로 포착하면서 이 비유를 해석한다. 문자écriture로서 꿈의 특이성은 꿈이 그것들을 상호적으로 포착하는 데 있고 그것들을 불분명하게 혼합하는 데 있다. 즉, 메타언어는 없는 것이다. 그러나 우리가 주의하는 것은 바로 언어활동–대상langage-objet이 더 이상 없다는 점이다. 두 언어활동langages은 그들의 상호적 대립에 의해서만 존속한다. 한 존재를 부정하는 것은 불가피하게도 다른 한 존재를 부정하는 것이기 때문이다.

꿈의 '단어들'의 문제가 남아 있고 겉보기에 그들을 다루는 '자기지시적' 방식의 문제가 남아 있다. 바로 여기서 내가 위에서 예고했듯이 문제는 복잡해진다. 이 점은 조금 나중을 위해서 남겨둘 터이다.

분명 독자들은 내가 어디에 이르게 되길 원했는지 이해했을 것이다. 꿈속에서 구별해야 할 의미작용의 변별적 지층들은 없다고 전제하는 프로이트의 분석을 내세우는 것이 관건일 듯하다. 요컨대 메타꿈métarêve은 없다. 하지만 꿈은 언어활동langage이다. 이를 통해서 우리는 라캉의 경구에 인도된 자신을 발견한다. 또 꿈과 이로부터 만들어진 이야기 사이의 관계에 대하여 라캉이 암묵적으로 나와 동일한 분석을 하고 있음을 확인하는 것은 우리로서는 놀랍지 않다. 몇 번이고 되풀이하더라도 나는 두 가지 분석만을 인용한다.

> 〔…〕 이야기 자체에서 꿈의 정교한 작업이 계속되는 한 그 작업만이 그〔그는 프로이트를 지칭하는 말이 분명하다—아리베[143]〕의 흥미를 끈 것은 분명해 보인다. 달리 말하면 꿈은 단지 이 발화의 힘과 방향의 요인vecteur으로서만 가치가 있다. 따라서 이야기를 방해하게 만드는 의심뿐만 아니라 그가 제시한 망각의 모든 현상들은 이 발화에서 기표로 해석되어야 한다. (라캉, 《에크리》, 1966, 378쪽. 〈장 이폴리트Jean Hyppolite 해설 입문〉 텍스트 연대는 1954년)

> 만약 이야기되는 꿈들이 아니라면 이 꿈들은 무엇인가? 프로이트가 꿈들의 의미sens라고 부른 것이 읽히는 곳은 바로 이 꿈 이야기의 과정procès에서이다. (라캉, 1985, 11쪽. 이 텍스트는 '징후에 관한 제네바 강연'에서 발췌했는데 이 텍스트는 위의 것보다 21년 뒤인 1975년에 나왔다)

꿈은 꿈의 표층부를 드러내는 분석에 주어진 대상으로서가 아니라, 이야기가 꿈에 대해 발화됨에 따라 구성되는 '과정procès'으로서 주어진다.

라캉이 문제 삼은 메타언어

우리를 지나치게 멀리 끌고 갈 위험성이 있는 이 문제에 관하여 나는 매우 짧게 언급할 것이다. 나는 간단하게 다음과 같이 말할 것이다. 메타언어métalangage는 없다는 말에서 언급된 언어활동langage은 무의식이 구조화된 그 무언가의 모델에 관한 언어활동langage이고 또 언어활동langage에 불과하다고 말하면서, 언어학자는 메타언어에 대한 라캉의 문제 제기—그리고 지금부터는 프로이트-라캉freudo-lacanienne의 문제 제기—로부터 안전한 위치에 있다고 스스로 믿는 것은 잘못일 수 있다. 실제로 언어학자는 이렇게 말하면서 동음이의어이지만 절대적으로 동의어는 아닌 이 두 명사—그 하나는 인간이 사용하는 바로서의 언어활동langage이고, 다른 하나는 무의식이 구조화된 그 무엇으로서의 언어활동langage—를 완전히 분리시켰다. 두 언어활동들의 이러한 분리는 모든 의미에서 라캉의 성찰과, 그리고 독자들이 나에게 주의를 기울인다면, 프로이트의 성찰을 텅 빈 것으로 만드는 직접적인 효과를 갖게 될 것이다. 이 분리는 언어와 무의식 사이에 존재하는 모든 관계를 절연絶緣시킬 것이다. 만약 프로이트와 라캉의 성찰이 어떠한 의미가 있다면, 의사소통을 목적으로 사람들이 사용하는 언어활동langage과 무의식이 구조화된 그 무엇으로서의 언어활동langage 사이에는 모종의 관계가 있다. 따라서 어떤 식으로든 메타언어와 자기지시성이 프로이트-라캉의 문제 제기에 의해 동요될 수밖에 없다.

또한 언어학자는 프로이트와 라캉의 입장들을 무시할 수 있는 권리가 있다고 내게 정색하고 말하지 않았으면 한다. 만약 내게 그렇게 말한다면 그 언어학자는 2장에서 언급된 앙드레 그린의 제스처를 도치시키면서 그의 입장을 반복하는 형국이 될 것이다. 이러한 그린의 제스처는 언어학자들의 탐구들을 '나머지'라는 이름의 대수롭지 않게 여겨지는 범주로 보낸다. 그렇다! 분명 언어학자는 이러한 제스처를 취할 수 있을 것이다. 그리하여 언어활동langage이 무의식 속에 뿌리를 내리고 있다는 이 명백한 사실에 대한 생각을 스스로 금하는 상황일 것이다. 이 점을 깨닫기 위해서는 확실히 다무레트와 피숑이라는 머리 둘 달린dicéphale 괴물—이 말은 문법 연구라는 그들의 직업에 관련된 것이다—을 읽을 것이 아니라 겉보기에 이러한 단언과 매우 멀리 동떨어져 있는 언어학자들의 괴물들을 읽어야 할 것이다! 이 책의 5장에서 보여주겠지만, 소쉬르는 단지 겉으로만 그 같은 단언에서 멀리 떨어져 있는 것은 아니다. 물론 기욤Guillaume[144]도 아니다. 당대의 언어학자들 가운데 밀네르나 퀼리올리Culioli도 아니다. 그러나 무의식에 대해 깊이 생각하지 않은 것처럼 보이는 옐름슬레우나 촘스키Chomsky는 무의식을 생각했다. 나는 그 점을 보여줄 수 있을 것이다.

따라서 언어활동langage에 견주어 메타언어métalangage에 대한 프로이트 - 라캉의 공동의 문제 제기가 낳은 잠재적인 결과들에 관하여 질문을 던져보는 것은 당연하다. 나는 지금부터 '언어활동langage'을 본래의 의미에서뿐만 아니라 여전히 매우 제한적인 방식으로 이해하고자 한다. 지금 우리의 관심을 끄는 것은 오직 우리가 단어라고 부르는 인간 언어의 이러한 요소들이다. 이러한 요소들이 프로이트의 성찰에서 자기지시적인 방식으로 다루어지는 것이 적절한 것인가, 아니면 그렇지 않은가?

독자는 단번에 이 문제가 둘로 나누어진다는 것을 짐작할 수 있다. 단어들을 다루는 두 가지 방식—프로이트의 이론적 담화의 표면에 보이는 단어들과 프로이트의 성찰의 대상이 되는 단어들—을 우리는 구별할 것이다.

나는 첫 번째 요점에 관해 아주 간단하게 살펴볼 것이다. 실제로 프로이트의 이론적 담화의 표면에서 그는 자기지시성과 자기지시적 내포(혹은 양태화)를 완전히 통상적으로 사용하고 심지어는 얼핏 보아도 눈에 띨 정도로 풍부하게 사용한다. 이러한 두 가지 현상의 예들을 매순간 발견하려면 프로이트의 연구를 거의 어디든 훑어보는 것만으로 충분하다. 그러한 예들은 다음의 중요한 세 권의 저서에서 특히 빈번히 나타난다. 《꿈의 해석》과 《일상생활의 정신병리학》 그리고 《농담과 무의식의 관계》[145]가 그것이다. 이 세 권의 저서는 서로 다양한 방식으로 언어적 대상들objets langagiers[146]을 제공하고 있다. 예를 들면 《농담과 무의식의 관계》에서 첫 번째 경우로—하인리히 하이네Heinriche Heine[147]의 《여행 그림Tableaux de voyage》의 인용문—고명한 'famillionnaire'를 생각할 수 있는데,[148] 이 단어는 여기에 할애된 긴 메타언어적 또는 메타기호적 논평들에서 자기지시적 양태성으로, 그 다음에는 자기지시성으로 다루어진다. 또 《농담과 무의식의 관계》에서 발췌된 다른 예로는 아킬레스Achille의 네 개의 뒤꿈치로 고통스러워하는 자만심이 강한 사람이 있다.

> 자만심이요? 맞아요. 이것은 '아킬레스의 네 개의 뒤꿈치' 중에 하나에요. (1905-1988, 72쪽)[149]

이 대목은 자기지시적 양태화가 네 개의 뒤꿈치를 가진 자만심 강한 이 사람의 엉뚱한 외형적 특징을 돋보이게 하는 지점이다. 그러나 지금부터 추측하기 쉬운 여러 이유로 나는《토템과 터부》에서 자기지시적 양태화의 다른 예를 발췌하려 한다. 이 예는 그것이 '이름nom'이라는—이미 그 자체로 메타언어적인—단어에 관한 것이라는 사실 때문에 채택되었다.

> 죽음과 연관된 금기에서 가장 이상하면서도 또 가장 시사하는 바가 큰 관습들 가운데 하나는 죽은 사람의 '이름'〔자기지시적 양태화의 표시인 따옴표—아리베〕을 발음하는 것을 금지하는 데에 있다. (《토템과 터부》 1924, 80쪽)

우리는 프로이트의 담화에 나타나는 자기지시성에 관한 이러한 지속적인 적용에 놀라워하지 않는다. 메타언어métalangage를 문제시하는 것은 그것, 다시 말해 대체로 메타언어métalangue[150]에서 단지 어떤 특이한 체계만을 문제시하는 것이기 때문이다(아리베, 1985년, 1986년, 1994-2005년의 논문과 저서를 참고할 것). 메타언어의 담화적 요소는 최소한 그 실제 적용에서 문제될 수는 없을 것이다. 즉, 이는 언어활동langage 자체를 문제시하는 것—위에서 살펴본 바를 고려하는 것—이고 메타언어métalangage와 언어활동-대상langage-objet의 대립을 중단하는 것이다. 그렇긴 하지만 메타담화métadiscours는 자기지시성과 자기지시적 양태성을 동시에 전제한다. 따라서 프로이트의 담화가—우리가 알고 있듯이 라캉의 담화처럼—그 두 가지 형태로 자기지시성을 확산시키는 것은 완전히 통상적이며 불가피하다.

무의식에 관한 프로이트의 성찰에서 자리매김된 그러한 단어에 대해서 자기지시성의 잠재적인 위상이 무엇인지를 평가하기는 더 어렵다. 앞 장에서 우리는 무의식 속의 단어들의 현존에 관한 프로이트의 성찰이 어떻게 구성되었는지를 이미 살펴보았다. 그러한 단어들에 대하여 여전히 풀리지 않은 다음의 문제를 제기하는 일이 남았다. 그 단어들이 담화의 대상이 될 때, 그것들의 위상은 어떠한가?

앞 장에서 길게 살펴본 '아우토디다스커autodidasker' 혹은 '파라-에크리비앙PARA-écrivian'으로 돌아가 보자. '단어들'이 문제의 관건인가? 첫눈에 보면 그렇다. 그 단어들이 지극히 엉뚱하다 할지라도 말이다. 이를테면 어떤 사전에서든 이 단어들을 찾는 것은 헛일이다. 이는 프로이트의 성찰에서 '아우토디다스커autodidasker'와 마찬가지로 '파라-에크리비앙PARA-écrivian'에 대해서도 분명히 눈에 띄는 그것들의 신조어적 특징의 결과이다. 프로이트는 주저하지 않고 '아우토디다스커autodidasker'와 그리고 《꿈의 해석》에서 원용된 꽤 많은 동류同類의 것들을 '단어Wort'—프랑스어의 '단어mot'에 매우 가까운 등가어等價語—라고 호명한다. 그렇다! 그렇지만 이 단어들은 이를테면 소쉬르적 의미에서 '기호signe'인가? 이 질문은 정확하게 소쉬르의 용어로 제기되어야 한다. 왜냐하면 내가 그 점을 독자들에게 상기시키거니와, 자기지시성의 개념은 또한 가능한 한 밀접한 방식으로 기호에 대한 소쉬르의 분석과 연관되어 있기 때문이다. 여기서 자기지시성 개념이 연관된 '메타언어métalangage'의 개념화는 언어학자들 가운데 옐름슬레우로부터 유래한 것이다. 그는 이 점에서 소쉬르의 충실한 계승자였다. 요컨대, 자기지시성은 단지 언어기호를 위해서만 존재한다. 만약 꿈의 단어들이 소쉬르적 의미에서 기호라면, 그것들은 다른 기호들처럼 자기지시적인 방식으로 다루어지는 경향이 있을 것이다. 그러나 만약 이 단어들이 기호가 결코 아니라고 판명된다면, 이 단어들의 자기지시성에 대한 모든 접근은 배제될 수 있을 것이다.

앞 장에서 살펴보았듯이 '아우토디다스커autodidasker'와 프로이트에게서 보여지는 그 동류의 것들 그리고 꿈꾸는 작가écrivain의 '파라-에크리비앙PARA-écrivian'은 소쉬르적 의미에서 기호로 간주될 수 있는 것이 전혀 없다. 그것들은 기의signifié를 잃어버린 것처럼 기표signifiant를 잃어버렸기 때문이다. 이 점에서 나는 앞 장에서 했던 분석으로 되돌아간다.

요컨대 《꿈의 해석》에서 원용된 '아우토디다스커Autodidasker'와 꽤 많은 그 동류의 것들—가령 '노렉달Norekdal', '마이스톨뮈츠Maistollmütz', '에르체필리쉬Erzefilisch'—은 바로 '단어'이며 여하튼 그렇게 지칭되는 것은 매우 역설적으로 보일 수 있다. 물론 '파라-에크리비앙PARA-écrivian'에 대해서도 사정은 마찬가지다. 그러나 이 단어들은 언어학적 의미에서 용어의 기호는 아니다. 다시 말해서 이 단어들은 어떠한 방식으로든 기표와 기의 사이의 관계의 용어로 묘사될 수 없다. 이 단어들은 기호가 아니기 때문에 자기지시적으로 다루어질 수 없다. 실제로 그 정의상 자기지시적 취급은 실제로 단지 기호들을 맡을 수 있다는 것뿐이다. 물론 우리는 '아우토디다스커Autodidasker'와 '파라-에크리비앙PARA-écrivian' 같은 단어들을 '인용'할 수 있고, 이 단어들에 대한 해설에 몰두할 수 있다. 그러나 그것들의 인용은 역설적이게도 자기지시적이지 않으며 그것들을 대상으로 한 해설은 메타언어적이지 않다.

자기지시적 양태화에 대한 이 재미있는 단어들의 역량의 문제는 동일한 방식으로 해결된다. 게다가 우리는 "그는 매우 '아우토디다스커autodidasker'적인 담화를 하거나 정말로 '파라-에크리비앙PARA-écrivian'적인 담화를 했다"와 같은 발화를 만들어내는 것이 참으로 쉽지 않음을 어렵지 않게 확인한다. 한 단어에 자기지시적 양태화의 형태를 부여하기 위해서 그것이 기표와 기의를 가져야 한다는 점도 놀랍지 않다. 우리는 꿈의 단어들이 그러한 경우가 아니라는 것을 살펴보았다. 나중에 우리가 이를테면 그 단어들에 대한 설명을 통해서 그들에게 기표와 기의를 제공해주지 않는다면 말이다. 그러나 그렇게 되면 그 단어들은 몽환 상태의 단어로서 그 위상을 상실하고 만다.

아직 결론을 내려야 할 계제는 아니다. 사실 내가 정식화한 몇몇 지적 사항들이 어떤 독자들에게는 아마도 도저히 받아들여질 수 없을 만큼 매우 역설적으로 보일 것임을 나 스스로도 안다. 나의 지적 사항들이 거의 검증될 수 없는 것은 사실이다. 담화들의 경계를 표시하거나 또 언어학자들의 분석에서 일종의 근거로 사용되는 형태적 표지들marques이 무의식에는 전혀 없기 때문이다. 그런 이유로 나는 앞서 묘사한 것과—정확히 말해 담화의 몇 가지 유형에서—비견될 만한 사실들의 예들을 제시하고자 한다. 즉 몇몇 단어들이 자기지시적 위상에 도달하지 못하는 불가능성을 말한다. 물론 한 가지 주의할 사항이 있다. 언어활동langage 영역에서 불가능성이 물질적인 경우는 거의 없다. 이 불가능성은 금지의 형태로 발현될 것이다.

첫 번째 노선은 《토템과 터부》에서 프로이트가 직접 제시한다. 프로이트는 죽은 이들에 대한 금기의 상이한 발현을 연구하면서 이 금기의 언어적 형태에 주목하기에 이른다. 이것이 내가 프로이트에게서 자기지시적 양태화의 한 현상을 설명하고자 위에서 인용한 대목이다. 나는 그 대목을 그것의 개념적 양상들의 차원에서 다시 인용한다.

> 미개인들에게서 죽음과 연관된 금기에서 가장 이상하면서도 또 가장 시사하는 바가 큰 관습들 가운데 하나는 죽은 사람의 '이름'을 발음하는 것을 금지하는 데 있다. (《토템과 터부》, 1924, 80쪽)

프로이트는 사회에 따라 가변적인 이러한 금지의 상이한 형태들과 이러한 금지가 유발하는 다양한 확장을 현란할 정도로 세밀하게 묘사한다. 실제로 어떠한 경우에 이러한 금지는 죽은 이의 이름을 넘어서 보통명사들을 포함한 그 동음이의어들homonymes뿐만 아니라 죽은 이와 다소간 직접적인 관계를 지닌 다른 단어들에 이르기까지 확장된다. 또한 그는 위반 행위를 제재하는—종종 너무 혹독한—처벌들도 열거한다.

무엇보다도 우리는 이러한 행위들이 예외적이라거나 혹은 완전히 사라졌다고 믿지는 않을 것이다. 클로드 아제주Claude Hagège는 2000년에 출간된 그의 저서 《언어들의 죽음을 멈추게 하라Halt à la mort des langues》에서 많은 아프리카 언어와 호주 언어에서 보이는 이러한 현상의 확장에 관해서 오랫동안 세심하게 주목한다. 그가 명시적으로 그 사실을 인용하지 않았다 하더라도 프로이트의 여세를 몰아 그는 《토템과 터부》에서 묘사된 것과 모든 점에서 유사한 사실들을 부각시킨다. 예를 들어 한 호주 언어에서 죽은 이의 이름이 '물水'이라는 기표를 구성하는 음소들을 포함하게 되면 '물' 이름은 금기가 되고 하나의 교체 기표로 대체된다(2000, 53쪽).

프랑스어에서 금기는 그들의 이름에 '죽음la mort'에, 특히 '죽다mourir'의 제스처에 이름을 부여하지 않으려는 완곡어법들이 확산됨으로써 더욱 조심스럽게 나타난다. 특히 이 점에서 '살다vivre' 동사의 대체어가 전혀 없는 것과는 대조적으로 '죽다mourir' 동사의 은어적인 등가어는 엄청나게 풍부하다. 이 문제들은 7장에서 다른 관점에서 다시 논의될 것이다.

프로이트로 다시 돌아가자. 프로이트는 이 금기의 언어적 양상에 관해 적절한 설명을 제시한다.

> 만약 우리가 미개인에게서 이름이 인격의 본질적인 한 부분과 중요한 속성을 구성한다고 고려한다면 또 그 이름이 모든 구체적인 의미작용을 소유하고 있다는 것을 생각한다면, 이러한 이름들의 금기들은 덜 이상하게 보인다. [⋯] 미개인들은 이름에서 그 사람의 일부분을 보고, 죽은 이와 관련된 그 금기의 대상을 만든다. 이름을 통해서 죽은 이를 부르는 사실은 죽은 이와 접촉을 가능하게 할 여지를 만든다. (같은 책, 82-83쪽)

거의 한 세기 전으로 거슬러 올라가는 이 텍스트에 견주어 자연스럽게 당대의 용법들과 일치하는—'미개인'이란 개념과 같은—

대단히 오래된 개념들의 사용을 부각시켜 봄 직하다. 또 논점을 약간 더 정확하게 해볼 수 있다. 고유명사는 직접적으로 그의 지시체 référent인 죽은 이를 가리킨다. 리포투아Ripotois의 유명한 표현을 빌리자면, "단어mot, 그것은 철자 'r'을 가지고 있지 않은 죽은 사람le mort이다."* 단어는 죽은 이에게 직접적인 방식으로 또 용해되지 않은 방식으로 결착되어 있다. 즉, 그 이름을 발음하는 것은 시각을 통해 보는 것만큼이나 의미심장한 방식으로 죽은 이를 현존하게 만드는 일이다. 이 점에서 금지는 분명히 물질적 불가능성을 초래하지 않는다. 위반 행위는 예견되고, 될 수 있는 대로 엄격한 제재에 의해서 금해진다.

이러한 제재들로부터 벗어나기 위해서는 자기지시성의 변명과 구실이 남게 될 것이다. 그 변명은 죄를 저지른 사람에 대하여 그가 지시체(지시대상)의—현세적—이름을 발화했던 것이 아니라, 이름의—자기지시적—이름을 발화했다는 것을 주장하는 데 있다. 바로 이것이 이 규범의 위반들에 관해서 표명되어야 할 기호학적이고 법률적이며 동시에 사법적인 심급에서 알고 싶지 않은 바이다. 이 심급에서는 자기지시성이 없으며, 현세적 사용과 자기지시적 언급은 혼동된다. 우리는 오로지 "메타언어는 없다"라는 것만 더 잘 단언할 수 있다. 기표의 단순한 발설은 규정된 처벌을 초래한다. 그것은 금기tabou라는 단어의 동음이의어들homonymes과—클로드 아제주의 저서에서 보았듯이—단순한 동음적homophones 음절들의 확장이 금

---

* 우리가 기억하기로, 리포투아(Adolphe Ripotois, 1914-1954)의 텍스트에서 철자 'r'이 빠져 있지 않은 것은 '죽은 사람*le* mort'이 아니라 '죽음*la* mort'이다.

지되는 것을 보여주기만 해도 충분하다.

두 번째 노선은 첫 번째 것보다 덜 이국적이다. 《토템과 터부》[151]의 저자 프로이트에 이어서 뱅베니스트(Émile Benveniste, 《신성모독 언사와 완곡어법La blasphémie et l'euphémie》, 1969-1974, 254-258쪽)는 자신의 습관대로 프로이트가 인용한 것을 끈질기게 환기시킨다. 문제는 신Dieu의 이름을 발설하는 특이한 형태로 신성을 모욕하는 언사blasphème이다.

프로이트처럼 뱅베니스트도 연구된 그 현상의 특이성을 날카롭게 지적한다.

> 사람들은 신(神, Dieu)의 이름을 모욕한다. 왜냐하면 신에 대해서 사람들이 가지고 있는 것이라고는 그의 이름뿐이기 때문이다. 따라서 신을 동요시키기 위해서 혹은 신을 모욕하기 위해서 사람들은 그의 이름을 발음하면서 신에게 도달할 수 있다. (같은 책, 255쪽)

그러나 우리는 뱅베니스트가 그의 저서 《일반 언어학의 제 문제Problèmes de linguistique générale》[152]에서 그 명칭이 십중팔구 나타나지 않은 자기지시성 개념에 호소하지 않았다는 사실을 확인한다. 그의 분석이 도달할 수 있었던 자기지시성 개념의 일정한 변별성을 그는 상실하고 있다는 점을 내가 굳이 말해야 하는가? 실제로 신의 이름의 현세적 용법과 자기지시적 용법을 분명하게 구별해야 한다. 첫 번째 용법 자체로는 신성을 모독하는 어떠한 것도 없다. 가장 신실한 기도는 명시적으로 신을 무례하게 부르지 않는다. 신의 이름의 현세적 용법은 명백한 모욕이거나 모독 혹은 불손한 언사들을 동반할 때만 불경하게 된다. 이를테면 비록 신의 이름이 현세적으로만 사용된다 하더라도 'jarnidieu'〔'나는 신을 부인否認한다'라는 표현이 공개적으로 완화된 것〕, 'mordieu'〔한국어로 '빌어먹을' 혹은 '제기랄'〕, 'tête-', 'corne-' 혹은 'ventredieu' 등은 불경한 어법을 구성한다. 이 점에서 어미 '-bleu'로 끝나는 완곡어법으로 약화된 표현은 널리 알려진 현상이다.[153] 반대로 '신의 이름'은 비록 어떤 명백한 모독이 포함되지 않는다 하더라도 신성을 모욕하는 언사blasphème이다. 신의 이름은 바로 자기지시적이기 때문에—결국 그것이 자기지시적일 수 있는 범위에서—모욕적이다. 실제로 신의 이름을 자기지시적으로 인용하기 위해서는 이 이름이 그 지시체(지시대상)와 분리되는 것이 필요했다. 문장의 모든 의미에서—현세적이든 자기지시적이든—신이 그의 이름인 경우에는 그렇지 않다. 이것이 바로 언제 어디서나 알려진 부정否定에 의해 불경한 말을 약화시키는 방식을 설명해준다. 재치 있는 장 에카르Jean Aicard[154]는 자신의 소설 《모르의 모랭Maurin des Maures》에서 그것에 대한 매우 적절한 분석을 제시한다.

> — Noum dé pas Dioû! …… 신이 만든 이야기가 여기 있어! 그 이야기는 재미있지! 〔…〕
>
> 'noum dé pas Dioû'라는 이 표현은 웃기 위해서만 선서[155]하길 원하는 프로방스인들의 욕설이다. 실제로 부정否定의 'pas'는 불경함을 완전히 허물어뜨린다. 〔…〕 'Noum dé pas Dioû'는 악마를 향한 하나의 농담이다. 악마는 사람들이 〔…〕 선서한다고 믿는다. 〔…〕 악마를 골탕 먹이는 셈이다……. (《모르의 모랭》 30-31쪽. 로베르 소렐Robert Sorel[156]의 《프랑시옹Francion》[157] 209쪽에서도 동일한 기법을 설

명하는 '신의 위력vertu non de Dieu'이라는 표현이 발견된다—아리베)

신Dieu은 그의 이름이라고 내가 말했던가? 만약 내가 한 성스러운 주제에 관하여 장난삼아 말하는 기분이라면, 이러한 단언의 가장 좋은 증거는 '이름의 이름nom de nom', 즉 완곡어법이 된 대치substitution라고 내세울 수 있을까. 여기서 신의 언급은 그의 이름의 언급이라는 등가적인 방식으로 대체되었다. 모욕은—그리고 그 불경함은—마치 신이라는 이름이 그것을 불러내는—감히 말한다면, '부르다appeler'라는 동사의 문자 그대로의 의미에서—특수한 지시체(지시대상)를 환기시키지 않고도 인용될 수 있는 것처럼 하는 데 있다.

특이한 경우는 'pardieu'〔한국어로 '틀림없이' 혹은 '분명히'〕 유형의 선서들이다. 이러한 말들은 'parbleu'〔한국어로 '그렇고 말고!', '아무렴!' 또는 '물론이지'〕 또는 'pardi'〔한국어로 '틀림없이' 혹은 '당연히'〕로 된 신중한 완곡어법화가 그 점을 충분히 증명하는 것처럼 이론의 여지없이 불경한 표현이다. 그렇지만 이러한 말들은 자기지시적으로 보이지는 않는다. 또 이러한 말들은 언뜻 보아 그들의 문자 그대로의 의미에서 모욕적인 어떠한 것도 가지고 있지 않다. 게다가 그 단어들은 '서약誓約'의 수행적 행위를 동반할 때 허용된다.

> 신은 거짓 서약들과 무용한 서약들을 금한다. 반면 그는 서약 동기의 필요성과 중요성이 사람들에게 맹세를 하도록 요구할 때에만 가치가 있다. 사람들이 그 이름으로 신을 만들려고 하는 것이다. (《과학, 예술, 직업 백과사전Encyclopédie ou dictionnaire raisonné des sciences, des arts

et des métiers》, 로잔Lausanne과 베른Berne, 1780, 19권, '선서jurement' 항목, 227쪽)

이제 성서 텍스트에서 명시적으로 쓰이는 '헛되이en vain' 혹은 '부당하게à tort'의 개념을 살펴보아야 한다.

> 너희는 주Dieu, 너의 하느님Éternel의 이름을 결코 헛되이 부르지 못한다. 주는 자기의 이름을 헛되이 부르는 자를 죄 없다 하지 않을 것이기 때문이다. (〈출애급기Exode〉 20장 7절. 그리고 〈레위기Lévitique〉 19장 12절을 볼 것)

'선서'에서 관찰되는 것은 바로 '헛되이'라는 이 용법이다. 즉, 신의 이름은 필요도 없이 발화되고 이 발설은—서약에서 그러한 것처럼—그 이행해야 할 행위로 정당화되지 않으며, 신의 현존은 무용하고 부정不正하게 간청된다. 따라서 우리는 자기지시성의 경우로 돌아가게 된다. 금지되고 처벌받은 것은 바로 자기지시성이다. 달리 말해서 자기지시성은 원칙적으로 불가능하게 되는 것이다.

'신성을 모욕하는 언사blasphème'가 둔화鈍化되었다는 생각은 잘못일 것이다. 우리는 아프가니스탄과 그 외의 다른 많은 곳들에서 여전히 신성모욕적인 언사를 한 죄인을 사형에 처한다는 사실을 알았다. 심지어 '신성을 모욕하는 언사'라는 개념이 상당히 확장되는 것을 목격한다. 신의 이름을 욕하거나 혹은 그 이름을 '헛되이' 말하는 것조차 죄가 될 수 있으므로 더는 할 필요가 없다. 페르위즈 캄박슈가 그러했듯이, 신성한 텍스트는 어쩌면 진리를 말하지 않는다는 사실을 간접적으로나마 시사하면 된다.

신성을 모욕하는 언사처럼 금기에서도 메타언어와 자기지시성에 견주어 대립된 두 가지 단언들이 어떻게 복잡한 방식으로 관련을 맺고 있는지를 볼 수 있다. '자기지시성은 없다.' 이는 곧 죽은 이들의 이름이나 신의 이름의 발설을 처벌하는 규범들이 말하는 것이다. 그렇다. 그러나 자기지시성에 대한 이러한 문제 제기는 그러한 단어들의 지위에 관한 하나의 메타언어적 분석에 토대를 두고 있다. 따라서 이는 메타언어, 그리고 단번에 자기지시성[158]이 있게 된다. 물론 이러한 설명의 대상인 단어들이 기호가 아닌 한, 단어들이 지칭하는—더 정확히 말해서 그 단어들이 구현具顯하는—존재와 동체인 이 단어들은 그 존재와 분리되지 않는다. 이러한 이름에 대한 설명은 실제로 단어들이 지칭하는 존재이거나 혹은 존재 자신에 관한 것이다. 즉, 이러한 단어들에 대해서 메타언어métalangage는 없다.

금기와 신성을 모욕하는 언사에 대해서 우리가 빠져든 함정의 패러독스가 우리를 이미 결론으로 이끌었음을 이해했을 것이다. 이러한 두 개의 담화적 실천 속에서 단어들의 위상은 무의식과 그것의 생산 속에서—꿈과 히스테리 혹은 정신분열증—단어들이 갖고 있는 위상과 분명히 가깝다. 거기서 단어들은 언어기호의 방식과 상관이 없는 방식들로 작동한다. 이러한 이유로 앞 장에서 살펴보았듯이, 나는 소쉬르와 비교해보는 것을 종종 감행했다. 물론 아나그램anagrammes을 탐구한 바로 그 소쉬르를 말한다. 또한 텍스트의 표면에서 해독된 아나그램화된 단어들은 가능한 한 완전하게 기호의 상태를 벗어나고 만다. 여기서 기표들은 전혀 언급되지 않는다. 소쉬르는 이 기표라는 용어를 아나그램의 탐구에서 결코 사용하지 않지만, 선조성의 모든 제약을 벗어나면서 분할될 수 있는 소리들 또는 철자들의 다발들을 사용했다. 여기서 기의들은 전혀 언급되지 않는다. 그 탐구에서 '기표'가 아닌 '기의'라는 단어는 더 이상 나타나지 않았지만, 텍스트 표면의 단어들이 직접적으로 지칭하는 지시체(지시대상)들은 등장했다. 요컨대 우리가 기억하기로, '아우토디다스커autodidasker'와 '파라-에크리비앙PARA-écrivian'과 같은 꿈의 단어들이 비교할 만한 특징들—기호의 상태와 관련하여 또한 일탈하는 다른 특징들을 덧붙이면서—을 제시했다. 몽환 상태의 다른 단어들처럼,《꿈의 해석》의 단어들은 다른 꿈들의 단어들처럼 언어기호 모델에서 완전히 멀리 떨어진 자리에 위치한다. 마찬가지로 세실리 부인의 강렬한 고통을 발생시킨 '뚫다percer'라는 동사도 그렇다. 이것들은 단어인가? 왜 단어가 될 수 없단 말인가? 어쨌든 프로이트 스스로는 그것들을 있는 그대로 금지하지는 않았다. 그러나 그것들은 분명 기호가 아니다. 이 대상들은 자기지시적으로 다루는 것이—자기지시적 원리는 그것이 영향을 미치는 대상들에 대해 기호의 위상을 전제한다—절대적으로 불가능함을 이해할 것이다. 마찬가지 방식으로 어떤 사회에서는 죽은 이를 그의 이름을 통해서 명명하는 것—즉, 단어의 모든 의미에서 부르는 것appeler—이 금지될 수 있다. 같은 이유로 성서 텍스트에서 신의 이름의 자기지시적 발설은 엄격하게 금지된다. ■

참고 문헌

Aicard Jean(1908), Maurin des Maures, Nelson.

Arrivé Michel(1977), *Les remenbrances du vieillard idiot d'Alfred Hellequin, avec des fragments de la biographie d'Adolphe Ripotois et de ses œuvres inédites*, Flammarion.

______(1985), «Quelques notes sur le statut du métalangage chez Jacques Lacan», *DRLAV*, n° 32, pp. 1-19

______(1986), *Linguistuque et psychanalyse, linguistique et inconsient, Freud, Saussure, Pichonm Kacan, Paris*: PUF, puis Limoges, Lambert-Lucas.

Auroux Slvain(1996), *La philosophie du langage*, Paris: PUF.

Authier-Revuz Jacqueline(1992), «Repères dans le champ du discours rapporté», *L'information grammaticale*, 55, pp. 38-42.

______(1995), *Ces mots qui ne vont pas de soi, boucles réflexives et non-coincidences du dire*, Paris: Larousse, 2 vol.

Benveniste Émile(1969-1974), «La blasphémie et l'euphémie», in *Problèmes de linguistique génenrale*, pp. 254-257, Paris: Gallimard.

Danon-Boileau Laurent(1987), *Le sujet de l'énonciation. Psychanalyse et linguistique*, Paris: Ophrys.

Freud Sigmund(1900-1961), *Die Traumdeutung, Frankfurt am main unf Hanmurg*, Fischer Bücherei KG.

______(1000-1967), *L'interpretation des rêves*, Paris: PUF.

______(1901-1925), *Le rêve et son interpretation*, Paris: Gallimard.

______(1905-1988), *Le mot d'esprit et sa relation à l'inconscient*, Paris: Gallimard.

______(1912-1924), *Totem et tabou*, Paris: Payot.

______(1915-1988a), «L'inconscient», in *Œuvres complètes*, t. XIII, pp. 203-242, Paris: PUF.

______(1915-1988b), «Complément métapsychologuque à la doctrine du rêve», in *Œuvres complètes*, t. XIII, pp. 245-258, Paris: PUF.

Freud S. et Breuer Joseph(1895-1981), *Études sur l'hystérie*, Paris: PUF.

Hagège Claude(1985), *L'homme de paroles, contribution linguistuque aux scienxes humaines*, Paris: Fayard.

Hjelmslev Louis(1943), *Omkring Sprogmènes Grundlæggelse*, Copenhagen, Akademisk Forlag(1re éd., en danois, *des Prolégomènes à une théorie du langage*, trad. fr. Éditions de Minuit, 1968, puis 1971).

Lacan Jacques(1985), «Conférence à Genève sur le symptôme», *Le bloc-notes de la psychanalyse*, n° 5, pp. 5-23.

______(1986), *Le Séminaire, Livre VII: L'éthique de la psychanalyse*, Paris: Le Seuil.

Milner Jean-Claude(1984), «La linguistique, la psychanalyse, la science», *Spirales*, 32-33, pp. 20-21.

Rey-Debove Josette(1978-1997), *Le métalangage, étude linguistique du discours sur le langage*, Paris: Armand Golin.

Ripotois Adolphe(s.d.), *Notes*, in Michel Arrivé, 1977.

Rosier-Catach Irène(2003), «La suppositio materialis et la question de l'autonymie au Moyen-Âge», in J. Authier-Revuz, M. Doury, S. Reboul-Touré, *Parler des mots. Le fait autonymique en discours*, Paris: Presses de la Sorbonne Nouvelle, pp. 21-55.

Sorel Charles(1633), *Histoire comique de Francion*, Gallimard, «Folio».

Starobinsky Jean(1971), *Les mots sous les mots, les anagrammes de Ferdinand de Saussure*, Paris: Gallimard.

5장
문법학자 라캉

1. '하나의 언어처럼 구조화된 무의식'

"사물들의 형태적, 문법적 측면을 잘 들여다보세요."
《세미나Séminaire》3권《정신병Les psychoses》, 236쪽

'문법학자 라캉'에 관해 장황하게 쓴 이 장을 독자들이 온전히 이해하도록 하려면, 내가 이 장을 집필하려고 어떻게 작업했는지 짚어 보는 일이 반드시 필요하다.

필자가 수행한 작업의 첫 번째 단계는 절대적 필요에 의해 이루어졌다. 즉, 문법이라는 단어의 가장 통상적인 의미에서 문법의 문제들을 다루고 있는 라캉 텍스트의 모든 관련 사항들을 수집하는 것이 관건이었다. 여러 언어들, 곧이어 살펴보겠지만 여기에는 특히 한 언어—바로 프랑스어—의 형태론과 통사론의 문제들이 관련된다. 나는 응급처방의 방식으로 이 작업을 했다. 바로 라캉의《에크리》를 비롯하여《세미나》의 몇몇 출판물, 그리고《다른 글 모음집》에 묶인 텍스트들이 그 대상이다. 나는 이 텍스트들 전체를 철저하게 다시 읽었다. 아직 출간되지 않은《세미나》의 몇몇 권에 대해

서도 은근슬쩍 몇 차례 시선을 보내기도 했다.

그 작업의 이 같은 첫 번째 단계는 라캉의 저술에서 문법적 문제들에 관한 일종의 지표(색인)를 나에게 제공했다. 이때 작업을 계속하기 위해서는 두 가지 노선이 열려 있었다.

첫 번째 노선은 위의 지표가 제공하는 요소들에 따른 하나의 라캉식 문법론을 구성하고 그 내용을 기술하고—언어학자의 관점에서—그 문법론의 이점을 평가하는 것이다.

두 번째 노선은 무의식의 구조에 대해 라캉이 발전시킨 여러 개념과 그의 문법적 견해들 전체—혹은 이 가운데 이런저런 특화된 부분—를 관련짓는 것이다.

이 두 가지 과제들 가운데 첫 번째 노선에 이점이 없는 것은 아니다. 하지만 이러한 이점은 상당부분 부정적이다. 내 판단으로 이는 다음과 같은 세 가지 성찰에 기인한다.

1. 문법—여기서 이 단어에 부여된 통상적인 의미에서—은 언어학의 연구분과들 가운데 라캉에게 가장 흥미로운 분야는 아니다. 문법에 대해 라캉이 보여준 관심의 측면에서 보면 오히려 언어학의 다른 분야들에 비해 훨씬 못 미친다.

— 첫 번째 반열에는 반박의 여지없이 기호에 관한 라캉의 일반적 성찰이 나타난다. 물론 그의 성찰은 당연히 소쉬르에 대한 지속적인 참조와 더불어 반복적으로 나타난다. 나는 이 문제들 가운데 가장 널리 알려진 문제에 국한시켜 부수적으로만 논의할 것이다. 그렇다고 해서 늘 골칫거리인 그 문제들의 세부적인 논의를 주저하지는 않을 것이다. 우리는 소쉬르와 라캉의 관계가 결코 그리 간단치 않다는 것을 알고 있다. 그렇지만 이 관계에 대하여 이 책의 6장

'소쉬르는 라캉주의자였는가'에서 필자는 정반대의 관점으로 접근할 것이다. 그런 연유에서 이 문제를 여기서는 다소 가볍게 살펴보고자 한다.

— 라캉이 우선시한 언어학의 분야 가운데 두 번째 반열에는 양적인 면에서 거의 동등하지만 전혀 다른 두 개의 학술분야가 등장한다. 바로 음운론phonologie과 어원론étymologie이다. 음운론에 관하여 라캉은 그 핵심에 있어 야콥슨의 영향을 받은 것으로 나타난다. 라캉의 《세미나》 20권 《앙코르Encore》 20쪽에서 상기된 바 있듯이 라캉은 야콥슨의 이론을 기꺼이à la bonne[159] 사용한다. 그렇지만 라캉이 야콥슨의 음소 개념을 엄청나게 확장시켰다는 사실과, 변별적 단위들과 의미적 단위들을—어떠한 차원에서 논의되든 간에—구별 없이 지칭한다는 사실을 분명히 지적해야 할 것이다. 이 같은 개념적 확장의 방향은 분명히 서로 상반되는 테제에 기반을 둔 언어학적 기능 작동의 단위를 표시하는 데 있다. 이를테면 프로이트의 〈쾌락 원칙을 넘어서Au-delà du principe de plaisir〉(1920-1951)에 등장하는 어린아이가 격정적으로 내뱉는 유명한 두 개의 외마디 표현jaculation '저기'와 '여기'(독일어로 'fort'와 'da', 프랑스어로는 'là-bas'와 'ici')는 라캉에게 있어 음소phonèmes이다.

> 의미론에서 식별 가능한 최소 요소들로 형성된 대립쌍들의 기능으로서 '음소'가 발견되는 수학受學적 처리의 형태는 프로이트의 마지막 학설이 현존과 부재를 나타내는 모음의 내포 속에서 상징적 기능의 주체적 근원들을 지칭하는 토대 자체에 우리를 이르게 한다. (《에크리》, 284-285쪽. 그리고 《세미나》 5권 49, 63, 222쪽과 11권 60, 61쪽 그리

고 20권 22쪽을 참조할 것)

어원론의 경우는 라캉의 성찰에서 매순간 등장한다. 1971년 '리튀라테르Lituraterre'*라고 제목을 단 재담Witz이 관찰되는 것은 '에르누Ernout와 메이예Meillet'—《라틴어 어원 사전Dictionnaire étymologique de la langue latine》의 저자들—을 참조하면서였다(《다른 글 모음집》, 11쪽). 그렇지만 라캉은 그 사전에서 몇 가지 유보 조건을 달아 다소 신중하게 도움을 받았다. 이를테면 그는 프로이트에 이어서 〔독일어로〕 'Seele 영혼'과 'Selig죽은 이'(그러므로 '신의 축복을 받은 사람')**의 관계에 흥미를 갖고 있었다. 그러나 그에게 이 관계는 어원적(정확하게 통시적)문제라기보다는 오히려 동음이의어(정확하게 공시적)현상이다(《에크리》, 569쪽). 마찬가지로 그는 〔독일어의〕 'das Ding'과 'die Sache' 사이의 대립을 파악하기 위하여 어원론적 관측보다는 그 대립의 공시태에서 나타나는 기표 사용의 식별에 더 많은 비중을 부

---

* "이 단어는 '에르누와 메이예'로부터 정당화된다. lino, litura, liturarius. 하지만 이 단어는 장난기가 발동해서 하는 말놀이〔입술에 호감을 주는 말놀이 풀이의 재주 혹은 음감의 도치—옮긴이〕"로 나에게 떠오른다. 'lino'에서 파생된 'litura'는 '삭제'의 라틴어 명사이다. 'liturarius'는 삭제로 가득 찬 한 텍스트에 적용된다. 라캉은 '에르누와 메이예'에게서 '조이스Joyce가 'a letter'에서 'a litter'로 미끄러지듯 빠진 모호함의 〔…〕 출발에 근거를 둔 징조'—번역하자면 글/편지(une lettre)에서 쓰레기라는 의미의 단어(une ordure)—를 발견한다.

** 프로이트가 'selig'의 두 가지 의미 사이에 존재하는 관계의 문제를 제기한 곳은 〈편집증 사례의 정신분석학적 고찰〉(슈레버 원장 편, 1911-1993)에서이다. "천상의 황홀경의 놀랄 만한 이 성애화sexualisation는 우리에게 슈레버(텍스트)에게서 황홀경의 개념이 독일어 단어〔'selig'〕(그 의미로 죽은 사람과 행복한 사람)의 주요한 두 가지 의미작용의 압축으로부터 탄생될 수 있을 것이라는 인상을 준다"(1911-1993, 252쪽).

여한다는 점을 표명한다(《세미나》7권, 56쪽). 그러나 라캉이 이러한 관측을 완전히 소홀히 했다고 생각해서는 안 될 것이다. 따라서 사물을 지시하는 프랑스어 이름은 다음과 같은 성찰을 규정한다.

> 우리는 언어활동langage 속에서 대상의 구성을 촘촘하게 할 것이다. 거기서 우리는 그 구성이 개념—어떠한 주격*도 상이하다—의 층위에서만 발견된다는 사실을 확인할 수 있을 뿐이며 또한 이름으로 분명히 환원되어야 할 '사물la chose'이 우리의 언어〔프랑스어—옮긴이〕로 피신하는—라틴어의 외피를 어떤 것에도 양도하지 않은—원인의 이중적 분산의 범위가 무너지는 것을 확인할 수 있을 뿐이다.[160] (《에크리》, 498쪽)**

'사물la chose'이란 명사와 관련하여 라캉은 《세미나》 7권 55쪽

---

* 여기서 우리는 '주격nominatif'을 어미변화(굴절)의 제1격을 가리킨다고 이해하지 않고 '개념의 층위'와 대립되는 '지칭적désignatif', '지시적référentiel'의 의미로 이해할 것이다.

** 마찬가지로 다음 부분을 참조할 수 있을 것이다. 《에크리》 29쪽('도난당하는 것purloined')과 《세미나》 4권, 170쪽('페티쉬fétiche', '요정fée', '인조/꾸며짐factice'), 211쪽('죽이다tuer'라는 말은 '보관하다conserver'를 의미하는 라틴어 'tutare'에서 왔다), 306쪽(프랑스어에서 'mère', 'mara'와 'la mer'이기도 한 MR의 어근), 《세미나》 5권, 94쪽('요구하다demander')과 347쪽(〔그리스어의〕 남근(φαλλός, phallus)과 영감(φλέψ, veine) 사이의 관계에 관하여), 《세미나》 7권, 102쪽('부인dame'과 함께 그 어원론적 관계 속에서 '위험danger'에 관하여), 179-180쪽(이번에도 계속하여 '부인dame'에 관하여 'domnoyer'('애무caresse', '장난치다batifoler'를 의미)와의 관계에서 197-198쪽(한스 스페르베르의 어원론적 이론에 관하여), 233쪽('même'의 어원에 관하여), 292쪽('동요émoi'), 《세미나》 8권, 244-245쪽('감초réglisse'라는 단어의 역사로 설명되는 뜻깊은 '모호함'에 관하여), 《세미나》 20권, 85쪽('진실ἀλήθεια') 등등.

에서 그 법률적 어원을 상기한다. 이 '사물la chose'이란 명사는 그 단일성을 통해서 그것과 동등한 의미를 갖는 두 개의 독일어 단어인 'Ding'과 'Sache'의 이중성과 대립된다.

> 우리는 프랑스어에서 단 하나의 단어를 가지고 있다. 라틴어 'causa'에서 파생된 '사물la chose'라는 단어가 그것이다. 그 법률적 어원의 참조는 우리에게 겉봉투처럼 그리고 구체적인 것의 지칭처럼 존재하는 것을 가리킨다.

따라서 문법은, 내가 잘못 이해하지 않았다면, 라캉이 이용한 언어학 분야들의 네 번째 열에 등장한다. 그러나 그 자료체corpus가 너무 방대한 나머지 궁극적으로 엄청나게 많은 문법적 문제들이 다소 순식간에 암시되는 정도에서 그친다. 정밀함에 대한 부담 없이 열거를 하면, 주어에 따른 동사의 일치 문제들,* 동사의 시제와 상相의 문제들,** 그리고—아래에서 재론하게 될—인칭 범주에 의해 제기

---

* 이것은 "다음의 두 문장 사이에 있는 차이의 문제이다. Je suis la femme qui ne vous abandonnerai pas. 그리고 Je suis la femme qui ne vous abandonnera pas"(《세미나》 3권, 308쪽).

** 라캉은 특히 이 같은 구별에 흥미를 갖고 있는데, 그 구별은 그에게 무의식 속에서 시제〔혹은 시간〕 부재의 문제를 세련되게 비껴가도록 해주었다. 이처럼 그는 이 문제로 교란된 하나의 방해자〔역마차의 파리mouche du coche는 라퐁텐의 우화를 시사한다. 말들을 성가시게 하면서 여러 말들이 움직이는 역마차를 앞으로 나가게 만드는 장본인이 파리 자신이라고 생각한다. 즉, 스스로를 매우 유용한 사람으로 간주하는 하찮은 인물을 암시하는 라퐁텐의 우화 속에 나오는 동물이다—옮긴이〕에게 발화작용에 관하여 여기서 주체가 되는 것〔주체가 변화/생성되는 것〕을 고려하는 '상相 형태들formes d'aspect'과 사건들의 행렬 위에서 발화를 위치시키는 '상 형태들'을 구별하기 위해서 문법 수업으로 되돌아

되는 질문들이다. 라캉은 '텍스트 없는 구두법ponctuation'을 고려할 정도로 구두법에 대해 매우 세밀한 관심을 가지고 있었다. '텍스트 없는 구두법'은 〔독일어의〕 'Verwerfung'(부인/배제)[161]에 종속된 구두법이 실재계le réel에서 불안정하게 재등장할 때, 거세去勢의 운명을 의미하기 위한 하나의 은유이다. 이를 통해서 우리는 라캉에게서 문자의 이 같은 비非텍스트적 양상이 지니는 중요성을 목격한다.* 통사—즉, 문장—의 핵심적 개념은 라캉의 관심사의 중심부에 위치한다. 이 주제에 대하여 그가 제기하는 반복적인 문제는 문장의 의미가 '완결되는' 방식의 문제이다.

> 어떤 것이 기표의 층위에서 완결될 때 문장이 있다. 즉, 기표로 발화되고 자신의 자리에 시작과 구두점 사이에 있는 모든 것은 이에 해당된다.(《세미나》 5권, 514쪽.** 또 그 마지막 단어에 의한 의미의 이 '완결'에 대해서는 《에크리》 838쪽과 《세미나》 3권, 154-155쪽 그리고 5권 15쪽과 90쪽을 참조할 것.)

요컨대 라캉의 성찰에서 거의 완전한 문법을 도출하는 것이 가능할 것이다. 이 문법은 감탄(《세미나》 5권, 63쪽), 의문(《에크리》 661

가라고 충고한다. 그래서 그 방해자mouche du coche는 과거의 현존現存과 완료상의 주체를 혼동하지 않을 것이다(《에크리》, 664쪽. 또한 629쪽과 《세미나》 3권, 322쪽을 참조할 것).

* 또한 《에크리》, 255, 310, 314-315, 373, 503, 806쪽, 그리고 《세미나》 3권, 337쪽을 참조할 것.

** 이 텍스트는 한 청강자가 기록하고, 《세미나》의 편집자가 재가공한 노트들로부터 발췌한 것이다.

쪽), 그리고 부정에 대한 풍부한 전개를 포함하는 고찰이 될 것이다. 이 점에 대해 나는 이 장의 두 번째 부분에서 재론할 것이다.

2. 문법에 대한 라캉의 성찰들은 무엇보다도 프랑스어와 관련되어 있다. 만약 사람들이 나에게 그 비율을 제시하라고 묻는다면, 필자는 의심의 여지없이 거의 80퍼센트라고 말할 것이다. 간헐적으로 원용된 몇몇 다른 언어들은 라틴어(가령 이태異態 동사들,[162] 《세미나》 3권, 317-318쪽),* 고전 그리스어(특히 부정否定의 문제는 좀 더 빈번한, 전형적으로는 그리스어 'μή'과 프랑스어의 'ne'의 비교. 특히 《세미나》 7권, 353쪽을 참조할 것) 그리고 현존하는 언어들 가운데는 거의 드물게 영어와 독일어가 언급된다. 프랑스어에 부여된 준準독점적 상황은 흥미로워 보일 수 있다. 실제적 예를 들자면 이는 '하나의 언어활동un langage처럼 구조화된 무의식'의 근본적인 공리postulat로부터 내가 아래에서 제안하는 해석의 한 양상에 근거를 두고 있다. 실제로 내가 보기에 무의식의 구조 모델을 구성하는 것은 바로 '언어'(랑그, la langue)이다. 정확하게 '언어'는 그의 나머지 다른 하나인 '라랑그 lalangue'와 둘로 나뉘는 범위 내에서의 '언어'를 말한다. 그러면 '라랑그'에 모어母語가 아닌 어떤 구현을 부여할 수 있을까?** 라캉을 따라서 무의식은 프랑스어처럼 구조화되어 있다고 말하도록 나를 부추기지 않았으면 한다. 사실을 말하자면 어떻게 이 점에 놀라지 않겠는가? 슈레버Schreber 원장의 '근본 언어langue fondamentale', 그것은 바

---

* 여기서 라캉은 중간태voix moyenne에 관한 뱅베니스트의 논문(1950-1966)을 참고한다.

** 아울러 라랑그*lalangue*와 랑가주(언어활동, *le langage*) 사이에 존재하는 관계들의 문제에 대해서는 라캉(1985)을 참조할 수 있을 것이다.

로 독일어가 아니던가? 더욱이 매우 독일적인 독일어, 내가 감히 말하건대 "어느 정도 고어적古語的이지만 항상 왕성한 기운을 갖고 완곡한 어법들이 매우 풍부한"(Schreber, 1903/1975, 28쪽/13쪽*) 독일어를 말한다. 그렇지만 그것은 프로이트가 〈정신분석학의 재고찰Remarques psychanalytiques〉(1910-1993, 285쪽)[163]에 기록된 눈에 띄지 않는 한 주석**에서 종종—결국 거의—무의식에 분명히 동화시킨 바로 그 '근본 언어'이다. 따라서 프로이트는 '언어활동langage'에 '모어母語'라는 의미를 부여한다는 조건에서 라캉보다 먼저 "무의식은 언어활동langage이다"라는 공식을 규정하면서 말 그대로 라캉을 앞지른다.

3. 라캉이 원용하는 수많은 문제들에 대해서, 문법적 정보는 비록 그 출처들의 인용이 항상 명시적이지는 않지만, 확인하기가 용이한 출처들로부터 제공된다. 특히 '불일치'discordance와 '배제forclusion'라는 두 가지 구성 요소로 된 프랑스어의 부정(否定, négation) 분석에 있어서 다무레트와 피숑이라는 저명한 두 학자는 그 출처들 가운데 첫 번째 열에 등장한다. 뱅베니스트는 두 번째 열에 등장한다. 의심의 여지 없이, 라캉이 〈프로이트의 발견에서 드러나는 언어기능에 관한 고찰Remarques sur la fonction du langage dans la découverte freudienne)〉[164](뱅베니스트, 1956-1966)에 이어 야콥슨Jakobson

---

* 이 중 페이지 수는 프랑스어 번역(첫 번째 숫자)과 독일어 원본(두 번째 숫자)을 가리킨다.

** 그 주석은 '무의식'의 언급 뒤에 위치되고, 따라서 다음과 같이 정식화된다. "근본 언어로 된 그의 버전에서 슈레버 원장에 따르면selon Schreber dans sa version en langue fondamentale."

에 견주어서 뱅베니스트에게 호감을 훨씬 덜 가졌다는 것은 분명하다. 그러나 돌발적 사건incident에 앞서—나는 1장에서 그 사건을 암시했다—그 사건 이후와 마찬가지로 라캉은 뱅베니스트를 읽었다. 그 결과 라캉이 3인칭에 관해 말하기 위해 참조한 이는 바로 뱅베니스트였다.

> 전술前述한 3인칭은 존재하지 않습니다. 저[라캉 — 옮긴이]는 사실상 문법의 1차적 가르침에 근거한 사실을 통해 여러분의 정신 속에 들어 있는 매우 뿌리 깊은 몇 가지 원리들을 뒤흔들고자 이 시점에서 여러분에게 이 점을 말하고자 합니다. 3인칭은 없습니다. 뱅베니스트 씨는 이 점을 완벽하게 증명했습니다. (《세미나》 3권, 314쪽. 322쪽도 참조할 것)

흥미로운 이 대목에서 뱅베니스트의 가르침을 두고 라캉이 비틀기torsion를 했던 한 사례가 제시된다. 뱅베니스트는 3인칭이란 개념 대신, 좀처럼 파악하기 난해한 '비非인칭non-personne'이란 개념으로 대치시킨다. 라캉은 이 대치를 부정否定[여기서는 'non-']으로 변형시켜, "메타언어métalangage는 없다" 혹은 "성적性的 관계는 없다"라는 유명한 부정적 공식들을 모델로 "3인칭은 없다"라는 경구를 제기한다.*

---

* 뛰어난 언어학자들—나는 어느 누구의 기분도 상하게 하고 싶지 않으므로 이름은 인용하지 않는다—조차도 〈동사에서 인칭 관계들의 구조Structure des relations de personne dans le verbe〉(1946-1966, 224-236쪽)에서 자리매김된 이 개념에 항상 부딪혀 실패했다.

마침내, 명시적으로 한번 인용된 귀스타브 기욤의 언어이론은 반과거imparfait 시제 분석에서 사용된다(아래를 참조할 것).*

독자들은 내가 위에서 제시한 세 가지 사항에 근거하여 분명히 다음과 같은 사실을 간파했을 것이다. 나에게 제공된 첫 번째 노선—문법에 대해 라캉이 취한 입장들의 내재적 검토—은 분명 이점을 지니고 있다. 그러나 두 번째 노선이 본서의 목적에 더 이롭고 흥미로운 것은 분명하다. 이 두 번째 노선은 내가 이 책의 서문에서 말했듯이 무의식 구조에 관한 라캉의 개념화와 함께 문법에 대한 그의 입장들의 유기적 구성을 조명하려는 시도에 있다. 지금 내가 진입하는 것은 바로 이 두 번째 길—바라건대 '코끼리의 오솔길〔작은 길〕'**이 아닌 '큰 길'—이다.

그러나 하나의 선결 조건이 부과된다. 그것은 라캉이 무의식 구조를 착상한 방식을 상기하는 일이다. 이는 지극히 단순하면서도 동시에 극도로 복잡하다. 지극히 단순한 이유는 가장 빈번하게 나타나는 동일한 그 공식의 반복에 있다.*** 또 지극히 복잡한 이유는 용어들 하나하나가 문제를 일으킨다는 것이다. 가령, 무의식은 그

---

* 마찬가지로 다른 문법학자와 언어학자들은 라캉을 위한 자료 제공자의 목록에 들어온다. 가령 페르디낭 브뤼노Ferdinand Brunot와 샤를 브뤼노Charles Bruneau라는 동음이의어homophone의 짝이 그러하다. 라캉은 〈프랑스어의 역사적 문법 개요Précis de grammaire historique de la langue française〉(1931-1966)에서 '허사explétif' 혹은 '표현의expressif'(아래 참조)라고 불리는 'ne'에 관하여 그들이 파악했던 설명을 매우 잔인하게 조롱한다(《에크리》, 663, 800쪽).

** 《세미나》 3권의 독자들은 라캉이 기표의 기능을 제시하는 실 모양絲狀의 은유를 알아보게 될 것이다(321-331쪽).

*** 독자는 더 아래에서 이 '가장 자주*le plus souvent*'가 해석되는 방식을 볼 것이다.

이름이 바로 이 점을 말하는 것과 같이 'in–conscient'—즉, 〔독일어의〕 'un–bewusst'—인가? 라캉은 여러 번에 걸쳐 (가령 《텔레비지옹》 1973a, 15쪽에서) "나머지는 물론이고 세계에 존재하는 무엇이든지 가정할 수 있도록 허락하는" 단어의 '소극적négatif' 특징에 대해 불평한 바 있다. 프랑스어의 과거분사 형태인 '구조화된structuré'이라는 단어는 좀 더 투명할까? 그렇지 않다.[165] 왜냐하면 그 분사가 전제하는 개념 — 구조 — 은 언어활동langage에 밀접하게 연관되어 있고 너무 밀접한 나머지, 그 두 대상은 혼동되기에 이른다.

> 여기서 무의식이 관련되어 있는 한, 구조 혹은 언어활동le langage이 인도하는 두 가지 흐름이 있다. (《텔레비지옹》, 1973a, 18쪽)

부정관사 'un'의 문제가 남아 있다. 그것은 문제가 되는 언어활동langage이 '하나un'가 아니라는 것을 암시하고 있지 않은가? 또 무의식이 구조화되는 것은 〔복수형의〕 언어활동들langages 가운데 마치 '하나un'가 구조화된다는 것을 암시하고 있지 않은가? 문제가 되는 것은 복수성인데, 어쨌든 언어학자들은 그 대상들—정확하게 단수형의 '언어활동le langage'에 속하지 않는 논리적 언어들langages logiques, 프로그래밍 언어들langages de programmation 등—을 염두하고 있을 때를 제외하고는 일반적으로 '언어활동le langage'을 복수화하지 않는다. 그러나 라캉의 표현이 귀착하는 이러한 '〔복수형의〕 언어활동들langages'의 유형을 지시하는 경우는 예외 없이 제외되어 있다. 그러므로 이 공식이 지닌 단순하면서도 동시에 복잡한 속성 속에서 이 문제를 재론하는 것은 적절하다.

1. 단순한 것, 그것은 반복이다. 이 반복은 라캉의 담화에서 매우 자주 되풀이되어 나타난다. 여기서는 그의 담화에 대한 이야기를 하고자 하는 게 아니다. 《에크리》와 《세미나》를 다시 읽으면서 나는 이 부분과 20번은 마주쳤을 것이라고 생각한다. 나는 라캉이 그 표현의 지속성과 핵심을 보여주기 위해서 그 공식에 마치 정전과도 같은 형식을 부여한 후에 (가령 《에크리》 868쪽에서)* 그것을 그가 다시 인용했다는 사실에 주목하고자 한다. 라캉은 그 공식이 자신으로부터 도래한 것임을 종종 회상한다. 이것이 우리가 1972년 《세미나》 20권에서 관찰한 바이다. "무의식이 하나의 언어활동un langage처럼 구조화되어 있다는 내 말은 언어학의 장場으로부터 온 것이 아니다"(20쪽). 그러나 때때로 그는 마치 이 표현이 그 자신이 아닌 다른 곳에서 온 것처럼 논지를 진행시킨다. 이를테면 〈얼빠진 사람L'Étourdi〉에서

> '하나의 언어활동처럼comme un langage 구조화된' 무의식, 다시 말해서 무의식이 머물고 있는 라랑그la langue는 각각 구별되는 애매함équivoque에 예속되어 있다. (《실리세Scilicet》 4호, 1973b, 47쪽. 나〔아리베〕는 이 구절에 관하여 아래에서 재론할 것이다.)

2. 그러나 상황은 겉으로 보이는 것처럼 그렇게 단순하지 않다. 실제로 지속성은 그 공식 자체에 대한 항상적 동일성을 의미하지

---

* 〈과학과 진리La science et la vérité〉. 이 텍스트는 1965-1966년 《세미나》의 첫 강의이다.

않는다. 이는 시간과 함께 진화했다. 이를테면 우리는 1957년 다른 형태로 이 공식을 발견한다.

> 언어활동에 의해par le langage 구조화된 범위 내에서 무의식의 질서에 관한 모든 것은 우리로 하여금 다음과 같은 현상을 마주하게 한다. 우리에게 가장 유의미한 속성들을 파악하게 해주는 것은 장르genre도 아니고 부류classe도 아니다. 바로 단지 특수한 사례일 뿐이다. (《세미나》 5권, 60쪽)*

우리는 그것의 최종양상으로부터 이 경구의 오래전 형태를 벗어나게 만드는 두 가지 엄청난 차이를 탐지한다. 즉, 전치사 'par'('-에 의해서')의 자리에는 'comme'('-처럼')이 있으며 '언어활동le langage'은 정관사의 혜택을 받는다. 16년 후 《세미나》 20권에서 라캉은 정관사 le/부정관사 un 언어활동에 '의해서'par le/un langage 구조화된 무의식의 개념화를 완전히 거부할 것이다.

> 제가 무의식은 하나의 언어활동'처럼'comme un langage 구조화되어 있다고 말할 때 여러분은 제가 이 '-처럼comme'을 여전히 유지하면서 제시하는 이유를 받아들이고 있으리라고 생각합니다. 항상 재론하지만 무의식이 하나의 언어활동'에 의해서'par un langage 구조화되어 있다고 말하지 않기 위해서 저는 '-처럼comme'이란 표현을 사

* 이보다 2년 일찍 라캉은 언어활동langage과 무의식 사이에 존재하는 관계들에 대해 은유적 묘사를 했다. "무의식은 그 본질을 생각할 때 언어활동langage으로 구조화되고structuré, 직조되고tramé, 연쇄되어chainé 있다"(《세미나》 3권, 135쪽).

용합니다. 무의식은 집합 이론에서 관건이 되는 조합들assemblages처럼—철자들처럼—구조화되어 있습니다.[166] (《세미나》 20권: 《앙코르Encore》, 46-47쪽)

문장의 능동적 변형("언어활동은 무의식을 구조화한다le langage structure l'inconscient.")이 증명하듯이 전치사 'par'('-에 의해서')가 인과적 관계를 개입시켰다는 점을 독자들은 이해했을 것이다. 이 인과적 관계 대신에 라캉은 이 'comme'('-처럼')에 의해 표현되는 상동적相同的 관계로 대체한다. 그리고 이것은 이 관계의 엄밀한 상동적 특징이 "무의식의 조건, 그것은 언어활동le langage이다"(《텔레비지옹》, 1973a, 15쪽)라는 것을 제기하는—마찬가지로 빈번한—명제와 더불어 어떻게 유기적으로 구성되는지를 자문해보는 것과는 다른 문제가 될 것이다. 여기서 인과관계는 없지만 하나의 전제前提는 있다. 즉, 언어활동le langage 없이는 무의식도 없다.

언뜻 보아 더욱 근본적인 두 번째의 분기分岐는 분명히 시선을 사로잡는 그것의 특징에도 불구하고 사실 덜 중요하다. 실제로 이는 '하나의 -처럼 구조화된structuré commm un' 이 부분을 완전하게 또 단순하게 제거하는 것과 언어활동langage과 무의식 사이의 동일성을 제기하는 데 있다. 이는 가장 간단하게 명확한 형태로 작동된 것이다. 즉, "무의식은 언어활동langage이다"(《에크리》, 866쪽). 혹은 간접적인 방식으로

> 무의식은 마침내 하나의 언어활동 구조une structure de langage 이외에 다른 어떠한 구조도 가지고 있지 않다. (《세미나》 7권, 42쪽)

물론 이 공식의 은유métaphore—수사학의 전통적인 의미에서—와 정전正典과도 같은 '아포리즘'(경구)의 비교 사이에 형식적인 등가等價는 없다. 그렇지만 이 두 명제는 동일한 지시체(지시대상)를 겨냥하고 있는 것처럼 보인다. 분명 우리는 그 조건들에 대한 하나의 촘촘한 분석—이 분석은 여기서 다루기에는 너무 장황하다—을 통해서 이 점을 보여줄 수도 있을 것이다. 그 조건들에서 이 두 명제는 동일한 텍스트*의 공시태 속에서 출현한다.

짐작하듯이, 나는 그 텍스트에 대한 액면 그대로의 분석이 갖는 이 문제점들을 결코 무시하지 않는다. 그저 나는 단지 이 문제들을 라캉의 성찰에 대한 역사적 작업으로 되돌릴 수 있을 뿐이다. 지금부터 핵심적인 문제에 집중하고자 한다. 즉 어떻게 라캉은, 무의식이 그처럼 구조화되어 있다고 말하는 바로 이 '하나의 언어활동ce 'un langage'을 구상했는가? 이 문제는 중복적인 방식으로 그리고 《에크리》와 《세미나》에서 기원들의 문제에 이르기까지 그것의 모든 양상에서 제기된다. 《세미나》의 열성적인 독자들은 〔라틴어로〕 'In principio erat verbum'[167]이라는 성서 문구에 관한 긴 논의들과 〔라틴어의〕 'verbum'의 번역에 대해서 그 문구가 야기하는 격렬한 논쟁들을 분명히 기억할 것이다. 동사verbe인가? 언어활동langage인가? 담화discours인가? 발화parole인가?(《세미나》 2권, 355쪽 이하 그리고 7권, 12쪽과 354쪽)

그러므로 내가 재론하듯이 라캉이 무의식은 언어활동처럼 구조

---

* 실제로 위에서 환기시켰던 〈과학과 진리La science et la vérité〉 텍스트가 관건이 된다.

화되어 있다고 큰소리로 말할 때 도대체 '언어활동langage'은 무엇을 뜻하는 단어인가? 극도로 까다로운 이 질문에 관하여 이제 나는 위에서 이미 제안된 답변을 가지고 논증하려 한다.

언어학자들과 마찬가지로—어쨌든 소쉬르를 시작으로 그들 가운데 몇몇 (대부분?) 언어학자들처럼—라캉은 '언어활동le langage'을 변별적인 두 대상들로 구성된 것이라 착안한다. 난점은 라캉이 이 두 대상 각각에 동일한 명칭을 항상 부여하지는 않았다는 점이고 변별된 두 대상들의 내부에서 새로운 구분을 세웠다는 것이다.

첫 번째 이분법은 '언어langue'와 '발화parole'의 대립으로 이루어진 가장 빈번하게 고정된 이분법이다. 다른 가능한 것들 가운데 '언어langue'에 대하여 나는 1958년 텍스트 〈치료의 방향La Direction de la cure〉에서 발췌된 《에크리》의 한 부분을 인용하고자 한다.

> 기표에 대한 우리의 학설은 무의식이 언어활동langage의 근원적 구조를 가지고 있다는 사실과 거기서 실증적 〔복수형의〕 언어들langues—실제로 말해지고 혹은 말해진 언어들—의 연구가 발견하는 법칙들에 따라서 하나의 물질적 자료un matériel가 작용하는 사실에 토대를 둔다. (《에크리》, 594쪽)

이 명제에는 어떠한 모호함도 없으며 어떠한 난해함도 없다. 언어활동langage의 구조, 그것은 실제의 〔복수형의〕 언어들langues에서 발견되는 구조이다. 1965년 《세미나》의 한 부분을 인용하면, "언어활동le langage은 하나의 인간 언어une langue humaine에서 구현된다"(《세미나》 2권, 367쪽).

여기서 모든 것은 분명하다. 결국, 라캉이 언어활동langage이라는 엄밀하게 구조적인 이 구성요소에 '언어'(랑그, langue)라는 명칭을 한결같이 부여한다면 그것은 전적으로 분명할 것이다. 문제는 라캉이 좀처럼 그러지 않았다는 점이고 심지어 사실대로 말하자면 결코 그러지 않았다는 데 있다. 이를테면 그는 '언어langue'의 자리에 가장 자주 '언어활동langage'을 사용한다. 의심의 여지없이 이것은 그 공식의 정전화한 형태에서 부정관사 'un'의 용법을 설명하는 데 기여한다. 실제로 〔복수형의〕 언어들langues에 관하여 그 용법은 언어활동langage과 달리 하나 이상이다. 요컨대 〔활동으로서의〕 '언어활동 langage'은 언어학자들이 그것에 일반적으로 부여하는 포괄적인 의미와 〔개별어의 체계로서의〕 '언어langue'라는 제한적 의미로 번갈아가며 포착된다.

그러면 라캉이 말하는 언어활동langage의 두 번째 구성 요소는 무엇인가? 여기서 언어학자들은 용어 사용에 있어 전혀 낯설지 않을 터인데, 이미 소쉬르의 용어를 예상했기 때문이다. 그들은 '발화 parole'라는 용어를 발견한다. 라캉 텍스트의 많은 부분들은 《에크리》에서 본 간결하지만 매우 적절한 알파벳 은유로 시작되는 구조로서의 언어langue와 행위로서의 발화parole라는 이 대립을 분명히 제시하고 있다.

> 언어활동langage 구조의 '기본'(abc)과 발화의 잊혀진 'b a-ba' (《에크리》, 321쪽)

이 공식에 관하여 잠시 살펴보는 일은 틀림없이 유용할 것이다.

여기서 우리는 우선—내가 보기엔—'언어활동langage'이 언어학에서 일반적으로 '언어langue'에 부여된 의미로 사용되었다는 것을 알았다. 게다가 우리는 '언어활동langage' — '언어langue'의 라캉식 명칭—과 '발화parole'의 대립도 탐지한다. 전자는 여기서, 알파벳의 철자들로 정돈된 연속에 의해 은유화된 규칙들의 집합을 통해 구조화된다. abc 연속은 모든 규칙의 이미지image이다. '발화parole'는 알파벳 규칙들의 연속과는 다른 그들의 담화적 연속에서 단위들을 나타나게 하는 데 있다. 'a'에 뒤따라오는 'b'는 'ba' 담화의 작은 분절을 부여한다.* 결국 라캉의 펜 아래로 즉각 떠오르는 언어(학)적 단위의 이 사례—바로 여기서 그 점을 말하는 것은 절절하다—는 정확하게 문자la lettre이다. 즉, '구체적 담화가 언어활동langage에서 차용한 이 물질적 매체support'**(《에크리》, 495쪽)이다. 그러나 문자la lettre에 대한 이러한 참조는 한결같지 않았다. 다음 부분은 알파벳의 은유 없이

---

* 여기서 나는 라캉이 이 알파벳의 은유를 자리매김한 순간에 《꿈의 해석》에서 표기 음절에 관하여 프로이트가 제시한 논지들을 분명하게 염두에 두고 있었는지의 여부를 알아보고자 하는 사소하고 공허한 질문을 제기한다. "〔우리의 문자(체계)에서〕 'ab'는 단음절을 나타내고, 하나의 공간에 의해 분리된 'a'와 'b'는 'a'가 한 단어의 마지막 철자이고 'b'가 다른 단어의 첫 번째 철자라는 것을 이해할 수 있는 여지를 남겨준다"(프로이트, 1900-1967, 271쪽). 나는 이 질문이 무의미하다는 것을 인정한다. 그러나 이 접근은 가장 문자 그대로의 그 발현에서 기표—즉, 알파벳의 문자la lettre—에 두 명의 작가들〔프로이트와 라캉—옮긴이〕이 부여하는 동일한 흥미를 가장 분명하게 보여준다.

** 이 점에서 라캉에게서 예견되었듯이 개별어의 체계로서의 '언어langue'의 의미를 지니고 활동으로서의 '언어활동langage'이라는 단어를 사용한다는 것과 내 생각으로는 '발화parole'의 의미로 '구체적 담화discours concret'를 사용한다는 것—이는 새로운 사실이다—을 확인한다. 하지만 '담화discours'와 '발화parole' 사이의 이러한 등가等價는 안타깝게도 라캉의 성찰에서 나타나는 일반적인 경향constante은 아니다.

유기적으로 연결된 매우 비슷한 내용이다.

> 발화는 의미론적 세계—즉 언어langue의 세계—의 구조에서 그 자체로 스스로 설정된다. (《세미나》 1권, 267쪽)

그의 분석이 이 지점에 이르렀을 때 언어학자는 자신이 이제 거의 알려진 영역에 놓여 있다고 생각할 수 있다. 즉, 그는 소쉬르에게서 동일한 용어들 아래서, 다른 용어적 기구들(器具 appareils) 속에 존재하는 다른 용어들 아래서 그가 알고 있는 하나의 대립을 재발견한다. 따라서 언어학자는 안심한다. 하지만 그가 안심하는 것이 옳은가? 그렇지 않다. 그는 그 사실을 알지 못한 채, 복잡한 문제들의 영역으로 이미 나아가고 있다. 몇 가지의 이유가 있는데, 다음은 그 주요한 이유들이다.

1. '언어'(랑그, langue)—한 번 더 이것이 자주 〔활동으로서의〕 언어활동langage으로 명명된다는 것을 상기할 필요가 있을까—의 대립이 소쉬르의 '공시태synchronie'와 '통시태diachronie'의 대립과 더불어 유기적으로 구성된다. 바로 이 점이 몇몇 대목에서 다소 선명하게 나타난다. 다음 대목은 의심의 여지없이 가장 명시적이다.

> '공시적으로' 기술記述하기 위한 기표signifiant 혹은 언어활동langage의 체계와 '통시적으로' 기술하기 위한 담화의 체계〔바로 앞의 저자 주석에서 언급되었듯이, '발화'parole의 의미와 더불어 이해해야 한다—아리베〕, 어린아이는 거기로 단번에 들어간다. (《세미나》 4권, 261쪽과 299쪽뿐만 아니라 5권 31쪽과 493쪽 그리고 《에크리》, 658쪽과 805쪽)

따라서 언어활동langage은 이중적으로 구조화된다. 다시 말하면 언어활동은 '기표의 체계'(이것이 앞에서 문제가 된 '기본'(abc)이고 우리는 '기표의 체계'라는 표현이 또한 '언어langue'와 등가의 위상을 차지한다는 것을 본다)로서 '그리고 동시에' '담화의 체계'(이것은 앞에서 막연하게 예상된 'ba-ba'이고, 우리가 지나쳐가면서 식별하듯이 발화parole도 '마찬가지로' 체계이다)로서 이중적으로 구조화된다. 첫 번째 체계는 본래 '공시적'이고 두 번째 체계는 본래 '통시적'이다. 소쉬르의 대립을 라캉이 이렇게 특수하게 사용하는 것에 주의해야 한다. 라캉에게 '공시태'는 기표 체계—즉 언어la langue, '다른 이름으로는' 언어활동le langage—의 존재 방식이다. '통시태'는 발화 행위의 짧은 통시태이다. 다른 점에서와 마찬가지로 이 점에서 라캉은 최소한 소쉬르의 가르침이 일러주는 글자 그대로의 뜻으로부터 비켜나가는 것 같다. 이를테면 그가 '담화의 통시태'라고 부른 것은 분명히 엄밀하게 소쉬르의 용어로 '기표의 선적 특성(선조성)'에 의해서 번역될 것이다. 그러나 우리는 소쉬르의 '통시태'와 '선조성' 개념 사이에서 하나의 관계—내가 말하려고 한 은밀한 관계—가 존재한다는 것을 알고 있고, 이 관계는 그렇게 은밀하지 않다. 나는 1995년 나의 논문 〈통시태와 선조성Diachronie et linéarité〉과 2007년 저서 《페르디낭 드 소쉬르를 찾아서À la recherche de Ferdinand de Saussure》에서 이 문제들에 관하여 상세히 설명한 바 있다. 나는 독자들이 위의 연구들을 참조하게 하는 것으로 만족한다.*

* 오류나 망각을 제외한다면 라캉은 계열체paradigme에 대한 통합체syntagme의 대립을 사용하지 않거나 매우 드물게 사용한다. 이는 의심의 여지없이 공시태와 통시태의 짝이 시간 속에서 발화의 현상들로 시작되어야 할 현상들의 내접(內接,

2. 언어langue에 대한 라캉만의 고유한 명칭인 '기표의 체계'로 말할 것 같으면, 그 영역은 보다 더 위험한 보고寶庫들로 가득 차 있다. 사실상 이 체계의 구조는 언어학자들이 그 명칭으로 기술記述하는 구조와 동일하지 않다. 여기서 나는 매우 방대하고 매우 까다로운 하나의 문제로 진입한다. 나는 그 문제에 곧바로 착수하지는 않을 것이다. 우리는 그 문제가 무의식 구조의 문제 자체와 다른 어떤 것도 아니라는 점을 간파했다. 나는 라캉의 성찰의 역사와 관련된 한 가지 언급으로 만족하고자 한다.

'언어la langue'의 개념은 관사와 명사 사이에 보이지만 들리지는 않는 단절로 충분히 지연되어 한 단어로 표기된 '라랑그lalangue'의 개념에 의해 둘로 나뉠 것이다.* 라캉은 이를 통해서 특히 애매함과 동음이의 관계에 토대를 둔 이 체계의 구조의 특이성을 강조하기를 원한다. 이것이 바로 앞서 원용된 〈얼빠진 사람L'Étourdi〉 부분에서 설명된 것이다. 우리가 알게 될 이유들 때문에 나는 그 첫 문장을 반복하더라도 주저하지 않을 것이다.

---

inscription)을 단번에 제기하기 때문이다. 또한 라캉이 엄밀하게 소쉬르적인 의미에서 '공시태/통시태'의 대립을 사용한다는 것은 주목할 만하다. 이는 앞서 본문에서 어원론에 관한 라캉의 제고찰에서 우리가 발견한 것이다.

* 이 말의 라캉적인 어원은 이중적으로 보인다. (통합에 의한) 정관사의 제거는 '명백하다visible'. 다른 한편으로 이 단어는—우리의 예상대로—모어母語를 습득하기 위해 노력하는 아이의 전前언어적 놀이인 '혀짤배기소리'〔혹은 '발음의 오류la lallation'〕를 환기한다. 어찌되었든 이것이 바로 1975년의 '징후에 관한 제네바 강연'에서 라캉이 명시적으로 가리킨 것이다. "〔…〕 언어활동le langage, 이론적 존재를 절대적으로 가지고 있지 않은 이 언어는 'lallation-lalangue'란 단어에 가능한 만큼 가까운—내〔라캉〕가 만들기 원했던—한 단어에 관하여 내〔라캉〕가 명명한 것의 형태로 항상 작동한다"(라캉, 1985, 11쪽).

> '하나의 언어활동처럼comme un langage 구조화된' 무의식, 다시 말해서 그것le il이 머물고 있는 라랑그lalangue는 각각 구별되는 애매성에 예속되어 있다. 다른 것들 가운데 하나의 언어(하나의 랑그, une langue)는, 그것의 역사가 거기서 존속하도록 내버려둔 애매함들의 통합의 결과l'intégrale 이상의 그 어떤 것도 아니다. (1973b, 47쪽)

주의 깊은 독자라면 분명 다음과 같은 점에 주목할 것이다. '라랑그lalangue'를 머물게 하는 '그것le il'을 조준하는 어떤 지시체(지시대상)를 결정짓기는 불가능하다는 것이다. 그것은 언어활동le langage인가? 그것은 무의식인가? 그러나 무의식은 언어활동이 아니지 않은가? 여기서 그 텍스트의 형태는 무의식이 유기적으로 구성하는 내용 위에서 형성된다. 라랑그를 구조화하는 것은 바로 거기에 존재하고 거기에 존속하는 '애매함들의 통합의 결과l'intégrale'이다. 그래서 우리는 모호함의 이론적 문제와 동시에 그 담화적 사용에 관한 라캉의 주장을 이해한다. 우리는 애매함의 적용이 라캉의 제시에서 통시적으로 나아감에 따라 증대한다는 것을 안다. 1960년 이래 그는 희열에 심취해서 "무의식이 그 언어학적 근원들로부터 유지하고 있는 돌이킬 수 없이 이상한saugrenu 측면"에 주목할 것이다(《에크리》, 811쪽). '이상한saugrenu' 측면은 자명하게도 무의식이 애매함에 토대를 두고 있기 때문이다. 우리가 위에서 보았듯이 'littérature'['문학'의 온전한 철자법의 단어 — 옮긴이]에서 'lituraterre'로 혹은 'a letter'에서 'a litter'로 변해가게 만드는 애매함이다.

우리는 라캉이 성찰한 대로의 '기표의 구조'가 언어학자들이 '언어la langue의 구조'라고 부른 것과 혼동되지 않는다는 점을 이해했다. 물론 언어학자들이 애매함과 동음이어의 관계를 인정하지 않는 것은 아니다. 여기서 우리는 《일반 언어학 강의》를 참조한다. 그러나 언어학자들은 애매함과 동음이어의 관계에 라캉이 부여한 근본적이면서 동시에 토대가 되는 기능을 그것들에 부여하지 않는다.

3. 나는 발화에 이른다. 여기서 사실들은 덜 염려스러운 것처럼 보인다. 현실적으로 그 사실들은 여전히 훨씬 더 염려스럽다. 실제로 라캉의 '발화parole'는 최초의 여러 외양에도 불구하고 소쉬르의 발화와 혼동되지 않는다. 즉, 발화는 둘로 나뉜다. 이러한 분열로 야기되는 두 대상은 한편으로 '가득 찬 발화parole pleine'*(종종 '진실된 발화parole véridique', 《세미나》 1권, 59쪽) 혹은 '진짜 발화vraie parole'(《에크리》, 351쪽) 혹은 '근본적 발화parole fondamentale'(《세미나》 3권, 181쪽)와 다른 한편으로는 '비어 있는 발화parole vide', 이는 때때로—안타깝게도 늘 그런 것은 아니다—'담화discours'에 동화되고(《세미나》 5권, 16쪽) 그러고 나서 '일상적 담화discours courant'와 유희적으로 철자화된 'disqueourcourant'[168]이다. 이 두 발화 유형 사이의 대립은 어디에 위치해 있는가? 정확히 다음과 같은 특징에서 '가득 찬 발화'는 행위이다. 여기서 나는 가장 명시적인 그 대목을 인용하겠다.

> 가득 찬 발화는 상호적인 인식 속에서 진실vérité이 확립되는 그러한 진실을 조준하고 형성하는 발화이다. 가득 찬 발화는 행위하는 발화이다. 나중에 주체들 가운데 한 주체는 이전에 존재했을지도 모르는 주체와 다른 주체인 자신을 발견한다. 그러한 이유로 이 차원

---

* 특히 《세미나》 1권, 61쪽과 268쪽을 참조할 것.

은 분석적 경험으로부터 벗어날 수 없다. (《세미나》 1권, 125-126쪽, 《에크리》, 351쪽)

이 텍스트는 나의 논의에서 분석가와 동시에 언어학자에게 근본적인 텍스트이다. 분석가에게 이 텍스트는 가장 큰 영향을 미치는 것으로 이론과 실천 사이의 용해 불가능한 관계를 드러낸다.

> 그것은 토대이거나 토대가 되는 발화이다. ─ '너는 이런 거다. 나의 부인, 나의 스승이며', 천 가지 다른 것들이다Tu est ceci, ma femme, mon maître, mille autres choses. 내가 이 '너는 이런 거다Tu est ceci'를 받아들일 때, 이는 발화에서 나일지도 모르는 다른 존재를 만든다. (《세미나》 3권, 315쪽)

언어학자에게 이 텍스트는 언어학자가 '발화'를 통해 뜻하는 바와 라캉의 동음이의어 사이에 공통으로 존재하는 것과 동시에 차이로부터 존속하고 있는 것을 분명히 고정시킨다. 틀림없이 공동의 상호주체성intersubjetivité을 말한다. 두 장場에서 발화는 주체들 사이에 한 관계를 세운다. 차이들은 이 관계의 본질에서 유지된다. 분석가에게 발화는 '행위acte'이다. 여기서 물론 언어학자는 자신의 귀를 긴장시킨다. 왜냐하면 그는 수행적 발화들énoncés performatifs이라는 명칭으로 역시 행위들로 구성되는 발화의 사실들을 잘 인식하고 있기 때문이다. 그러나 우리는 곧바로 가득 찬 발화에서 담화의 이 부분들을 분리시키는 큰 격차를 보게 된다. '가득 찬 발화', 언뜻 보아 이것은 가장 하찮은 이 절편들 각각에서 연속적으로 수행적이다.

그러므로 여기서 '일반화된 수행성performativité généralisée'에 관하여 말해야 한다. 그리고 그것이 생산하는 작용은 완전히 특이하다. 즉, 주체들 가운데 한 주체의 변화 이외에 다름 아니다. 우리는 형편없이 작은 수행적 발화들의 효과로부터 멀리 떨어져 있다. 그 발화들에서 주체를 변화시키는 일이 결코 일어나지 않을 것인가? 이는 우리를 난처하게 만드는 방대한 장場으로 의심의 여지없이 거의 불모지대이다. 어쨌든 지금이 그 영역을 탐구할 계제는 아니다.

요컨대 발화와 가장 닮은 것은 다른 무엇도 아닌 그저 '비어 있는 발화parole vide'일 것이다. 그러나 정확히 말해 라캉은 가득 찬 발화와 비교해 이것을 부정적으로 특징짓기 위해서만 흥미를 가졌다.

이 첫 번째 절節을 통해서 우리는 다음과 같은 사실을 식별했다. 언어학과 정신분석학의 공통의 장場은 보고寶庫와 함정들로 가득 차 있다. 이 장場을 답파踏破하면서 겪은 위험들에도 불구하고 이 공통의 장場이 바로 〔활동으로서의〕 언어le langage의 장, 〔체계로서의〕 언어la langue의 장, 발화parole의 장이라는 데는 변함이 없다. 이 세 가지 대상들에는 우리 각자가 알고 있듯이 언어학에 앞서 존재한 아주 오래된 분야인 문법grammaire이 있다. 라캉의 성찰에서 그가 문법에 부여한 자리는 어떠한가?

2. 무의식의 프랑스어 문법 모델

우리는 방금 전 라캉이 문법에 대하여 지속적인 관심을 표명했다는 사실을 살펴보았다. "무의식, 그것은 말을 한다. 이 점이 무의식을 언어활동langage에 의존하게 만드는 것이다"(1973a, 16쪽)라는 주장을 펼친 라캉의 입장에서 보면 그것은 당연한 처사였을 것이다. 무의식은 말을 한다. 다시 말해서 무의식은 하나의 담화를 생산한다. 따라서 이 담화의 문법에 대해 생각해야 할 필요성이 있다.

> 꿈의 욕망은 자신의 발화에서 '나Je'라고 말하는 주체에 의해 수행되지 않는다. 그러나 타자Autre를 대신하는 분절된 꿈의 욕망은 담화—프로이트는 그 담화의 문법을 그 자체로 발화하기 시작했다—이다. (《에크리》, 629쪽. 텍스트는 1958년 〈치료의 방향La Direction de la cure〉)

또 라캉은 법(法, mode)과 상(相, aspect)이라는 상당히 진부한 문법적 범주들을 연속적으로 (또 상aspect이라는 범주는 다소 성급하게) 동원하면서 단번에 이 담화의 문법으로 진입한다.

> 이렇듯 그것〔꿈의 담화—아리베〕이 구성하는 기원祈願들은 그 표현 공식의 직설법을 변경하기 위한 기원법〔희망을 나타내는 법—옮긴이〕의 굴절을 가지고 있지 않다. 이 점에서 우리가 동사의 상相이라고 부른 것이 여기서 완료상(l'accompli, 〔독일어의〕 'Wunscherfüllung'의 진짜 뜻)* 이라는 언어학적 참조라는 점을 아마도 알 수 있을 것이다. (같은 곳)

라캉은 나중에 가서 무의식 속에 나타나는 부정否定의 부재라는

---

* 다음과 같은 억지를 부려볼 수 있다. 'Wunscherfüllung' 이것은 접미사 '–ung'가 충분히 나타내고 있듯이 'l'accompli'—즉 이상적理想的으로 완전한 '완료'—라기보다는 오히려 'l'accomplissement'—즉 실현된 상태(현실태)로서의 완료이다.

문제에 대한 프로이트의 흥미로운 왕복 운동을 시사하면서 다음과 같이 진술한다.

> 그러므로 우리가 프로이트의 명제들에 의해 그리고 그의 최초의 명제〔프로이트의 명제들 가운데 한 명제에 따르면 무의식 속에는 부정否定이 없다. 1900-1967, 274-275쪽 참조〕 이후에 인도된 것은 기표의 〔물리적〕 버팀목support 위에서이다. 두 번째 명제〔'부정(否定, le non)을 표현'하는 몇몇의 수단들의 존재를 인식하는 명제. 1900-1967, 281-283쪽〕가 복잡하게 얽혀 있는 곳으로의 회귀回歸가 프로이트가 반복해서 부여한 문법적 탐지에 의해 나타난다. 담화의 질서가 관건이라는 점을 강조할 필요가 있을까? (《에크리》, 659쪽, 1960년 텍스트 〈다니엘 라가쉬의 보고서에 대한 고찰Remarque sur le rapport de Daniel Lagache〉이 관건이다.)

만약 "무의식이 하나의 언어활동un langage처럼 구조화되어 있다"면, 어떠한 방식으로든 무의식은 하나의 문법에 지배되어야 한다. 여기서 라캉을 문자 그대로 읽어야 한다. 그리고 그가 취하는 입장들에 관한 문법 문제들의 목록을 만들어야 한다. 그가 제시한 가설은 그의 입장들 각각이 그리고 그 입장들이 구성하는 전체가 어떠한 방식으로든 무의식이 하나의 언어활동un langage처럼 구조화되어 있다는 것을 보여준다.

난점은 바로 라캉이 관심을 갖고 전술前述한 문법 문제들의 목록이 상당히 많다는 것이다. 우리가 알아차렸듯이, 그 문법을 고려하는 것이 이중적으로 제한되어 있다고 할지라도 그 문법은 분명 저자〔라캉—옮긴이〕가 가장 자주 고려하는 언어학 분과들의 문법은 아니다. 위에서 우리는 문법이 기호 문제에 대한 일반적 고찰과 엄청난 거리를 두었다는 점을 살펴보았다. 그러나 음운론과 어원론과는 약간의 거리를 두었을 뿐이다. 마찬가지로 그것은 한 자연 언어une langue의 문법이다. 즉, 몇 가지 예외를 제외하면 라캉이 거의 배타적으로 고려하고 있는 그만의 문법을 말한다. 프랑스어 문법에 부여된 이러한 선호에 대해 라캉은 때때로 그것을 조심스럽게 정당화한다.

> 언어(학)적 영향력과 관련하여 우리 프랑스인들에게는 대단히 민감한 몇 가지 사례들에 관하여 오늘은 여러분이 나와 함께 집중해주시기를 바랍니다. (《세미나》, 3권 315쪽. 이렇게 예고된 것은 'tu es celui qui me suivras/suivra'와 같은 문장에서 동사와 인칭의 일치의 문제이다—아리베)

이러한 이중적 제한에도 불구하고 그 텍스트 자료체corpus—두 개의 예외(《세미나》 6권과 15권)를 제외하고, 라캉의 출판된 저술로 제한된 자료—는 여러 개론서에서 다루어지는 문법의 거의 모든 문제들을 망라한다. 라캉이 그 문제들에 부여한 취급 방식은—나의 논의의 방향과 결코 모순되지 않은—공통적인 특이성을 지닌다. 즉, 그 문제들은 문법을 말하는 즐거움 때문에 근거 없이 연구된 것이 아니라, 언어활동langage과 무의식 사이의 관계들을 더욱 잘 명확히 할 의도에서 독점적으로 연구되었다. 그러므로 라캉에 의해 원용된 '모든tous' 문법적인 문제들을 다루는 것이 적절한 방법일 것이다. 그 문제들은 제각기 다른 방식으로 "무의식은 하나의 언어활동un langage처럼 구조화되어 있다"는 공식에 대한 정보를 감추고 있다.

그러나 이러한 정보들은 때때로 조잡하고 암시적이다. 그 정보들은 때로는 심지어 암묵적으로 존속한다. 이러한 이유로 나는 독자들에게 제공된 문법 문제들 가운데서 하나를 선택했다. 즉, 내가 인정하지만 다소 자의적으로 보일 수도 있는 위험한 방식으로, 나는 언어활동langage과 무의식 사이의 관계들을 가장 투명한 방식으로 설명하는 것처럼 보이는 문제들을 골랐다. 그것들은 전체적으로 세 가지로 정리될 수 있다.

1. 동사 시제의 문제.

2. 라캉이 유지한 영어 명칭인 'shifters', [프랑스어로] 'embrayeurs' 혹은 'indicateurs'[169]의 문제.

3. 부정(否定, négation)의 문제 그리고 프랑스어에서 더 전형적으로 나타나는 부정의 두 요소의 문제.

나는 네 번째 문제를 다루고자 한다. 그것은 라틴어에서 이태異態 동사들déponents과 중간태voix moyenne의 문제와 더불어 연결된 'tu es celui qui me suivras/suivra' 유형의 구조들에서 동사의 인칭 일치의 문제이다(《세미나》 3권, 307-308, 315-319, 322쪽, 《세미나》 5권, 150-151쪽, 《에크리》, 445쪽). 결국 나는 이 문제를 포기했다. 실제로 나에게는 매우 미세한 사실들[라캉은 《세미나》 3권, 316쪽에서 "그 차이는 들리지 않는다(이해되지 않는다)"고 언급했다]이 확실히 잘 분석된 것으로 보였다.

> 가령 내가 "tu es la femme qui ne m'abandonnera pas."[여기서 동사의 굴절 어미는 '-a']라고 말할 때는 "tu es la femme qui ne m'abandonneras pas."[여기서 동사의 굴절 어미는 '-as']라고 말할 때보다 상대방의 행동

에 대한 훨씬 더 큰 확신을 표명한다.[170] 들리지 않는 이 차이를 느끼게 하기 위해서 첫 번째 경우에는 확신certitude을 훨씬 더 많이 표명하고, 두 번째 경우에는 신뢰confiance를 훨씬 더 많이 표명한다. (《세미나》 3권, 316쪽)

그러나 그 결론에서 취한 결정은 기표에 관한 지극히—너무?—일반적인 고찰에서 갈피를 잡지 못하는 것처럼 보인다.

이 구별들의 중요성은 강세accent의 변화가, 즉 '너tu'가 타자에게 부여하는 충만함—또한 타자가 받아들이는 것—이 본질적으로는 기표에 연관되어 있음을 보여주는 것이다. (《세미나》 3권, 318-319쪽)

우리는 논의된 세 가지 문제가 (아마도 네 번째 문제에 대해서도 사정은 마찬가지일 터인데) 때때로 분리할 수 없을 정도로 밀접하게 연관되어 있음을 확인할 것이다. 이 점은 바로 문제들의 설명 순서를—판독가능성intelligibilité의 기준에 토대를 두었지만—근본적으로는 변별성이 없는 것으로 만든다.

동사 시제의 문제

동사의 시제들 가운데—말할 것도 없이 프랑스어에서 가장 자주—라캉은 특히 현재, 전미래, 반과거에 흥미를 가졌다. 현재 시제에 관하여 나는 이 첫 번째 절에서 아무 말도 하지 않을 것이다. 실제로 현재 시제는 명시적으로 'shifters'(연동소)의 목록에 통합된다.

〔…〕 거기서 주체(주어)는 'shifters'(연동소)에 의해 지칭된다. (다시 말해서 나, 담화의 주체(주어)로서 그 현존을 고정시키는 모든 여러 소사小辭[171]와 굴절 그리고 이들과 함께 연대순의 현재) (《에크리》, 664쪽)

따라서 현재 시제는 이러한 자격으로 환기될 것이다.

전미래 시제와 반과거 시제는 각각 그들 나름대로 무의식 속 주체라는 위상이 갖는 특이한 동사적 형태들이다.

전미래

일반적으로 라캉은 동사의 상相의 문제를 전혀 소홀히 하지 않았다. 위에서 우리는 라캉이 꿈의 담화에서 완료형을 식별해냈다는 사실을 알았다. 그리고 〈다니엘 라가쉬의 보고서에 대한 고찰Remarque sur le rapport de Daniel Lagache〉에서 라캉은 그토록 엉뚱한 방해자mouche du coche[172]로 하여금

> 연대순의 시제 그리고 발화작용에서 주체(주어)가 되는 것〔즉, 주체(주어)가 변화/생성되는 것. 여기서 'devenir되다'라는 동사는 '변화 혹은 생성'의 의미를 내포한다—옮긴이〕과 사건들의 행렬 위에 발화체를 위치시키는 발화작용을 고려하는 '상相의 형태들formes d'aspect'을 구별하도록 이끌었다. 그래서 방해자mouche du coche는 완료형의 주체(주어)와 과거 속의 현재를 혼동시키지 않을 것이다. (《에크리》, 664쪽)

전미래에 대해 말하자면, 이 시제는 다른 사행(事行, procès)[173]보다 앞선 미래 속에 하나의 사행을 위치시키도록 해주는 가치만이

문제가 된다. 이 가치로부터 라캉이 유념한 것은 바로 이 가치가 지칭하는 작용이 점차적으로 사라져간다는 특징이다. 즉, 여기서 발화작용의 순간에 여전히 실현되지 않은 가치, 그 가치가 이전의 것처럼 주어지도록 만드는 사행이 실행되는 순간에 그것이 과거 속에 틀어박힘으로써 이미 과거로 역행하게 된 가치를 말한다.

이 분석은 무의식의 시간적 존재 방식을 기술하기 위한 전미래의 용법을 통하여 언어-대상langue-objet에서 암묵적으로 나타난다. 이 점은 특히 1954년 4월 7일의 강연《세미나》1권에서 관찰된다.

> 한편으로 무의식은 〔…〕 부정적인 어떤 것, 관념적(이상적理想的)으로 접근할 수 없는 어떤 것이다. 다른 한편으로 무의식은 거의 실재적인 어떤 것이다. 결국 그것은 상징적인 것le symbolique 속에서 실현될 어떤 것이다. 아니 더 정확하게는 분석에서 상징적인 진전進展 덕분에 '전미래로 존재할aura été'〔라캉이 강조—아리베〕 어떤 것이다. (《세미나》1권, 181쪽. 다른 예는 182쪽에서 참조할 것)

그러나 1953년 9월의 〈로마 보고서le rapport de Rome〉 이래로 라캉은 다음과 같은 방식으로 전미래 시제의 이 용법을 메타언어적 차원에서 이론화한다.

> 나는 언어활동langage에서 나 자신과 일체가 되지만(나의 정체를 표현하지만), 단지 거기서 하나의 대상으로서의 나를 잃어버리며 나 자신과 일체가 됩니다. 나의 이야기에서 실현되는 것은 존재했던 것으로 〔즉, 역사적 사실과 같은 단순과거로—옮긴이〕 정의된 과거가 아니고,

현재 나의 존재에서 존재했던 것의 〔여기서 복합과거의—옮긴이〕 완료 parfait*가 아니고, 나의 존재가 진행 중인 변화〔생성〕을 위해서 내가 존재하게 될 것의 전미래입니다. (《에크리》, 299-300쪽)

이후 1960년 〈주체의 전복과 욕망의 변증법Subversion du sujet et dialectique du désir〉이라는 논문에서 욕망의 그래프 위에 주체의 경로를 나타내는 단계들은 "각각의 단계에서 주체가 이전처럼 그 과거의 존재가 변화〔생성〕하고, 그가 존재하게 될 것il aura été, 즉 전미래에 자기 자신을 예상하게 하는 하나의 후경後傾 효과effet de rétro-version"(《에크리》, 808쪽)를 야기하는 것처럼 기술될 것이다.

반과거

언뜻 보면 역설적이게도, 라캉에게 반과거가 의미하는 시제의 존재 방식은 전미래의 방식과 근본적으로 다르지 않다. 너무 다른 이 두 형태 사이에 존재하는 이 친족성을 감지하기 위해서는 다무레트와 피숑에 의해, 특히 여기서는 귀스타브 기욤에 의해 그 향방이 정해진, 반과거의 가치들이 갖는 절대적 단일성을 라캉이 제기하고 있다는 점을 식별해야 했다. 기욤에 대한 라캉의 참조—내가 제대로 읽었다면 이 참조가 유일하다—가 1968년 1월 10일의 《세미나》, 15쪽에서 발견된다.

---

* 여기서 우리는 상相의 범주에 대한 라캉의 관심사의 새로운 흔적을 간파한다. 여기서 그 입장들 가운데 하나는 'parfait완료'라는 뱅베니스트식의 명칭으로—다른 이름으로는 'l'accompli완료'—고찰된다.

이 '나는 생각한다je pense'라는 표현에서 '나는 거기에 존재하는가?j'y suis' 무의식에 있는 '나는 생각한다'의 계시révélation는 그 무엇인가를 함축한다. 그 무엇인가는 데카르트Descartes의 코기토le cogito가 우리를 '연역적인 나의 존재'〔즉 '그러므로 나는 존재한다'〕의 연루에 인접하게 만드는 것의 층위에서, 내가 작동 정지désamorçage의 차원이라고 부르게 될 어떤 무엇이다. 이 작동 정지는 틀림없이 나는 생각하고, 깨닫게 되겠지만, 나는 거기에 〔과거에〕 존재했다는 것을 가져온다. 그러나 정확하게 사람들이 말하듯이 여러분은 내가 이 사례를 이미 사용했다는 것을 알고 있다. 하지만 이 경험은 나에게 반복하는 것이 헛되지 않음을 알려준다. 이는 언어학자 기욤의 여러 성찰에서 발췌된 사례에 따라, '잠시 후 폭탄이 터졌다un instant plus tard la bombe éclatait'는 이 표현의 모든 중의성을 만드는 것이 프랑스어에서 반과거 시제의 매우 특이한 이 용법과 동일한 의미에서 그러하다. 이는 정확하게 그 폭탄이 터지지 않는다〔현재시제로—옮긴이〕는 것을 의미한다. (《세미나》 15권, 79쪽)

라캉은 무의식의 주체에 견주어 데카르트의 코기토cogito의 파급 범위portée에 이의를 제기하지 않는다. 한 가지 유보사항을 제시한다면 그 파급 범위는 중대하다. 데카르트가 말하는 '나의 현재의 존재le je suis'는 '나의 과거의 존재un j'y étais'에 의해 대체된 것으로 보인다. 이 반과거 시제는 동기의 필요와 요구에 의해 약간 수정된 "잠시 후 기차는 탈선했다un instant après/plus tard le train déraillait"라는 예에 관하여 기욤*이 해설한 반과거로 이해해야 한다. 폭탄에 대해서만큼이나 기차에 대해서도 사건은 일어나거나 일어나지 않을 수 있다. '중의성ambiguïté'이란 형태로 이 '미결 상태suspens'—이것은 기욤의 용어이다—를 유의하지 않은 것은 아니지만, 여기서 라캉은 사건에 대한 작용의 비非접근성을 선택한다. 그것이 바로 무의식적 주체가 지닌 위상이다. 즉, 일어나기 바로 전에 '작동이 정지되는 것 désamorcé'이다. 다소 이미 존재했던 것으로 되기 위해서만 존재에 접근을 스쳐갈 '하나의 전미래적 존재의 주체sujet d'un aura été'와 같은 것이다. 터지기 직전의 폭탄처럼 '작동이 정지되는 것'이다.

몇 년 앞서 제안된—기욤을 명시적으로 참조하지 않은—분석은 이와 매우 유사하다.

> 존재의 출현이 더 이상 존재하지 않은 것으로만 파악되는 그 존재만이 존속한다. 프랑스어에서 동사 형태론의 가장 중의적인 시제—반과거처럼 사람들이 지칭하는 시제—가 그렇게 이 존재에 직면한다. '그(것)는 거기에 있었다 il était là'〔즉, 과거 속에서 존재의 지속—옮긴이〕는 맥락의 결여로 우리가 사건이 일어났는지 아닌지를 추론할 수 없을 때, '잠시 후 폭탄은 터졌다un instant plus tard la bombe éclatait'에서처럼 잠정적으로 정지된 지점에서 동일한 이중성을 함의한다. (《에크리》, 678쪽)

---

* 기욤은 여러 번에 걸쳐 이 문제를 다루었다. 가장 상세한 분석은 《언어학 강의 Leçon de linguistique》(1938-1939)의 189-195쪽, 198-199쪽에서 찾아볼 수 있다. 이 《강의Leçon》는 1992년에 출판되었고 필연적으로 라캉은 그 책을 읽어볼 수 없었다. 그러나 라캉은 1965년에 출판된—그 초판은 1929년으로 거슬러 올라간다—《시간과 동사Temps et verbe》의 재판再版을 접할 수 있었을 것이다. 68-69쪽에서 이 문제가 비록 더 짤막하기는 하지만 《강의》와 동일한 이론적 틀에서 다루어진다.

우리가 곧장 깨달을 수 있듯이, 언어학적 관점에서 볼 때 이 분석은 논쟁의 소지가 크다. 이는 라캉이 기욤의 분석을 다음의 두 가지 점에서 다소 비틀어버린 것이기 때문이다.

1. 물론 기욤은 다른 모든 시제들의 단일성 가설처럼 반과거의 단일성 가설을 제기한다. 따라서 라캉은 그 연속성 속에 있는 것처럼 보인다. 그러나 기욤과 달리 그리고 실제로는 반과거의 모든 언어학적 분석과 다르게, 내가 그 점을 감히 말하자면, 라캉은 이중성 속에서 이 단일성을 보고 있다. 내가 이해하기에 라캉은 반과거가 기차나 폭탄의 예문에서처럼 '그것은 거기에 있었다il était là'〔즉, 과거 속에서 존재의 지속—옮긴이〕가 '항상toujours' 중의적이라고 제기한다.

이것은 기욤이 말한 것과 전혀 다르다. 탈선을 주저하는 기차를 표현하는 그 예문의 중의성은 'un instant après'와 'un instant plus tard' 사이에서 이루어진 선택에 따라서 긍정적 측면(기차가 탈선한다. 폭탄이 터진다) 혹은 부정적 측면(기차는 길을 따라 계속 간다. 폭탄은 정지된다)으로부터 반과거의 '완료형의 쇠퇴décadence d'accompli'를 동요시키는 '담화의 목표'와만 관계가 있다. 전혀 중의적인 것이 없는 '그(것)는 거기에 있었다il était là'〔즉, 과거 속에서 존재의 지속 — 옮긴이〕라는 유형의 흔들리지 않은 반과거에서는 이러한 동요가 전혀 가능하지 않다.

2. 이 '중의성'—반과거의 근본적인 이중성—이 한번 제기되자, 라캉은 사행의 비非도래non-avènement를 고려하여 끊임없이 그 애매모호성과 중의성을 제기한다. 그렇기 때문에 "더이상 존재하지 않는 것으로만 파악되는 이 존재의 도래cet être dont l'avènement ne se saisit qu'à n'être plus"의 위상은 특이하다.

우리는 이러한 역설sophisme—라캉처럼 나는 이 용어에 어떠한 경멸적 가치도 부여하지 않는다고 굳이 말할 필요가 있을까?*—의 다른 예를 유명한 꿈의 분석('그는 자신이 죽었다는 것을 알지 못했다Il ne savait pas qu'il était mort')에서 발견했다. 라캉은 세 번 되풀이하여 그 사례를 이용한다(이 점에서는 참조하지 않은 《세미나》 6권, 7권 36쪽과 289쪽 그리고 《에크리》 801-802쪽). 주체가 자신의 죽음으로 유지되는 무지에 일시 정지된 삶을 지탱하는 역설적 문장이다.** 라캉은 반과거의 중의적 가치에 그 패러독스를 부여한다.

> 그는 알지 못했다……. 아! 방금 지나서야 이것이 결코 발생하지 않았다(!)는 것을—차라리 그가 알고 있다기보다 그리고 내Je가 머물렀다기보다는—그는 알았다. 그렇다. 이렇게 나Je는 거기에서—과거의 거기에서—오고, 따라서 누가 나Je는 죽었다는 것을 알고 있었는가?
>
> 비非존재자의 존재인 나Je는 이렇게 하나의 진정한 실질substance의 이중적 난점aporie으로부터 변화〔곡용曲用〕되는 주체처럼 도래한다. 이 실질은 나의 앎으로부터 없어지고 한 담화로부터 없어진다. 이 담화는 바로 죽음이 실존을 지탱하는 곳이다. (《에크리》, 802쪽)

---

* 우리는 세 죄수들의 '역설sophisme'에 대한 아래의 암시에서 더욱 분명히 이 점을 볼 것이다. 여기서 '역설'이라고 번역된 'sophisme'은 '궤변'이나 '오류추리'라는 뜻도 있다.

** 거꾸로 발드마르Valdemar 씨는 그가 빠져든 최면에서 죽는 순간에*in articulo mortis* '나는 죽었다*je suis mort*'라는 단언의 주기적인 발화에 의해서만 생존이 유지될 뿐이다(《세미나》 2권, 270쪽). 이를테면 그가 말한다면, 그것은 그의 죽음에도 불구하고 그가 살아있다는 것을 의미한다.

그렇다. 하지만 주체로서의 나Je의 출현을 역설적으로 지탱해주는 이중적 아포리aporie는 반과거의 가치로부터 온 것이 아니다. 그것은 다음과 같은 단순한 이유 때문이다. 이 경우 반과거는 라캉이 그 시제에 부여한 의미를 가지고 있지 않다. '이중적 아포리'의 동사가 현재 시제로 발화된다면—이를테면 '그는 자신이 죽었다는 것을 알지 못한다.il ne sait pas qu'il est mort.')—그가 존속한다는 사실이 그 점을 너무 지나치게 보여주듯이 말이다. 그리고 프로이트의 유명한 경구—"내가 있어야 할 곳은 거기였다Wo Es war soll Ich werden"—의 주석에서 라캉은 끝내 굽히지 않고 반과거에다 반과거가 가지지 않은 '거부된 임박'(臨迫, imminence contrecarrée)의 의미를 계속하여 부여한다. 게다가 라캉도 암묵적으로 그 점을 인식하는 노선으로 가고 있다. 왜냐하면 그는 반과거가 여기서 이 의미를 담당하기에는 전적으로 부적절한 독일어의 단순과거prétérit를 번역했다고 지적하기 때문이다.

> 프랑스어는 과거의 〔존재했던〕 거기(Là, où c'était…)라고 말한다. 하나의 분명한 반과거로부터 프랑스어가 우리에게 주는 우대를 이용해보자. 방금 전 과거의 거기에서, 잠시 전 과거의 거기에서, 여전히 빛나는 이 소멸과 실패한 이 부화éclosion 사이에서 나는 나의 진술로부터 사라져가는 존재에 이를 수 있다. (《에크리》, 801쪽)

한 가지 어려운 질문이 우리에게 남아 있다. 라캉이 정확하게 받아들인 그러한 전미래와 반과거라는 너무 특수한 시제의 위상에 영향을 받는 주체는 어떠한가? 실제로 우리는 이러한 시제의 형태들로 발화하는 (혹은 발화되는) '비非존재자의 존재être de non étant'가 오로지 '나je'에 의해서만 지칭된다는 점에 주목하게 될 것이다. 여기서 '나je'는 'moi(자아)'가 아니며, 'le Moi(대문자 자아)'도 아니다. 독일어로 'Ich'이지만, 'das Ich'*는 아니다. 그보다 몇 년 앞서 〈프로이트의 사물La chose freudienne〉에서 진술한 이 언급을 통해서 라캉은 'le Moi'로 'Ich'의 해석을 소거하려고 애를 쓴다. 또 프로이트의 공식화에서 관사 'das'의 부재가 충분하지 않듯이 그는 '나je'를 가지고 'Ich'를 번역하고, 그의 번역을 정당화하기 위해서 프랑스어 역사 문법의 한 가지 문제를 순식간에 내세운다. 즉, 오래된 하나의 "이 '나'의 존재un 'ce suis-je'" 대신 현대적 표현인 "그것은 '나다'le 'c'est moi'"로 대체하는 것이다.**

> 'Ich', 나je, 여기서 유래된 나—우리가 예고했듯이, 이 나의 존재ce suis-je, 우리가 말하기 전에는 '그것이 나다c'est moi'이다—는 존재할 것이고([독일어로] werden), 변화[생성]하는 것이다(devenir). 다시 말해서, 불시에 나타내는 것도 아니고 일어나 생기는 것도 아니다. 그

---

* 독일어에는 프랑스어의 '연접된 형태'인 '나*je*'와 '이접된 형태'인 '나*moi*'를 구별하는 대립에 상응하는 형태론적 대립이 존재하지 않는다는 것을 상기해야만 할까? 'ich/mich'의 대립은 완전히 다른—엄격하게는 격格의—위상을 가진다(주격/대격).

** 이 대체는 브뤼노(1905, 465-466쪽)에 따르면 15세기 후반부터 그리고 무아녜(Moignet, 1965)에 따르면 아마도 그보다 조금 일찍 점진적으로 이루어졌다. 사람들은 라캉이 접근할 수 있는 언어의 역사가들로부터 거의 주목받지 못한—어쩌다 눈길은 끌었을지라도—이 문제에 대해 보인 라캉의 관심에 주목할 것이다. 한 번 더 말하지만 가장 개연성이 높은 사실은 이 실마리 위에 라캉을 놓은 것은 바로 다무레트와 피숑의 《프랑스어 문법 시론Essai de grammaire de la langue française》이라는 것이다(4권, 1940, 573-580쪽을 참고할 것).

렇지만 그것('나')이 존재의 거처인 범위 안에서 이 거처로부터 어느 날 도래한다. (《에크리》, 417쪽)

'그는 자신이 죽었다는 것을 알지 못했다il ne savait pas qu'il était mort'라는 꿈의 분석의 결론에서 거의 명시적으로 언급했듯이, 여기서 문제가 되는 것은 바로 무의식의 주체이다.

〔…〕 반과거로 된 이 '그는 알지 못했다il ne savait pas'는 발화작용의 근원적 장場—다시 말해서 의미를 지닌 분절과 함께 가장 근본적 주체 관계의 근원적 장—을 유지한다. 이는 그가 그 결과의 수용을 알 수조차 없었다는 점에서 그는 동작주動作主〔혹은 동인動因〕이 아니라 받침대이다. 주체로서의 그가 자신의 결과처럼 갑자기 나타난 것은 바로 의미를 지닌 분절에 대한 그것의 관계에서이다. (《세미나》 7권, 258-259쪽)

'shifters'(연동소)의 문제

내가 제대로 읽었다면 라캉은 야콥슨(Jakobson, 1963)의 《일반 언어학 시론Essais de linguistique générale》[174]의 프랑스어 번역본에서 1968년에 뤼베Rewet가 도입한 'embrayeur'라는 용어를 사용하지 않는다. 정확하게 그 논문은 1957년에 영어로 출판된 〈'embrayeurs'와 동사의 범주들 그리고 러시아어 동사Les embrayeurs, les catégories verbales et le verbe russe〉이다. 라캉은 (야콥슨에서 예스퍼슨Jespersen[175]까지) 영어로 된 최초의 용어인 'shifter'를 사용한다. 또한 그는 더 드물지만

'indicateur'라는 용어—뱅베니스트의 용어(1956-1966, 253쪽*)—를 사용한다. 이 용어는 때때로 'indicatif'라는 형태로 부정확하게 인용되기도 한다. 아래에서 나는, 라캉이 특히 시간적 순서상 명백하게 인지하고 있던 'embrayeur'라는 단어에 보인 침묵에 관해서 내가 추측한 바를 이야기해보려 한다.

이 단어를 'embrayeurs'와 헷갈려서는 안 될 것이다. 이를테면 언어유희contrepèterie를 넘어서 혼동의 우려가 있다. 이러한 이유로 개념적인 요점을 간략하게 짚고 넘어가겠다.

이를테면 'embrayeur'의 단적인 예로 'je' 혹은 당연히 그 굴절의 다른 실현형인 프랑스어 'me'와 'moi'를 들 수 있다. 사실상 우리는 라캉이 그의 주체 이론에서 그 형태들을 부각시킨 강조를 통해 그것들이 지극히 유의미하다는 것을 방금 전에 살펴보았다. 그러나 그것들은 정확하게 'je'와 동일한 'shifter'의 위상을 가지고 있다. 이 형태들—행위주行爲主의 'embrayeurs'(embrayeurs actantiels)—의 공통적인 속성은 발화체énoncé의 주체와 발화작용énonciation의 주체를 동시에 지시체(지시대상)로 가진다는 것이다. 발화작용의 주체가 변화하자마자 지시체(지시대상)를 변화changer〔to shift〕**시키는 직접적

---

* 뱅베니스트가 발표한 이 텍스트 〈대명사들의 본질La nature des personnes〉은 최초로 1956년에 문집 《로만 야콥슨을 위하여For Roman Jakobson》에 수록되었다. 따라서 이 텍스트는 야콥슨 자신의 논문보다 이전의 것이다. 그러나 야콥슨의 차례에 그의 논문은 개념적인 자리매김의 부분으로 말한다면 1950년 그가 연설한 두 강연에 기초를 두고 있다. 뱅베니스트는 이 두 강연을 알고 있었을 것이다. 이 연대의 문제에 관해서는 노르망(Normand, 1985)과 페레(Perret, 1988)를 참조할 것.

** 우리는 'embrayeur'라는 용어가 기계적인 은유를 도입하고 특히 'shifter'라는 용어에서는 이러한 형태로 현존하지 않는 자동차의 은유를 도입하는 것을 확인한다.

인 효과를 갖는 것은 바로 이 두 주체들의 유착癒着이다. 이는 마찬가지로 'embrayeur'인 'je'를 포함하는 발화체들로 지금까지 알려진 몇몇 속성들을 설명한다. 가령 나는 "je sais que Francis est venu.나는 프란시스가 온 것을 안다"와 "je ne sais pas si Francis est venu. 나는 프란시스가 왔는지 알지 못한다"라고 말할 수 있다. 그러나 최소한 정상적인 조건들에서 *"je ne sais pas que Francis est venu. 나는 프란시스가 온 것을 알지 못한다"라거나 *"je sais si Francis est venu. 나는 프란시스가 왔는지 안다"라고 말할 수 없다. 이는 'je'—발화체énoncé의 주체로서—에 의해 지칭된 동일한 주체가—발화작용énonciation의 주체로서—그것이 제기하는 것에 대한 그의 무지(사례-1) 혹은 그가 의심한 것에 대한 그의 인식(사례-2)을 반드시 동시에 표시하지 못하게 막기 때문이다.* 그 같은 표시는 다름 아닌 현재 시제가 작동시키는 것에 해당된다.[176]

여기까지 모든 것은 분명하다. 나는 'je'의 지시체(지시대상)만을 겨냥하고 있다. '기의signifié'의 문제로 옮겨가자마자 상황은 변한다. 우리는 불협화음과 침묵 사이에서 선택의 기로에 놓인다.** 그렇긴

뤼베Ruwet의 역자 주석에서 그가 말했듯이 'embrayeur'라는 단어는 "우리에게 상황에 대한 메시지를 '연결하는embrayent' 코드의 이러한 단위들을 지칭하는 데 적절하다"(야콥슨, 1963, 178쪽). 모든 번역자는 '변속하는 것changer de vitesse(to shift [gears])'과 '연결하는 것embrayer(to let [in the clutch])' 사이에 존재하는 차이를 알고 있다. 'shifter'라는 용어가 연동장치embrayage 이론에 이어서 연동장치 분리débrayage 이론을 전혀 발달시키지 못했다는 점은 주목할 만하다.

* 보리요(Borillo, 1976), 밀레(Miller, 1978), 마르탱(Martin, 1983-1987a)과 퀼리올리(Culioli, 1990)는 이 문제에 연쇄적으로 흥미를 보였다.

** 침묵? 매우 빈번하다, 불협화음? 나는 밀레의 공식—"'je'의 의미, 그것은 'je'라는 기표를 큰 소리로 말하는 것이다"(1978, 78쪽)—에 하나의 의미를 부여하가 어

하지만 다른 모든 언어학적 요소에서처럼 'shifter'에 하나의 기의를 전제하는 것은 필수 불가결하다. 즉, 명확하게 'shifter'로 하여금 지시체(지시대상)를 담당하도록 하는 것은 바로 이 조건이다. 여기서 혼란스러운—대체로 시의적절하지 않은—논쟁들 속으로 빠져들지 않기 위해 나는 동어반복적인 그 겉모습 때문에 실망스러워 보일 위험이 있는 다음의 진술에 만족하고자 한다. 'je'의 기의signifié는 그것이 발화의 주체와 발화작용의 주체를 하나로 맺는 속성이다.* 이것은 절대적으로 특수한 속성으로 그것들 각각에 발화작용의 심급審級에서 취하는 구성 요소에 의해서만 차이가 나는 양태들과 더불어, 오직 다른 'embrayeurs'와 더불어서만 그것을 공유한다. 이를테면 '나'(〔주격〕 je), '너'(〔주격〕 tu)와 그것들의 파생어들에는 행위주行爲主의 구성 요소 그리고 '오늘aujourd'hui', '어제hier', '내일demain'과 그밖에 여러 가지에는 시간적 구성 요소, 마지막으로 '여기ici', '저기là'와 그것들의 동류의 것들에는 공간적 구성 요소들이 해당된다.

그렇다면 'shifter'에 대한 라캉의 입장은 어떠한가? 처음에는 매우 단순하다. 라캉은 'shifter'가 발화에서 발화작용의 주체를 '지칭한다'는 사실에 합의하기에 이른다.

> 무의식 속에서 한번 재인된 언어활동langage의 구조, 우리는 이 구조에 대해서 어떠한 종류의 주체를 생각할 수 있을까?

려움을 고백한다. 지시체(지시대상)가 관건이 되는 한, 밀레의 분석은 적적으로 수용될 수 있었다. "'je'라는 지시체(지시대상), 그것은 'je'를 사용하는 지시체(지시대상)이다"(1975-1976, 70쪽).

* 사실상 우리는 이 진술이 'je'의 기의를 구성하는 '속성'이란 개념을 도입함으로써 지시적 정의와 구별된다는 점을 알게 될 것이다.

여기서 우리는 방법에 관심을 가지고 기표로서 '나Je'에 대한 엄밀하게 언어학적인 정의로부터 출발해볼 수 있다. 여기에는 주체가 지금 말하는 한, 발화체의 주체에서 나Je는 주체를 지칭하는 'shifter' 혹은 'indicatif' 이외에 다른 어떤 것도 아니다(《에크리》, 800쪽과 663-664쪽을 참조할 것. '연대순의 현재'에 대한 암시와 함께 라캉은 동사의 이 시제—매우 적법한 방식으로 그리고 매우 뱅베니스트적인 방식으로—를 'indicateurs'의 부류로 통합시킨다—아리베).

여기까지는 모든 것이 순조롭다. 라캉은 정확히 야콥슨과 뱅베니스트가 취한 수순을 밟고 있다. 위에서 언급한 것처럼, 그는 뱅베니스트의 'indicateur'에서 접미사의 말실수lapsus로 인해 'indicateur' 라는 용어를 등장시킨다. 이어서 바로 그 근본적 이견이 갑자기 돌출한다. 그 같은 견해의 차이는 'shifter'가 발화작용의 주체를 '의미할' 수 있다는 생각에 라캉이 이의를 제기함으로써 발생한다.

> 이는 그것[le shifter]이 발화작용의 주체를 지칭하지만 주체를 의미하지는 않는다는 것을 말한다. 결국 발화작용 주체의 기표 자체가 발화체에서 없을 수 있다는 것뿐만 아니라 나Je와 상이한 기표가 존재하는 것 역시 분명하기 때문에 그리고 단순히 우리가 불충분하게 단수형 1인칭의 여러 격格이라고 부른 것만도 아니기 때문에, 거기서 우리는 복수형의 기원祈願에뿐만 아니라 자기암시의 자아le Soi에 그 거처를 첨부한다. (같은 곳)

일견 취약해 보이는 논증에 대해서는 언급하지 않겠다. 기표가 결여되어 있지 않을 때 기표가 기의를 결여하고 있는 이유는 기표가 '결여될 수' 있기 때문이 아니다.[177] 게다가 라캉은 그보다 4년 먼저 매우 유사한 한 언급에 동일한 중요성을 부여하지 않은 것처럼 보인다.

> 〔…〕 '나je'가 하나의 특별한 기표의 형태로 나타나는 곳에서 '나je'는 결코 존재하지 않는다. '나je'는 담화를 말하는 기표인 '나je'이다. 말해지는 모든 것은 자아soi 아래에 그 담화를 말하는 하나의 '나un je'를 가진다. '너tu'가 나타나는 곳은 바로 이 발화작용의 내부에서이다.*
> (《세미나》 3권, 310쪽)

주된 어려움은 지칭과 의미작용 사이에서 라캉이 작동시키는 분리와 연관되어 있다. 결과적으로 이 분리는 다음과 같이 세 가지 혼란스러운 질문들을 제기한다.

1. 이 분리의 가능성 자체는 어떠한가? 하나의 언어학적 요소—그것이 무엇이든—는 의미하지 않은 채 지칭할 수 있는가? 우리는 이 가능성이 고유명사에서 유지되었다는 점을 기억한다. 고유명사는 오랫동안 'embrayeurs'와 일정한 관계를 맺고 있었다. 그러나 또한 우리는 고유명사들의 '비어 있음viduité'에 대한 이 이론이 오래 전부터 문제시되었다는 것도 알고 있다(특히 마르탱(Martin, 1983-

* 이 텍스트를 읽으면서 뱅베니스트의 논문 〈동사에서 인칭 관계들의 구조Structure des relations de personne dans le verbe〉를 떠올리지 않기란 분명 어려운 일이다. 거기서 특히 다음과 같은 정식화가 발견된다. "'je'를 말하는 'je'는 'moi'에 관하여 말하지 않는 것을 할 수 없다. 2인칭에서 'tu'는 반드시 'je'에 의해 지칭되고 'je'로부터 제기되는 하나의 상황을 벗어나서 생각할 수 없다. 동시에 'je'는 'tu'의 서술어prédicat로서 어떤 무엇을 발화한다"(1946-1966, 229쪽).

1987b) 그리고 가리-프리외(Gary-Prieur, 1994)를 참조할 것). 어찌되었든 최소한 내가 읽은 라캉은 이 어려운 문제를 제기하지 않았다. 'shifters'가 의미하지 않고 지칭할 수 있다는 것이 마치 그에게는 분명한 것처럼 그는 그렇게 했다.

2. 만약 발화작용의 주체가 'shifter'인 '나je'에 의해 의미되지 않는다면, 다른 요소에 의해 의미될 수 있는가? 그렇다면 어떤 요소인가? 답변은 바로 제시될 수 있다.

> 우리는 문법학자들이 허사의 'ne'라고 말하는 'ne'라는 기표에서 발화작용의 주체를 식별했다고 생각한다. (같은 곳)

우리는 이 사례를 통해서 'shifters'의 문제가 라캉에게는 부정否定의 문제—최소한 프랑스어의 부정—와 부정이 제시하는 요소들 중 하나의 문제—혼자서 발현될 때에는 실제로 '허사虛辭라고 불리는 ne'—에 밀접하게 연관되어 있다는 것을 보게 된다. 따라서 나는 이 문제—부정을 연구할 때 그 자체로 드러나게 될 문제—의 검토를 다소 지연할 것이다.

3. 라캉의 요청에 따라서 '형식적', '문법적' 양상 아래 사태를 볼 때,[178] 하나의 사실이 명백하게 드러난다. 만약 발화의 '나je'가 자신을 의미하지 않고 발화작용의 주체(주어)를 지칭한다면—엄밀하게 다른 요소(소위 허사의 'ne')에 의해서 의미된다면—그것은 두 주체들(주어들)의 유착이 엄밀히 말해 불가능하다. 그렇다면 발화체와 발화작용 사이에 하나의 온전한 분열, 하나의 절대적인 불일치가 있을 수 있기 때문인가? 여기서 라캉의 대답은 완전히 확실하다. 그

렇다. 발화체와 발화작용 사이에는 바로 '벌림/간극béance,'[179] '불일치/부정합discordance', 〔독일어로〕 'Spaltung'—'분할, 분열, 쪼개짐'—이 있다. 이러한 분열이 드러나는 텍스트들은 많고, 《에크리》(특히 664쪽과 800쪽)에서만큼이나 《세미나》 특히 5권 15-19쪽과 7권 353쪽(그리스어의 'μή δυ γρεχ ανχιεν'[*]의 아마도 약간 지나치게 섬세한 분석과 더불어)에 부합된다. 이러한 출현들의 여러 경우에서 두 선線의 불일치는 일명 '병따개ouvre-bouteille' 그래프로 설명된다(《에크리》, 815쪽). 가장 단순한 그 원초적인 형태로 다음과 같이 제시된다.[**]

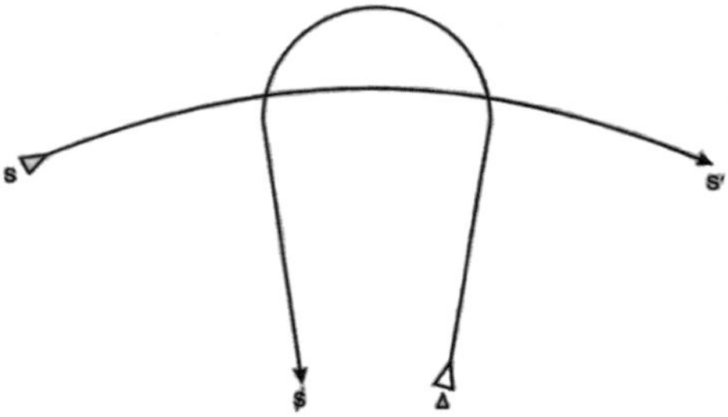

---

* 내 생각에 섬세함의 지나침은 라캉이 어떻게 해서라도 고대 그리스어의 'μή'에서 프랑스어의 'ne'의 등가어를 만들고자 했던 사실에 기인한다. 어떤 그리스학 학자도 이 두 단어의 동화를 받아들일 수 없을 것이다. 즉, 고대 그리스어의 'μή'는 프랑스어의 'ne'와는 달리 오직 그 자신만으로 부정否定을 구성한다. 절대적으로 특이한 몇몇 경우를 제외하고 'μή'는 그리스어의 다른 부정의 단어인 'οὐ'와 함께 결합되지 않는다. 그러나 그것을 증명하기 위해 라캉이 전념한 약간 그럴듯한 분석들은 그로 하여금 완전히 명확하게 다음의 두 명제들을 진술하게 해준다. "'ne'가 주체 그 자체이기만 한다면, 그것은 존재할 아무런 이유가 없다." 그리고 "여기서 'μή'는 발화작용과 발화체의 '분열'(〔독일어로〕 'Spaltung')을 위해서 존재한다"(353쪽).

** 《세미나》 5권에서—오류가 아니라면 처음으로—그 그래프가 제시된 것은 바로 이 형태이다. 이 그래프의 자리매김이 《재담과 무의식의 관계Le mot d'esprit et sa relation à l'inconscient》에서 'famillionnaire'의 유명한 재담(〔독일어로〕 Witz)의 문법적 분석에 근거하고 있다는 것을 상기해야 할까?

우리는 이 용어의 가장 구체적인 의미에서 두 층위는 서로 교차되기만 하고, 발화작용 주체의 기표가 위치하는 곳은—단어의 가장 문자 그대로의 의미에서—바로 그것들의 중간 부분이라는 것을 보고 있다.

> 'ne'는 그래프의 두 층위 사이에서 떠다니는 자신의 자리를 가진다. 나는 여러분이 그것의 변별을 재발견하기 위해 그래프의 두 층위를 사용하는 것을 알았다. 하나는 발화작용énonciation의 층위이고, 다른 하나는 발화체énoncé의 층위이다. "나는 어떤 것을 두려워한다"를 발화하면서 나는 이 진술을 그 존재 속에서, 동시에 도래하는 기원祈願의 존재 속에서 갑자기 나타나게 한다. 바로 여기서 발화에 대한 발화작용의 불일치를 보여주는 이 작은 'ne'가 도입된다. (《세미나》 7권, 79쪽)*

발화체에 대한 발화작용의 이러한 불일치에서 우리는 다음과 같은 사실을 알게 된다. 즉, 우리는 주체의 발화에서 '나Je'를 말하는 주체에게 수용되지 않은 '꿈의 욕망'에 관한 분석—이 장의 앞부분에서부터 인용되었다—을 재발견한다. 만약 우리가 두 논지를 근접시킨다면, 우리는 꿈의 욕망이 타자Autre 대신에 분절된 발화작용의 연쇄 사슬—《에크리》 660쪽에서는 이른바 '무의식적 발

---

* 점점 더 복합적으로 이어지는 형태들—이 형태들은 나중에 그래프에 제시된다—로 된 이 병따개 그래프는 매우 어려운 문제들을 제기한다. 나는 그 중 몇 가지 문제를 나의 1994-2005년 저서 《언어활동과 정신분석학, 언어학과 무의식Langage et psychanalyse, linguistique et inconscient. Freud, Saussure, Pichon, Lacan》에서 논의했다.

화작용énonciation inconsciente'이라고 불린다—에 동화되는 반면, 다른 한편으로 '나je'에게 수용된 담화가 발화체의 연쇄 사슬을 형성한다는 것을 확인한다. 그렇다면 어떻게 이 두 담화의 두 주체 사이에 유착癒着이 가능한가? 요컨대 라캉에게는—그가 이 개념에 부여하는 의미에서(위를 참조할 것)—많은 'shifters'가 있다. 그러나 우리는 'embrayeur'이 없다는 것을 이해하기 시작한다. 실제로 'embrayeurs'는 본래 서로 무관한 두 주체들을 동화시키는 효과를 가지게 될 것이다.*

부정否定의 문제

마찬가지로 동사의 여러 시제가 제기하는 문제는 그 자체로 우리를 'shifters'의 문제로 유도한다. 방금 전 우리로 하여금 부정否定에 대한 질문을 제기하게 했던 문제 혹은 어찌되었든 그 양상들 가운데 하나인 프랑스어의 부정의 문제로 이끈다. 실제로 우리가 부정의 문제를 큰 폭으로 접근하는 것은 불행히도 불가능할 것이다. 이는 분명히 《세미나》들의 거의 모든 부분에서만큼이나 《에크리》에서도 가장 강렬하게 라캉의 주의를 끈 문법의 장章들의 문제이다. 이러한 확산에서 놀랄 것은 전혀 없다. 왜냐하면 부정의 문제는 또한 프로이트의 성찰의 중심에도 있기 때문이다. 꿈속에서 부정의 위상—그것이 있는가? 그것은 없는 것인가?**—에 관한 《꿈의 해석》

---

* 1963년 뤼베Ruwet의 번역—《에크리》 495쪽의 한 주석에서 이 점을 인용한다—을 라캉이 잘 알고 있었더라도 영어 용어인 'shifter'를 고집하는 라캉의 완고함을 다름 아닌 바로 이 같은 방식으로 내가 설명하려 했다는 점을 독자는 이해했다.

** 이 장의 첫 부분에 인용된 텍스트를 참조할 것.

에서 나타나는 왕복 운행에서부터 부정과 죽음의 충동을 관계 맺는 '부정/부인Die Verneinung'*에 관한 수수께끼 같고 매우 매력적인 논문에 이르기까지(1925-1992) 부정은 특히 프로이트가 '부정의 상징symbole de la négation'이라고 부른 것의 의미로 그의 성찰에서 줄곧 제기된다. 여기서 라캉은 프로이트의 흔적들 속에 우위를 두는 것으로 시작한다.

하지만 프로이트는 프랑스어의 부정 표현이 나타나는 특이성에 흥미를 가지고 있지 않았다. 다른 언어들에서와 마찬가지로 하나의 유일한 '부정적 상징symbole négatif'을 함의하는 독일어와는 다르게 프랑스어는 두 용어로 부정을 함의한다. 즉 'ne'와 두 번째 용어—부정의 범위 혹은 조준되는 대상의 범주에 따라 변하는데—'pas'와 'plus'에서 'guère'(완전 부정은 아니다)와 한정限定의 'que'(부정은 아니지만 'ne'를 받아들인다)를 경유하면서 'jamais'와 'personne'를 말한다.[180] 추가적 특이성은 첫 번째 용어와 몇몇 두 번째 용어들은 부정적이지 않은 용법들—어쨌든 그 자체로 분석될 수 있는 용법들—을 따로따로 야기할 수 있다는 점이다. 이것이 특히 다무레트와 피숑이 주목한 바이다. 그들은 이 두 용어에 '불일치사discordantiel'와 '배

---

* 내 생각에 사람들은 문자 그대로 "아니오"(non 〔혹은 부정否定〕)를 말하는 행위'를 의미하고, 'Bejahung' 즉 "예/그렇다"(oui 〔혹은 긍정/단언〕)을 말하는 행위'에 대립되는 이 단어의 형태를 충분히 주목하지 않았다(가령 《세미나》 3권 58쪽, 95쪽, 98쪽에서 이 대립에 대한 라캉의 암시들을 참조할 것). 프랑스어에서 이 두 단어를 번역하는 것은 어렵고, 특히 마찬가지로 프로이트의 독일어에서 현존하는 'Verneinung'과 'Negation' 사이의 필요한 구별을 확립하는 것은 어렵다. 또한 특히 복합어인 〔독일어의〕 'Negationssymbol', 즉 '부정否定의 상징symbole de négation'—다시 말해서 '부정의 언어학적 표지marque linguistique de la négation'—도 마찬가지이다.

제사forclusif'라는 명칭들을 부여하고, 이들이 나타내는 작동들에 '불일치discordance'와 '배제forclusion'라는 상관관계를 갖는 명칭들을 부여한다.

이 두 문법학자의 열성적인 독자이자 이들 가운데 한 명*과 친하게 지냈던 라캉은 그 두 개념을 모두 받아들인다. 라캉은 '불일치'와 '배제'라는 이 두 개의 작동 각각에 대해 '하나의 언어활동un langage처럼 구조화된 무의식'이라는 그의 공식을 착상하는 데 있어 결정적 자리를 부여한다.

배제

배제(排除, forclusion)에 관하여 나는 짧게 논의할 것이다. 나는 라캉이 《세미나》 3권 맨 끝에서 세미나가 시작된 이래 상당한 시간이 경과한 9개월 동안의 성찰 뒤에 〔독일어의〕 '부인'(否認, Verwerfung)[181]라는 프로이트의 개념을 〔프랑스어의〕 '배제'란 문법적 용어로 번역하기로 결심한 최종 결정을 인용하는 것으로 나의 논지를 시작하려 한다.

---

* 앞 장에서 이미 모습을 드러낸 에두아르 피숑Edouard Pichon을 말한다. 그에 대해 여기서 나는 다음 사실을 상기시키고자 한다. 그는 정식 의학교육을 받은 의사였지만, 취미로 연구를 하는 문법학자였고, 실제적으로는 전문적인 문법학자로서 정신분석가가 된 최초의 언어학자였다. 실제로 이론의 여지없이 그는 이 자격을 받을 만하다. 동시에 그는 수년 후에 다른 많은 언어학자들의 추종을 받게 된 한 사례를 제공한다. 독자들은 이에 대한 구체적인 세부사항들을 나의 1994-2005년 저서 《언어활동과 정신분석, 언어학과 무의식Langage et psychanalyse, linguistique et inconscient. Freud, Saussure, Pichon, Lacan》과 엘리자베트 루디네스코Élisabeth Roudinesco의 1982년과 1986년의 저서 《프랑스 정신분석학의 역사Histoire de la psychanalyse en France》(vol. 1 et 2)에서 발견할 것이다.

> 정신병의 현상학에서 그 자체로 기표의 독창성을 등한시하는 것은 불가능하다. 정신병에서 전개되는 모든 것의 현상에서 촉지할 수 있는 것, 이것은 우선 그 자체로 한 기표의 주체에 의한 접근과 이 접근의 불가능성이 관건이다. 나는 내가 출발한 〔독일어의〕 '부인Verwerfung' 개념으로 돌아가지 않으며, 신중을 기하면서 이 개념을 위해 내가 최선이라고 믿는 이 번역, 즉 〔프랑스어의〕 '배제forclusion'를 결정적으로 채택하기를 제안한다. (《세미나》 3권, 361쪽)

그러나 '부인Verwerfung'이란 무엇인가? 여기서 나는 복잡할 뿐만 아니라 여러 논쟁과 갈등을 극도로 유발하는 이 문제—〔독일어의〕 '억압Verdrängung', 즉 〔프랑스어의〕 억압refoulement과의 관계들 속에서 '부인'의 문제—의 모든 세부사항을 논하지는 않을 것이다. 프로이트의 텍스트에서 다양한 명명命名이라고 할지라도 '억압'은 "정확하게 최초의 '긍정Bejahung'〔즉, 단언affirmation, 주체 속으로의 도입, 말 그대로 'ja', 'oui'를 말하는 작용'—아리베〕과 대립하는 것이고 그 자체로 축출된 것을 구성하는 것이다"(《에크리》, 387쪽). 그런데 "이 '긍정Bejahung'〔단언〕 속에 존재하도록 여지를 두지 않는 것으로부터 무엇이 도래하는가?"(같은 곳) '부인Verwerfung'의 대상, "그것은 상징적인 것에서 유래하지 않았으며 실재계에서 나타난다'(같은 곳). 슈레버Schreber 원장은 이 현상의 전범적인 한 사례를 제공한다. 그의 책 《회고록Mémoires》은 《세미나》 3권으로 이르게 되는 분석을 생산해 내는데, 그 분석은 슈레버의 텍스트에 대한 다양한 독법으로 이루어져 있다.

따라서 문법학자들에게서 차용한 한 개념은 《세미나》 3권에서 선보이는 성찰의 끝부분인데 그것의 라캉식 명칭을 무의식의 근본적 작동들 가운데 하나에 부여한다. 특히 '부인Verwerfung'을 번역하는 '배제forclusion'가 직접적으로는 법률적 어휘—여기서 '배제'는 실제적으로 그 자신의 기원을 발견한다—에서 유래한다고 나에게 말할 필요는 없다![182] 이 점이 라캉의 성찰에서 부재하지는 않는다. 그러나 어떻게 라캉이 부정에 대한 성찰을 마무리하면서 다무레트와 피숑을 생각하지 않았겠는가? 라캉은 그들 성찰의 이 양상을 완벽하게 알고 있었다. 가까운 훗날 1958년 12월의 《세미나》 6권에서 그는 실제로 《프랑스어 문법 시론Essai de grammaire de la langue française》에서 얻은 전형적인 문법 의미에서 포착된 '배제'를 피숑에게 명시적으로 할당할 것이다.

> 피숑은 현저히 눈에 띄는 이 점에 주의를 집중시킵니다. 즉, 프랑스어에서 우리가 하나의 순수하고 단순한 배제에 직면할 때마다, 항상 우리는 두 용어를 사용해야 할 필요가 있습니다. 말하자면 'ne'와 그리고 여기서 'pas'로 표상될 수도 있는 'personne'〔여기서는 부정 부사의 용법 — 옮긴이〕로 표상되는 어떤 것입니다. 예를 들면 나는 어디에 존재하는지를 소유하지 않고, 나는 여러분에게 말할 수 있는 어떠한 것도 가지고 있지 않다는 것입니다. (《세미나》 6권, 1958. 12. 10, 152쪽)

따라서 '다무레트-피숑 공동의' '배제forclusion'가 프로이트의 '부인Verwerfung'으로 대체되고 라캉이 앞서 시도한 다른 등가의 동의어들로 대체된 《세미나》 3권의 이 부분에서 다무레트도 심지어 피숑도 명시적으로 명명되지 않는다는 사실을 확인하니 여전히 놀랍다. 라캉은 그가 제안하는 용어가 내포하는 문법학자의 기원을 은폐하고 싶었을까? 이는 바로 다음과 같은 순간에 나에게 떠오른 의혹이다. 덜 핵심적인 다른 문제들에서 두 명의 문법학자(사실대로 말하자면 특히 두 번째 문법학자[피숑—옮긴이]를 말한다. 다무레트는 307쪽에서 한 번만 원용된다)는 매우 빈번히(112, 307, 308, 313쪽) 그들 가운데 한 명의 이름이든, 듣기엔 좋지만 간접적으로 지칭하든('한 탁월한 문법학자', 253쪽), 아니면 결국 재미있는 문구['서둘러서 날림으로 대강 해치운 인간의 모호함ombres d'hommes bâclés à la six-quatre-deux', 이 표현으로 피숑은 슈레버 원장의 한 표현을 번역한다. 91, 238쪽]로 암시하든, 지칭된 것을 확인할 때 말이다. 결정적인 순간에 이 침묵은 의미를 띠고 있는가? 라캉은 하나의 언어활동un langage처럼 구조화된 무의식을 생각할 수 있는 방법을 자신에게 제공해준 학자들이 제시한 명칭을 '배제forclusion'라는 단어에 종속시켰을 수도 있는가? 고백하건대 나는 한 순간 이 문제를 제기했을 뿐이다.

불일치

이 분석은 1958-1959년 《세미나》 6권에서 윤곽이 잡힌다. 이 분석은 당시 부정否定의 문제와 밀접하게 연관된 채 남아 있다. 불일치는 여전히 배제와 분리되지 않는다. 우리가 방금 전에 두 부정소taxièmes—이것은 다무레트와 피숑이 프랑스어에 나타나는 부정 표현의 외관을 제시하기 위해서 그들만의 특수어로 문법적 형태소들에 부여한 명칭이다—의 일치concours가 필요하다는 점을 알게 된 것은 전혀 놀랄 일이 아니다.

> 내가 여러분에게 보여주려는 것은 프로이트가 부정否定이라는 사실로부터 제시한 분절을 우리에게 일러주는 그것입니다. 그것은 부정이 발화작용에서 발화체로 내려오는 것을 함의합니다. 어떻게 우리가 이 점에 놀라게 되는 걸까요? 결국 발화체 속의 모든 부정은 어느 정도의 패러독스를 포함하기 때문이며, 동시에 그 부정이 그 발화체를 제기하기 위해서 어떤 것을 제기하기 때문입니다. 이렇게 말해봅시다. 상당히 많은 경우에 발화작용과 발화체 사이의 어디엔가 존재하지 않는 것처럼 그리고 불일치가 이루어진 이 국면에서—여기는 나의 두려움에 존재하는 그 무엇이 그가 오지 않기를 바라면서 그가 온다는 사실을 앞서는 지점입니다—"un 'je crains qu'il ne vienne' 나는 그가 오지 않을까 두렵다"처럼 이 "je crains qu'il vienne' 나는 그가 올까봐 두렵다"를 말하는 것과는 다른 것일 수 있습니다. 여기서 "un 'je crains qu'il ne vienne' 나는 그가 오지 않을까 두렵다"는—지나가면서 내가 말할 수 있다면—배제의 'ne'의 부정에서 그 자체로 변별되는 불일치의 이 'ne'를 포착합니다. (《세미나》 6권, 1958. 12. 10, 152쪽. 이 부분의 맨 마지막에서 '배제의 ne'는 필시 '배제의 pas'에 대한 하나의 말실수lapsus이다. 어찌되었든 다무레트와 피숑에게 이 'ne'는 결코 배제적이지 않다—아리베)

이 점에서 우리는 '발화체énoncé'와 '발화작용énonciation'의 개념이 언어학자들이 이 개념들에 부여하는 의미에서 포착되는 것처럼 보인다는 사실에 주목한다. 즉, 부정은 사전의 실제적인 한 발화체에 관한 발화적 (메타언어적?) 제스처처럼 이해된다. 라캉은 이러한 이해를 1979년(《오르니카Ornicar》 17-18호, 17쪽)에 다시 포착하게 될 것이다(라캉의 그 같은 이해 방식은 뱅베니스트에게서 온 것인가? 우리는 1966년《일반 언어학의 제 문제》 84쪽을 참조할 것이다).

어떤 불안감이 라캉을 사로잡고 있는 것은 정확하게 이 지점에서이다. 그가 논의의 장면에 배치시킨 '불일치'는 특정 언어une langue—즉, 프랑스어—의 문법에서 나타나는 주의를 끌 만한 특이성이 아닌가? 부정否定이 하나의 표현 요소에 그치는 영어와 독일어 그리고 다른 많은 언어들처럼, 여러 언어들의 경우는 어떠한가? 그는 그의 청중들이 제기한 반론을 불식시킨다.

> 여러분은 나에게 이렇게 말합니다. 이것은 프랑스어에만 있는 독특한 현상이라고. 여러분 자신이 방금 전에 독일어의 'nicht' 혹은 영어의 'not'을 말하면서 이 점을 환기시켰습니다. (《세미나》 6권, 1958. 12. 10, 154-155쪽)

이 반론은 라캉이 던진 질문의 분명한 흔적이다. 그는 무의식 구조의 모델로서 '하나의' 언어(하나의 랑그, une langue) 구조를 파악하고 있지 않은가? 바로 그때부터, 모든 언어들 가운데 '하나의' 언어(하나의 랑그, une langue)와 무의식이 구조화되는 모델에 대한 바로 그 '하나의 언어활동le un langage' 사이에 존재하는 관계들의 문제가 어떻게 제기되는가?

짐작하듯이 라캉은 그런 부류의 사소한 일들로 지레 주눅 드는 사람이 아니다. 그는 자신의 답변을 확실히 수중에 넣는다. 그것은 영어에서 부정否定의 이중성이다.

> 물론 중요한 것은 단지 여기 있지 않습니다. 중요한 것은 다음과 같습니다. 가령 우리가 유사한 것들을 분절하는 영어에서, 다시 말하자면—우리는 곧 깨닫게 될 테지만, 나는 이 점을 여러분에게 보여줄 여유가 없습니다. 왜냐하면 나는 언어학 강의를 하려고 여기에 있는 것이 아니기 때문입니다—가령 영어에서 부정이 완전히 순수하고 단순한 방식으로 동사—그것이 발화체의 동사인 한, 발화체 속에서 사행procès을 지칭하는 동사—에 적용될 수 없다는 사실에서 나타나는 유사한 어떤 것입니다. 이를테면 사람들은 "I eat not"이라 말하지 않고 "I don't eat"라고 말합니다. (《세미나》 6권, 1958. 12. 10, 155쪽)

라캉의 답변은 제대로 이루어졌다고 분명히 인정해야 할 것이다. 동사 'eat'과 그 사행procès을 부정화否定化시키는 데 필수적인 '조동사' 'I don't'의 이중성은 'I don't'라는 발화작용의 행위와 그것이 작용되는 'eat'이라는 발화체의 행위의 이중성을 투사하는 듯이 보인다. 그러나 라캉에게 때때로 원용되었음에도 불구하고(위를 참고할 것) 'οὐ'와 'μή'의 이중성이 'ne'와 'pas'의 이중성과 완전히 다른 위상을 갖는 독일어, 라틴어, 심지어 그리스어는 어떠한가? 라캉은 가만히 입을 다물고 있다. 왜인가? 나는 독자에게 불안 속에서 자문하도록 관심의 여지를 남긴다. 사실을 말하자면 라캉을 동일하게 압박할 것으로 보이지 않는 어떤 불안 속에서 말이다.

라캉이 불일치라는 문법 현상을 배제로부터 완전히 분리하는 것은 다소 시간이 경과된 1960년 9월 본느발 학술대회에서였다. 이 분리는 프랑스어에 부정否定 혹은 그것을 대신하기 위해서만 결합되는 완전히 '독립적인' 두 요소를 두 부정소taxièmes(1930, 144쪽)에서 본 다무레트와 피숑의 가르침에 여전히 부합한다. 실제로 그들은 형식상 매우 라캉적으로 프랑스어에는 부정이 없다고 생각하기에 이른다(같은 책, 146쪽). 최소한 불일치와 배제를 분리시키는 것이 관련되는 한, 라캉은 그들과의 연속선상에 전적으로 자신을 위치시킨다. 우리가 방금 전에 보았듯이, '배제forclusion'는 '부인Verwerfung'으로 대체되는 반면에, 불일치는 발화체와 발화작용의 관계들의 문제로 등록된다. 물론 우리는 주체 이론에 머물러 있긴 하지만 또한 가능한 한 멀리 떨어진 영역에 존속한다.

우리는 위에서 소위 '허사虛事의' 혹은 '표현의'* 'ne'가 '발화작용의 주체'를 '의미하는' 것 이외에 다른 기능을 가지고 있지 않다는 점을 살펴보았다. 그러나 이 주체는 지금부터 언어학자들이 다루는 방식과는 완전히 다르게 착상된다.

> 이 욕망의 주체는 담화의 '나Je'에 의해서 지칭되는가? 아니다. 왜냐하면 담화의 '나'는 발화체의 주체일 뿐이다. 이 주체는 오로지 두려움과 그 대상만을 말한다. 여기서 나Je는 분명히 '여기 지금hic et nunc'—즉 'shifter'의 입장으로—그것을 발화하는 현존의 지표이다. 발화작용의 주체는—그 주체의 욕망이 뚫고 나오는 한—단지 이

* 라캉은 매우 잔인하게 문법학자들—특히 브뤼노Brunot와 브뤼노Bruneau (1931-1966)—을 조롱한다. 이들은 이 형용사들('허사의'와 '표현의') 가운데 하나를 사용한다(《에크리》, 663쪽).

'ne'가 아닌 다른 곳에 있지 않다. 〔…〕(《에크리》, 664쪽)

독자는 다음 사실을 깨달았을 것이다. 즉, 라캉이 자신의 문장을 끝맺기 전에 나는 그 문장을 중단시켰다. 그의 요지의 나머지 부분은 오래 전에 나에게 수수께끼처럼 보였다. 실제로 라캉은 'ne'의 '가치'를 드러내면서 말을 계속해 나간다.

> 발화작용의 주체는—그 주체의 욕망이 뚫고 나오는 한—이 'ne' 외의 다른 곳에 있지 않다. 이 'ne'의 가치는 논리적으로 서두름에서 발견되어야 하고, 이를테면 우리가 기능이라고 부르는 것이다. 그 기능에 그 자신의 용법이 '그가 오지 않기 전에avant qu'il ne vienne'라는 표현에서 고정되는 것이다. (같은 곳)

'그가 오지 않기 전에avant qu'il ne vienne'에서 'ne'의 용법에 대한 암시는 의심의 여지없이 그 점을 오랫동안 말해온(1930, 134-135쪽) 다무레트와 피숑을 읽은 독해에 기원을 두고 있다. 그러나 라캉이 개입시키는 '논리적으로 서두름hâte en logique'이란 개념은 문제를 일으킨다. 의심의 여지없이 라캉은 'ne'가 주체의 욕망이 실현되는 것을 보게 될 주체의 성급함을 나타낸다는 점을 이해한다. 주체? 물론 그렇다. 그런데 어떤 주체인가? 그것은 틀림없이 이 '서두름hâte'의 영향을 받은 발화작용의 주체이다. 우리는 실제로 'ne'가 의미하는 것이 바로 이 주체—이것은 더 이상 분리될 수 없는 욕망의 주체—라는 점을 방금 전에 보았다. 따라서 담화의 '나je'의 문제가 아니다. 그러나 그 자체로 '서두름'이란 무엇일까? 여기서 해답의 시작을 발견하기 위해서 한 번 더 《에크리》와 《세미나》를 훑어보는 것이 필요하다. '논리적으로 서두름'이란 개념은 그 문자 그대로의 형태로 혹은 매우 유사한 어휘적 발현들을 통해 라캉 텍스트의 여러 다른 지점에서 나타난다. 가령 "논리적 시제〔시간〕와 예견된 확실함의 단언. 하나의 새로운 역설sophisme"(《에크리》, 664쪽 주석)과 〈정신분석에서 발화와 언어활동의 기능과 장Fonction et champ de la parole et du langage en psychanalyse〉(《에크리》 241쪽과 256-257쪽 그리고 287쪽)과 끝으로 《세미나》 2권 334쪽에서이다. 이러한 모든 대목에서—그것들의 착상에 관한 한, 시간 속에서 매우 가까운 대목에서*—꾸준히 동일한 그 문제가 관건이다. 즉, 구획된 상호주체적 진전의 끝에서 주체가 그 '전미래적 존재il aura été'이기 위해서 자신을 동일시하는 절차를 말한다. 독자는 내가 무의식의 주체의 위상을 의미하는 데 고유한 시제인 전미래를 사용한 것이 분명 의도적이라는 점을 이해할 것이다.

> 필자는 역설sophisme의 논리로 시제〔시간〕의 원동력들을 증명하려고 시도했다. 이 원동력들을 통해 인간의 행위action—이것이 타자의 행위로부터 스스로 질서를 바로잡게 되는 한—는 행위들의 망설임의 리듬 분할scansion에서 자기 확신이 오는 것을 발견하고, 이를 이끌어내는 결정에서 과거에 관해서는 행위의 승인과 더불어 그것이 지금

---

* 그러나 1945년에 기원을 두는 첫 번째 착상은 분명히 매우 다른 두 착상들—각각 1953년과 1955년으로 거슬러 올라간다—보다 이전의 것이다. 그러나 라캉은 그 문제에 관해 훨씬 나중에 가서야 재론하게 될 것이다. 가령, 1964년 《세미나》 11권의 39, 56, 107쪽에서는 '동일시를 가능하게 하는 서두름hâte identificatoire'이 문제가 된다.

부터 포함시킨 타자의 행위에 그것(행위)이 도래할 의미를 부여한다.

> 거기서 우리는 다음과 같은 사실을 증명했다. 그것은 결론을 이끌어낼 순간을 재촉하는 서두름에 의해 타자에게서 주체의 고유한 움직임을 오류 혹은 진리로 만드는 결정을 규정하는 것이 누구인지 이해하고자 시간 속에서 주체에 의해 예기되는 확실성이다. (《에크리》, 287쪽)

라캉의 열성적인 독자들은 자연스럽게 그 '역설sophisme'을 확인하게 될 것이다. 우리는 위에서 왜 내가 어떠한 경멸적 의미도 없이 이 용어를 사용했는지 이해한다. 라캉도 마찬가지로 그러했다(《에크리》, 199쪽). 여기서 암시된 것은 세 명의 죄수들의 우화이다. 그들은 각각 등에 자신은 보지 못하지만 나머지 두 동료는 볼 수 있는 원반原盤을 가지고 있다. 보이지 않는 원반은 흰색일까 검은색일까? 그들은 자신의 선택 이유들을 결정하고 설명한다. 조건들—여기서 세부적으로 나타내기에는 너무 분명한 조건들—은 자기 동료들의 행동을 관찰한다는 조건에서만 그리고 그들이 끌어낸 결론을 인식하도록 '서두르는' 조건에서만 너무 분명해서 그들이 그것을 할 수 있을 정도이다. 실제로 세 명은 각자 동시에 동일한 '궤변적sophistique' 추론을 하기 위한 모든 조건을 갖추고 있다.

이 반복적인 우화 그리고 'ne'의 문제와 관계 맺기의 지시적 기능은 무엇인가? 그 기능은 필연적으로 이중적이다. 우화 그 자체를 통해서 라캉은 우선 다른 주체들과의 관계 속에 존재하는 주체의 동일시 과정에서 그리고 이 과정을 이끌어내는 발화의 행위에서 시제의 기능을 파악하려 애쓴다(《에크리》, 213쪽과 287쪽). 그러나 그 우화와 불일치사discordantiel 'ne'의 문제를 관계 맺으면서 그는 더 멀리 나아간다. 그는 기의signifié의 자격으로 '발화parole'의 한 속성을 지닌 '언어langue'의 대상을 식별한다. 그는 상동적相同的 대상들처럼 기표들signifiants의 '공시적' 체계로서의 언어langue와, 주체의 '통시적' 행위로서의 발화parole를 구성한다. 그러므로 그는 "무의식은 하나의 언어활동un langage처럼 구조화되어 있다"는 것은 바로 언어langue와 발화parole의 두 층위에 의한 것임을 강조한다.

참고 문헌

독자는 스스로 다음과 같은 사실을 식별해냈을 것이다. 이 장의 텍스트에서 참고 문헌은 저자들에 따라서 상이한 방식으로 제시되었다. 이것은 필자가 제멋대로 한 것도 아니고 엉뚱한 취향에 기인한 것도 아니다. 그것은 단지 인용된 다양한 텍스트들이 나온 상이한 조건들을 참작했기 때문이다.

1 / 라캉에 대해서 나는 그의 저서들 제목을 통하여 각 항목들을 인용하는 결정을 내렸다. 실제로 독자들은 《에크리》가 매우 여러 해에 걸쳐 작성된 상당한 분량의 글들(1936년부터 1965년)을 수록한 텍스트임을 주지하고 있을 것이다. 아울러 '세미나'라는 제목으로 연속 출간된 저서들은 라캉이 강의를 했던 시기와는 전혀 관련이 없는 순서로 훗날 출간되었다. 라캉의 다른 글들을 모은 《다른 글 모음집》은 1938년부터 1976년에 걸쳐 출간된 텍스트들을 수록했다. 이 텍스트들을 발표 연대에 따라 인용하는 것은 그것들의 상대적 연대에 대해 그릇된 생각을 심어줄 소지가 있었다. 아래에서 독자들은 출판 연대와 장소 등의 필수적 지시 사항들을 찾아볼 수 있을 것이다.

Écrits, 1966, Paris: Le Seuil.

Autres écrits, 2001, Paris: Le Seuil.

Le Séminaire, Livre I: Les écrits techniques de Freud, 1953-1954, 1975, Paris: Le Seuil.

Le Séminaire, Livre II: Le moi dans la théorie de Freud et dans la technique de la psychanalyse, 1954-1955, 1978, Paris: Le Seuil.

Le Séminaire, Livre III: Les psychoses, 1955-1956, 1981, Paris: Le Seuil.

Le Séminaire, Livre IV: La relation d'objet, 1956-1957, 1994, Paris: Le Seuil.

Le Séminaire, Livre V: Les formations de l'inconscient, 1957-1958, 1998, Paris: Le Seuil.

Le Séminaire, Livre VI: Le désir et son interprétation, inédit.

Le Séminaire, Livre VII: L'éthique de la psychanalyse, 1959-1960, 1986, Paris: Le Seuil.

Le Séminaire, Livre VIII: Le transfert, 1960-1961, 1991, Paris: Le Seuil.

Le Séminaire, Livre XI: Les quatre concepts fondamentaux de la pyichanalyse, 1964, 1973, Paris: Le Seuil.

Le Séminaire, Livre XV: L'acte psychanalytique, inédit.

Le Séminaire, Livre XVII: L'envers de la psychanalyse, 1969-1970, 1991, Paris: Le Seuil.

Le Séminaire, Livre XX: Encore, 1972-1973, 1975, Paris: Le Seuil.

Quelques autres textes de Lacan ont été cités:

«Lituraterre», 1971, *Littérature*, 3, 3-10.

Télévision, 1973a, Paris: Le Seuil.

«L'Étourdit», 1973b, *Scilicet*, 4, pp. 5-52.

«Conférence à Genève sur le symptôme», 1985, *Le bloc-notes de la psychanalyse*, pp. 5-23.

2 / 프로이트와 슈레버에 있어, 제기되는 문제는 독일어 출간의 최초 날짜와 그 텍스트의 사용된 번역 사이의 차이이다. 나는 이 두 개의 날짜를 제시하는 결단을 내렸다.

프로이트

1900-1967, *L'interprétation des rêves*, Paris: PUF.

1905-1988, *Le mot d'esprit et sa relation à l'inconscient*, Paris: Gallimard.

1910v1993, «Remarques psychanalytiques sur un cas de paranoïa» (Le président Schreber), in *Œuvres complètes*, vol. X, PUF, pp. 231-304.

1920-1951, «Au-delà du principe de plaisir», in *Essais de psychanalyse*, Paris: Payot, pp. 7-81.

1925-1992, «La négation»[«Die Verneinung»], in *Œuvres complètes*, vol. XVII, PUF, pp. 167-171.

슈레버

1903-1975, *Mémoires d'un névropathe*, Paris: Le Seuil.

3 / 소쉬르의 《일반언어학 강의Le Cours de linguistique générale de Ferdinand de Saussure》는 전통적으로 CLG라는 약어를 통해, 오직 표준판을 통해서만 인용되었는데, 이것은 표면상으로는 라캉이 열람한 유일한 판본이다.

4 / 끝으로, 몇 개의 다른 텍스트들 역시 전통적으로 인용되었다.

Arrivé M.(1986), *Linguistigue et psychanalyse, Freud, Saussure, Hjelmslev, Lacan et les autres*, Paris: Méridiens-Klincksieck.

______(1994-2005), *Langage et psychanalyse, linguistique et inconscient, Freud, Saussure, Pichon, Lacan*, Paris: PUF, puis Limoges, Lambert-Lucas.

______(1995), «Diachronie et linéarité», in *Saussure aujourd'hui*, Nanterre, LINX, pp. 139-145.

______(2007), *À la recherche de Ferdinand de Saussure*, Paris: PUF.

Benveniste Émile(1946-1966), «Structure des relations de personne dans le verbe», in *Problèmes de linguistigue générale*, Paris: Gallimard, pp. 225-236.

______(1950-1966), «Actif et moyen dans le verbe», in *Problèmes de linguistique générale*, Paris: Gallimard, pp. 168-175.

______(1956-1966), «Remarques sur la fonction du langage dans la découverte freudienne», in *Problèmes de linguistique générale*, Paris: Gallimard, pp. 75-87.

Borillo Andrée(1976) «Remarques sur l'interrogation indirecte en français», in *Métho-des en grammaire française*, Paris: Klincksieck.

Brunot Ferdinand(1905), *Histoire de la langue française des origines à 1900, t. I: De l'époque latine à la Renaissance*, Paris: Armand Colin.

Brunot Ferdinand et Bruneau Charles(1931-1966), *Précis de grammaire historique de la langue française*, Paris: Masson.

Culioli Antoine(1990), *Pour une linguistique de l'énonciation. Opérations et représentations*, t. I, Gap et Paris: Ophrys.

Damourette Jacques et Pichon Édouard(1930), *Des mots à la pensée. Essai de grammaire de la langue française*, t. I, Paris: d'Artrey.

Damourette J. et Pichon É.(1940), *Des mots à la pensée. Essai de grammaire de la langue française*, t. IV, Paris: d'Artrey.

Gary-Prieur Marie-Noëlle(1994), *Grammaire du nom propre*, Paris: PUF.

Guillaume Gustave(1929-1965), *Temps et verbe. Théorie des aspects, des modes et des temps*, Paris: Champion.

______(1992), *Leçons de linguistique de Gustave Guillaume, 1938-1939*, Lille, Presses Universitaires de Lille et Québec, Presses de l'Université Laval.

Jakobson Roman(1963), *Essais de linguistique générale*, traduits et préfacés par Nicolas Ruwet, Paris: Minuit.

Jespersen Otto(1922), *Language, its Nature, Development and Origin*, Londres, Allen & Unwin.

Martin Robert(1983-1987a), «L'opérateur savoir», in *Langage et croyance*, Bruxelles, Mardaga, pp. 43-51.

Martin Robert(1983-1987b), «La notion d'univers de croyance dans la définition du nom propre», in *Langage et croyance*, Bruxelles, Mardaga, pp. 137-156.

Milner Jean-Claude(1975-1976), «Réflexions sur l'arbitraire du signe»,

Ornicar?, n° 5, pp. 73-85.
______(1978), *L'amour de la langue*, Paris: Le Seuil.
Moignet Gérard(1965), *Le pronom personnel*, Paris: Klincksieck.
Normand Claudine(1985), «Le sujet dans la langue», *Langages*, 77, pp. 7-20.
Perret Michéle(1988), *Le signe et la mention*, Genève, Droz.
Roudinesco Élisabeth(1982), *La bataille de ta psychanalyse en France*, vol. I, 1885-1939, Paris: Ramsay.
______(1986), *La bataille de la psychanalyse en France*, vol. II, 1955-1985, Paris: Le Seuil.

6장
소쉬르는 라캉주의자였는가

고백하건대, 이 물음이 처음에는 독자들을 당혹케 만들 여지가 있다. 어떻게 소쉬르가 '라캉주의자lacanien'일 수 있단 말인가? 최소한 라캉이라는 이름으로부터 파생한 그 형용사의 관습적 의미에서 말이다. 이 같은 엄밀한 의미에서 라캉주의자가 되기 위해서는, 라캉의 견해에 대한 정확한 인식을 갖추는 것이 관건이다. 오늘날 '라캉주의자들'은 라캉을 읽었으며, 또 이것은 같은 이야기이겠지만, 그들은 마치 라캉을 읽은 것처럼 행세한다. 그런데 소쉬르에게는 그런 요건들이 현실적으로 도저히 가능하지 않았다. 그가 타계한 1913년에 라캉은 1901년에 태어난 기껏해야 풋내기 중학생이었다. 라캉 자신도 이 무렵 소쉬르주의자saussurien가 될 수 없었다. 인도유럽어를 연구하는 극히 제한된 언어학자들의 범주를 벗어나 소쉬르라는 이름을 세상에 널리 알린 텍스트인 그 유명한 《일반 언어학 강의Cours de linguistique générale》〔이하 'CLG'로 약칭한다—옮긴이〕는 1916년에야 출간된다. 라캉은 앙리 들라크루아Henri Delacroix의 중개로 1930년대 초반에 들어서야 겨우 소쉬르라는 이름을 알 수 있었다(루디네스코, 《자크 라캉, 일대기와 사상 체계의 역사Jacques Lacan, Esquisse d'une vie, histoire d'un système de pensée》, 1993, 50-51쪽). 그리고 그는 1950년대 초반에 와서야 비로소 자신의 성찰에 있어 소쉬르의 이론을 진지하게 참작하기 시작한다.

그렇다고 내가 이 같은 깐깐한 연대기적 고찰로 인해 기가 죽을 사람은 아니다. 이미 상당히 오래 전에 나는 자리Jarry가 라캉을 읽었는지의 여부에 대해 물음을 던졌으며, 이 같은 사실로부터 그가 라캉주의자가 아닐까라는 의문을 가져본 적이 있다(아리베, 〈자리를 읽는 라캉, 라캉을 읽는 자리Lacan lecteur de Jarry, Jarry lecteur de Lacan〉, 1985, 그리고 나의 저서인 《언어활동과 정신분석학, 언어학과 무의식Langage et psychanalyse, linguistique et inconscient》 1994-2005, 223-232쪽). 이론적 문제들을 언급하지 않더라도, 연대기의 문제는 훨씬 더 심각하다. 자리는 1907년에 이미 사망했기 때문이다.

따라서 나에게 유쾌하게 제기된 다음과 같은 물음에 대해서 망설임 없이 대답하기로 마음먹었다. 소쉬르는 라캉주의자였는가?* 이 같은 물음을 정당화하기 위해서 내놓을 수 있는 증거는 단순하다. 하나의 이론적 기구appareil théorique는 그것이 무엇이건 상관없이, 다른 이론적 기구의 몇몇 입장과 더불어 접점을 공유할 수 있다. 여기서 말하는 다른 이론적 기구의 존재에 대한 정보를 내가 갖고 있지 않다손 치더라도 말이다. 그것은 필연적으로 두 번째 이론

* 일화이기는 하지만, 이 질문의 당사자는 2007년 2월 언어학 패널에서 내가 발표한 내용을 경청했던 시릴 베캉Cyril Veken이었음을 밝혀둔다.

적 기구가 첫 번째 이론적 기구 이후 한참이 지나서야 발생할 수밖에 없었다는 사실을 말한다. 문학에서 하나의 유사한 상황이 '예기豫期에 의한 표절'이라는 명칭으로 알려져 있다. 그 결과 예컨대 페렉Perec의 작품《삶, 사용 방식La Vie mode d'emploi》은 졸라Zola의 작품《가정 요리Pot-Bouille》속에서 예기에 의한 표절의 희생이라고 말할 수 있다. 그리고 졸라의《가정 요리》는 르자주Lesage의《절름발이 악마Le diable boiteux》속에서 동일하게 표절에 희생된다. 요컨대, 소쉬르가 아마도 라캉주의자라는 의미에서, 르자주와 졸라는 일정 정도 페렉주의자이다.

따라서 내가 시도한 과제는 상당히 선명하게 정의된다. 문제의 관건은 소쉬르의 성찰에서 라캉의 성찰과 접맥할 수 있는 요소들을 어느 정도 만날 수 있는지 자문해보는 것이다. 따라서 라캉의 성찰로부터 출발하는 것이 적절하다. 지금까지 사람들이 늘 그렇게 해왔던 것처럼, 또한 나 역시 1986년(《언어학과 정신분석학Linguistique et psychanalyse》)과 1994-2005년(위에서 인용)에 발표한 두 권의 저서에서 한 것처럼 소쉬르의 성찰로부터 출발해서는 안 될 것이다. 물론 출발점의 이 같은 도치는 문제를 기술하는 데 다양한 효과를 미칠 것이다.

따라서 문제를 공략해보자. 그 문제가 지니는 수많은 어려움들을 순차적으로 다루기 위해, 첫 번째 접근으로 나는 라캉 텍스트에서 가장 강력한 그리고 가장 반복적인 단언들 가운데 하나, 즉 "무의식은 언어처럼 구조화되어 있다"를 성찰하는 것으로 시작할 수 있다고 생각한다. 나는 라캉 성찰의 진화에 내재하는 문제들 속으로 곧바로 진입하지 않을 것이다. 그 문제들은 현재로서는 거의 쓸모가 없는 질문들을 우리에게 제기할 것인데, 이를테면 그 공식의 기원, 그것의 신속한 변천, 이어서 그것이 다양한 시대에 따라 취할 수 있었던 상이한 굴절들의 문제들을 말한다. 잠시 후에 나는 아마도 이 문제들 가운데 몇 개의 문제로 진입할 것이다. 현재로서는, 한 가지 자명한 사실에 주목하는 것으로 만족한다. 그 단언의 공식화 자체는 몇 가지 전제 조건을 포함한다. 그것들 가운데 어떤 것도 완전하게 자명하지는 않으며, 몇몇은 노골적으로 논쟁적이다. 무엇보다 우리는 그의 이론에서 장면화된 대상들을 규정하고, 특히 그것들을 계량화시키는 논문들과 더불어 여러 난점들을 라캉 본인과 동시에 만나게 될 것이다.

첫 번째 전제 조건은 다음과 같다. '무의식이 존재한다Il y a l'Inconscient.' 독자들이 주목할 사항은 내가 라캉의 발화 공식에 맞게 정관사를 사용하고 있으며, 부분관사 즉, '무의식적인 것이 있다Il y a de l'inconscient'로 만족하지 않는다는 점이다. 두 번째 전제 조건에서 나타나겠지만, 이것은 전혀 다른 방식으로 무의식을 제기할 것이다.

두 번째 전제 조건은 다음과 같다. '무의식은 구조화되어 있다.' 라캉에 의하면 무의식의 진정한 변별적 특질은 사람들이 막연히 생각하는 것과는 달리, 무의식적이지 않다는 점을 기억하고 있어야 할 것이다. 라캉은 어휘학자로서 수순을 밟아간다. 그는 프랑스어 명사 '무의식inconscient'이 독일어 단어 'Unbewusste'처럼, 부정否定 접두사를 포함하고 있다는 점에 주목하는데, 한 언어에서는 'in–', 다른 언어에서는 'un–'으로, 이것은 이 두개의 명사화된 형용사에 영향을 미친다. 이때 명사화된 형용사는 프랑스어에서는 'conscient', 독일어에서는 'Bewusst'이다. 하지만 이 분석은 무의식에 대한 프로이트의 개념을 설명하는 데에는 변별적이지 못하다. 나는 이 같은 입장의 마지막 발현을 인용하고자 한다. 즉, 내가 의미하는 것은 출판 차원에서의 마지막 판본을 뜻한다. 실제로 그것은 1967년으로 거슬러 올라가며, 그것이 《나의 가르침Mon enseignement》이라는 저서에서 밝혀지기까지는 2005년까지 기다려야 했기 때문이다. 하지만 1967년 전후로 이곳저곳에서 더 명시적이거나 덜 명시적인 다른 흔적들을 찾아낼 수 있다.

> 프로이트가 말하는 무의식은 사람들이 오늘날까지 '무의식'이라고 불러온 것과는 절대적으로 아무런 관련이 없다.
>
> 사람들은 이 단어를 사용했으나, 무의식이 무의식적이라는 사실은 무의식을 특징짓는 바가 아니다. 무의식은 부정적 특징이 아니다. 나의 몸속에는 내가 의식하지 못하는 수많은 것들이 존재하며, 이것은 절대적으로 프로이트가 말하는 무의식의 부분을 형성하지 않는다. (라캉, 2005, 20쪽 그리고 1955년부터-《세미나Séminaire》 3권 《정신병Les psychoses》, 1981, 20쪽. 라캉은 이렇게 제기한다. "프로이트가 그 점을 늘 강조한 바 있듯이, 무의식l'inconscient-정관사로의 이동에 주목하자-이 자신의 효율성을 취하는 것은 순전히 그리고 단순히 하나의 무의식un Unbewusste-부정관사로의 이동에 주목하자-이 되는 이 같은 부정적 특질에 속하는 것은 아니다. 다시 《텔레비지옹》, 1973b, 15쪽[2001, 511쪽]에서 라캉은 '무의식'이라는 이 단어가 부정적이라는 불편함을 갖는다는 점에 주목한다)

바로 이 점에서, 다른 많은 사항들에서처럼, 라캉이 자신이 프로이트를 철자 하나하나 그저 복창할 뿐이라는 사실을 지적한 것은 올바른 처사이다. 나는 '무의식L'inconscient'에 대한 1915년의 토대적 논문을 인용하고자 한다.

> 〔…〕 무의식성은 그저 심적인 것의 변별적 표지에 불과하다. 이것은 그 어떤 경우에도 무의식 개념에 대한 특징화로는 충분하지 않다. 존엄성을 갖는 매우 다양한 심적인 행위들이 존재하고, 그렇지만 이 행위들은 무의식적이라는 사실 속에서 일치한다. 한편으로 무의식은 단순히 잠복적인, 일시적으로 무의식적인 행위들을 포함하는데, 하지만 이것들은 그 어떤 점에 있어서도 의식적인 행위들과 차별화되지 않는다. 다른 한편, 그것은 억압된 과정들과도 전혀 차별화되지 않는데, 이것들은 비록 의식적이게 된다 해도, 가장 명명백백하게 의식적 과정들의 나머지에 대해 단면을 보여줄 수 있을 뿐이다. (1915-1988, 211쪽)

하지만, 도대체 무의식이 그것의 '무의식성inconscientialité'으로 특징지어지지 않는다면, 도대체 무의식의 특수성이란 무엇인가? 라캉의 답은 이미 우리에게 알려져 있다. 여기서도 여전히 우리는 이 같은 답변을 제시하기 위해 선택의 당혹감을 경험하게 된다. 나는 1967년부터 2005년까지 취한 답변의 형식으로 만족하고자 한다.

> 내가 무의식이 하나의 언어처럼 구조화되어 있다고 말하면서 나 자신의 입장을 표명할 때, 그것은 프로이트의 방패 아래 구조화되는

모든 것에 대해서 그것의 참된 기능을 다시 부여하기 위한 시도를 하기 위해서이다. (2005, 40쪽)

이 점에서 라캉의 공식을 두 시기로 나누어 분석하는 것이 필수적이다. 첫 번째 시기는 내가 방금 전 말한 전제 조건이 성립하는 시기이다. 내가 그 점을 상기하듯, 그것은 우리가 제기할 4개의 숫자 가운데서 두 번째 시기이다. '무의식은 구조화되어 있다.' 서술어 전체가 발화되자마자 그것은 하나의 자명성이다. 심지어 몇몇 독자들에게는—다른 독자들 가운데서도 나는 밀네르(Jean-Claude Milner, *Le périple structural, figures et paradigmes*, 2002, p.145 et passim.)를 염두에 둔다—하나의 언어활동un langage처럼 구조화되어 있다는 '서술어'는 "끊임없이 동어반복적일 위험성이 있다." 여러 번에 걸쳐서 라캉은 구조와 언어 사이에 존재하는 이 같은 등가를 명시적으로 제기한다. 1966년 12월 그는 《에크리》의 출판 이후에 곧바로 자신의 〈ORTF에서의 짧은 담화Petit discours à l'ORTF〉에서 그 점을 밝힌다.

> 나의 저서 《에크리》는 성립되어야 할 하나의 학문 속에서 구조의 기초들을 결집시키고 있다.—아울러 구조는 언어활동langage을 의미한다—그 정도로 현실로서의 언어는 여기서 토대들을 제공한다. (1966-2001, 225쪽)

그리고 그는 1973년 《텔레비지옹》에서 다시 이 문제를 다룬다.

> 거기서 무의식이 관심의 대상이 되는 한 구조, 즉 언어활동langage이

인도하는 두 가지 흐름이 존재한다. (1973b, 18쪽 그리고 2001, 513쪽. 여백에는 다음과 같은 주석이 있다. "그것은 언어활동인 만큼 구조이다Il n'est structure que de langage.")

하지만 구조와 언어 사이에 존재하는 등가에도 불구하고, 그 문제를 구조의 문제로 환원시킬 수는 없다. 따라서 '하나의 언어활동처럼comme un langage'이라는 표현을 다시 도입해야 할 것이다. 이것은 언어와 무의식 사이에 제기된 관계가 다음과 같은 사실에 의해 설정된다는 점을 참작하기 위해서이다.

무의식, 그것은 말을 한다. 이것은 무의식을 언어에 종속하도록 만든다. (《텔레비지옹》 1973b, 16쪽 그리고 2001, 511쪽)

하지만 '하나의 언어활동처럼comme un langage'이라는 표현은 전제 조건의 추출에 더욱더 완고하다. 그것들은 실제로 두 개의 숫자로 되어 있는데, 따라서 나의 설명에서 세 번째와 네 번째 순서에 있게 될 것이다.

세 번째 것으로 시작해보자. 거기에 '언어활동들langages이 존재한다'라는 형식을 부여해야 할 것인가? 라캉이 단수형 부정관사 'un'을 사용하는 것이 시사하는 바가 바로 그 점이다. 만약 무의식이 '하나의' 언어활동'처럼'comme un langage 구조화되어 있다면, 그것은 아마도 언어활동'들'des langages이 존재하기 때문이며, 무의식이 구조화된 형태가 그 언어들 가운데 하나이다. 그렇다. 하지만 부정관사에 의한 이 같은 규정에 대해서 여러 논증들이 대립한다. 나는 신속하게 다음과 같은 사실로 이동한다. 언어학자들은 최소한 그들이 프랑스어 사용자들이라면, 단수형으로 된 하나의 '언어활동un langage'이란 표현과 복수형으로 된 '언어활동들langages'이라는 표현을 매우 드물게 사용할 것이다. 그들이 일반적으로 부정관사를 사용하는 것은 단수형이건 복수형이건 주로 '언어들langues'에 대해서이다. 그런데 어떤 사람들은 만약 내가 이 같은 논증을 인용한다면, 라캉은 이 점에서 언어학을 거의 염두에 두지도 언어학자를 고려하지도 않는다고 아마도 내게 말할 것이다. 그는 1972년 《에크리》의 일본어 번역판 출간 기회를 이용하여 다음과 같이 명시적으로 진술한다.

> 나의 가르침에서 언어학은 시발적 참조의 가치만을 가질 뿐이다.

그는 더 명시적으로 1972년 《세미나》 20권 《앙코르Encore》에서 그 점을 재론한다.

> 나의 말, 즉 무의식이 하나의 언어처럼 구조화되어 있다는 것은 언어학의 장으로부터 온 것이 아니다. (《세미나》20권 《앙코르》, 1975, 20쪽)

그 결과, 언어학자들의 견해는 수용될 수 없으며, 어떤 경우에서건 라캉은 이를 수용하지 않는다. 그 전제조건의 정식화에서 부정관사를 거부하기 위한 주된 논증은 라캉 자신이 이 같은 규정 방식의 선택에 그리 단호하지 않다는 사실에 있다. 실제로, 사실을 말하건대, 그가 매우 어려운 조건들 속에서 통시적으로 그리고 공시적으로 부정관사 'un'으로부터 '한정된 개념으로 한정된défini défini' 정관사로 이동하고 있음을 볼 수 있다. 그가 말하듯이 정관사 'le'로 말이다(〈얼빠진 사람L'Étourdi〉, 1973a, 45쪽 그리고 2001, 489쪽). 라캉은 특히 '한정된 개념으로 한정된défini défini' 것과 같은 유희적 표현을 통해서—'한정된 것처럼 한정된 것défini comme défini'으로서 이해해야 할 것—다른 많은 지점에서와 마찬가지로 이 지점에서 정관사에 의한 규정이 제기하는 이 같은 문제들에 극도로 주의를 기울이며 프랑스어가 그것들에 부여하는 형식들에도 세심한 주의를 기울인다.

정관사와 부정관사 사이의 교체는 한편으로는 통시태의 양상을 갖는다. 여기서 그 점을 상기해야 할 테지만, 저 유명한 서술어는 상이한 형식을 취하기 시작한다. 1956년 라캉은 언어와 무의식 사이의 관계들에 대한 은유적 기술에 착수한다.

> 무의식은, 그 바탕에 있어서, 언어로 구조화되어 있으며, 언어로 실타래가 짜여져 있으며, 언어로 연쇄되어 있다. (《세미나》 3권 《정신병Les psychoses》, 1981, 135쪽)

그 다음해인 1957년 《세미나》 5권에서 라캉은 언어와 무의식 사이의 관계들에 대한 분석에 대해 다음과 같은 형식을 부여했다.

> 무의식의 질서라는 차원에 속하는 모든 것은 그것이 언어에 의해 구조화되어 있는 만큼 우리를 다음과 같은 현상 앞에 갖다 놓는다. 그것은 장르도 아니고, 부류도 아니며, 단지 가장 의미 있는 속성들을 파악하도록 하는 특이한 예이다. (《세미나》 5권 《무의식의 형성Les

formations de l'inconscient》, 1998, 60쪽)

이중적 차이를 주목해 보자. '-을 통해서par'와 '-처럼comme'을 분리시키는 차이, 그리고 정관사 'le'와 부정관사 'un'을 대립시키는 차이가 그것이다. 전자에서 후자로의 통시태적 이동—이것은 빈번하게 단호히 거부된다—은 아마도 '언어활동langage' 개념에 대한 라캉의 망설임 속에서 그것의 기원을 찾을 수 있다. 언어활동의 개념은 빈번하게 '언어langue'의 개념과 때때로 혼동되지 않는가? 여기서 1973년에 나온 〈얼빠진 사람〉에 대해 탐문하는 것이 적절할 것이다.

> 언어활동le langage은 단지 언어활동들〔복수형 langages〕의 효과가 있는 구조만을 지칭할 수 있을 뿐이다. 이들 언어들은 여러 개가 합쳐져 그들 사이에 존재하는 어느 한 언어의 사용을 개방하면서, 그 사용은, 내가 사용한 '-처럼comme'이라는 표현에 대해 그것의 매우 정확한 파급 범위를 부여하며, '마치 하나의' 언어활동'처럼'comme un langage이라는 표현의 파급 범위로서, 바로 그럼에 있어서 상식은 무의식과 차이를 나타낸다. (〈얼빠진 사람L'Étourdi〉 1973a, 45쪽 그리고 2001, 489쪽)

복수형으로 적힌 이 '언어활동들langages'은 도대체 무엇인가?—그것들은 명시적으로 '복수형'이라고 말해지며—"다른 언어들 가운데서 어느 하나를 사용할 수 있는 길을 터준다." 나의 가설에서 이것들은 바로 언어들langues이라는 것이다. 이들 각각이 라랑그lalangue

의 모델에 의해서 재구성된다는 조건에서 말이다. 〈얼빠진 사람〉의 다음과 같은 단락에서 그가 말하려고 했던 바 역시 그 점이라 할 수 있다.

> 이 같은 말〔분석가의 말〕은 오직 무의식, '하나의 언어처럼 구조화되어 있다'는 것, 즉 그것이 거주하는 라랑그lalangue는 각각의 언어가 구별되는 애매함에 종속된다. 다른 것들 가운데서 특정 언어langue는 그것의 역사가 거기에 존속하도록 방치한 애매함들의 전체집합(적분)l'intégrale 이외에 다름 아니다. (〈얼빠진 사람〉, 1973a 47쪽, 또 2001, 490쪽)

위의 인용문은 매우 긴 주석이 필요한 근본적인 텍스트이다. 나는 다음의 몇 가지 사항들을 강조할 것이다.

1. '그것이 거주하는'에 나타나는 그것il의 모호성: 그것은 언어인가, 아니면 무의식인가?

2. '라랑그lalangue'를 '애매함들의 전체집합(적분)l'intégrale'로 정의한 것—텍스트 자체는 하나의 예를 성립한다—'그것의 역사가 거기에 존속하도록 방치한다.'

3. 라랑그lalangue가 교착된 정관사와 더불어 부정관사인 하나의 언어(하나의 랑그, une langue)로 이동한 것. 그 봉합은 더 이상 필연적이지 않으며 '한정된 개념으로 한정된défini défini' 관사에 의해서 그것의 차별화가 멈추는 순간에 '라랑그lalangue'의 '파투pastout'[183]는 더 이상 노출될 필요가 없다.

전제 조건들의 정식화를 시도하면서 다음과 같이 결론짓도록 하자. 세 번째 것은 이중화된다.

그 언어활동이 있다 Il y a le langage.

언어들이 있다Il y a des langues. 각각의 언어는 '라랑그'의 모델에 기초하여 구성된다.

나는 매우 긴 주석, 아마도 논쟁적인 주석이 필요한 하나의 문제에 대해 강조하지 않고 곧바로 그 점을 말하고자 한다. 라캉의 기술적 실천은 다음과 같이 생각하도록 자극한다. 무의식 구조의 모델은 바로 '라랑그'의 구조이다. 바로 그 점이 1973년에 《세미나》 20권 《앙코르Encore》에서 외관상으로는 모호함을 띠지 않으면서 제기된 내용이다.

> 다른 곳에서가 아니라, 라랑그lalangue 속에서, 그것이 언어활동langage으로서 탐문된다는 점에서, 원초적 언어학이 '스토이케이온 στοιχεῖον', 즉, 요소라는 용어를 통해 지칭한 것의 존재가 추출된다. 그리고 이것은 결코 아무것도 아닌 것이 아니다. (1975[이것은 1972-1973년에 열린 세미나의 출판 날짜이다], 130-131쪽)

이 같은 이론적 데이터들로부터 라캉이 추출하는 기술적 실천에 대해서 나는 단지 세 개의 예—수없이 많은 가능한 예들 가운데서—를 제시하고자 한다. 이 예들 가운데 두 개는 프랑스 문법에서 그리고 세 번째 예는 일본어의 구조로부터 차용했다.

1. 라캉은 '이른바 허사 ne'라는 프랑스어에서 나타나는 절대적으로 특이한 세부사항에 특수한 기능을 부여한다. 허사 'ne'를 다무레트와 피숑은 '부정합한discordantiel'[부정否定을 지시하며 구조화시키

는 신조어—옮긴이]이라고 다시 명명한다. 이 'ne'는 발화작용의 주체 분석 속에서 핵심적 자리를 차지한다(〈주체의 전복과 욕망의 변증법〉, 1960, 《에크리》, 1966, 800-801쪽). 나는 이 문제를 '문법학자 라캉'이라는 장에서 가볍게 다룬 바 있다.

2. 라캉은 암시된 사실들의 세부사항에 대해 프랑스어에 특수하게 나타나는 또 다른 특질을 취한다. 그것은 인칭대명사들의 재분할로서, 두 개의 대립되는 계열로 분할된다. 다무레트와 피숑은 이를 각각 격조 높은 형태formes tenues, 풍부한 형태formes étoffées라고 부른다.

> 'je', 'me', 'tu', 'il', 'le' 등등처럼 굴절되는* 인칭대명사들이 존재한다. 'me', 'te', 'le' 등의 레지스터에서 인칭대명사는 생략될 수 있다. 다른 레지스터에 속하는 'moi', 'toi', 'lui' 등에서는 생략되지 않는다.
>
> 여러분은 그 차이를 알고 있을 것이다. 'Je le veux' 또는 'je veux lui 혹은 elle' 이것은 같은 것이 아니다. (《세미나》3권 《정신병Les psychoses》, 1981, 291쪽)

---

* 부주의로 인해 라캉은 인용된 텍스트에서, 형태론적으로 구별되는 두 개의 현상을 곡용이라는 동일한 개념으로 지칭한다. 두 개의 기능들의 대립('je' 또는 'tu' 주어는 보어인 'me', 'te', 'moi', 'toi'와 대립된다. 이것은 실제로 곡용이다), 아울러 격조 높은 형태formes tenues와 풍부한 형태formes étoffées를 대립시킨다. 'je le veux'와 'je veux lui'에서 'le'와 'lui'는 동일한 기능을 가지며, 오직 'le'의 격조 높은tenu 성격과, 'lui'의 풍부한étoffé 성격에 의해서만 구별된다. 다른 점들에 있어서(예컨대, 《에크리》, 1966, 809쪽을 볼 것) 그는 이 같은 용어상의 오류를 피하지만, 여전히 또 다른 경미한 오류를 범하는데, 그것은 격조 높은 형태formes tenues에 대해 '섬세한subtiles'이라고 명명하는 오류이다.

3. 라캉은 일본어에 대해 표면적으로는 상당히 기묘한 논지를 펼친다(〈리튀라테르Lituraterre〉, 1971, 《다른 글 모음집Autres écrits》, 2001, 11-20쪽,* 〈일본 독자에게 드리는 안내말Avis au lecteur japonais〉, 1972, 《다른 글 모음집Autres écrits》, 2001, 497-499쪽). 여기서 심지어 라캉이 암시한 사실들이 아마도 너무 간결하게 기술되고 정보가 불충분하게 제공되었다고 해도, 그 문제에 곧바로 진입하는 것이 적절하다.

〈일본 독자에게 드리는 안내말〉에서 《에크리》의 번역을 소개하면서 그는 하나의 언어처럼 구조화된 무의식의 공리를 명시적으로 상기시킨다.

> 무의식(—이것이 무엇인지를 알기 위해서는 이 책 《에크리》가 나의 또 다른 저서 《로마 담화Discours de Rome》[184]가 되기 위해서 위탁한 담화를 읽어야 한다—), 나는 말하거니와, 무의식은 하나의 언어처럼 구조화되어 있다. (1972-2001, 498쪽. 구두법은 괄호와 이음줄 등의 반복으로 나타나는 2001년 텍스트의 바로 그 구두법이다.)

바로 무의식이 구조화되는 그 무엇인 이 '하나의 언어활동ce un langage'이라는 표현에 대해 정박ancrage을 제시하기 위해서 곧바로 도래하는 것은 바로 하나의 언어(하나의 랑그, une langue), 즉 그것의 특수성들 속에서 파악된 일본어이다.

> 그것은 바로 일본어로 하여금 너무나 완벽하게 무의식의 형성들의

---

* 〈Lituraterre〉라는 텍스트는 액면 그대로 1971년 4월 21일 도쿄에서 행한 강연의 몇몇 단락들을 다시 수록하고 있는데, 이 강연은 아직 미간행 상태로 남아 있다.

틈새를 막도록 해주는 것이다. 나는 한 일본 여인을 통해서 하나의 재치 있는 단어가 무엇이 될 수 있는가의 '발견'을 목도했다. 그녀는 일본의 성인 여성이다. 그것으로부터 재치 있는 단어가 일본에서 가장 공통적인 담론의 차원 자체인 것이 증명되었다. (같은 책)

라캉의 눈에 일본어가 제시하는 '재치 있는 말Witz'(여기서는 '재치 있는 단어mot d'esprit' 혹은 '재담'으로 번역된다)에 대한 이 같은 항시적 경향이 어떻게 설명될 수 있을까? 그것은 꿈*과 동일한 자격으로 무의식을 향한 왕도이다. 그것은 일본어 문자의 특이성이다. 중국어 표기로부터 차용된 동일한 글자들은 두 개의 독법을 낳는다. 그 중 하나는 이른바 음독(音讀, on-yomi)이며 독자는 각 글자에 대해 그 글자와 결부된 소리가 부여하는 의미를 제시한다. 또한 훈독訓讀이 있다. 그것의 표의적 의미에 의해 부여된 의미를 글자에 제시한다. 〈리튀라테르〉에 그대로 재수록된 1971년의 강연에서 라캉은 다음과 같이 자신의 견해를 피력한다.

나는 이미 지적된 사실로부터 야기된 것을 증언하려고 한다. 즉, 일본어라는 특정 언어의 사실, 요컨대 문자가 그 언어에 작용하는 범위에서의 일본어를 말한다. 일본어에 문자의 효과를 포함시켰다는

---

* 나는 여기서 "자신의 일상생활에서 주체에 당도하는 이 같은 것들"의 목록체를 만들면서, 거기서 "말실수lapsus, 기억 질환, 꿈, 재치 있는 말의 현상을 찾는 라캉으로부터 이 같은 해석이 정당하다고 생각한다. 재치 있는 말은 프로이트의 발견에서 본질적 의미를 갖는데, 그 이유는 그것이 프로이트의 작품에서 분석적 현상과 언어와 맺는 관계가 갖고 있던 완벽한 일관성을 직접 손으로 만질 수 있게 하기 때문이다"(《세미나》 3권 《정신병》, 1981, 185쪽).

점에서, 중요한 것은 그것이 문자에 결착되어 있으며, 문자의 효과를 지니는 것은 다음과 같은 면에서 특수화된 문자라는 점이다. 즉, 일본에서 그것은 두 가지 상이한 방식으로 읽힐 수 있다. 음독으로 글자를 발음하는 것, 글자는 있는 그대로 구별되어 발음되며, 훈독은 일본에서 글자가 의미하는 것을 읽는 방식에 해당된다. (1971. 4. 21 강연 그리고 1972-2001, 19쪽)

〈일본 독자에게 드리는 안내말〉에서 라캉은 더 수수께끼 같고 유희적인 진술을 하고 있다.

진정으로 말하는 존재들에게 있어서 음독音讀은 훈독訓讀에 대해서 주석을 다는 것으로 족하다. 그들이 서로가 서로에게 쓰는 집게는 뜨거운 와플만큼이나 신선하게 그들이 끄집어내는 것에서 그들이 형성하는 것들의 행복이다.[185] (1972-2001, 498쪽)

바로 이 같은 특수성이 매순간 생각, 즉 무의식과 말 사이에 놓인 거리를 촉지 가능한 것으로 만든다. (같은 곳)

또는

특이하게도 이것은 억압된 것에 대해서 방어할 것이 전혀 없다는 결과를 가져온다. 왜냐하면 억압된 것 자체가 글자에 대한 지시에 근거하여 기거하기 때문이다.

달리 말해서 주체는 도처에서 언어를 통해 분할되지만, 그 레지

> 스터들 가운데 하나는 문자에 대한 지시로 만족하고, 다른 하나는 말에 대한 지시로 만족한다. (1971. 4. 21 강연, 1971-2001, 19쪽)

역설적 결과는 일본어는 문자와 담화 사이의 관계를 특징짓는 이 같은 구조의 특징으로 인해 무의식의 구조에 매우 밀접하게 결착한다는 것이다. 그 결과,

> 이 언어에 거주하는 그 누구도 정신분석을 받을 필요가 없으며, 기껏해야 슬롯머신machines à sous의 관계를 규칙화하거나, 더 단순하게 말해서 기계적인 고객들과 더불어 관계를 규칙화할 뿐이다. (1972-2001, 498쪽)

라캉은 더 멀리 나간다.

> 만약 내가 오해의 소지를 두려워하지 않는다면, 나는 이렇게 말할 것이다. 일본어 화자에게는 거짓을 통해 진실을 말하는 것, 즉 거짓말쟁이가 되지 않으면서 진실을 말하는 것이 일상적인 수행일 것이다. (1972-2001, 498쪽)

물론 이 같은 논지의 진가를 제대로 평가하기 위해서는 그것들을 특징짓는 상이한 특질들을 참작하는 것이 적절할 것이다. 그 정보에 담긴 논지들은 약간 경박한 면이 없지 않으나, 유희적인 것, 더 나아가 가볍게 호전적인 그 무엇인가를 갖고 있다. 요컨대, 하나의 개별 언어에 대한 고려가 라캉으로 하여금, 방금 전 본 것처럼, 무

의식이 하나의 언어처럼 구조화되어 있다는 원칙을 설명하도록 해 준다.

사실, 여기서 일본인 또는 '일본 성인 여성'은 '유대인 수탈의 역사'에서 '거짓말쟁이'의 연기를 다시 발견하게 만들 뿐이다.

> 왜, 너는 거짓말을 하니. 마지막 숨을 쉬면서 사람들은 탄식을 했다. 그렇다, 왜 너는 네가 렘베르크로 간다고 생각하게 만들려고 네가 크라쿠프로 갈 것이라고 나에게 거짓말을 하니? 실제로 네가 갈 곳은 크라쿠프이면서 말이야. (《에크리》, 1966, 25쪽 또 1966, 525쪽, 1973, 127쪽 그리고 1981, 47쪽. 《에크리》 807쪽에서 라캉은 "동물은 그 폴란드 유대인이나 일본인과 달리 하는 척하지 않는다"고 지적한다.)

폴란드 유대인들의 언어, 즉 십중팔구 이디시어le yiddisch로 표명된 '거짓말', 그것은 프로이트에 의해서 '유대인 이야기'에 분류되었다(《농담과 무의식의 관계Le mot d'esprit et ses relations à l'inconscient》 1905-1988, 218-219쪽). 여기서 이디시어는 일체의 유형론적 또는 역사적 친족성을 넘어서 일본어와 접맥된다는 것을 알 수 있다. 그것은 모든 언어langue가, 그것이 언어활동langage에 속한다는 사실로부터 무의식의 구조를 출현시키는 데 있어 고유한 자질들을 제시한다는 것이 아닌가? 어쨌건 프로이트가 그 두 명의 유대인들에 대해서 정확히 말해, 일본인들에 대해서 라캉이 표현한 것과 동일한 방식으로 표현하고 있음은 주목할 일이다.

> 두 번째 사람은 그가 진실을 말할 때 거짓을 말하고 있으며, 그는 거

짓말을 수단으로 진실을 말하고 있다. (1905-1988, 218-219쪽)

일본 그리고 폴란드를 통한 우회 이후에, 네 번째 그리고 다섯 번째 가정을 재론하는 것이 가능하다. 그것은 라캉이 직접 거의 액면 그대로 우리에게 제공했다. 무의식은 바로 '라랑그lalangue'처럼 구조화된다는 것이다.

우리는 그 점을 이해하고 있다. 바로 그 대상의 이 같은 이원성 —한편으로는 정관사로 기록된 언어활동le langage, 언어'들'les langues, 그것들 각각은 라랑그lalangue처럼 구성된다—은 사용해야 할 정관사에 대한 라캉의 머뭇거림을 설명해준다.

독자들은 안심해도 된다. 나는 이제 라캉과 더불어 거의 모든 이야기를 종료했다. 이제 매우 교육적으로 "무의식은 하나의 언어처럼 구조화되어 있다"는 단언으로부터 내가 추출한 네 가지 전제 조건들을 요약하기만 하면 된다.

첫 번째 전제 조건: "무의식이 있다."

두 번째 전제 조건: "무의식은 구조화되어 있다."

세 번째 전제 조건: "이중화되는 것은 바로 그것이다." 즉,

"그 언어활동le langage이 있다."

"언어들langues이 있으며, 그 각각은 '라랑그lalangue'로서 성립된다."

네 번째 전제 조건: "무의식은 바로 라랑그lalangue처럼 구조화된다."

소쉬르로 논지를 옮기기 전에, 분명 하나의 근본적인 물음을 제기하는 것이 핵심이다. 즉, 소쉬르를 라캉주의자로 특징짓기 위해

서 그에게 무엇을 물어보아야 하는가? 지나친 요구는 피해야 할 것이다. 이를테면 그것은 소쉬르에게 그가 라캉의 모든 전제 조건들에 부합해야 한다고 요청하는 것이다. 만약 그런 경우라면, 소쉬르는 라캉주의자가 아닐 것이다. 그는 라캉이 될 것이며, 동시에 라캉은 소쉬르가 될 것이다. 그 같은 가설은 거의 개연성이 없다. 그보다는 덜 요구하는 것이 적절하다. 소쉬르가 지닐 수 있는 라캉적 성격을 제기하기 위해서는 앞서 제기한 네 가지 전제 조건들을 각각 탐문하면 된다. 이러한 작업이 이루어질 때, 우리에게는 이 같은 라캉적 성격lacanité을 제기하고 헤아려 보는 것이 가능하다. 라캉의 그 전제 조건들 가운데 최소한 어느 하나에 소쉬르가 동의한다면, 그 물음은 부분적으로 제기될 수 있을 것이다. 소쉬르와 라캉의 이론이 지니는 공통적인 전제 조건들의 숫자는 그 물음을 평가할 수 있게 한다.

첫 번째 전제 조건, "무의식이 있다." 라캉의 이 같은 단언에 대해 소쉬르의 입장은 무엇인가?

이 물음에서 우리는 두 가지 모순적인 답변이 가능함을 알 수 있다.

첫 번째 답변은 그 물음 자체가 제기될 수 없다고 말하는 것이다. 확실히 소쉬르는 '무의식적inconscient'이라는 형용사와 '무의식적으로inconsciemment'라는 부사를 상당히 빈번하게 사용하고 있다. 하지만 앞으로 보게 되듯이, 그것은 그 용어의 프로이트적 사용 관례에 따라서 이 두 단어들의 '기술적descriptif 의미'와 관련된다. 《일반 언어학 강의》(178쪽)의 표준 판본에서는 '잠재의식subconscient'이라는 명사가 단 한 번 나타난다. 그리고 '무의식성inconscience'이라는 여성명사 역시 《일반 언어학 노트Écrits de linguistique générale》(이하 'ELG'로 약칭한다—옮긴이)(159쪽)에 단 한 번 나타난다. 내가 실수하거나 망각하지 않았다면, 남성명사형 '무의식inconscient'이라는 단어는 《일반 언어학 강의》와 《일반 언어학 노트》에서 나타나지 않는다. 그것은 두 텍스트의 색인에도 없다.

이 같은 어휘적 세부사항들은 그 점을 잘 지시해준다. 신속하게 소쉬르의 문헌들을 검토한 후에 우리는 무의식이라는 문제 설정이 소쉬르의 언어학 작업에서는 진정으로 명시적으로 그리고 유의미하게 제기되지 않았다고 생각할 수 있다. 어쨌건 소쉬르 전문가들 가운데 거의 전부가 이 점에 대해 침묵하고 있다는 점이 지시하는 바는 바로 그것이다(나는 여기서 언어학자 소쉬르를 의미한다*). 밀네르 (특히 1978년 저서 《언어의 사랑L'amour de la langue》) 그리고 다른 저자들에게서 몇 가지 신속한 언급들을 제외한다면, 나는 나의 선행 작업(특히 1986년의 《언어학과 정신분석학Linguistique et psychanalyse》과 1994-2005년의 《언어활동과 정신분석, 언어학과 무의식Langage et psychanalyse, linguistique et inconscient》) 이외에 다음 연구물을 제외하고는 인용할 것들이 없는 형편이다. 아카타네 수에나가Akatane Suenaga(《소쉬르, 패러독스의 체계, 언어, 발화, 자의성 그리고 무의식Saussure, un système de paradoxes, Langue, parole, arbitraire et inconscient》, 2005) 그리고 이자벨 비렐라Izabel Vilela(〈In principio erat verbum〉, 2005)의 연구가 그것이다.

내가 던진 선결적 질문에 또 다른 답변이 존재하는데, 그것은 정

---

* 아나그램 연구에 관심을 피력한 소쉬르 연구자들의 경우는 다르다. 여기서 스타로빈스키(Starobinski, 1971), 분델리(Wunderli, 1972)는 선구자들이었다.

확히 모순적인 답변이다. 그것은 소쉬르를 프로이트와 거의 동일한 무의식의 이론가로 자리매김하는 데 있다. 그것은 간접적으로는 사실이다. 이 두 번째 답변은, 독자 각자가 알고 있듯이, 라캉의 답변이다. 그는 그것을 어느 정도 명시적으로, 그의 논지들과 《에크리》의 여러 지점에서 1970년대 초반까지는 명시적으로 정식화한다. 나는 그가 이 답변으로 제시한 형식들 가운데 두 가지를 인용하려 한다.

가장 오래된 답변은 1958년으로 거슬러 올라간다. 그 시대는 바로 라캉에게서 "무의식은 하나의 언어처럼 구조화되어 있다"라는 공리가 정식화되던 때이며 또한 그가 소쉬르의 '기호 알고리즘 algorithme du signe'이라는 것을 고집스럽게 참조하는 작업이 이루어지던 시기이다.

1958년 바르셀로나에서 개최된 한 학술대회의 강연에서 라캉은 정신분석학이 상아탑의 '일반 심리학'으로 통합되는 것에, 심지어 "인간적 사안이 사회학의 다양한 분과 학문 아래 포섭되는 것"에 단호하게 맞서 일어났다. 이 같은 병합Anschluss의 시도들에 맞서서, 그는 내가 감히 정신분석학의 구조주의자로 성격 지으려는 개념화를 제기한다. 비록 그 용어가 여기서 사용되지 않고 또한 '구조주의'와 거리를 두고 있다 해도 말이다. 그리고 이 같은 유형의 정신분석학 설립자로서 프로이트와 소쉬르라는 두 동시대인의 출현을 목격하는 것은 그리 놀랄 일이 아니다.

문제의 관건은 무의식의 분석에서, 그리고 《꿈의 해석》 이후 10년이 지나 페르디낭 드 소쉬르가 실증적 언어 분석의 정초를 다진 표

> 현들에 대해서 프로이트가 예기豫期한 바에 대한 암시적 독법이다. 왜냐하면 언어학은 제諸학문들의 무게 중심을 이동시켰는데 그 학문들의 명칭이 인문과학의 반열에 올라가는 데 있어 유난히 그 시대에 맞지 않았다. (비현실적이었다.) 당시 인문과학은 모종의 인간중심주의를 고수하고 있었고, 그러한 인간중심주의에 대한 프로이트의 발견은 마지막 보루를 폐허로 만들 것이라고 단언했다. 그 같은 자율성 속에서 철학자들이 설립한 의식적 주체는 유심론적 동물주의zoologisme spiritualiste의 전통 속에서 영혼에 고유한 속성을 견지했다. (라캉, 1958-2001, 166-167쪽)

아마도 절대적 투명성에 속하지 않을 이 텍스트에 관해서 다음의 요점들에 역점을 두어야 한다.

1. 라캉에 따르면, 소쉬르가 재설립한 이러한 언어학은 하나의 대상—즉, 하나의 '체계système'로서 제시된 언어la langue—을 자리매김하면서 그리고 '의식적 주체sujet conscient'의 자리를 축소시킨 만큼 그것을 제거하면서 인문과학이라고 일컬어지는 과학들의 중심을 어긋나게 하는 결과를 초래한다. 어쨌든 이것이 라캉의 분석이다. 물론 우리는 그의 분석에 이의를 제기할 수 있다.

2. 프로이트가 재설립한 정신분석학은 무의식을 자리매김하면서 위와 동일한 결과를 낳았다. 더 정확히 말해, 라캉으로 하여금 '무의식의 주체sujet de l'inconscient'라는 개념을 자리매김할 수 있도록 만든 것은 바로 나중에 프로이트와 소쉬르로부터 실현된 접합이다. 이것이 라캉적 의미에서 기표의 유명한 정의定義가 말하는 바이다. "하나의 기표, 이것은 다른 기표를 위해서 주체를 표상하는 것이

다"(《에크리》, 819쪽).

3. 프로이트의 무의식 분석은, 계속하여 라캉에 따르면, 정확히 말해 소쉬르의 언어langue 분석과 조우한다. 이것이 "무의식은 하나의 언어활동un langage처럼 구조화되어 있다"라는 유명한 공리로 밝혀진 바이다. 이 학설의 요점은 1960년경 라캉 텍스트의 모든 성찰에서 중복적으로 나타난다.

4. 연대기적 관점에서, 라캉에 따르면, 프로이트는 소쉬르를 앞지른다. 《꿈의 해석》에서 제시된 분석들은 《일반 언어학 강의》의 분석들보다 앞서 있다.

이 마지막 지점에서 지금부터 몇 가지 상세한 사항을 제시하는 것이 필요하다.

라캉은 오로지 《일반 언어학 강의》의 표준판으로만 소쉬르의 성찰을 알고 있었다. 《꿈의 해석》보다 '10년 먼저'라는 라캉의 암시는 분명히 '초판의 서문'을 통해 그가 소쉬르의 강의가 있던 실제 연대를 알고 있었음을 말해준다. 이것이 바로 라캉이 프로이트를—이 텍스트에서 그리고 여러 다른 텍스트에서—소쉬르보다 '앞선 사람'이라고 제시하는 주장의 근거로 쉽게 설명하는 것이다. 요컨대 라캉은 소쉬르 성찰의 중요성을 제기하면서 이 점을 프로이트 성찰의 중요성과 관련하여 2차적인 것으로—그래서 부차적인 것으로—제기하려고 애쓴다. 소쉬르 텍스트의 역사에 대한 인식이 이러한 사변적인 생각들과 두 영역의 역사에서 추출한 파급 결과들을 진지하게 바로잡도록 이끈다. 라캉을 면책시켜주는 세부적인 사항은 그가 1958년 소쉬르 성찰의 이전 상태들을 알아보는 수단을 거의 갖고 있지 않았다는 것이다. 만약 라캉이 1891년 소쉬르의 여러 강연이나 1894년 휘트니Whitney에 대한 텍스트[186]를 알고 있었더라면, 그가 그러한 연대에 대한 사변적 생각에 이르게 되지는 않았을 사실이다.

우리는 세 차례의 강연 가운데 첫 번째 강연—2005년 10월 이래로 《나의 가르침Mon enseignement》에서 드러난다—에서 또 다른 라캉의 답변을 발견한다. 프로이트의 《꿈의 해석》에 대해 라캉은 1967년 10월에 다음과 같은 발언한다.

> 최초로 등장하는 꿈에 관해 책의 아무 페이지나 펴세요. 거기서 여러분은 단어들에 관한 사항만 언급되고 있는 것을 보게 됩니다. 여러분은 거기서 소쉬르 씨가 전세계로 확산시킨 구조의 법칙들이 온갖 문자로 쓰여 있음을 알게 되는 방식으로 프로이트가 그 점에 관해 말하는 것을 보게 됩니다. 하지만 그가 그 법칙들의 최초의 발명자는 아니었습니다. 그러나 그는 오늘날 언어학이란 항목으로 더욱 견고하게 만들어지는 것을 구성하기 위한 열성적인 전달자였습니다. (2005, 40쪽)

라캉이 제시한 답변의 최초의 형태에서처럼 여기서 우리는 몇 가지 유보 사항들을 탐지한다. 한편으로 라캉은 소쉬르를 '구조의 법칙들'의 발명자가 아니라 '열정적인 전달자'로만 고정시킨다. 이것이 소쉬르 쪽에서는 흔히 볼 수 있는 반복되는 테마topos이다. 어쨌든 그는 이 대목에서 소쉬르 가르침의 특수성을 만드는 것을 글의 첫머리에 인용하는 데 동의하지 않고, 암묵적으로 스토아학파의 철학자들과 성 아우구스티누스 그리고 수사학의 전통을 참조한다.

다른 한편으로 소쉬르는 라캉이 보기에 프로이트를 알지 못하는 그의 계승자일 뿐이다. 이러한 이중적인 유보적 태도는 6년이 지난 뒤 〈얼빠진 사람〉이란 텍스트에서 라캉이 설명할 것이다. 지금 우리는 라캉이 이미 언어학으로부터 멀어진 1973년에 당도해 있다.

> 나의 책을 읽는 사람이라면, 그리고 내가 분명하게 말한 것을 들은 사람이라면 실제로 다음과 같은 사실을 깨달았을 것이다. 정신분석가는 이미 프로이트부터 언어학자를 앞서고 있다. 예를 들면 여전히 스토아 학파적으로 접근하던, 성 아우구스티누스만큼이나 스토아 학파적이던 소쉬르를 앞섰다. (1973a, 46쪽과 2001, 489쪽)

이러한 이중적인 유보적 태도는 라캉에게 습관적이었고 시간이 흐르면서 모종의 힘을 얻게 된다. 이전의 몇 년 동안 관찰되던 존경의 태도와 함께 대조를 이루면서 '무의식 속 문자의 심급l'instance de la lettre dans l'inconscient'의 순간에 말이다. 그러나 그 유보적 태도는 본질적인 것을 은폐하지는 않았다. 그것은 말하자면 언어활동langage에 관한 소쉬르의 공식들이 무의식에 관한 프로이트의 공식들과 서로 대응한다는 것이다. 요컨대, 소쉬르는 그 사실을 알지 못한 채로 프로이트처럼—프로이트 이전이든 혹은 이후이든, 이는 거의 중요하지 않다*—무의식의 법칙들을 정식화한다.

---

* 라캉은 프로이트가 소쉬르보다 앞서 있다고 확신했다. 또는 확신하고 싶었던 것인지도 모른다. 그것은 라캉이 엥글러Engler가 1974년에 발표한—특히 휘트니에 관한 기사 프로젝트에 관한—소쉬르의 작업을 몰랐던 것에서도 알 수 있다. 그런데 어떻게 그가 그것을 비난할 수 있는가?(엥글러, 1974-1990)

따라서 두 개의 모순적 노선이 나의 선결 질문에 응답한다. 이 장르의 경우에—내가 감히 말한다면—쌍방 모두 상반되는 두 견해를 참조해야 하고 양팔로 그 문제의 중심을 감싸 안아야 한다.

방금 전에 알아보았듯이 '무의식적inconscient'이라는 형용사와 '무의식적으로inconsciemment'라는 부사는 《일반 언어학 강의》의 표준판에서 자주 사용되었다. 정확하게 그 문제를 보게 해주는 하나의 예로부터 출발하겠다. '기호의 불가역성과 가역성'에 대한 장에서 언어에 개입하는 변화들과 다른 사회적 제도들 속에 개입하는 변화들 사이의 비교가 이루어진다. 여기서 사회적 제도들에는 예컨대, 종교적 의례, 정치적 형식들, 모계 중심의 체제, 의복 패션 등이 포함된다. 그 텍스트는 언어 변화의 특수성을 이렇게 제기한다. 그 같은 특수성은 다음 사실에 기인한다. 소쉬르에 따르면, 다른 제도들에서 관찰되는 것과 달리, "주체들은 상당 부분에 있어서 언어의 법칙들에 대해 무의식적이다"(CLG, 106쪽). 나는 소쉬르가 다른 사회적 제도들에 일어나는 변천들이 완전히 의식적이라는 특징을 자명한 것으로 제기하는 대목에 주목하고자 한다. 나는 오늘날 나의 논지와는 무관한 이 같은 입장의 책임을 소쉬르에게 전가시킬 것이다(아울러 최소한 열거한 제도들 가운데 몇몇에 대해서는 이론의 여지가 있다). 또한 소쉬르가 언어langue에 대한 그의 공인된 가르침에서 실제로 언급한 것에 관심이 있다. 그는 아주 분명하게 상이한 방식으로 다음과 같이 표명했다.

> 다음 사실을 호출할 수 있을 것이다. 사람들은 언어에 대한 성찰(의식적인 것과 무의식적인 것 사이의 구별)을 적용하지 않으며 일반적으로

> 언어활동의 제반 사실들을 주재하는 의식의 정도를 정확히 밝히지 않는다. (엥글러, 1968-1989, 162쪽)

알다시피, 편집자들은 소쉬르가 그의 구술 강연에서 펼친 논지들을 마음대로 바꿔 글로 옮겼다. 그들은 특히 '의식적conscient' 그리고 '무의식적inconscient' 등의 형용사를 명사적 용법으로 사용하지 않았다. 그렇지만 이 같은 명사적 용법은 지극히 중의적이다. 즉, 내가 보기에 그것은 두 형용사의 자시어의autonymique 사용이 관련되며 개념의 위상에 대한 그 단어들의 접근이 관건은 아닌 것으로 보인다. 어쨌든 강의 텍스트는 1916년 편집자들이 부여한 텍스트의 형식에서만큼이나 그것의 구술 버전에서도, 바로 그 순간 말을 하는 소쉬르에게는 '무의식적인inconscient 것'으로부터—강조하건대 '잠정적으로' 무의식적인으로 이해되어야 할—'언어적 성찰'에 속한다는 의미로 이해되는 '의식적인conscient 것'으로 점차 이동하게 만드는 변화가 있음을 잘 지적해주고 있다. 요컨대, 소쉬르가 우리에게 여기서 말하는 것, 그것은 우리가 언어langue의 한 요소를 사용할 때, 그것이 무엇이건, 우리는 그 요소를 의식적 성찰의 대상으로 삼지 않고 사용한다는 것이다. 고맙게도, 우리는 우리의 대화에서 소리의 연속 프로그램화에 대해서 의식적으로 주의를 기울일 필요가 없다. 그럼에도 이 같은 사실들을 의식에 떠오르게 만들기 위해서는 늘 가능한 한 가지 노력이면 된다. 즉, 메타언어적 활동을 가능케 하는, 그것의 전문성 정도가 무엇이건, 바로 그것이다. 한 단어의 철자를 하나씩 말하는 아이는 그 단어에 대한 음운론적 기술을 하는 언어학자와 동일한 활동을 하는 것이다.

언어적 의식의 '정도degrés'라는 이 같은 개념화는 《일반 언어학 강의》와 《일반 언어학 노트》의 다른 단락들에서 어느 정도 명시적으로 나타난다. 그 결과 '잠복적 의식conscience latente'과 '무의식성inconscience'이라는 두 가지 흥미로운 개념이 출현하는 것을 보게 된다.

'잠복적 의식'—이것은 《일반 언어학 강의》(178쪽)의 편집자들이 '잠재의식'subconscient으로 변형시킨다—은 바로 통합체 차원의 관계와 그것의 대립 속에서 연합체 차원의 관계를 특징짓는 의식이다.

> 우리는 두 개의 축을 통해서 공시태적으로 발현되는 이 두 가지 원칙들, 이 두 가지 활동을 표상할 수 있을 것이다.
>
> 통합체 축에서,
>
> 동시에 그리고 또 다른 축에서 정신적으로 마치 구름 속에 존재하는 〔잠복적 의식 속에서 사유되는〕 연상 작용을 통해 결합될 수 있는 모든 가능성들. (엥글러, 1968-1989, 293쪽)

'순수한 무의식성'에 관한 한 그것은 시차적 방식으로, 역설적으로 '의식의 일정한 정도'로 정의된다.

> 〔…〕 의식이라는 개념은 분명하게 상대적이어서, 그 결과 의식의 두 가지 정도가 관련되는데, 그 중 가장 높은 수준의 정도는 우리의 행위 대부분에 동반되는 성찰의 정도에 비교했을 때, 여전히 순수한 무의식성에 속한다. (《일반 언어학 노트》, 159쪽)

이제 우리는 다음 사실을 간파했다. 이 단락들 속에서 대략적으로 묘사된 의식의 정도를 나타낸 도표는 하나의 약한 정도를 제기하며, 그것은 '잠복적 의식' 또는 '무의식성'으로 번갈아가며 명명된 것이다. 하지만 이 같은 '무의식성'은 심지어 그것이 '순수한 것'으로 성격 지어졌을 때조차도 의식의 새로운 수준의 하나일 뿐이며, 그것은 자기 차례가 되어 여전히 아래에 있는 다른 것들에 견주어 '높은 수준의 것'으로 특징지어질 수 있다.

이 같은 분석들은 그 어떤 면에서도 프로이트가 1915년에 발표한 탁월한 논문, 구체적으로 〈무의식〉이란 논문에서 제시된 분석에 견주었을 때 모순을 일으키지 않는다. 프로이트는 '무의식적인' 몇몇 심적 행위들이라는 주제에서 주로 사용되는 술어 체계에서조차 소쉬르의 논지와 매우 가까운 논지들을 견지한다(그렇지만 이 술어 체계는 번역이라는 점 때문에 조심스럽게 다루어져야 한다). 그렇지만 프로이트가 실행한 근본적인 이접(분리)에 대해서는 경계를 해야 한다. 그는 이 같은 행위들의 무의식적 특징이 그 같은 행위들을 '체계적 의미에서' 무의식에 속하게 만들 수 있는 효과들을 갖지 않는다는 점을 분명하게 주목하고 있다. 여기서 그는 위에서 인용된 1915년 논문의 텍스트를 상기시킨다. 그는 '일시적으로 무의식적인 행위들'을 제기한다. 바로 이 같은 '잠복적 의식성'은 그 논문에서 이 같은 분석 이후에 곧장 '기술적 무의식inconscient descriptif'이라는 이름을 수용한다. 아울러, 바로 그 두 가지 무의식—즉 하나는 기술적 무의식이며, 다른 하나는 토픽적 무의식inconscient topique[187]—은 프로이트로 하여금 축약적 표현인 'Bw'(Bewusste)와 'Ubw'(Unbewusste)를 통해서 의식적인 것과 무의식적인 것의 대립이 자리매김하도록 유도한다(프랑스어에서는 각각 'Cs'와 'Ics'로 전사된다). 축약화 'Ubw/Ics'는 토픽적 무의식에 할당되며, 이 같은 사실로부터 그 이름의 중의성에서 벗어난다.

위에서 보았듯이 라캉은 그의 성찰에 프로이트의 이러한 근본적인 구별을 명시적이고 반복적인 방식으로 다시 취한다.

만약 우리가 현재까지 인용된 소쉬르의 텍스트들에 근거하여 판단한다면, 그가 분석하는 무의식적 과정들이 기술적 무의식에 속한다는 것은 자명하다. 그는 기술적 무의식에 대해서 프로이트가 파악한 기능 작동들과 매우 흡사한 용어들로서 그것의 기능 작동을 기술한다. 체계적 무의식으로부터 또는 프랑스어의 관사 사용법을 가지고 놀이를 하자면, 체계적인 하나의 무의식은 이 텍스트에서 전혀 문제되지 않는 것으로 보인다.

따라서 현재까지, 라캉의 첫 번째 전제 조건인 "무의식이 있다Il y a l'inconscient"는 소쉬르에게서 나타나지 않는 것 같다. 소쉬르는 "무의식적인 것이 있다Il y a de l'inconscient"라는 진부한 표현으로 만족한다.

본질적으로 역설적인 저자인 소쉬르에게서 빈번하게 일어나듯이, 그의 텍스트의 한 세부 단락은 내가 방금 전 기술한 것에 대한 예외를 만들어내면서 발견된다. 이 세부 단락은 소쉬르가 실제로 쓴 것과는 경미하게 차이가 나는 형식으로 《일반 언어학 강의》(163쪽)의 표준 판본에 나타난다. 따라서 나는 필사본 원고를 인용할 것이다.

> 언어의 사물들과 관련된 모든 규칙, 모든 문장, 모든 단어는 필연적으로 a/b 또는 a/a' 의 관계를 상기시킨다. 비록 그것을 분석해도 아

무것도 의미하지 않을 수 있다.

'왜냐하면'* 바로 a와 b라는 구성항들은 있는 그대로 철저하게 의식의 지대에 도달할 수 없기 때문이다. 의식은 영속적으로 a/b의 차이를 지각할 뿐이며, 이 구성항들 각각은 노출된 채로 남는다(또는 자유롭게 된다). 정신이 늘 침투함으로써 생겨나는 또 다른 법칙들에 따라 변경될 수 있는 것과 관련하여 노출된 상태로 남는다. (엥글러, 1968-1989, 266쪽. 그리고 ELG, 219쪽. 바로 이 텍스트에서 나타나는 이 세부 단락은 1894년 휘트니를 위한 헌정 논문으로 쓰일 탁월한 계획이었으나, 소쉬르에 의해서 미완의 상태로 남는다. 이 지점에서 1916년의 CLG에서 그것의 사용에 있어서는 확대된 상태로는 오직 엥글러(1974-1990)에서만 계시되는데, 이것은 1968-1989년 판본에 이미 사용된 이 세부 단락을 다시 싣지 않는다.)

하찮은 일에 집착하는 것으로 보일 위험을 무릅쓰고라도 나는 《일반 언어학 강의》에 나타나는 이 단락이 함의하는 문자로 기록된 기원을 강조하고자 한다. 이 지점에서 소쉬르는 말을 하고 있지 않으며 말을 하지 않았다. 왜인가? 오직 사변적 추측을 할 수 있을 뿐이다. 나 역시 사변의 나래를 펼치고자 한다. 나는 그의 가설의 집요함이 그로 하여금 침묵을 간직하도록 유도한 것이 아닌지 자문해 본다. 실제로 이 지점에서는 더 이상 의식이나 무의식의 정도가 문제가 되지 않는다. 제기된 것은 엄밀하게 말해서 토픽적인 무의식이다. 그것을 성립하는 대상들은 "있는 그대로 철저하게 의식의 지

* 나는 이 문장의 일관성과 완결성을 위해 여기서 소쉬르가 누락시킨, 혹은 루돌프 엥글러가 잊어버렸는지도 모르는 parce(왜냐하면)라는 단어를 상기시키고자 한다.

대에 도달할 수 없다." 이 대상들은 법칙들에 종속되는데, 그 법칙들은 의식에 속하면서 정신이 늘 침투함으로써 생기는 법칙들과 전혀 관계가 없다. 그렇다면 도대체 무의식의 이 같은 법칙들은 무엇인가? 바로 이 같은 법칙들은 언어 주체의 일체의 의식적인 개입으로부터 독립하여 언어적 대상들의 진화를, 최소한 그것들 가운데 한 부분의 진화를 규정짓는다. 즉, 음성적이며 무의식적인 변화들에 종속되는 주체들은 유추적이며 의식적인 변화들에 종속된 주체들과 대립된다.

물론, 너무나 안일한 비교는 경계해야 한다. 나는 단지 이 같은 분석들—이 분석들은 1894년으로 거슬러 올라간다—이 1915년 프로이트의 분석에 매우 근접하여 대응한다는 점을 주목할 뿐이다. 단, 다음과 같은 두 가지 근본적인 차이점을 제외한다면 말이다. 첫 번째 차이점은 소쉬르가 말하는 무의식은 엄밀하게 언어적인 무의식이라는 점이다. 그것을 성립하는 대상들은 언어적 대상들이며, 오직 언어범주의 대상들로 국한된다. 하지만 그 대상들은 프로이트의 무의식의 대상들처럼 의식적 과정들에 견주어서 뚜렷이 대조되는 과정들에 속한다. 두 번째 차이점은, 아마 첫 번째 차이와 결합된 것으로, 이 같은 언어적 무의식은 억압이 없는 무의식이라는 것이다.

이제 소쉬르의 언어학적 성찰 속에서 무의식과 관련된 물음에 대해서 얼추 어느 정도의 정보를 갖춘 상태로 답을 하는 것이 가능해졌다. 그 답은, 이미 이해했듯이, 분열된다. 한편으로 소쉬르는 지속적으로 그리고 특이한 독창성 없이 의식의 정도라는 개념에 의존한다. 그 개념은 기술적 무의식의 프로이트적 기술들과 더불어 제대로 분절된다. 토픽적 무의식은 한 지점에서, 소쉬르 성찰의 유일무이한 지점에서 나타난다. 소쉬르 입장의 이 같은 이원성은 분명히 문제를 일으킨다. 참작해 볼 수 있는 해결책은 잠시 후에 보게 되듯이, 공시태와 통시태 사이의 대립의 틀 속에 위치한다. 기술적 무의식은 언어의 공시태적 기능 작동 속에 개입한다. 토픽적 무의식이 작동하는 곳은 바로 통시태 속에서이다.

첫 번째 전제 조건에 대해서 결론을 맺어보자. 그것은 소쉬르가 제기한 것으로 보인다. 단, 내가 방금 전 기술한 특수한 조건들을 수용하는 한에서이다.

두 번째 전제 조건. "무의식은 구조화되어 있다." 이 점에서 소쉬르가 라캉의 단언에 동의할지의 여부에 대한 물음에 답하는 것은 특히 까다롭다. 전반부에서 우리는 구조화되어 있는 것은 무의식이라고 답하려는 시도를 했다. 다름 아닌 '차이 a/b만을 지각하는 것'은 바로 의식이라는 점에서 말이다. 차이 자체가 구조를 생성하고, 더 나아가 구조를 성립시킨다. 하지만 구조가 의식적이라고 말한다 해서 무의식이 구조화되어 있지 않다는 것을 필연적으로 함의하는 것은 아니다. 바로 이 점에서 방금 전 우리가 그 점을 엿보았듯이 다시 통시태로 돌아가야 할 것이다. 소쉬르가 '음성 변화의 원인들'을 연구할 때, 소쉬르는 "음성 변화의 원칙은 순전히 심리적이다"라는 점을 제기한다(《일반 언어학 강의》, 208쪽과 엥글러, 1968-1988, 343쪽). 그렇게 변화에 종속된 요소들이 무의식적이라는 사실로부터 그것들의 변화는 따라서 필연적으로 무의식적인 심리적 규칙들에 종속되는 것으로 주어진다. 이것은 위에서 언급된 "정신이 늘 침투함으로써 생기는 법칙들과는 다른 법칙이다." 이 같은 모종의 신비를 인지하는 가운데 여러 규칙들을 포함하는, 따라서 필연적으로 구조화된 무의식의 자리 배치를 인지해야 하는가? 이 문제는 열린 채로 남겨두어야 할 것 같다.

세 번째 라캉의 전제 조건. 다음 사실을 기억해야 한다. 그 보폭 속에서 언어활동langage과 여러 언어들langues을 제시하면서 이중화되는 것은 바로 이 세 번째 명제이다. 상황은 분명히 도치된다. 즉 소쉬르는, 이것은 자명하지만, 라캉이 그렇게 한 것처럼, 동시에 언어활동langage과 여러 언어들langues을 제기한다.

나는 여기서 오직 라캉이 기표와 기의라는 두 차원의 구별에 할애한 운명에 대해서 단지 독자의 기억을 위해 암시할 뿐이다. 여기서 사람들은 내가 스스로 제기하는 상황과 도치된 상황 속에 진입한다. '라캉은 소쉬르주의자였는가?'

여전히 우리의 관심을 끄는 문제에 대해서는 중요한 한 가지 사항을 강조하는 것이 적절하다. 여러 언어들langues은 동일한 성격들에 의해 두 저자에게 영향을 받는다. 그것은 소쉬르의 공식화에서 '기표의 선조성'(CLG 103쪽)과 '기호의 자의성'(CLG 100-102쪽)이다. 나는 필요한 참고 정보들을 제시하고자 한다.

'선조성'에 대해서, 라캉은 여러 사항들에 대해서 여러 가지 뉘앙스로 소쉬르와의 견해 일치를 피력한 바 있다. 가장 명시적인 것은 《세미나》 3권 《정신병》에 나오는 다음과 같은 단락이며, 나는 다소 장황하게 그 문장을 강조하고자 한다.

> 내가 말할 때, 주체는 자신의 역량에 맞는 언어의 물질적 차원의 전체를 갖고 있으며, 바로 그것으로부터 구체적인 담론이 형성된다.

> 무엇보다 구조화된 대립들의 무리로 이루어지는 동시적 구조로서의 언어라는 공시적 집합이 존재하며, 이어서 시간 속에서 통시태적으로 진행되는 것, 즉 담론이 존재한다. 담론을 시간의 일정한 의미 속에 갖다 놓지 않을 수 없다. 소쉬르가 우리에게 일러준 것처럼, 직선적인 방식으로 정의되는 의미 속에서 말이다. (1981, 66쪽)

라캉의 분석은 약간은 도식적인 투박함이 묻어나지만 매우 변별적이다. 그는 실제로 언어에 행해지는 시간의 두 가지 개입 방식을 관계화하는 데 성공한다. 통시태의 시간과 선조성의 시간이 그것이다. 내가 보기에 십중팔구 그는 이 점에 관한 한 모리스 메를로-퐁티Maurice Merleau-Ponty의 《일반 언어학 강의》에 대한 독해에서 영향을 받은 것 같다.* 메를로-퐁티는 실제로, 처음 보면 매우 동요를 일으키는 것으로 보이는 일정한 방식으로 소쉬르가 "파롤의 공시 언어학과 랑그의 통시 언어학을 구별했다"고 주목한다(1953-1960, 76쪽).

그렇지만 잠시 뒤에 라캉은 소쉬르의 선조성 개념에 대한 자신의 거리감을 표시한다.

> 그것이 단순한 선이라고 말하는 것은 그리 정확하지 않다. 그것은 여러 개의 선들의 집합, 하나의 범위가 될 것이다. 바로 이 같은 통

* 라캉은 모리스 메를로-퐁티Maurice Merleau-Ponty의 열혈 독자였다. 그는 1961년 계간지 《현대Les Temps modernes》 특별호에서 그에게 헌사를 바친다(2001, 175-184쪽). 내가 제대로 읽었다면, 소쉬르는 이 감동적 텍스트에서 인용되지 않았다. 기표는 거기서 '이 주체의 도래를 위한 주체 이전의 통사'로서 시사된다(182쪽).

시태의 성격에서 담화는 설정된다. (1981, 66쪽)

우리는 지금 1956년에 있다. 라캉은 연대기적으로 아나그램에 대한 소쉬르의 작업을 알 도리가 없었다. 1957년 그는 〈무의식 속에서 문자의 심급〉에서 선조성에 대해 거의 동등한 의미를 갖는 논지들을 펼친다.

> 시詩를 듣기만 해도 충분하다. 이것은 아마 소쉬르의 경우였을 것이다. 시 속에서 다성성多聲性을 경청하기 위해서, 그리고 모든 담화가 하나의 악보의 여러 범위에서 배열되도록 말이다. (《에크리》, 1966, 503쪽)

하지만 1966년에 그가 이 텍스트를 출판했을 때, 그는 '아나그램'에 대한 스타로빈스키의 첫 번째 논문(이것은 1964년 2월 《메르퀴르 드 프랑스Le Mercure de France》에 수록되며, 1971년 그의 저서에 재수록된다)을 읽었다. 이때 라캉은 자신의 1957년 텍스트에 다음과 같은 주를 첨가한다.

> 아나그램과 그것들의 히포그램적hypogrammatique[188] 사용에 대해서 사투르누스풍의saturnien[189] 고대 시조부터 키케로의 텍스트에 이르기까지 소쉬르가 남겨놓은 육필 노트들에 대한, 1964년 2월 《메르퀴르 드 프랑스》에 실린 장 스타로빈스키의 저술은 우리에게 결핍된 확실성을 제공한다. (같은 책)

마무리하는 척 가장하려면, 내가 한 단어로 요약하는 복잡한 질문을 제기해야 할 것이다. 즉, 라캉주의자 소쉬르는 차라리 아나그램을 연구한 소쉬르가 아니겠는가?* 하지만 이 점에 대해서는 또 다른 장을 필요로 할 것이다. 특히 그 장은 라캉이 말하는 '연쇄'가 꿀벌떼Essaim의 형식을 거의 취하지 않는다는 사실을 강조할 것이다. 라캉이 말하는 '의미하는 꿀벌떼essaim, 웅웅거리는 꿀벌떼 bourdonnant essaim'[190]로서 그것의 유희적 어원은 분명히 그것의 순번을 갖춘 기표의 첫 글자 'S'에서 찾아야 할 것이다. '연쇄'의 변형은 필연적으로 직선적이며, 꿀벌떼의 형식을 취한다. 그것은 그렇지만 계속해서 직선적이며《세미나》20권《앙코르》에서 기술된다.

> 각각의 기표 s1은, 만약 내가 "내가 그것들에 대해서 말을 하는가"라는 물음을 던진다면, 나는 무엇보다 그것과 s2와의 관계에 대해서 그것을 쓸 것이다. 아울러 당신은 당신이 원하는 만큼 그것을 갖다 놓을 수 있다. 내가 말하는 것은 꿀벌떼이다.
>
> s1 (s1 (s1 s1……s2))〔이 대목에서 그것을 주목하자. 그것은 하나의 연쇄로서 외에는 달리 제시되지 않는 꿀벌떼이다〕. 주된 기표 s1은 통일성을 확보해주는데, 주체와 지식과의 계사화copulation의 통일성이다. 〔….〕 Un이라는 기표는 임의의 기표가 아니다. 그것은 그것이 모든 연쇄가 존속하도록 해주는 포장으로 설정되는 범위에서 의미를 갖는 질서이다. (1975, 130-131쪽)

* 다음 연구물을 참조할 것. Starobinski(1971), Wunderli(1972), Gandon(2002) et Arrivé(2007).

자의성 개념에 관한 한, 그 두개의 이론적 기구 사이의 일치는 확실하다. 라캉은 1957년부터 자신의 논문 〈무의식 속 문자의 심급〉에서 자의성을 기표와 기의 사이의 '최초의 가장 중요한' 구별과 분리될 수 없는 것으로 제기한다. 1969년 《세미나》 16권 《대문자의 타자로부터 소문자의 타자로D'un Autre à l'autre》에서, 그는 'le Un'과 '소문자 a'가 다음과 같은 방식으로 분절되는 방식을 기술하고 있다.

> 나는 여러분에게 다음과 같이 말하면서 두 개의 평행적인 계열들의 본질적 동일성을 강조했다. 만약 우리가 'a' 와 '1' 사이에서 선택된 하나의 출발점을 그곳에 위치시킨다면, 그것은 자의적인 방식에 의해서일 뿐이다.
>
> '자의적'이라는 것은 그것의 의미를 소쉬르가 기표의 자의적 성격에 대해 언급할 때, 이 단어에 부여한 것과 동일한 강조의 의미를 갖는다. 〔…〕 그것이 바로 소쉬르가 자의성 개념에 대해서 말했던 바로 이 같은 의미에서 읽히는 것에 부여해야 할 의미이다. — 아마도 이 분야에 최고로 정통한 어떤 저자는 내가 장난삼아* 소쉬르의 자의성 개념을 왜곡하는 것이라고 선언할 것이다. — 즉, 이 같은 자의성 없이는 언어는 엄밀하게 말해 어떤 효과도 갖지 못할 것이다. (2006, 137쪽)

* 라캉은 여기서 조르주 무냉Georges Mounin을 염두에 두고 있다. 그는 1969년 1월 1일 《누벨 르뷔 프랑세즈La Nouvelle Revue Française》에 자신의 논문 〈라캉 스타일의 몇 가지 특질들Quelques traits du style de Lacan〉을 막 발표했다. 여기서 실제로 그는 "라캉이 소쉬르를 대강 읽었다"고 유감을 표명한다(무냉, 1970, 188쪽).

간신히 하나의 의심, 라캉의 해석에서 나타나는 과도한 소쉬르주의에 대한, 솔직히 말하건대 예상된 의심을 품어볼 수 있다면, 라캉은 1972년과 1973년의 분절 시기에 《세미나》 20권 《앙코르》에서 자의성 대신 우발성이란 단어로 대체한다.

> 그 어떤 기표도 영원한 것으로서 생산되지 않는다. 소쉬르가 공식화하도록 시도할 수도 있었듯이, 아마 그것을 자의적인 것으로 성격짓기보다는, 기표는 우발적인 것의 범주로부터 그것을 개진시키는 것이 더 가치 있었을 것이다. 기표는 영원한 것의 범주를 부정한다. 하지만 특이하게도 기표는 스스로에 속한다. (1975, 41쪽. 그 문제는 이미 32쪽에서 다루어진 바 있다. 라캉은 거기서 "자의성은 대가의 담론에서 미끄러지게 만들었다"라고 말했다. 논의해 보아야 할 흥미로운 입장이다.)

라캉에게서 선조성과 우발성에 의해 영향을 받은 대상들이 무엇인지 정확히 규명하는 일이 남았다. 어쩔 도리 없이, 그것은 무의식이 구조화되는 근거로서의 모델 위에서 언어langue개념과 언어활동langage이 관건일 것이다. 그 같은 분석을 좀 더 진행시키면서, 주체의 문제, 기표를 '다른 기표에 대해 하나의 주체를 표상하는 것'으로서 정의하는 것의 문제를 만나게 된다. 왜냐하면 바로 이 같은 기표의 연쇄가 우발성과 선조성의 영향을 받는 것으로 특징지어지기 때문이다. 이런 점들에 있어 소쉬르는 라캉주의자가 되는 것을 멈춘다고 말해야 하는가? 라캉이 기표라고 부른 것이 그 속성들을 간직한 채, 소쉬르가 제시한 기표 개념이 되는 것을 멈춘다는 바로 그런 점에서 말이다.

우리가 설정한 과제의 마무리 단계에 도달한다. 왜냐하면 네 번째 그리고 마지막 전제 조건에 접근하기 때문이다. 나는 다음과 같이 감행했다. 즉, "무의식은 바로 라랑그lalangue처럼 구조화되어 있다."

여기서 우리의 논지는 더 간결해질 수 있다. 소쉬르가 말하는 무의식은, 만약 그것이 구조화되어 있다면, 그것은 오직 통시태 속에 개입하는 법칙들을 통해서 이루어진다. 따라서 소쉬르가 그 구조의 모델을 찾을 수 있는 것은 언어langue 속에서가 아니다. 심지어 소쉬르의 언어개념이 라랑그lalangue의 형식 아래서 재개념화되어 있다고 해도 말이다.

'소쉬르는 라캉주의자인가?'라는 물음—나는 그 물음을 현재 시제로 다시 정식화한다—에 대해서 답변의 단초를 가져왔을 뿐이다. 그 결과는 겨냥하는 문제점들에 따라 변할 수 있다. 소쉬르—나는 여기서 언어학자 소쉬르에 대해서만 언급한다—는 두 경우에서 라캉주의자이다. 한편으로 그가 무의식을 제기할 때 그렇고, 다른 한편으로 그가 언어활동langage과 언어들langues을 차이의 구조화된 시스템으로서 분석할 때가 그렇다. 소쉬르는 자신이 무의식에 할당하는 가설적 구조가 그것의 모델로서 언어활동langage개념을 취하지 않는다는 바로 그 점에서 라캉주의자이기를 멈춘다.

대차대조표는 따라서 신통찮아 보인다. 그것은 이 장에서 선명하게 나타난 하나의 현상을 참작한다면 수정되어야 할 것이다. 즉, 라캉이 무의식Inconscient에 부여하는 구조의 근본적 특질들 가운데 몇 가지를 그에게 제공한 것은 바로 언어활동langage에 대한 소쉬르의 분석이다. 그렇지만 전체적 합산을 해보면 여기서 소쉬르는 라

캉주의자이기를 멈춘다. 오히려 뼛속까지 소쉬르주의자로 드러나는 사람은 바로 라캉이다. ■

참고 문헌

Arrivé Michel(1985), «Lacan lecteur de Jarry, Jarry lecteur de Lacan», Jarry et Cie, *L'Étoile absinthe*, 25-28, 77-88.

______(1986), *Linguistique et psychanalyse, Freud, Saussure, Hjemslev, Lacan et les autres*, Méridiens-Klincksieck.

______(1994-2005), *Language et psychanalyse, linguistuque et inconscient*, PUF, puis Limoges, Lambert-Lucas.

______(2007), *À la recherche de Ferdinand de Saussue*, PUF.

Damourette Jacques et Pichon Édouard(1930-1943), *Des mots à la pensée, Essai de grammaire de la langue française*, Paris: d'Artrey.

Engler Rudolf(1968-1989), *Le Cours de linguistique générale de Ferdinand de Saussure, édition critique*, t. I, Wiswaden, Harrassowitz.

______(1974-1900), *Le Cours de linguistique générale de Ferdinand de Saussure*, édition critique, t. 2: Appendice, Notes de Ferdinand de Saussure sur la linguistique générale, Wiesbaden, Harrassowitz.

Freud Sigmund(1899-2003) *L'interpreation du rêve*, *Œuvres complètes*, IV, PUF.

______(1905-1988), *Le mot d'esprit dans ses relations à l'inconscient*, Paris: Gallimard.

______(1915-1988), «L'inconcient», *Œuvres complètes*, XIII, PUF: 203-242.

Gandon Francis(2002), *De dangereux édifices. Saussure lecture de Lucréce. Les cahiers d'anagrammes consacrés au De rerum natura*, Louvain et Paris: Peeters.

Lacan Jaques(1966), *Écrits*, Le Seuil.

Lacan J(1972-2001), «Avis au lecteur Japonais», *Autres écrits*, Le Seuil, 497-499.
______(1973a-2001), «L'Étourdi », *Autres écrits*, Le Seuil, 449-495.
______(1973b-2001), Télévision, *Autres écrits*, Le Seuil, 509-545.
______(1975), *Le Séminaire, Livre XX: Encore*, Le Seuil.
______(1981), *Le Séminaire, Livre III: Les psychoses*, Le Seuil.
______(1998), *Le Séminaire, Livre V: Les formations de l'inconscient*, Le Seuil.
______(2001), *Autres Écrits*, Le Seuil.
______(2005), *Mon enseignement*, Le Seuil.
______(2006), *Le Séminaire, Livre XVI: D'un Autre à l'autre*, Le Seuil.
Merleau-Ponty Maurice(1953-1960), *Éloge de la philosophie*, Paris: Gallimard.
Milner Jean-Claude(1978), *L'Amour de la langue*, Le Seuil.
______(2002), *Le périple structural, figures et paradigmes*, Le Seuil.
Mounin Georges(1970), *Introduction à la sémiologie*, Minuit.
Roudinesco Élisabeth(1993), *Jaques Lacan, Esquisse d'une vie, histoire d'un système de pensée*, Fayard.
Saussure Ferdinand de(1916-1922-1972), *Cours de linguistique générale*, Genève et Lausanne, puis Paris: Payot. Voir aussi Engler.
______(2002), *Écrits de linguistique générale*, Paris: Gallimard.
Starobinski Jean(1971), *Les mots sous les mots. Les anagrammes de Ferdinand de Saussure*, Gallimard.
Suenaga Akatane(2005), *Saussure, un systéme de paradoxes. Langue, parole, arbitraire et inconscient*, Limoges, Lambert-Lucas.
Vilela Isabel(2005), «In principo erat verbum», *Langage et inconscient*, l, 118-142.
Wunderli Peter(1972), *Ferdinand de Saussure und die Anagramme. Linguistic und Literatur*, Tübingen, Niemeyer.

7장
언어활동 속에서 성과 죽음

서론에서 이미 언급된 바 있듯이, 이 마지막 장은 앞 장들과는 선명하게 구별된다. 이 장의 주제는 더 이상 언어와 무의식이 공통적으로 지닐 수 있는 특질들을 식별하는 일이 아니다. 간단하게 말해서 지금부터 제기되는 문제는 다음과 같은 방식으로 정식화될 수 있다. 언어는 어떻게 성性과 죽음을 다루는가?

그렇다면, '무의식'의 문제는 어떻게 되었느냐고 혹자는 나에게 물을 것이다. 과연 내가 던진 물음에서 무의식은 망각된 것인가? 처음부터 그 점을 짚고 넘어가야 하거니와, 무의식의 문제는 이 장에서 직접적으로 참작되지 않았다. 나의 목소리를 통해서 말을 하도록 만든 사람들은 다름 아닌 바로 언어학자들이다. 그들은 무의식을 자신들의 직접적인 관심사로 삼지 않는다. 하지만 무의식은 고집스럽게 남아 있다. 언어학자들에 의해서 해독된 언어 구조들 속에서 무의식은 어느 정도 빛을 볼 수 있는가? 더구나 어떤 예상치 못한 방식으로 언어학자들의 담론 속에서 무의식은 빛을 보게 될 것인가? 이 두 가지 문제는 이번 장의 기저에 항시적으로 흐르고 있다가 여러 지점에서 그 자체로부터 수면 위로 떠오를 것이다. 그러다 마침내 그 문제들을 명시적으로 상기하는 순간이 올 것이다.

제기된 문제에 다음과 같은 일차적 답변이 필수적이다. 언어활동langage—즉 여기서는 언어활동이 체현되는 자연 언어들langues—영역에서는 성과 죽음에 명사들을 부여하면서 이 두 가지 문제가 다루어진다. 아마도 그럴 것이다. 불가피하게 한편으로는 성sexe에—아울러 섹슈얼리티sexualité에 속하는 모든 것에—부여된 명사들의 문제, 다른 한편으로는 죽음에 부여된 명사들의 문제가 이 장에서 완전히 부재하지는 않을 것이다. 그런 식으로 파악된 어휘부의 두 영역은 현저한 특수성을 제시한다. 성과 죽음이라는 어휘 영역은 서로 대립하며, 아울러 어휘부의 다른 대부분의 영역들과 구별된다. 그렇지만 이 같은 흥미로운 특수성들은 관찰하기도 연구하기도 매우 용이하다.

언어들의 형태론적 분석에서 나타나는 두 개념의 위상 문제는 사정이 전혀 다르다. 성과 죽음의 형태론의 문제—감히 말하자면, 후자에 대해서 '죽음형태론mortphologie'이라는 신조어를 제시해야 할 것이다—에 대해 이 장에서 핵심적으로 다룰 것이다.

주제의 본론으로 들어가기 전에 몇 가지 용어 사용의 문제들을 제기하는 것이 유용하다.

여러 언어들에는, 아니 모든 언어들에는 단어들을 상이한 부류로 분할시키는 분류 체계가 존재한다. 예컨대, 상당수의 언어들에서 모든 사람에게 친숙한 예를 하나 선택한다면, 명사와 동사이다. 명사들의 부류와 동사들의 부류는 이 두 부류가 '형태론적 범주들',

달리 말해서 상이한 '문법적 범주들'의 영향을 받는다는 사실에서 구별된다. 프랑스어의 명사에는 이 같은 범주들로서 성genre과 수nombre가 있다. 학자들은 거기에다 때때로 한정 범주를 첨가하는데, 그렇지만 이 범주는 동일한 유형의 형태적 발현을 갖지 않는다. 동사에 관한 한, 이같은 문법적 범주들은—역시 프랑스어의 경우—인칭, 수, 시제, 상, 법 그리고 태이다. 수의 범주는 명사와 동사의 두 부류에 공통적이다. 하지만 그 범주는 상이한 방식으로 명사와 동사에 영향을 미친다. 명사에 대해서는 지칭해야 할 대상의 수량적 특징에 따라 직접적으로, 동사에 대해서는 명사와의 일치 효과 아래 이루어진다.

언어학자들은, 아니 거의 모든 언어학자들은, 즉 오늘날의 언어학자들과 과거의 언어학자들은 상이한 용어 체계에도 불구하고, 다음과 같은 점에서 의견의 일치를 이루고 있다. 형태론적 범주들은 모두 다음과 같은 이중적 양상을 제시한다.

1. 형태론적 범주들은 단어들을 구별시켜주는 형태적 표시를 포함하며, 형태적 표시들은 구술적 발현 수준에서, 아울러 경우에 따라서는 문자적 발현 속에서 그 해당 단어들에 영향을 미친다. 프랑스어에서, 남성명사를 중심으로 형성된 명사 통합체는 일반적으로 여성명사를 중심으로 형성된 명사 통합체와 선명하게 구별된다. 가령, 'un étudiant travailleur'(열심히 공부하는 남학생)/'une étudiante travailleuse'(열심히 공부하는 여학생)가 있다. 여전히 편리하게 사용되는 소쉬르의 《일반 언어학 강의》에서 사용되는 전문 어휘에서 문법적 범주들의 이 같은 표면적 성분 요소는 '기표signifiant'를 형성한다. 학자들은 때때로 '표현expression'이라는 용어를 사용한

다. 아울러 매우 넓은 외연의 성격에도 불구하고 '형태forme'라는 아주 오래된 이름에 호소하기도 한다.

2. 형태론적 범주들은 개념적 양상을 포함한다. 방금 전에 든 예에서 개념적 요소는 정확히 성의 차이이다. 'un étudiant travailleur'는 정상적 상황인 경우 논의의 대상이 되는 학생이 청년이라는 점을 표시하며, 반드시 젊은 여성을 지칭하는 'une étudiante travailleuse'와 대립된다. 그렇지만 남성명사의 형식 아래 사용되는 명사 통합체는 몇몇 조건들 아래서 '총칭적générique' 양상을 취할 수 있으며 혼합적 구성원에 적용될 수 있다. 가령, 내가 "un étudiant travailleur est assuré de réussir"(열심히 공부하는 한 남학생은 성공할 것이 확실시된다)라고 말할 때, 잠재적으로 조준된 구성원은 구별없이 남성 또는 여성이다. 남성명사는 차이가 없는 문법적 성(남성+여성)으로서 작동한다.* 이것은 곧 남성명사와 여성명사의 전체와 더불어 형용사의 일치가 남성명사로 이루어진다는 사실을 설명해준다. "ce jeune homme et cette jeune fille sont travailleurs"(이 젊은 남자와 이 젊은 소녀는 열심히 공부한다). 형태론적 범주에 속하는 이 같은 개념적 양상에 대해서 우리는 '기표'와 명료하게 대립되는 '기의'라는 소쉬르의 용어를 사용할 수 있을 것이다. 동일한 가치와 더불어 '내용'이라는 용어를 사용할 수 있으며, '형태'와 대립되는 '의미'라는 매우 오

---

* 차이가 없는 장르라는 이 같은 개념을 강조하는 것이 핵심이며, 아울러 중립적 장르와 그것을 혼동하지 않는 것이 관건이다. 무차별적 장르는 다른 많은 언어들에서와 마찬가지로 프랑스어에서 남성명사의 형태를 취하는데 남성명사와 여성명사를 포괄한다. 중성적 성은 그것이 존재할 때 특수한 형태들을 가지며, 그것의 이름이 지시하듯, 남성도 여성도 아니다.

래된 단어를 사용한다.

우리는 다음과 같은 사실을 간파했다. 방금 전 주어진 용어 개념의 정밀한 규정은 그 자체로 제기된 문제에 몇 가지 답변의 요소들을 제공했다. 프랑스어라는 하나의 언어langue에서 성의 차이는 형태론적 범주를 낳는데, 그 범주는 바로 장르(문법적 성)라는 매우 오래된 이름을 부여받는다. 정반대로 '죽음la mort'과 '삶la vie' 사이의 대립—또는 '죽은 것le mort'과 '살아 있는 것le vif'—은 이 경우에도 역시 프랑스어에서는 형태론적 범주에 의해서 표현되는 것 같지 않다. 문법적 기표의 수준에서 살아 있는 '남학생'과 죽은 '남학생' 사이의 구별을 표시하는 것은 전혀 찾아볼 수 없다. 언급하고자 하는 사람이 남성이냐 여성이냐에 따라서 진행되는 것과는 상반되게 말이다. 아울러 'corps/cadavre'(육체/시신) 또는 'bistouri/scalpel'(외과용 매스/해부용 매스) 유형의 대립을 암시하지는 않을 셈이다. 물론 그 같은 대립은 존재하지만, 그것은 문법적 대립이 아닌 어휘적 대립이다.

제기된 두 가지 문제의 세부사항에 진입하기 전에, 아울러 프랑스어 이외의 다른 언어들로 그 세부 문제를 확장하기 전에, 장르라는 용어와 관련된 중의성을 해소하기 위해서는 기존의 문법용어 체계를 잠시라도 다시 검토하는 것이 필수적이다.

본 장에서 장르라는 명칭은 당연히 계속해서 형태론적 범주를 지칭할 것이다. 하지만 하나의 중의성이 남는다. 그것은 2007년에 출판된 책에서 이렌 테리Irène Théry가 다른 학자들에 이어서 '사회적 성le sexe social'이라고 부른 것을 의미한다고 이해할 수 있다. 나는 그 여성 학자를 인용하지만, 동시대의 수많은 관련 참고 문헌도 얼마든지 인용할 수 있을 것이다. 예컨대, 세계보건기구의 문헌은 정확히 동일한 내용을 말하고 있다.

> 과거 그 어느 때도 성이 사회적 차원에 속한다는 사실을 이처럼 강조해서 말한 적이 없다. 하나의 새로운 단어는 심지어 이 같은 사회적 장르를 지칭하기 위해서 부과되었으며, 프랑스어 단어 장르genre는 영어의 '젠더gender'를 번역한 것이다. (《성의 구별La distinction de sexe》, 2007, 9쪽)

같은 책의 더 아랫부분에서 저자는 다음과 같이 더욱 상세하게 논지를 밝힌다.

> 장르라는 새로운 용어는 남녀 양성 사이의 차이에 존재하는 사회적 차원을 지각하게 만들어 주기 위해, 또한 단 하나의 단어로 남성명사와 여성명사와 관련된 모든 것을 요약하기 위해 탁월한 도구로서 나타난다. (같은 책, 369쪽)

내가 중의성이라고 말했는가? 의심할 여지 없이, 만약 2008년에 사용되는 바 그대로의 그 단어의 의미에 의탁한다면 그렇다. 그렇지만 한 가지 조심할 사항이 있다는 조건에서 그렇다. 즉, 정확히 오늘날의 사용 관례에서 나는 이렇게 생각한다. '장르와 성, 어떤 관계인가'라는 표현에서—이것은 학술지 논문이나 학회의 발표 논문으로 매우 개연성 높은 제목이다—장르라는 명사의 문법적 해석은 분명 여전히 가능하나, 빈번하게 망각될 위험성이 있다. 내가 우려하는 것은 그 누구도—몇몇 고집스러운 문법가들을 제외한다면—내가 방금 전 암시한 조건들에서 이 같은 표현을 읽으면서 형태론적 범주를 생각하지는 않을 것이라는 점이다.*

관련 어휘의 역사에 대해서 몇 마디 적어본다. 25년 전인 1980년대로 다시 돌아가 보자. '장르와 성, 무슨 관계인가?'라는 표현 속에서 그 시절에는 여전히 어떤 중의성의 위험도 존재하지 않았다. 25년 전에 '장르'라는 단어는 그것이 성sexe이라는 단어와 대립되는 가운데 오직 문법적 범주밖에 될 수 없었다. 논란의 여지가 없는 지표가 하나 있다. 1981년 출판된 《TLF 사전》 9권에서 '장르'라는 항목은 이 탁월한 사전의 모든 항목들과 마찬가지로 매우 완결적이며 매우 상세하다. 그것은 '사회적 성'이라는 의미로 '장르'라는 단어를 사용할 수 있는 것에 대한 그 어떤 종류의 암시도 담고 있지 않다. 따라서 '장르'라는 명사는 이 시대 이후, 외연의 방식에 있어 엄청난 의미론적 변천을 겪은 것이다.

이 같은 변천의 역사를 추적해야 한다. 그 작업의 기초 준비를 위해서 단어의 과거와 최근의 역사에 대한 몇 가지 이정표를 세우는 일이 필수적이다.

'장르'라는 단어는 정말이지 매우 오래된 단어이다. 그것은 프랑스어에서 라틴어 단어 'genus'를 연상시키는데, 이 단어는 'gener-'라는 형태를 단수형 1격-4격 이외의 다른 모든 격들에 적용시킬 수

---

* 나는 여기서 일화적이긴 하지만 의미 있는 정보를 하나 제공하도록 하겠다. 2008년 2월에 열린 국제 학술 대회에서 나는 실제로 '장르와 성, 어떤 관계인가'라는 제목으로 발표를 한 바 있다. 하지만 나는 다른 논문들이 예외 없이 장르에 '사회적 성'이라는 의미를 부여하고 있음을 목격했다. '성들의 차이로부터 성의 차이들로: 장르의 핵심 관건들', '성과 장르의 차이' 등등. 내 제목의 엉뚱한 해석을 피하기 위해서 나는 '문법적'이라는 형용사에 '장르'라는 단어를 첨가했다.

있다. 그 결과 '장르'라는 프랑스어 형태는 그것의 종결음 [r]과 더불어 설명된다. 고대 프랑스어에서 그 단어는 그것의 최초의 사용법(1124-1131년)에서 동사 'gendrer'의 유추적 영향을 받아 'gendre'라는 형태에 영향을 미친다. 곧 '장르(genre)'라는 단어를 만들어내는데 그 단어는 이미 이 같은 매우 오래된 용법들 속에서 그것의 현재의 의미들 가운데 하나를 갖고 있었다. 바로 '종류sorte, 유형type'의 의미이다.

라틴어의 'genus'라는 명사는 형태적 관점에서 보면 그리스어 'γένος'와 정확히 짝을 이룬다. 그 두 단어들은 실제로 서로 매우 오래된 형태 'gen-'의 인도유럽어 어근에 기초하여 구성되었다. 인도유럽어 어근 'gen-'은 특히 그리스어에 '탄생하다naître'를 의미하는 동사와 라틴어에서 '낳다engendrer'를 의미하는 동사를 만들어냈다. 이 같은 어근 'gen-'은 그리스어에서 명사 부류인 '-ος'와 라틴어의 명사 부류인 '-us' 등의 표시소들 가운데 하나에 의해서 완성된다. 그것의 그리스어 형태 아래서 그 명사는 늘 필요할 때마다 다양한 명목으로 매우 중요한 단어들을 프랑스어에 제공했다. 가령, 'génétique', 'gène', 'génome', 'génocide' 등이 있다.

'장르'라는 단어는 프랑스어에서 사용된 그것의 라틴어 형태 'genus' 아래서 사용된 단어이다. 비록 정확하기는 하지만 형태론적 관점에서 그리스어 단어 'genos'로부터 온 라틴어 단어 'genus'는 의미 차원에서 동일한 목록체를 갖지 않는다. 특히 두 개의 구체적 의미에서 특화되었다. 첫 번째 의미는 '성을 통해서 구체화된 집단성'의 의미에서의 성을 말한다. 라틴어는 그 결과 'hominum genus virile' 또는 'muliebre', 즉 '구성원 차원에서 남성 또는 여성이라는 성'이라는 표현을 만들어낼 수 있다. 'genus'의 두 번째 의미는 문법적 장르로서 이것은 라틴어에서 세 개의 용어를 갖는다. 남성, 여성, 중성(어원적으로 'ne-uter', 어느 하나도 아닌)이 그것이다. '성'의 '세속적' 의미에서 '형태론적 범주로서의 장르'라는 언어학적 의미로의 이동을 설명해줄 수 있는 요인은 다름 아닌 범주에 의한 형태 대립의 명시적 성분화性分化이다.

프랑스어에서 'genre'라는 단어는 그것의 라틴어 어원인 'genus'에 담긴 의미들의 상당 부분을 보존했으며 특히 문법적 의미를 간직했다. 프랑스어는 상당수의 다른 의미들도 첨가하는데, 예컨대 식물 또는 동물 계통론에서 취하는 의미가 포함되었다. 프랑스어 단어 'genre'는 그것의 라틴어 어원에 견주어서 상당한 독창성을 드러낸다. 아주 최근에 이르러서도 그것은 성 개념의 지칭으로서 사용되지 않았다. 매우 오래 전(대략 1200년경) '성'이라는 의미와 더불어 'genre'라는 단어의 몇 가지 사용법들을 주목할 수 있다. 하지만 문제가 되는 것은 라틴어를 직접 번역한 과학 서적들로서, 여기서 'genre'라는 명사는 단지 라틴어 'genus'를 그대로 모방한 것에 불과하다. 1200년대에서 20세기 말까지 'genre'는 결코 '성sexe'이라는 의미와 더불어 사용되지 않았다.

그렇다면 'genre'라는 명사와 관련된 과거와 완전히 단절한 상태에서 '사회적 성'을 지칭하기 위해서 이 'genre'라는 단어를 사용하게 만든 오늘날의 상황은 도대체 어떻게 마련된 것일까? 물론 프랑스어가 영어로부터 차용된 결과이다. 위에서 제시된 이렌 테리의 인용문은 그 점을 상기시킨다. 미국에서 1950년대부터 발달한 '성 연구gender studies'는 그것이 프랑스에서 알려질 때, 프랑스어에서

'genre'라는 단어를 사용하게 만드는 효과를 발생시켰는데, 이때 영어에서 'gender'라는 단어에 부여했던 의미와 더불어 프랑스어 단어 'genre'를 사용하게 만들었다. 나는 몇 가지 사항들을 정확히 해두기 위해서 언어사言語史에 속하는 이 같은 문제들을 비롯해 여러 언어들의 역사에 대해서 잠시 짚어볼 것이다.

영어 단어는 'gender'라는 형태를 갖고 있다. 그 단어의 '-d-'는 어디에서 온 것일까? 'genus', 'generis' 등의 단어에서 결코 '-d-'를 가져본 적이 없는 라틴어에서 온 것은 아니다. 그 형태는 위에서 판별된 고대 프랑스어 단어 'gendre'에서 온 것이다. 매우 오래 전에 영어는 그 단어를 고대 프랑스어로부터 차용했다. 그 같은 차용은 수많은 영어 단어들, 특히 전문적인 단어들의 경우에 해당된다는 사실은 주지하는 바와 같다.

'gender'라는 단어는 영어에서 특수한 진화, 그것의 프랑스어 어원과는 선명하게 상이한 진화를 겪었다. 그것은 특히 성의 지칭으로서 기능하기 시작했는데, 라틴어에서 차용한 'sex'라는 명사의 용법의 범위를 침범하면서 이루어진 것이다. 이 같은 특이한 진화는 어떻게 설명될 수 있을까? 내가 비록 영어 전문가는 아니지만 그리고 이 언어에 대해서 비범한 지식을 갖고 있지 않지만 몇몇 사전과 최근의 연구물을 일별해보았다. 나는 그 현상을 명료하게 설명한 그 어떤 사전이나 논문을 찾지 못했다. 따라서 모든 책임을 질 각오로 하나의 가설, 영어 단어의 오래된 진화에 대한 부분적 설명을 감행한다. 영어는 엄밀하게 말해서 문법적 성의 범주를 포함하고 있지 않다. 이 점은 이론의 여지가 없는 두 개의 지표에서 명백하게 나타난다. 첫 번째 지표는 어휘 차원에 속한다. 프랑스어, 독일어, 라틴어, 스페인어, 러시아어 사전과 달리, 영어 사전은 명사에 대해서 '남성, 여성, 경우에 따라서는 중성'이라는 지시를 포함하지 않는다. 두 번째는 통사적이다. 영어에서는 한정사의 일치 현상도, 명사와 속사, 형용사와의 일치 현상도 전혀 관찰할 수 없다. 그렇지만 영어는 3인칭의 인칭대명사에 대한 형태의 대립을 알고 있다. 'he'는 남성적 존재에, 'she'는 여성적 존재에 사용되며, 'it'은 성분화가 되지 않는 존재들에 사용된다. 형태들의 이 같은 차이들은 'gender'라는 이름을 수용한다. 하지만 이 같은 차이는 명사의 언어학적 분류에 해당되는 것이 아니라 그것들이 지칭하는 존재의 성적 차이에 해당된다. 즉, 바로 이 같은 사용의 효과로 'gender'라는 명사는 그것의 문법적 의미에서 성이라는 생물학적 그리고/또는 사회적 의미로 옮겨간다. 요컨대, 진화는 라틴어에서 진행된 것과 도치를 이룬다. 즉, 그것의 세속적 의미에 자신의 영향을 미친 것은 그 단어의 언어학적 의미이다.

이 같은 설명은, 나는 그것을 순전히 가설로서 내놓거니와, 어쨌거나 부분적일 수밖에 없다. 더구나 'gender'와 'sex' 사이의 관계를 참작해야 할 터인데, 이 관계들은 물론 프랑스어에서 'genre'와 'sexe' 사이에 관찰되는 것들과는 정확하게 일치하지는 않다. 비록 영어의 의미 'gender'로부터 최근에 차용한 것이 오늘날 두 개의 시스템을 접맥시킨다고 해도 말이다.

마지막 작업이 남아 있다. 'genre'라는 단어를 통해 프랑스어의 사용 관례에서 성과 관련된 의미의 획득이 이루어진 연대를 고증하는 일이다. 이 책의 관심사의 여백에서 그것은 세밀한 조사 작업의 대상이 될 것이다. 나는 저서들의 제목으로 주어진 지표들을 찾으려 한다. 그런데 이 같은 소박한 연구로도 놀라운 결과들을 갖게 되었다. 나는 몇 가지 요소들을 인용한다. 1968년 이후 미국에서는 로버트 J. 스톨러Robert J. Stoller의 《성과 젠더Sex and gender》라는 저명한 저서가 출간되었다. 이 저서는 1978년에 프랑스어로 번역되었는데, 그 제목은 '성적 정체성에 대한 연구Recherches sur l'identié sexuelle'였다. 1989년에 출간된 스톨러의 두 번째 책 《젠더의 표상Presentations of gender》은 프랑스어로 '남성 혹은 여성Masculin ou féminin'이라는 제목으로 출판되었다. 마치 'genre'의 영어 의미의 사용이 책 제목으로 사용되는 것이 배제될 만큼 어려움이 있는 것처럼 말이다. 루스 이리가레Luce Irigaray의 편집으로 1990년에 나온 공동 저서 《언어들을 통해 나타나는 성과 젠더Sexes et genres à travers les langues》도 그런 경우이다. 그 책이 'genre'에 부여하는 의미는 배타적으로 언어학적 의미이다. 그 제목에서 'genre'라는 이름을 '사회적 성'의 의미와 더불어 출현시킨 프랑스어 최초의 저서는 마리-클로드 위르티그Marie-Claude Hurtig와 미셸 카일Michèle Kail이 쓴 《성과 장르, 성의 위계에 관하여Sexe et genre, de la hiérarchie entre les sexes》인 것으로 생각되며, 1991년에 CNRS출판사에서 출간되었다.* 그러나 이 저서는 1989년에 개최된 학술대회에서 발표된다. 그러므로 이미 이때 '사회적 성'의 의미와 더불어 'genre'라는 단어의 용법은 이 문제의 전문가들에게서 공유되었을 개연성이 높다. 이 의미와 더불어 그 단어의 최초 용법은 아마도 《성적 정체성에 대한 연

* 토마스 라쾨르Thomas Laqueur의 저서 《성의 제작. 서구에서 신체와 장르에 대한 시론La fabrique du sexs. Essai sur le corps et le genre en Occident》은 1992년에 나왔다.

구Recherches sur l'identié sexuelle》에서 1978년 이래 등장했다. 1981년에 출간되었지만 오래전에 만들어진 《TLF 사전》이 그 점을 고려하지 않은 것은 그리 놀랍지 않다. 사실을 말하자면, 《프랑스 학술원 사전Dictionnaire de l'Académie française》—9판의 2권은 2000년에 간행되었다—은 'genre'의 이 같은 성적인 의미를 여전히 식별하지 않는다.

다음 사실을 알게 된다. 프랑스어에서 'genre'라는 단어의 의미를 해명하기 위해서 필수적인 것, 이 같은 어휘적 세부사항의 최근의 역사에 대한 괄호 넣기는 어휘 체계가, 신속하면서도 동시에 복잡하게, 성을 지칭하기 위해서 새로운 용어로 풍요로워지는 방식을 해명할 수 있는 추가적인 장점을 갖게 될 것이다. 풍요로워진 것은 단지 용어들의 목록체가 아니라, 어휘부의 구조로서 이것은 극도로 신속하게 지금까지 형식화되지 않은 대립을 출현시키는데, 그것은 바로 생물학적 범주 'sexe'로서의 성과 사회적 범주 'genre'로서의 성의 대립이다. 이 같은 대립은 물론 형태론적 범주의 이름으로서 존속하지만 모호성의 위험이 없지 않다. 그 결과 통시태가 작동한다. 즉, 언어들에 할당된 커뮤니케이션의 기능들로부터 작용하는 무의식적 과정의 효과 아래서 통시태가 작동한다. 최소한 나는 소쉬르가 그 점에 대해 말한 것을 그렇게 이해하고 있다(소쉬르, 《일반 언어학 강의》그리고 아리베, 《페르디낭 드 소쉬르를 찾아서À la recherche de Ferdinand de Sausure》).

장르의 문제로 시작하면서 이제부터 지극히 명료하게 형태론적 문제의 검토로 넘어가는 것이 가능해졌다. 나는 다음과 같은 방식으로 그 문제를 검토할 것이다.

1. 첫 번째 단계에서는 장르의 범주가 존재하는 자연 언어들에서 그 장르의 범주를 일괄할 것이다. 그리고 그 범주가 존재하지 않는 언어들에서 비교할 만한 기능을 갖는 범주들을 일괄할 것이다.

2. 두 번째 단계에서는 프랑스어의 구체적 문제들을 다룰 것이다. 실제로 장르들의 차이와 성의 차이 사이에서 나타나는 복잡한 관계들을 관찰하기가 가장 쉬운 언어는 프랑스어이다.

프랑스인들과 프랑스어를 모국어로 사용하는 프랑스어권 화자들은 이 점에서 예외 없이 남성과 여성 장르 사이에서 명사들, 모든 명사들의 분할에 익숙하다. 그들은 이 같은 명사들을 두 무리로 나누는 분할을 '자연스럽고' 필수적인 것으로 여긴다. 외국어를 배울 때, 프랑스의 모국어 화자들은 그들이 일반적으로 가장 빈번하게 교육받는 외국어에서 동일한 유형의 분할을 만난다. 가령, 스페인어, 포르투갈어, 이탈리아어 등은 대체로 프랑스어처럼 남성명사와 여성명사로 이루어져 있다. 또 독일어, 러시아어, 라틴어, 고대 그리스어는 중성의 존재로만 프랑스어와 구별된다. 이때 프랑스어권 모국어 화자들은 중성 때문에 별로 놀라지 않는데, 그 이유는 정확히 그것이 남성명사와 여성명사도 아닌 장르로서 부정적 방식으로 정의된다는 점이다. 요컨대, 본질적인 것은 그대로 간직되어 있다. 영어는 그들을 상당히 놀라게 만든다. 왜냐하면 조금 전 보았듯이 영어는 방금 전 인용한 언어들에서 성의 문법적 구별이 주어진 의미에서는 문법적 성의 범주가 존재하지 않기 때문이다. 그렇지만 영어의 경우, 몇몇 대명사들에 대해서 그리고 여러 상이한 조건들 속에서 소유한정사들에 대해 지칭된 인칭의 성을 표시하는 대립을 갖고 있으며, 생물과 무생물을 대립시킨다. 그 결과, 그런 식으로 작동된 성의 구별은 때때로 명사와의 일치 현상으로 해석되며, 이때 그 명사는 하나의 장르로 우스꽝스럽게 꾸며진 상황에 처한다. 따라서 영어와 하나의 장르를 실제로 구비한 언어들 사이의 차이를 거의 전적으로 소거하는 것이 가능해진다. 실제로 영어 명사들의 '장르'에 한 장을 할애하는 많은 영문법들이 그렇게 한다. 이것은 엄밀한 언어학적 관점에서는 상당히 논란의 여지가 있다.*

프랑스어권 화자들은 명사들이 두 개의 범주로 분할되는 언어(학)적 세계에서 살고 있다. 이 두 개의 범주는 전통적으로 '남성의 masculin'와 '여성의féminin'라는 형용사로 대립되며, 이것은 가능한 한 명시적으로 성의 차이를 암시한다. 이 같은 용어 사용법은 매우 오래된 것이다. 라틴어 문법가들은 그 같은 용어 사용법을 그리스 문법 대가들로부터 액면 그대로 번역했다. 이들 그리스 문법 대가들에게 그 같은 용어 사용법은 그리스의 다른 기표들 아래서 라틴어 용어들과 정확히 동일한 의미를 갖고 있었다. 프랑스어권 화자들이 공통적으로 학습하는 익숙한 외국어들은 이 같은 언어(학)적 세

* 나는 1991년에 출판된 그레빌 코르베트Greville Corbett의 유명한 책 《젠더 Gender》에 대해 거리를 두고 바라보는 기회를 가지려 한다. 첫 번째 2백 가지 언어에 관한 그 자료의 대부분은 좋다고 생각하지만 저자의 입장에는 동의하지 않는다. 특히 영어에서 장르의 문제와 프랑스어에서 장르의 변형 문제에는 동의하지 않는다.

계를 심각하게 문제 삼지 않는다. 왜냐하면 익숙한 모델에서 상당히 벗어나는 유일한 언어—영어—는 그들에게 그 차이가 희미해진 estompé 상태로 기술되기 때문이다.

그렇지만 명사들의 이 같은 분할 유형은 결코 유일한 것은 아니다. 나는 무엇보다 한 가지 자명한 사실로 이동한다. 즉, 명사들이 범주들로 분할되기 위해서는 먼저 다른 부류들, 특히 동사들과 구별되는 명사들이 존재해야 할 것이다. 그런데 명사와 동사의 이 같은 구별은 프랑스어와 인도유럽어가 갖고 있는 그 형태적 증거가 모든 언어들에서 나타나지는 않는다. 때때로 그 같은 구별을 하는 것이 어렵거나(중국어에서), 거의 불가능하다(몇몇 아메리카 인디언 언어들에서). 두말할 나위 없이 이 언어들에서는 장르의 문제가 제기되지 않는다. 언어에서 성의 문제는 전혀 다른 방식으로 제기된다.

나는 명사를 다른 문법적 부류들과 분명하게 구분하는 언어들을 다룰 것이다. 이 같은 명사들을 어떻게 분할시키는가? 무엇보다 이 언어들은 명사들을 분할시키는가? 먼저 두 가지 유형의 언어들을 구별할 것이다.

1. 수많은 언어들에서 명사들의 목록체는 단순히 그 어떤 문법적 분류에도 종속되지 않는다. 우리는 방금 전 엄밀하게 말해 영어가 바로 그런 경우라는 사실을 깨달았다. 그렇지만 방금 전에 보았듯이, 영어는 3인칭의 인칭대명사를 구별하고 있으며, 지칭된 인칭의 성에 따라서 소유한정사들을 구별하고, 이것은 곧 명사 자체에 대한 이 같은 여파retombées를 규정한다. 이 같은 여파가 불가능한 언어들이 존재한다. 단지 이 언어들은 명사에 대해서 장르를 구별하지 않을 뿐만 아니라, 지칭된 인칭의 성이 무엇이건 인칭대명

사에 대해서 동일한 형태를 사용한다. 이 같은 현상을 극적인 방식으로 해명하기 위해서 다무레트와 피숑은 그들의 공동 저서인 《프랑스어 문법 시론Essai de grammaire de la langue française》에서 조르주 상드Georges Sand의 소설 제목 'Elle et lui'가 헝가리어에서는 문자 그대로 번역될 수 없다는 사실을 관찰한다. 왜냐하면 'elle'과 'lui'는 그 등가물로 동일한 단어인 단음절어 'ö' 를 갖고 있기 때문이다(《시론Essai》 1권 § 306, 362쪽). 이 같은 현상은 또한 핀란드어(프랑스어의 'elle'과 'lui'에 대해서 한 단어로 'hän')와 다른 핀란드-우랄알타이 언어들 속에서도 관찰된다. 그렇지만 'ö'와 'hän' 은 인간들에게만 배타적으로 사용된다. 즉, 다른 모든 명사들에는 또 다른 명사를 사용한다. 동일한 유형의 현상들이 수많은 다른 언어들 속에서 관찰된다. 핀란드어와 헝가리어와는 달리 이 언어들은 모두 역사적으로 모두 친족관계에 있는 것은 아니다.

성의 미분화indifféranciation sexuelle라는 이 같은 현상을 어떻게 기술해야 하는가? 헝가리인과 핀란드인은 언어학적으로 성의 차이를 개념화하지 않는 것인가? 물론 그렇지는 않다. 어휘부에서 그들은 남성과 여성, 수컷과 암컷, 형/오빠와 누나/여동생을 지칭하기 위한 상이한 명사들을 사용한다.* 하지만 이 명사들에 상이한 형태론적 언어 표현 양식을 부여하지 않는다. 즉, 성의 차이는 그들의 언어에서 형태론적 분류의 기준으로 취해지지 않았다. 성의 차이의 규정이 필요할 때, 문법—결핍이 있는 문법—에 의탁하는 것이 아니라,

---

* 이 같은 구별이 늘 있는 것은 아니다. 말레이어에서는 형과 누나, 남동생과 여동생을 구별하지 않고 동일한 기표sudara로 말한다. 이런 경우, 성적 차이를 무시하는 것은 어휘부이다.

정보 요소들을 제공하는 어휘부에 호소하거나 다른 요소들을 제공하는 발화작용의 상황에 의탁한다.

더구나 사실을 말하자면, 대상이 되는 인칭들의 성에서 대명사들의 미분화는 프랑스어 화자들을 근본적으로 놀라게 만들지는 않을 것이 틀림없다. 실제로 1인칭과 2인칭의 프랑스어 대명사들은 동일한 현상을 제시한다. 남성과 여성은 동일한 1인칭대명사 'je'를 사용하며 그들의 대화 상대자에게 그들의 성과 관련 없이 동일한 2인칭대명사 'tu'를 사용한다. 이것은 카시어le khasi(인도), 타이어, 코아사티어(루이지애나의 아메리카 인디언어)를 비롯하여 수많은 셈언어들을 말하는 주체들을 매우 어리둥절하게 만들 것이다. 이 언어들은 실제로 각각 남성과 여성인 두 개의 '나'와 두 개의 '너'를 구별한다(아제주, 《언어들의 구조La structure des langues, 96쪽). 프랑스어에서 발화작용의 상황은 모호함을 제기한다. 몇몇 경우에는 'tu'의 성과 — 예컨대 문자로 이루어진 발화작용에서 — 'je'의 성에 대한 의심을 할 여지가 있다. 성과 속의 일치라는 표면적인 일체의 현상을 회피하는 것으로 족하다. 만약 "je suis pauvre et triste 나는 가난하고 외롭다"라고 쓴 '나le je'는 남성인지 아니면 여성인지 누가 말해줄 수 있단 말인가?

'가난하다pauvre'와 '외롭다triste' 등 '통성〔양성〕의' 형용사들은 일치의 현상을 가리고 있다. 그것은 문자 언어로 'je suis gaie 나는 즐겁다' 또는 'affligée 괴롭다' 등에서 표시되며, 구술과 문자로 'je suis furieuse 나는 화가 났다'로 표시된다. 그렇지만 'je', 'tu'와 더불어 형용사들의 장르의 일치는 하나의 특이성을 제시한다. 'je'와 'tu'는 장르의 범주를 포함하지 않기 때문에, 일치는 문법적 제약의 효과 아래서 이루어지지 않으며 — 일치를 부과시키는 명사가 있을 때처럼 — 말하는 사람 또는 말을 건네는 상대자의 성에 대한 직접적인 지시를 통해서 이루어진다.

2. 그렇지만 명사 목록체의 형태론적 계통 분류의 부재는 그 반대 현상에 비해서 더 적은 숫자의 언어들에서 나타나는 것으로 보인다. 즉, 일정한 수의 범주들 사이에서 명사들의 분할이 이루어지는 경우에 비해서 말이다. 여기서 두 번째 이분법을 구별하고, 비록 문제의 여지가 많기는 하지만—신속하게—중요한 구별에 암시를 주는 것이 필수적이다. 즉, 부류들classes*로 이루어진 언어들의 구별과 장르들genres로 이루어진 언어들의 구별이 그것이다. 그 문제는 복잡하고 맹렬한 논쟁들을 불러일으켰으며, 그것은 몇몇 사람들로 하여금 프랑스어가 부류들을 갖고 있는 언어라고 말하게 할 수 있었다! 또는 장르와 부류 사이의 차이를 취소하도록 만들었다. 나는 매우 간결하게 다음과 같은 대략적인 진술들로 만족하고자 한다.

1. 이 같은 유형의 범주들을 포함하는 언어들 속에서 부류들은 일반적으로 다수이다. 가령, 키지어le kisie에서는 7개가 있다(기니, 시에라리온, 라이베리아 국경 지역의 언어이다. 밀리무노Milimouno의 논문 참조. 〈아프리카 류 언어들에서의 장르와 부류Genre et classes dans les langues à classes d'Afrique〉, 1989). 키룬디 언어에는 17개가 존재한다(반투어. 멜쿡Mel'cuk과 바키자Bakiza를 볼 것. 〈키룬디어에서 부류들의 문제Le problème des classes en kirundi〉, 1987). 푸타-잘롱의 풀라르 언어(기니)에는 25

---

* 명사들과 동사들의 '부류classe'를 구별하는 것이 관건일 때, 그 문제를 다룬 장의 초반부에서 사용된 용법과 명사적 범주를 지칭하기 위해 부류classe라는 단어를 사용한 것을 혼동하지 말아야 할 것이다.

개가 존재한다. 그리고 아제주(《언어들의 구조La structure des langues》, 1982)에 따르면, 나시오이어(살로몬 군도의 언어)에는 40개까지 존재한다. 하지만 아제주는 타오스어(멕시코)는 단지 3개의 부류만을 포함한다는 점을 지적한다. 반면 장르들은 그 수가 매우 적다. 정의상 두 개 이하인 경우가 결코 없으며—그렇지 않을 경우 명사들의 분류가 없는 언어들의 경우로 다시 되돌아간다—아울러 가장 통상적인 용어 체계에서 세 개 이상인 경우가 없다.

2. 부류들은 일반적으로 접두사 또는 접미사의 형식으로 명시적이고 규칙적인 표시들을 포함한다. 하나의 간단한 예가 부룬디의 언어인 키룬디어에서 제공되는데, 바로 이 같은 두 개의 단어의 대립을 통해서 제공된다. 언어의 이름은 어근 '-rundi'를 제시하는데, 이 어근 앞에는 부류 VII의 접미사 표시소 'ki-'가 온다. 부류 VII에는 다른 것들 가운데서도 언어 이름들이 배열된다. 나라의 이름은 동일한 어근을 사용하지만, 다른 것들 가운데서도 나라 이름을 수용하는 부류 XVI의 접미사 'bu-'에 의해서 영향을 받는다.

장르들에 관한 한, 그것들은 항시적 표시소를 늘 포함하는 것은 아니다. 프랑스어에서 남성명사 'étudiant'이 여성명사 'étudiante'과 형태론적으로 구별된다고 해도—하나의 남성명사와 여성명사를 포함하는 수많은 '쌍'처럼—형태적 양상이 결코 그 장르를 식별하도록 허락하지 않는 명사들도 존재한다. 놀라운 예는 하나는 남성명사이고 다른 하나는 여성명사인 동음이의어들의 쌍이다. 가령, 'un page', 'une page', 'le mousse', 'la mousse', 'le vase', 'la vase'가 있다. 다무레트와 피숑은 수십여 개의 예들을 열거하고 있다. 프랑스어에서 한 명사의 형태는 한정된 경우들의 숫자에서만 그것을 남성명사 또는 여성명사로서 파악하게 해줄 수 있다. 예컨대, 남성명사에는 '-ier', '-age', '-ement' 등 유형의 접미사가, 여성명사에는 '-ade', '-aille', '-esse' 등의 접미사가 있다. 표기에서도 종결 묵음 '-e'는 명사들의 장르에 대한 어떤 지시도 하지 않는다. 묵음 '-e'로 끝나는 여성명사들의 수와 거의 동일한 남성명사들이 존재한다(47%의 남성명사, 53%의 여성명사). 이것은 수준 높은 교양인과 전문 언어학자의 몫을 포함하여 단어들의 문법적 성에 대한 매우 빈번하게 나타나는 주저를 설명해준다('abaque', 'agrume', 'alluvion', 'alvéole', 'autoroute' 등). 이와 비교 가능한 상황은 독일어에서 발견되는데, 독일어의 경우 생물 명사들에 영향을 미치는 중성의 존재에 의해서 복잡해진다. 가령, '아이das Kind', '소녀das Mächen', '부인das Weib'의 경우가 그렇다. 다른 언어들, 특히 프랑스어가 아닌 다른 로망어에서는 몇몇 규칙성들이 관찰된다. 하지만 그것들은 결코 예외가 없지 않다. 가령, 스페인어 단어 'mano'는 일반적으로 남성명사 표시소로 해석되는 그것의 종결음 '-o'에도 불구하고 여성명사이다. 라틴어에서부터 표시소 '-a'는 일련의 여성명사들에 빈번하게 나타나는데, 이 표시소는 여전히 수많은 남성명사들을 특징짓는다.

3. 부류들의 의미론적 투자investissement가 늘 총체적으로 투명한 것은 아니다. 몇몇 언어들에서 부류들에 대한 소속은 의미된 대상들의 몇몇 지각적 특질들에 따라서 규정된다. 가령, 긴 물건, 둥근 물건, 평평한 물건, 뾰족한 물건, 이 같은 성질들은 늘 자명하지는 않은 다양한 은유적 평가들을 낳는다. 키룬디어에서 구체球體 모양의 물건들(달걀, 사탕수수, 곡물, 태양, 파인애플, 가슴, 엉덩이 등등)은 부류 III에 속한다. 그렇지만 부류 VII은 언어들의 명사 곁에서, 옥수

수의 이삭, 도시, 동물, 살찐 고양이 등의 명사들을 수용한다. 또 부류 XVI은 나라 이름들에 첨가하여 우정, 턱수염, (집단적) 개미, (동물의) 털 등의 명사들을 포함하지만, 절대적으로 명료하게 이 모든 명사들에 공통적일 수 있는 의미론적 자질들을 식별하는 것이 늘 가능한 것은 아니다. 예컨대 프랑스어에서 처음 보면 남성과 여성의 대립은 대략적으로 말해서 생물 명사에 대해서 성적 차이에 해당되는 것 같다. 하지만 지금부터는 내가 취해야 할 신중함과 나의 발화에 부여해야 하는 한계들로 인해서 아마도 사정이 더 복잡하다는 사실을 알게 될 것이다.

4. 부류들과 장르들 사이의 이 같은 차이들을 열거한 이후에 하나의 공통 자질을 주목해야 할 것이다. 부류들과 장르들은 언어에 따라서 상이하게 그 외연이 다르게 발현되는 일치 현상들을 규정한다. 일치에 의해 영향을 받는 단어 유형의 숫자는 언어마다 다양하게 변하며, 마찬가지로 일치의 표시소에 나타나는 명시적인 성격도 정도가 다르다.

그렇다면 성적 차이를 갖고 있는 부류들을 표시하는 언어들에서는 상황이 어떠한가? 성적 차이의 의미론적 특질은 부류들의 목록체에서 특권적인 지위를 갖고 있지 않은 것으로 보인다. 키룬디어에서도 키시에이어에서도 명사로 지칭된 존재들의 성에 토대를 둔 부류들은 존재하지 않는다. 핀란드어에서 또는 헝가리어에서처럼 성적 차이는 문법 수준이 아닌 어휘부 수준에서만 언급할 사항이다.

프랑스어의 특수한 상황을 참작하기 전에 장르들 자체가 성적 차이에 토대를 둔 모든 언어들에서 존재하지는 않는다는 점에 주목하는 것은 유용하다. 명사를 장르들로 분할하기 위해서 매우 빈번하게 사용되는 구별은 능동적인 생물과 수동적인 무생물의 구별이다. 그것은 특히 인도유럽어에서 나타나는 경우이다. 이 같은 구별은 다른 언어들 속에서, 예컨대 합리적/비합리적(코카서스어들) 사이 또는 우수한/열등한(드라비다어들) 사이의 생물들의 분화를 통해서 완결된다. 이 같은 유형의 계통론은 이 언어들에서 합리적인 것과 비합리적인 것, 우수한 것과 열등한 것 사이에서 인간들의 분할이라는 흥미로운 문제들을 제기한다. 인도유럽어 — 하지만 이 경우 유일한 것은 아니다 — 는 생물/무생물 대립의 한복판에서 성적 차이를 선택했다. 그로부터 중성과 남성과 여성으로 분할되는 생물들 사이의 대립(원칙적으로 무생물이지만 예외들도 존재한다)이 생겨난다. 통시태적 진화가 몇몇 인도유럽어족의 언어들에 대해서, 특히 로망어들에 대해서, 그리고 그 가운데 프랑스어에서, 단지 몇몇 미세한 흔적들만을 프랑스어에 남기면서 중성을 소멸시켰다고 말할 때, 나는 한 사례로서 프랑스어에서 장르 범주의 개념적 내용 문제에 접근할 준비가 되어 있다.

우리는 방금 전 다음과 같은 사실을 확인했다. 문법적 범주들은 비록 그 기의가 늘 직접적으로 관찰자에게 주어지는 것이 아닐지라도 하나의 기의를 가질 수 있다. 이제 우리는 중요한 한 가지 문제에 직면한다. 즉, 프랑스어에서 장르라는 범주의 기의, 개념적 내용은 무엇인가? 나는 그 문제에 대해서 하나의 견해를 갖고 있다. 하지만 그것은 이데올로기적 또는 무의식적인 요인들에 의해서 모호하게 규정된 한낱 견해에 불과하며, 그 요인들 속에서 두 개의 성 가운데 하나에 내가 자리한다는 사실은 대체로 타당성을 갖는다. 즉, 남성들과 여성들이 그 문제에 대해 드러내온 견해들 사이의 차이점들을 놓고 흥미로운 연구가 이루어질 것이다. 나의 견해로는 그 같은 연구는 단지 대략적인 소묘만 이루어진 상태이다. 어찌되었건 나는 나의 견해를 강요할 마음이 없으며 심지어 하나의 사태 기술도 하지 않을 것이다. 나는 일반적으로 언어학자들이 표출해온 견해들을 분류하여 제시하면서 그 문제를 다룰 것이다.

1. 첫 번째 유형의 견해: 장르는 내용을 갖고 있지 않다. 그것은 '텅 빈' 범주이다. 그것의 기능은 엄밀하게 통사적이다. 문법적 일치의 현상들을 통하여 발화체의 일관성을 확보하는 것이다. 이 같은 견해는 빈번하지 않으나, 그래도 거의 모든 시대에서 그것의 대표적인 예들을 찾는 것은 쉽다. 이를테면 여러 가지 사례들을 인용할 수 있을 것이다. 나는 그것의 확실성으로 주목할 만한 다음과 같은 예로 만족한다.

> 아무런 어려움 없이 다음 사실을 받아들일 것이다. 장르의 구별은 개념적 차원의 구별을 표현하는 기능을 갖지 않으며, 어휘부의 분할partition을 효과적으로 만드는 기능도 갖고 있지 않다. (리샤르 르노Richard Renault, 〈문법적 장르와 언어유형론Genre grammatical et typologie linguistique〉, 1987, 105쪽)

그렇다면 장르의 기능은 무엇인가? 내 생각으로는 옐름슬레우에 대한 잘못 이해된 몇몇 언급들에 기대어 그 저자는 담화 속에서 장르가 '일치의 지표'를 성립한다는 가설을 내놓는다. 장르가 일치를 통해서 담화의 통사적 동질성을 설정하는 기능을 갖는 것은 분명하다. 이 같은 현상은 빈번하게 발화체의 지시적 해석을 위한 파급 결과들을 유발한다. 가령, 다음 프랑스어 문장을 보자. "Isabelle est travailleuse, Paul est paresseux: elle réussira, il ne réussira pas 이자벨은 열심히 일하고 폴은 게으르다. 그래서 그녀는 성공하고, 그는 성공하지 못할 것이다." 인칭대명사 'elle'와 'il'의 장르 일치는 그것들이 표상하는 명사들을 식별할 수 있게 한다. 이 같은 식별은 헝가리어 또는 핀란드어에서 다르게 이루어지거나 아마도 더 어려울 것이다. 왜냐하면 그 언어들에서는 'il'과 'elle'에 대해 동일한 단어를 사용할 것이기 때문이다. 따라서 프랑스어의 장르는 통사적 기능을 갖는다. 이것은 곧 장르가 통사적 기능만을 갖는다는 것을 그리고 개념적 내용을 결여하고 있다는 것을 의미하는가? 동일하지 않은 가치를 갖는 많은 반례들이 있다. 나는 그중에서 두 가지만 인용할 것이다.

무엇보다 이 같은 견해는 엄밀한 의미에서 옛날부터 — 또는 어떤 경우이건 그리스와 로마의 문법가들 이후로(다른 문법가들은 말할 것도 없다) — 우리에게 남성과 여성의 장르는 성적 차이와 모종의 관련성이 있다고 말하는 문법적 용어 체계에 역행한다. 따라서 이 같은 견해를 지지하기 위해서는 2500년 전부터 그 같은 용어 체계가 끈질기게 무엇인가 그릇된 것을 말하고 있다고 생각해야 할 것이다.

이어서 내용이 결여된 장르라는 견해는 장르의 범주를 오직 예외를 만드는 것으로 제기하는데, 그 이유는 모든 사람에게 알려진 것처럼 언어적 범주들은 하나의 내용을 갖고 있다는 사실에 연유한다. 내가 알기로 그 누구도 수nombre 또는 시제에 내용이 결여되어 있다는 주장을 한 적이 없다. 그렇다면 왜 예외를 만들 수 있는 유일한 범주가 문법 용어 체계에 존재한단 말인가?

2. 두 번째 유형의 견해: 장르의 범주에서 하나의 내용을 인지하는 언어학자들의 견해이다. 하지만 그들은 이 내용의 본질에 대해서는 견해가 일치하지 않는다. 두 가지 가능성을 관찰한다.

2.1. 몇몇 학자들에게 장르는 성적 차이와 배타적인 관계를 맺고 있지 않다. 그 같은 견해는 사람들이 생각하는 것처럼 그다지 희소하지 않다. 다무레트와 피숑은 수많은 저자들이 밝혀온 그 같은 견해를 반박했다. 예컨대, 프랑스어에 탁월한 실력을 갖고 있던 덴마크의 프랑스어 문법가인 크누드 토제비Knud Togeby가 쓴《프랑스어의 내재적 구조Structure immanente de la langue française》(1965, 141-144쪽)에서 그 같은 견해를 찾을 수 있다. 특히 루이 옐름슬레우에 이어서—이번에는 제대로 이해되었다—(〈생물과 무생물, 인칭과 비인칭〉, 1956-1971), 그는 냉정하게 마치 그것이 절대적 자명성인 것처럼, 남성명사는 '집중', 여성명사는 '팽창'이라는 내용을 갖는다고 확신한다. 그는 이 같은 견해를, 남성명사의 여성명사화가 증가된augmentative 가치를 부여하는 경우들('sablier모래시계', 'sablière모래 채취장'; 'poudrier화약 제조인', 'poudrière화약고, 분쟁 지역')에 기초하여 지지한다.

여기서도 역시 반례가 될 수 있는 논증들은 눈에 너무나 자명하게 들어온다. 사실, 여성명사가 증가된 가치를 갖는 경우들이 존재한다. 하지만 여성명사가 지소적dimunitive 가치를 갖는 수많은 경우들도 존재한다. 'camion화물차, camionette소형 화물차, cigare시가, cigarette담배, amour사랑, amourette일시적 사랑' 등의 남성명사와 여성명사의 쌍들 속에서 또는 'bassin대야, bassine냄비' 등 지소적 접미사 없이 사용되는 명사들에서 관찰할 수 있는 바이다. 이것은 가장 빈번한 경우인 것 같다. 특히 밀네르Milner가 그렇게 한 것처럼(〈프랑스어의 지소사들의 장르와 차원Genre et dimension dans les diminutifs français〉, 1989) 'rat쥐' / 'souris생쥐' 유형의 동물 종들의 명사들을 통해서 설명된 장르들 사이의 대립 현상들을 참작한다면 말이다. 나중에 가서 이 같은 유형의 명사들을 재론할 것이다.

다른 한편 토제비Togeby는 생물 명사에 있어서 장르들 사이의 대립이 빈번하게 성적 차이를 의미한다는 증거에서 벗어날 수 없다. 따라서 그는 다음과 같은 문제에 직면한다. 집중과 남성명사(나는 여기서 남성의 성을 말한다)와 팽창과 여성의 성 사이의 관계를 어떻게 설정할 것인가? 이 물음은 그의 이론에서 계속 암암리에 제기하는 존재론적 문제로서, 그는 그것에 대해서는 물론 단호한 입장을 취하는 것을 삼간다. 물론 철학적 차원에서는 합리적이지만, 그가 수립하려는 언어학적 이론을 위해서는 매우 유감스러운 신중함이다.

이제 독자는 다음 사실을 주목했을 것이다. 이 같은 두 개의 부류는 공통 자질로서 문법적으로 진술 가능한 것의 장으로부터 성적 차이를 배제한다. 이 같은 배제의 몸짓의 기원들—아마도 무의식적인 기원들—에 대해서 자문해볼 여지가 있을 것이다. 몇몇 언어학자들은 그들의 과학적 담론에서 성의 차이의 문제를 수용하는 데 이르지 않았는가?

2.2. 나는 이제 가장 빈번한 견해들에 도달한다. 즉, 그것은 장르에 성적 차이의 기의를 할당시키는 입장들이다. 요컨대, 그것은 문법 용어 체계가 전달하는 견해와 일치한다. 이것은 곧 그 같은 문법

술어 체계가 자명하게 부과된다는 것을 말하는가? 그것은 단숨에 다음과 같은 사실들의 두 계열에 의해서 발현된 두 가지 어려움에 직면한다.

— 무생물 명사는 정의상 성적 분화가 되지 않는다. 이 같은 명사들에 대해서 그것들이 남성명사와 여성명사로 분할되는 것을 어떻게 설명해야 한단 말인가? 요컨대, 프랑스어에서—하지만 동일한 유형의 예들은 비교할 만한 유형의 장르 범주를 포함하는 언어들에서 만날 수 있다—왜 'bassin대야'은 남성명사에 속하며 'bassine 냄비'은 여성명사에 속하는가? 이것은 'lapin토끼', 'lapine토끼(의 여성형)'와 동일한 문제인가?

— 생물 명사에 대해서도 마찬가지다. 장르와 성 사이의 대응은 결코 완벽하지 않다. '자연적' 범주와—전통적으로 성이라고 말한다—장르의 언어학적 범주 사이의 불일치가 어떻게 설명될 수 있단 말인가? 요컨대, 한 남성이 'une sentinelle보초', 'une recrue신병', 'une vigie해상 감시인'가 되고, 한 여성이 'un mannequin마네킹'이 되는 것이 가능한가? "Mme Cresson a été la seule femme Premier Ministre 크레송 여사는 유일한 여성 수상이었다"고 말하는 것이 가능한가? 그리고 'une star스타', 'une vedette인기 배우', 'une victime희생자' 또는 심지어 'une personne사람'가 남성이나 여성에 대해서 차이가 없이 사용되는 사실은 어떻게 설명되는가?

무생물 명사들에 대해서는 다음의 두 가지 해결책이 가능하다.

1. 장르 범주의 성적 성격은 전적으로 생물들에 할애된 것이라고 말할 수 있다. 실제로 무생물 명사에서, 그것들의 분할은 총체적으로 자의적이며, 장르는 이 같은 명사들에 대해 단지 하나의 통사

적 기능만을 가질 뿐이다.

단숨에 사람들은 반례가 될 수 있는 논증을 파악한다. 이 같은 이론은 범주의 단절을 함의한다. 즉, 대체로 그것은 우리에게 'bassin/bassine'의 대립이 기표의 관점에서 그것이 동일한 방식으로 표시된다는 사실에도 불구하고 'lapin/lapine'의 대립과 동일한 위상을 갖지 않는다고 우리에게 말해준다. 더구나 그것은 위에서 암시된 반례의 논증에 직면하는데, 그 논증은 내용이 결여된 범주를 개념화하는 어려움과 관련된다. 이 같은 성격이 그 범주에 의해서 영향을 받은 부류의 일부분에만 영향을 미칠 때에도 말이다.

2. 두 번째 해결책은 더 생생하다. 그것은 장르 대립의 성적 의미가 생물 명사와 무생물 명사 등 모든 명사에 대해서 변별적이라고 말하는 데 있다. 생물 명사들에 대해서는 성의 '자연적' 기준에 따른다. 무생물 명사들에 대해서는 성적 대립이 은유적이다. 즉, 그것들은 은유적으로 생명이 있는 존재로서 다루어지며 장르는 언어의 항상적 발생 속에서 작동하는 무의식이 할당하는 남성적 또는 여성적 특질들에 따라서 장르가 할당된다. 이 같은 두 번째 해결책은 특히 다무레트와 피숑의 유명한 저서 《프랑스어 문법 시론Essai de grammaire de la langue française》에서 생생한 예들을 통하여 설명된다. 우리는 이미 앞 장들과 이 장의 도입부에서 이 같은 쌍두雙頭 괴물의 실루엣을 알아보았다. 에두아르 피숑은 정신분석학자였으며, 라캉에게 자기 스승의 한 사람으로서 명시적으로 인정받았다. 더 나가 정신분석학 분야의 출판물뿐만 아니라 문법에 대한 저술들에 대해서도 그렇다. 장르 개념은 두 문법학자의 저술에서 유의미하게 성상사성sexuisemblance 개념으로 대체된다. 그것은 그 이름이 지시하

듯, 은유적 성이다. 두 문법학자들이 그것을 다루는 매우 중요한 장(1권 4장 355-423쪽)은 성상사성의 두 용어 사이에서 무생물 명사들의 은유적 분할을 결정짓는 동기들을 해석하고자 한다. 이 같은 동기 부여는 그들에 따르면 '피발화자allocutaire'의 성적 위상을 참작하는 '발화자locuteur'의 발화작용에 속한다.

> 발화자와 피발화자 사이의 말의 관계에서 다른 모든 사회적 관계에서와 마찬가지로, 대화자들에게 가장 중요한 것은 성의 문제이다. 하지만 본질적으로 살아있고 풍요로운 표현 방식인 은유를 사랑하는 우리의 문명에서 외부 세계의 모든 사물들은 발화적인 것 또는 피발화적인 것으로 이동할 수 있으며 '인칭들personnes'이 될 수 있는 것으로 나타난다. 바로 사물들을 두 개의 칸막이로 분류하면서 성상사성sexuisemblance이 표현하는 것은 바로 이 같은 인칭성이다. 그 두 개의 칸막이를 화자는 각각 자신과 유사한 부분을 포함하는 것과 자신과 닮지 않은 것으로 지각한다. (《시론Essai》 1권, 367쪽)

두 저자는 그 점을 명시적으로 말하지 않는다. 그만큼 이런 현상은 그들에게 자명한 것으로 보인 것 같다. 그들이 기술하는 작동들은 의식적으로 실행되지 않으며 매순간 자신의 언어의 범주들을 재구성하면서 언어 주체들의 무의식 속에서 실행된다.

이어서 너무나 유명한 대목bravoure의 파편들이 이어진다. 예컨대 'mer'라는 여성명사에 대한 분석이 있다. 이것은 어원적으로 라틴어에서 중성인데 분석에 따르면 프랑스어로 넘어오면서 남성으로 바뀌었을 것이다. 이 같은 놀라운 변천을 설명하기 위해서, 저자들은 명시적으로—《시론Essai》에서는 매우 드문데—정신분석학을 참조한다.

> 정신분석학자들은 우리에게 다음 사실을 확신시켜준다. 그들 연구의 대상이 된 모든 민족들에게서 '바다mer'는 꿈속에서 '어머니mère'를 표상하기 위한 빈번한 상징이다. 이것은 여성적 성상사성sexuisemblance을 '바다'에 부여하는 은유적 경향을 함의하지 않는가? 이 같은 경향은 프랑스어에서 'mer'라는 음가와 〔구술로 가장 평범한 실현인〕 'mère'라는 단어 사이에 존재하는 동음이의어에 의해서 강화된다. (《시론》 1권, 372쪽)

그렇지만 다무레트와 피숑의 분석들이 늘 모종의 반여성주의를 결여하고 있는 것은 아니라는 점을 주목해야 할 것이다. 내가 보기에 그 같은 반여성주의가 덜 독소적인 것은 그것이 있는 그대로 완전하게 인정되고 가정되었다는 사실에 의해서, 아울러 빈번하게 매우 의식적으로 놀이적이며 호전적인 양상들을 취한다는 사실에 의해서이다. 내 생각에 그들의 시대(양차 대전 사이)에는 매우 희소한 태도이다. 아울러 그것은 오늘날에도 관찰되는 덜 제어되거나 혹은 더 은밀한 몇몇의 태도들로부터 분명하게 벗어난다.

아마도 이 같은 유형의 이론들을 완전히 유효하게 만들 요소들을 찾는 것은 불가능하다. 선행 이론들에서 본 것과는 달리, 그것들이 잘못되었음을 입증하는 것은 똑같이 어려워 보인다. 앞서 제시된 선행 이론들은 이론을 초토화시키는 반례가 되는 논증들에 곧바로 직면한다. 그런데 나는 다무레트와 피숑의 이론들에 대해서는 그 같은 반례의 논증들을 알지 못한다. 더구나 그들의 이론에 유리한 매우 강력한 지표들이 존재한다. 이것들은 특히 무생물들 또는 추상 개념의 의인화로부터 알려진 현상들이다. 의인화는 성적 의미 부여sexualisation를 함의하며, 이 같은 성적 의미 부여는—매우 드물고 기묘한 예외들을 제외한다면—문법적 장르의 모델에 기초하여 이루어진다. 프랑스어에서 '진리la Vérité'와 '죽음la Mort'은 여성의 양상으로 의인화된다. 아울러 그리스어의 '사나토스θάνατος'가 남성의 형식으로 의인화되는 것에 늘 놀란다. 이것은 프랑스어 번역에서 그 단어를 자연스럽게 '죽음Trépas'으로 바꾼다.

생물 명사들의 경우는 지시체의 성과 관련하여 장르를 역전시키는 명사들이 어휘부에 존재하면서 논쟁을 일으킨다.

그렇지만 그것들의 성적 차이에도 불구하고 하나의 유일한 장르를 구비한 동물들의 경우는 논외로 할 것이다. 가령 사람들은 'un cachalot향유고래'와 'une baleine고래'이라고 말하는데, 암컷 'cachalots'와 수컷 'baleines'이 있다는 사실을 참작하지 않고 그렇게 말한다. 장르를 통해서 수컷과 암컷을 구별하는 두 단어들의 동일한 종에 대한 존재는 장 뒤부아Jean Dubois(〈동물 명사에서의 장르Le genre dans les noms d'animaux〉, 1989)에 따르면 하나의 예외적 사실이다. 이를테면 두 개의 모델에 기초하여 그 같은 구별의 혜택을 누리는 동물 종들의 숫자는 기껏해야 40종을 넘지 않는다. 가령 'chien/chienne'(수캐/암캐) 유형의 형태론적 대립과 'cerf/biche'(수사슴/암사슴) 유형의 어휘적 대립이 있다. 동물 종들의 이 같은 장르의 문제에 대해서 다무레트와 피숑은 'souris/rat'(생쥐/쥐), 'hibou/chouette'(부엉이/올빼미) 또는 'grenouille/crapaud'(개구리/두꺼비)

유형의 이웃한 종들 사이에서 관찰되는 대립들에 대해서 흥미로운 시사점을 제공한다. 언어의 구조에 의해서 특히 아이들에게서 유도된 소박한 동물학적 계통 분류 속에서 이 같은 유형의 대립들은 빈번하게 수컷과 암컷을 구별하는 것으로 해석된다. 일반적으로 남성명사는 다른 종에 비해 큰 차원의 종에 적용된다.

인간에 있어서 성과 장르의 불일치는 두 개념 사이의 관계에 대한 연구에서 또한 골치 아픈 문제이다.

가장 흥미로운 현상은 물론 전통적으로 남성에게 할당된 기능들에 관한 것으로서 그 같은 기능들이 여성들에 의해 점유되기 시작하는 순간에 발생한다. 따라서 그 같은 기능을 지칭하는 명사들의 여성화의 문제가 제기된다. 이를테면 '수상Premier ministre'이 있다. 그 문제는 약 20여 년 전부터 수많은 연구들과 특히 열정적인 논쟁을 생산했다. 이 문제에 대해서 나는 매우 일반적인 5가지 관찰들로 만족한다. 일체의 오해를 피하기 위해서 나는 먼저 이 같은 유형의 관찰들이 때때로 여성화의 기획들을 찬성하거나 반대하는 논거로 사용된다는 점을 지적하고자 한다. 나로서는 그 같은 논거들을 투박한 상태로 다음과 같이 제시할 것이며 어떻게 쓰이든 그 사용법에 신경 쓰지 않을 것이다.

1. 모든 직업 명사와 기능 명사에 여성 형태를 부여하는 기획은 성의 '세속적' 현실과 장르의 언어학적 범주 사이에 절대적 동형성이 존재해야 한다는 암묵적인 가정에 기초한다. 즉, 어떤 기능도 여성명사의 수혜를 입지 않은 채로 한 여성에게 확보될 수 없다. 이 같은 가정은 언어의 데이터에 총체적으로 기초하지 않는다. 그것은 위에서 보았듯이, 몇몇 경우에 성에 견주어 장르를 역전시킨다

('sentinelle보초' 또는 'mannequin인형(패션모델)' 경우). 또는 성의 어느 한 존재에 남성명사 또는 여성명사를 제시한다('individu개인' 또는 'personne사람' 경우).

2. 이따금씩 언급된 것과 달리, 프랑스어에는 중성의 장르가 없다. 그 같은 성이 존재하기 위해서는 라틴어나 독일어에서처럼 명사에 대해서 그리고 경우에 따라서는 중성의 형용사들에 대해서 구체적 형식이 존재해야 한다. 이 같은 현상이 프랑스어에는 존재하지 않는다. 예외가 있다면 매우 잉여적인 자격으로서 매우 오래된 형용사 'pis' 정도가 예외이다. 이 형태는 남성과 여성에 공통인 양성의 'pire'와 대립한다. 예를 보자. l'état est encore pire상태는 여전히 더 나쁘다/la situation est encore pire상황은 여전히 더 나쁘다/c'est encore pis여전히 더 나쁘다.

우리는 다음 사실을 알게 된다. 라틴어의 형태론적 중성의 최종 복제물은 유일한 예외로서 무생물 대명사와 일치하는 형용사에 특수한 형태를 제시한다. 모든 경우에 있어, 무생물 대명사들은 비록 무생물 명사에 적용된다고 해도 중성 명사는 아닌 남성명사와 일치하는 것으로 규정한다. 중성적 장르를 여기 6장의 첫 번째 저자 주석에서 제기한 미분화된 장르의 문제와 혼동하지 않도록 주의해야 할 것이다.

3. 너무 빈번히 언급되는 것과는 달리 직업 또는 기능 명사의 여성화에 있어서 특별히 언어학적인 장애물은 없다. 마찬가지로 전통적인 여성 직업 명사의 남성화에도 그 같은 특별히 언어학적인 문제는 없다. 가령, 전통적인 예는 '산파sage-femme'이다. 유일한 예들은 이데올로기적 성격에 속한다. 요컨대, 그 어떤 언어학적인 요

인도 다음과 같이 말하는 것을 금지시키지 않는다. "크레송 여사는 아직까지 수상이 된 최초의 여성이다 Mme Cresson reste la seule femme à avoir été Première ministre." 물론 왜 그렇게 말하지 않는지 이유를 묻는 질문이 제기된다. 또 그렇게 말하지 않는 사람들이 과연 누구인지를 묻는 질문을 던질 수 있을 것이다.

4. 어휘의 언어학적 데이터는 너무나 빈번하게 언급되는 것처럼 인간 의지가 조율된 개입에 총체적으로 저항하는 것은 아니다. 물론, 이 같은 개입은 빈번하게 심각한 장애물에 봉착한다. 그 증거로 프랑스에서 1990-1991년에 시도된 철자법 개혁의 다양한 기획들을 중심으로 각계각층에서 분출된 대립들의 위험성을 들 수 있다. 그렇지만 일상적 경험을 통해 어휘부에 대한 개입들이 주의 깊게 고려된다면 효과적일 수 있음을 알게 된다. 직업 명사와 기능 명사들의 문제에서 여성화된 형태들의 사용을 권장하기 위해 정부 차원의 결정들이 이루어졌다. 1986년 3월 11일, 1998년 10월 6일, 2000년 3월 6일의 권고사항들circulaires이다. 1999년 이후로 프랑스에서는 '여자여, 나는 너의 이름을 쓴다Femme, j'écris ton nom'라는 명목으로 출간된《직업 명사의 여성화에 관한 안내서Guide d'aide à la feminisation des noms de métiers》라는 문헌이 존재한다. 동일한 차원의 장치들이 다른 프랑스어권 국가들에서도 나왔다.

5. 어휘부와 반대로 형태통사론적 구조들은 일체의 개혁 의지velleite에 대해서 더 강력한 저항을 드러낸다. 그 결과, 프랑스어 남성명사의 미분화된 장르의 성격(위를 볼 것)은 지금까지 다음과 같은 유형의 호격 표현들의 일반화에 의해서만 그 윤곽이 파악된다. 가령, 'Français프랑스 남성들, Françaises프랑스 여성들 또는 travailleuses

여성 노동자들, travailleurs남성 노동자들' 등으로서 이것들은 정치적 담론에서 선행하는 단어들 'Français'와 'travailleurs'를 대체했다. 그렇지만 남성명사의 속성은 여기서 담화 차원에서 은폐되어 일치 현상 속에 존속하며, 아울러 일치된 요소들의 반복적인 남성화에 의해서 취소될 수 없을 것이다. 이것은 그 예이다. "ce jeune homme et cette jeune fille sont travailleur et travailleuse. 이 젊은 남자와 젊은 여자는 남성 노동자이고 여성 노동자이다."

언어 속에서 죽음과 그것의 위상의 문제로 가기 전에 나는 특히 두 가지 점에 대해서 주의를 당부하고 싶다. 그 문제들은 비록 있긴 하지만, 본 장에서 아마도 상당 부분 암시적으로 남아 있을 것이다.

첫 번째 문제는 매우 일반적인 파급 범위를 갖는다. 몇몇 언어학자들은 언어에 대한 성찰의 여러 계기들에서 성적 대립의 형태론적 범주화는 일반적으로 언어들에 할당된 의사소통의 기능에 그렇게 유용한 것은 아니라는 견해를 밝힌 바 있다. 장르라는 범주가 커뮤니케이션보다는 수nombre의 범주에 더 유용하다는 것은 사실이다.* 여러 언어들에서 그것이 결여되었다 해서 심각한 불편함이 있는 것 같지는 않다. 사람들은 심지어 영어에 대한 찬양에 귀를 기울이기도 한다. 영어는 인도유럽어 기원들이 자신에게 부여한 장르를 제거할 줄 알았다. 그렇지만 반박되는 이 같은 기능성에도 불구하고,

* 담화의 매순간, 지칭된 대상들의 수량을 표시하는 수數라는 범주는 장르와는 전혀 다른 방식으로 작동한다. 이를테면 하나의 명사는 정상적인 조건들 속에서 하나의 장르를 항상 구비하지만, 상황에 따라서 언어의 형태론적 구조 속에 현존하는 두 개의 수(또는 둘 이상)의 형태를 취하기에 적합하다. 수의 범주는 물론 보편적이지 않다. 그것은 장르에 비해서 여러 언어들에서 더 드물게 나타나는 것 같다.

성적 차이는 상당수의 언어들에서 문법적 장르의 형태로 형태론적 범주화를 유발한다. 그것은 거기서 상당한 중요성을 획득하여 그것의 술어 체계를 통해 라틴어, 프랑스어, 영어에서 관찰한 것처럼 성과 관련된 어휘부에 영향을 미치기에 이른다. 이것은 오늘날 성에 부여하는 문법적 범주의 이름이다! 이 같은 첫 번째 목격 사항을 낳을 수 있는 문제를 알게 된다. 즉, 상당수의 많은 언어들이 성적 차이에 대해서 그처럼 중요한 언어학적 위상을 부여하려는 성향이 어떻게 설명되는가?

여기서 우리는 오랫동안 프로이트의 관심을 끌었던, 특히 이미 1장에서 다룬 한스 스페르베르Hans Sperber에 대한 논의에서 제시된 언어의 잠재적인 성적 기원에 대한 문제를 다시 발견한다. 그렇지만 스페르베르는 그의 논증 속에서 장르의 문법적 문제를 개입시키지 않아 나를 계속해서 놀라게 한다. 그는 라캉에 의해서 명민하게 상기된 조건들 속에서 어휘부로 만족한다.

> 그 의미작용이 원래 성과 관련된 단어들이 매우 동떨어진 의미작용을 포괄할 정도까지 슬그머니 퍼져나갔다고 해서 곧 의미작용의 모든 장이 성적 단어들 속에 포괄된다는 뜻은 아니다. (《세미나》7권《정신분석학의 윤리L'Éthique de la psychanalyse》, 197쪽)

실제로 스페르베르가 제기하는 문제가 바로 이것이다. 모든 언어의 어휘부는 기원적으로 성과 관련된 것의 지칭에 한계가 그어져 있다. 수많은 언어들로부터 무수히 참조한 가운데—생생하고, 박식하고, 고백하건대, 빈번하게 설득적인—저자는 언어들의 어휘부의 전체 영역을 생성하기 위해 성적 영역을 벗어나 슬그머니 퍼져 나가는 은유들의 점증적인 확장을 기술한다. 그리고 그는 무시할 수 없는 나머지들을 희열을 느끼며 열거한다. 그는 게르만어들 속에서 단어들의 이 같은 성적인 기원의 의미 작용을 본질적으로 식별한다. 나는 프랑스어권 독자들에게 (경우에 따라서는 다른 나라 언어의 독자들에게) 그들의 언어langue에서 그 같은 현상의 예들을 찾는 수고를 맡길 것이다. 그 같은 예들은 그들의 언어langue에 얼마든지 있다.

주목해야 할 두 번째 사항은 반대로 한계가 그어지는데, 여기서는 프랑스어와 프랑스어권 문제에 대해서만 시사되었기 때문이다. 직업 명사와 기능 명사의 여성화 문제에 대해서 강력한 열정의 분출을 목격한다. 그 예들은 현실에서 그 문제가 대두되면서 수없이 많아진다. 이 같은 사태의 목격이 유도할 수 있는 질문을 보게 된다. 이 같은 열정들의 격렬함은 어디서 오는가?

언어들과 언어활동 속에서의 죽음

언어활동langage 속에서 죽음은 어떻게 표현되는가? 그 문제는 복잡하다. 그것은 다음과 같은 두 가지 형식으로 연속적으로 제기될 만하다.

1. 여러 언어들langues의 문법적 체계에서 죽음은 어떻게 표현되는가?

2. 여러 언어들langues의 어휘부에서 죽음은 어떻게 표현되는가?

언어활동langage의 무의식 속에서 죽음의 위상이라는 세 번째 문제를 제기하는 데 두 질문에 대한 답변의 요소들을 사용할 수 있는가?

여러 언어들의 문법적 체계에서 죽음의 문제

양성sexes의 차이에 대해서 우리가 방금 전 본 것과는 상반되게, 살아있는 존재와 죽은 존재 사이의 대립은 그 어떤 언어에서도 형태론적 범주의 형식으로 참작되는 것 같지 않다. 그것은 물론 생물과 무생물의 대립과 더불어 혼동되지는 않을 것이다. 'homme남성', 'femme여성', 'animal동물' 등의 명사들은 생물에 속하며, 비록 그것들이 지칭하는 실재가 죽은 존재라 하더라도 말이다. 'caillou조약돌', 'chariot마차', 'feu불', 'philosophie철학' 등은 무생물에 속하지만, 삶과 죽음의 대립과 전혀 관련이 없다.

그렇지만 형태론적 범주의 명목으로 생명과 죽음의 대립을 인정하게 될 언어를 상상하는 것을 그 무엇도 막지 못한다. 이 언어 속에서 'homme'와 'femme'는 사람들이 언급하는 'homme' 또는 'femme'가 살아 있는 것인가 또는 죽은 것인가에 따라서 범주를 바꿀 것이다. 정확히 프랑스어 명사 'ministre장관'에 대해서 문제가 되는 사람이 남성이냐(le ministre) 또는 여성이냐(la ministre)에 따라서 그렇게 하는 것과 매일반인 것처럼 말이다. 하지만 상당수의 많은 언어들langues의 실제 목록체들 가운데 그 어떤 것도 죽음에 대립된 생명의 기준에 따라 형태론적 변이의 현상을 보고하고 있지 않다. 여기서는 매우 오래된 라울 드 라 그라스리Raoul de la Grasserie(1906)의 저서와 훨씬 최근의 것인 그레빌 코르베트Greville Corbett(1991)의 저서에 근거를 두고 있다. 이 저서들 가운데 어느 것도 그 같은 현상을 포함하는 언어langue를 지적하고 있지 않다. 이것은 곧 그 같은 현상이 어떤 언어에서도 나타나지 않는다는 점을 말해주고 있는 것인가? 언어들의 숫자와 동시에 (6,000여 개의 차원) 그 같은 큰 숫자의 언어들에 대해 알고 있는 지식이 거의 얼마 되지 않는다는 점을 고려하건대, 이 점을 확실하게 말하는 것은 불가능하다.

그렇지만 세부사항들에 속하는 수정 사항들을 제외한다면 다음 사실을 받아들이자. 죽음은 형태론적 범주들의 목록체에 있는 그대로 존재하지 않는다. 겉으로 드러나는 예외는 몇몇 아메리카 인디언어에서 나타나는 것으로 보인다. 라울 드 라 그라스리는 형제 부족의 부모가 살아있는지, 죽었는지에 따라서 'le frère형' 또는 'la soeur여동생'를 지칭하는 데 상이한 명사들을 사용한다고 보고하고 있다. 그렇지만 이 같은 대립은 그 결과로 두 가지 상이한 범주 속에서 대립되는 명사들을 배열하지는 않는다. 문제가 되는 것은 문법적 현상이 아닌 어휘적 현상이다.

프랑스어의 경우, 죽은 인간에 할당된 문법적 범주를 구성하는 것으로 간주되는 주변적 현상을 제시한다. 바로 죽은 사람에게 적용되는 옛 형용사 'feu'(고인이 된)라는 단어이다. 그 어원이 라틴어 'fatutum'—즉 '운명에 의해 영향을 받은touché par le destin'—인 이 형용사는 이중적 특수성을 갖는다. 한편으로 그것은 정관사 앞에 완전히 엉뚱하게 놓일 수 있다. 다른 한편으론 그것 앞에 놓인 명사가 여성일 때, 여성명사의 표시소를 취하지 않는다. 가령, 'Feu la mère de Madame고인인 모친' (프랑스의 극작가 페이도Feydeau의 희곡 작품의 제목)이 있다. 'défunt'(서거한)이라는 형용사가 동일한 현상을 제시하는 예들이 존재한다. 가령, 'défunt Maman돌아가신 엄마'(소설가 외젠 쉬Eugène Sue). 이 같은 이중적 현상은 절대적으로 언어의 통사적 형태적 규칙들을 제동시키는 것으로서 형용사에 여성명사와 더불어 사용되는 남성명사의 일치를 부여한다. 이것은 프랑스어에서 죽음에 영향을 받은 사람에게 부여된 형태적 특수성의 유일한 흔적이다. 이 같은 표시소는 여성들에 대해서만 표면적으로 드러나는데, 그 이름은 형용사를 여성명사와 일치시키는 한정을 멈춘다. 이 같은 유일한 경우에서 남성 장르는 죽음의 장르의 위상에 접근한다.

'feu'라는 형용사는 몇몇 사소한 망상들을 규정하는 데 적합하다. 라캉은 이를 회피하지 않는다. 그는 매우 합리적으로 "무의식은 기의보다는 기표를 더 많이 신경 쓴다"는 점에 주목하기 시작한다. 아울러 이 같은 가정에 부합하여, 그는 'feu'라는 기표가 방랑하도록 놔둔다.

> 고인인 나의 아버지feu mon père는 〔무의식 속에서〕 아버지가 신의 불이었다는 것을 의미하며, 더구나 그에 맞서서 "불이요!"라고 명령을 내린다는 것을 의미한다. (《에크리》, 570쪽)

그렇지만 형용사 'feu'에 의해 성립된 예외는 가장 주변적인 현상이다. 그것은 죽음이 언어들의 문법 구조에서 거의 자리를 차지하지 못한다는 일반적 사실에 전혀 균열을 내지 못한다.

이 같은 부재의 극단적 예는 'vivre'라는 동사의 위상에 의해서 제공된다. 그것은 '미완결' 동사들verbes imperfectifs의 모든 행동 양식들을 갖고 있다. 즉, 이 같은 동사들이 지칭하는 행동은 지속의 한계가 없이 연장될 수 있는 것으로 제시된다. 바로 이러한 이유에서 프랑스어의 그 같은 동사들은 일반적으로 복합 시제에서 가장 빈번하게 조동사 'être'를 동반하는 완결 동사verbes perfectifs와 달리 조동사 'avoir'를 취한다. 요컨대, 동사 'vivre'는 그것의 문법적 행동 양식 속에서 죽음의 기일을 고려하지 않는다. 정상적으로 하나의 인간 주체를 갖는 모든 미완결 동사에 대해서도 마찬가지다. 우리는 지속의 어떤 한계 설정, 심지어 죽음의 한계 설정 없이도 'penser 생각하다', 'souffrir 고통받다', 'travailler 일하다'를 말할 수 있다. 그 결과, 프랑스어의 문법적 구조 속에서—수많은 다른 언어들에서 나타나는 것처럼—죽음은 존재하지 않는다. 즉, 우리 인간들은 문법적으로 불멸이다.

여러 언어들의 어휘부에서 표현되는 죽음의 문제

이 점에서 우리는 문법적 근원들에 대해 방금 전 기술된 것과 정반대되는 현상을 관찰한다. 즉, 언어들은 죽음, 특히 죽는 행위를 지칭하기 위해서 극도로 확대된 낱말들의 목록체를 구비하고 있다. 프랑스어의 예를 들어보자. 모든 언어들이 동일한 유형의 데이터를 제공할 것이 확실하다.

'mourir죽다'라는 동사는 프랑스어 동사들 가운데 아마도 가장 많은 '동의어'를 갖고 있는데, 모든 동의어들처럼 물론 서로 접맥된다. 《동의어 사전Dictionnaire des synonymes》은 'mourrir'에 대해서 38개의 대체 표현을 제공한다. 가령, 'j'habite à Paris 나는 파리에 거주한다' 또는 'je demeure à Paris 나는 파리에 머무른다'는 실제로 'je vis à Paris 나는 파리에 산다'의 가능한 대체 표현들이다. 이것은 곧 'habiter'와 'demeurer'가 'vivre'의 '동의어'라는 것을 의미하는가?

'mourrir'의 '동의어들' 가운데 몇몇은 본래 완곡어법euphémisme

이다. 특히 'décéder사망하다'와 'disparaître사라지다'의 경우이다. 다른 동의어들은 죽음의 상이한 특수한 양상들을 강조한다. 가령, 'crever'는 원칙적으로 동물들의 죽음에 국한되며, 경멸적인 의미로 인간들에게 적용된다. 'trépasser'는 죽음을 또 다른 세계로 이동하는 것으로 제시하면서 종교적 의미를 포함한다. 'disparaître'와 함께 조동사 'avoir'와 더불어 복합 시제로 구성되는 이 같은 동사들 가운데 유일한 동사인 'périr'는 삶의 활동의 정지를 강조한다.

만약 최근에 나온 사전 《자유롭게 사용되는 프랑스어 사전Dictionnaire du français en liberté》를 참조하자면, 'mourir'에 대해서는 103개 이상의 단어들이나 표현들을 찾을 수 있는 반면, 이 사전에 따르면 'vivre'는 '속어적, 민간적 또는 친숙한' 일체의 등가어가 전적으로 결여되어 있다. 여기서 완곡어법화한 의도들은 'casser sa pipe자신의 담배 파이프를 부수다' 또는 'avaler son bulletin de naissance자신의 출생증명서를 삼키다' 등의 유형의 어느 정도 생생하거나 장난스러운 표현들이 만들어지면서 나타난다.

그렇지만 이 같은 어휘의 급속한 증가에 대한 주목할 만한 예외가 존재한다. 즉, 이미 부패했지만 아직 유골 상태가 아닌 시신을 지칭하는 단어가 일반적으로 결여되어 있다. 아마도 보쉬에Bossuet는 언어들의 총체성을 부정적으로 상기시키면서 신중치 못했던 것 같다. 그렇지만 그는 라틴어에 기대고 있다. 그는 자신의 영광스러운 단언에서 단지 라틴어 저자만을 인용하기 때문이다.

> 테르툴리아누스Tertullien[191]가 말한다. 육체는 또 다른 이름을 취할 것이며, 그것은 다른 어떤 언어에서도 이름을 갖지 않는 나도 모를

것이 된다. (〈1685년 부활절 강론Sermon pour le jour de Pâques de 1686〉)

그렇지만 우리는 이 점에서 이름을 찾지 못하는 것은 죽음이 아님을 안다. 그것은 죽음으로 파괴된 대상일 뿐이다.

이 같은 예외를 차치한다면, 죽음의 지칭은 널리 퍼져 있다. 마치 그것이 문법적 구조에서 부재한다는 사실에 대한 보상이기라도 하듯이 말이다.

하지만 이 같은 언급을 다음 사실을 통해서 수정하는 것이 적절하다. 이 같은 증식은 역설적으로 죽음의 이름을 건드리는 금기의 현상에서 그것의 기원을 찾는다. 금지된 단어에 대한 대체 표현을 찾아야 하는 것이다. 금기 속에 그것을 떨어뜨릴 위험을 무릅쓰더라도 말이다. 사회에 따라서 상이한 양상들을 취하는 이 같은 현상은 4장에서 연구되었다.

언어활동의 무의식 속에서의 죽음

우리는 방금 전 제시된 문법적 자료들을 통해서 죽음이 성sexe과는 달리 언어들의 형태적 구조들로 은폐되어 있다는 사실을 목격했다. 이 같은 골치 아픈 현상은 아마도 무의식은 죽음을 알지 못한다는 사실 속에서 그 기원을 찾는다. 프로이트는 여러 차례에 걸쳐서 그 점을 강조한다.

> 무의식 속에서, 생명의 절멸이라는 우리의 개념에 대해서 하나의 내용을 제시할 수 있는 그 어떤 것도 발견되지 않는다. […] 죽음과 유사한 그 어떤 것도 결코 체험되지 않거나 소멸처럼 탐지 가능한

> 그 어떤 흔적도 남겨두지 않는다. (《억제, 징후, 불안Inhibition, symptôme et angoisse》, 《프로이트 전집》 17권, 300쪽)

그 결과, 죽음은 '부정적인 내용을 지닌 추상적 개념'이기 때문에 무의식 속에서 위상을 갖지 않는다. 무의식은 프로이트가 특히 《꿈의 해석》에서 강조하듯이 어느 정도 부정적 내용들을 표현하고자 복잡하고 지나치게 미묘한 만능열쇠의 표현법들로 환원된다. 그 결과 근본적으로 "무의식은 부정négation을 알지 못한다." 일정한 방식으로 1장에서 다루어진, 프로이트가 칼 아벨Carl Abel의 가르침으로부터 취한 바이다. 상반 항들 — 빈번하게 모순적이다 — 의 정체성은 부정의 비非존재non-existence를 전제로 하며, 그렇게 해서 죽음이라는 모든 것들 가운데서 부정적 개념의 비존재를 전제로 한다. 프로이트는 더구나 가장 정교한 의식 속에서 죽음의 부재의 가능성을 돌출시키게 만든다.

> 우리의 생물학은 여전히 죽음이 모든 살아있는 존재의 필연적 운명인지, 아니면 죽음은 생명의 한복판에서 특이한 하나의 사건에 불과한 것인지의 여부를 결정할 수 없다. (〈두려운 낯섦〉, 1919, 《프로이트 전집》 15권, 176쪽)

그렇지만 아마도 표면적으로만 역설적인 귀환을 통해서 프로이트는 '파괴의 충동'을 부정의 기원으로서 제시한다.

판단에 대한 연구는 1차적 충동적 동작들의 놀이로부터 지적 기능의 출현에 대한 이해로 우리를 접근시켜준다. [⋯] 그 같은 긍정

—통일의 대체물—은 에로스에 속하고, 부정—배제의 계승자—은 파괴의 충동에 속한다(〈부정La négation, Die Verneinung〉, 《프로이트 전집》 17권, 170쪽).

조심할 점이 있다. 문제의 관건은 단지 판단 요소로서의 부정뿐 아니라, 그것과 불가분한 '부정의 상징'이다. 프랑스어의 'non'과 'ne... pas', 독일어의 'nein'—그것의 이름을 'Verneinung부정'에 부여한다—과 'nicht'이다.

한 순간 성찰해보아야 할 것이다. '부정의 상징'을 갖고 있지 못한 언어는 어떻게 될 것인가? 그 어떤 단언문의 진위성을 문제 삼을 수 없는 언어라니? 아울러 이 같은 불가능성의 포로가 될 인간들의 사유 방식은 무엇이 될 것인가? '파괴의 충동'—이것은 '죽음의 충동'의 다른 이름에 불과하다—은 프로이트에게 있어 인간 언어의, 그것을 통해서 인간 지성의 근본적 요소들 중 하나의 기원이 된다는 것을 우리는 안다.

나는 내 책의 이 지점에 도달하여 비로소 다음 사실을 선명하게 의식한다. 나와 같은 미약한 언어학자는 서투르게 까치발로 키를 높이려 한다. 자신의 능력과 분수에 맞게 한정된 영역으로 국한되어야 한다. 하지만 독자들이 이해했듯이 나는 경솔함을 제외하고는 그 같은 한정된 틀 속에 머무르지 않았다. 더구나 이 같은 궁극적인 사변 속에서 나는 프로이트 이후에 라캉과 소쉬르를 동시에 만나게 된다.

실제로 라캉은 〈장 이폴리트 해설 입문Introduction au commentaire de Jean Hyppolite〉에서—빈번하게 이 같은 주석은 그 대상으로서 '부정La négation'에 대한 프로이트의 논문을 취한다—명시적으로 죽음과 부정 사이의 관계라는 문제를 제기한다.

> 그 결과 죽음은 우리에게 담화를 부정하는 것이 무엇인가 하는 물음을 가져다주지만, 또한 부정을 도입하는 것이 바로 죽음인지의 여부를 알 수 있다. 왜냐하면 담화의 부정성은, 그것이 존재하지 않는 것을 존재하게 만든다는 한에서, 우리를 다음과 같은 문제로 귀결시킨다. 즉, 상징적 질서 속에서 발현되는 비非존재가 죽음의 현실에 기인하는 것을 아는 것이다. (《에크리》, 379-380쪽)

라캉의 질문 제기의 범위는 담화로 한계가 그어져 있다. 즉, 죽음이—만약 그것이 죽음이라면—부정을 도입하는 것은 담화 속에서이다. 소쉬르의 성찰—라캉이 다시 취한 그것의 구성 성분들의 성찰에서—은 '부정성'을 언어의 토대적 요소로 삼는 데 있다. 아마도 《일반 언어학 강의》에서보다는 〈언어활동의 이중적 본질 L'essence double du langage〉[192]에서 아주 엄밀하게 '부정성'négativité의 원칙을 제기하는 것은 사실이다.

> 언어langue는 따라서 두 가지 계열의 사실들의 상관관계로 이루어진다.
>
> 1. 오직 부정적인 대립들 속에서 또는 차이들 속에서만 이루어진다. 하나의 부정성을 그것들 자체로 제공하는 구성항들에서 이루어지는 것이 아니다.
>
> 2. 그것들의 부정성 자체에서 매순간 1차적 질서의 차이가 2차적 질서의 차이 속에 포함되며 상호적으로도 마찬가지다. (《일반 언

어학 노트Écrits de linguistique générale》, 73쪽)

이제 다음 사실을 알게 된다. 소쉬르에게서 부정성은 언어를 언어로서 성립시키는 것일 뿐이다. 우리는 2차적 질서의 차이들('의미 작용들'의 차이는 이 시대에는 '기의들'로 이해되어야 한다) 안에서 '1차적 질서'의 차이들의 상호적 '통합incorporation'이라는 필수불가결한 과정 안에서만('기호들'의 차이는 이 시대에 '기표들'로 이해되어야 한다) 실증성(이 텍스트에서 이 용어의 부재를 주목했을 것이다)의 한 줄기 그림자를 만날 뿐이다.

이제 〈이중적 본질〉의 저자 소쉬르를 '부정'의 프로이트와 접맥시켜야 할 것이다. 만약 부정négation의 기원에 죽음la mort이 있다면, 죽음은 바로, 이 같은 사실로부터, 언어langue의 기원에 있으며 필연적으로 언어활동langage의 기원에 있다. ■

참고 문헌

Abel Carl(1884-1885), «Über den Gegensinn der Urworte», in *Sprachwissenschaftliche Abhandlungen,* Leipzig.

Arrivé Michel(2007), *À la recherche de Ferdinand de Saussure*, Paris: PUF.

Bossuet Jaques, *Sermon pour le jour de Pâques de 1985.*

Corbett Creville D.(1991), *Gender*, Cambridge, Cambridge Textbooks in Linguistics.

Damourette Jaques et Pichon Édouard(1930), *Des mots à la pensée, Essai de grammaire de la langue française,* t. I, Paris: d'Artrey.

Freud Sigmund(1919-2002), «L'inquiétan » («Das Unheimliche»), in *Œuvres complètes,* vol. XV, PUF, pp. 147-188.

Freud S.(1922-1991), *Le Moi et le Ça (Das Ich und Das Es)*, in *Œuvres complètes*, vol. XVI, PUF, pp. 255-301.

______(1925-1992), *Inhibition, symptôme et angoisse (Hemmung, Symptom und Angst)*, in *Œuvres complètes,* vol. XVII, PUF, pp. 203-286.

______(1925b-1992), «La négation»(«Die Verneinung»), in *Œuvres complètes,* vol. XVII, PUF, pp. 167-171.

Hagège Claude(1982), *La structure des langues*, Paris: PUF, «Que sais-je ».

Hjelmslev Louis(1956-1971), «Animé et inanimé, personnel et impersonnel». in *Essais linguistiques,* Paris: Minuit, pp, 220-256.

Lacan Jaques(1966), *Écrits*, Paris: Le Seuil.

______(1986), *Le Séminaire,* Livre *VII: L'Éthique de la psychanalyse,* Paris: Le Seuil.

La Grasseric Raoul de(1906), *De la categorie du genre*, Paris: Ernest Leroux.

Mel'cuk Igor et Bakiza E.(1987), «Le problème des classes en kirundi», *Bullentin de la Socété de linguistique de Paris*: LXXXII,1, pp. 283-341.

Milimouno Marcel Tamba(1989), «Genre et classses dans les langues à classes d'Afrique», *LINX*, n° 21, pp. 181-190.

Milner Jean-Claude(1989), «Genre et dimension dans les diminutifs français», *LINX*, n° 21, pp. 191-201.

Renault Richard(1987), «Genre grammatical et typologic linguistique», *Bulletin de la Sociéte de linguistique de Paris*, LXXXII, l, pp. 69-117.

Saussure Ferdinaand de(1916-1985), *Cours de linguistique générale*, Paris: Payot (abrégéen *CLG*).

______(2002), *Écrits de linguistique générale*, Paris: Gallimard.

Sperber Hans(1912), «Über den Einfluss sexueller Momente auf Entstehung und Entwicklung der Sprache», in *Imago*, I, 5, pp. 405-453.

Théry Irène(2007), *La distintion de sexe. Une nouvelle approche de l`égalité*,

Paris: Fayard.
Tpgeby Knud(1965), *Structure immanente de la langue française*, Paris: Larousse.

옮긴이 주

1 저자인 아리베 교수의 설명에 의하면 이 물음표는 정신분석학을 전공하는 전문 연구자나 다룰 수 있는 무의식의 문제에 관해 비전공자인 언어학자가 논하거나 학술저서를 출판하는 시도를 놓고 정신분석학자들이 품을 수 있는 의아함이나 놀라움을 표시하는 것이라 볼 수 있다.

2 정신분석학 전공자들에 따르면 무의식은 특수한 영역으로서 정신분석학자들만의 고유 영역이라는 것을 의미한다.

3 한국어 번역본 서지는 다음과 같다. 미셸 아리베, 《언어학과 정신분석학: 프로이드, 소쉬르, 옐름슬레우, 라캉을 중심으로》, 최용호 옮김(인간사랑, 1992).

4 "당시에 만화책은 꿈도 꾸지 못하는 시절"이었다는 이 문장은 다소 모호하나, 저자의 유년 시절에 만화는 요즘에 비해 접할 기회가 훨씬 적었음을 의미한다.

5 알프레드 자리(Alfred Jarry, 1873–1907)는 프랑스의 시인이자 극작가이다. 라발에서 태어나 렌의 관립중학교에서 공부하며 소극笑劇 〈폴란드인Les Polonais〉을 써서 물리교사를 희롱하기도 했다. 1891년 파리로 상경하여 마르셀 슈워브(Marcel Schwob, 1867–1905)나 레미 드 구르몽(Remy de Gourmont, 1858–1915)과 교제하며 시작詩作에 전념하는 한편, 뤼네포(Aurélian-François-Marie Lugné-Poë, 1869–1940)와도 알게 되어 〈폴란드인〉을 개작, '위뷔 왕Ubu-Roi'이란 제목으로 1896년 제작극장制作劇場

에서 상연했다. 야비한 언사와 대담한 연출, 강렬한 풍자로 이 상연은 파문을 일으켰으며, 반역 정신의 화신으로 자리매김한 《쇠사슬에 묶인 위뷔Ubu enchaîné》를 비롯한 일련의 위뷔물로 보수파와 맞섰다(Wikipédia l'encyclopédie libre 참조). 본서의 저자인 아리베 교수는 자리 연구의 최고 권위자로 인정받고 있으며 플레이아드에 그의 전집을 묶은 비평본을 편집했을 정도로 자리문학연구에서 독보적인 학문적 역량을 갖고 있다. 비평본의 정확한 서지는 다음과 같다: Alfred Jarry, *Œuvres complètes*, édition de Michel Arrivé, coll. Bibliothèque de la Pléiade, Gallimard, 1972.

6 파타피지크(la 'Pataphyqique)라는 용어는 알프레드 자리가 1897-1898년 집필한 책, 《초형이상학자, 포스트롤 박사의 몸짓들과 견해들Gestes et opinions du docteur Faustroll, patapysicien》에서 처음 사용된 단어이다. 이 단어의 개념을 제시한 초안에 따르면 오브제들의 가상성에 의해서 기술되는 그것들의 속성들을 상징적으로 부여하는 상상적 해결책들의 과학으로 정의된다. 이 같은 상상적 해결책들은 과학적 이론들의 일반성을 갖지 않는다. 보다 겸손하고 보다 신중한 초형이상학자는 따라서 '특이한 해결책들'에 만족한다. 한편, 자신의 관찰들 속에서 그는 예외적 현상들에 관심을 갖는데 그 이유는 관념들을 진보시키는 것은 비정상성이기 때문이다. 요컨대, 상상의 해결책들을 다루는 과학, 특이한 해결책들을 다루는 과학, 예외들을 다루는 과학 등, '파타피지크'를 정의하는 방식들은 다양하다.

이 같은 초형이상학을 정의하는 또 다른 방식은 등가 원리를 참조하는 것이다. 즉 모든 사물들은 똑같이 아름다고, 진실되며, 진지하다. 알프레드 자리에 이어서, 초형이상학자는 기존 관습에서 내팽개쳐진 글들을 높이 평가한다.

이 단어의 어원을 분석하면, 아리스토텔레스의 작품, 《형이상학》의 제목, 'tà metà tà phusikà'에 착안하여 사이비 그리스어 단어 'tà epi tà metàphusikà'의 축약형으로 만들어낸 신조어이다. 이 표현을 액면 그대로 해석한다면, '형이상학 위에 있는 것'을 의미한다.

파타피지크를 다룬 몇 권의 저서들을 소개하면 다음과 같다.

1. L'Auvergne insolite, *Petit guide de 'pataphysique*. Au Signe de la Licorne, 2002.
2. Jean Baudrillard, *Pataphysique*, Paris: Sens & Tonka, 2002.

3. Ruy Launoir, *Clefs pour la 'Pataphysique*, 1969(réédition augmentée, L'Hexaèdre, 2005).

7 《위뷔 왕》은 자리 혼자만의 작품이 아니라 그의 고등학생 시절 친구들도 참여했던 것으로 알려져 있다.

8 알프레드 자리, 《위뷔 왕》, 박형섭 옮김(동문선 현대신서, 2003).

9 프랑스어 단어 'khâgne'은 프랑스 학교에서 사용되는 일종의 속어적 표현으로서, 프랑스 고등학교에서 파리 고등사범학교와 명문 특수학교(그랑제콜les grandes écoles)에 입학하기 위한 문과 준비반의 두 번째 연도를 지칭한다. 이보칸hypothâgne이라는 표현을 사용하기도 하며, 일종의 명문특수학교 진입 준비반이라고 말할 수 있으며, 이곳에서 공부하는 학생들을 가리켜 프랑스어로는 'khâgneux'라는 표현을 사용한다. 어원적으로는 개와 동시에 게으름을 의미했던 고대 프랑스어 단어 'cagne'에서 파생된 단어로서, 과도한 학습량으로 인해 신체적 상태가 불량했음을 역설적으로 암시하기도 하며, 19세기 후반부터는 책에 묻혀 지내는 책벌레라는 경멸적 의미를 갖기도 했다.

10 페르디낭 드 소쉬르, 《일반 언어학 강의》, 샤를 바이, 알베르 세슈에 엮음, 최승언 옮김(민음사, 2006).

11 본서의 거의 모든 장들에서 호명되는 라캉에 대해서는 간략한 정보를 숙지하고 있어야 한다. 라캉(Jacques Lacan 1901년 4월 13일-1981년 9월 9일, 파리 출생)은 20세기 프랑스의 대표적인 정신분석학자이다. 본명은 자크-마리 에밀 라캉Jacques-Marie Émile Lacan이다. 의학 공부를 한 후, 정신병 치료를 전공하여 1932년 박사 학위를 받았다. 1934년 파리 정신분석학회(Société psychanalytique de Paris, SPP)를 창립하고 1938년 정회원으로 선출된다. 제2차 세계대전 이후 그의 정신분석학 연구는 새로운 국면을 맞이하여 '프로이트로 돌아가기retour à Freud'라는 표어를 제시하고 진정한 프로이트주의를 주창하면서 당시의 프로이트 정신분석학의 주류와 대립각을 세웠다. 결국 그가 발굴한 연구 주제들의 혁신적 양상과 정신분석 치료에 대한 그의 급진적 개념은 파리 정신분석학회와 국제 정신분석학회의 결별에 이르게 만든

다. 라캉은 1953년부터, 타계 직전인 1979년까지 생트-안 병원hôpital Sainte-Anne, 파리 고등사범학교, 소르본 대학 등에서 매년 세미나를 진행했다. 라캉은 프로이트의 거의 모든 개념들을 독특한 구조주의적 독법으로 재해석했으며, 정신분석학을 생물학에서 분리시키고, 언어에 무게 중심을 두면서 프로이트의 정신분석학 이론 체계에 새로운 이론적 체계를 수립했다. 더 나가 당대를 풍미한 구조주의와 언어학의 새로운 패러다임을 적극적으로 수용하면서 프로이트의 정신분석학 사상의 해석에 있어 새로운 장을 열었다는 평가를 받고 있다.

라캉의 주요 저술 목록은 다음과 같다. 특히, 세미나는 모두 26권에 이르는 방대한 분량에 이르고, 아직까지도 완료되지 않은 상태이며 그의 사유와 이론의 완성 과정을 보여주는 매우 역동적인 텍스트들을 담고 있다.

1. *De la psychose paranoïaque dans ses rapports avec la personnalité*, Paris: Le Seuil, 1975(sa thèse de doctorat en médecine légale éditée une première fois en octobre 1932).

2. *Écrits*, Paris: Le Seuil, 1966; réed. 1999.

3. *Le Séminaire*, Paris: Le Seuil(vingt-cinq volumes, plus un ultime, dont la publication n'est pas achevée depuis qu'elle a commencé en 1973).

4. *Autres écrits*, Paris: Le Seuil, 2001.

5. *Pas tout Lacan*, ECF, Paris: 2012 (inédits de Jacques Lacan [archive])

프로이트의 저술들 가운데 라캉이 가장 빈번하게 인용한 저서는 다음과 같다.

L'Interprétation des rêves, Paris: PUF, 1987, 573p.

Cinq psychanalyses, Paris: PUF, 1993, 422p.

Le mot d'esprit dans sa relation à l'inconscient, Paris: Gallimard, 1974, 409p.

라캉의 전기에 대한 가장 완결된 연구는 다음과 같다.

Élisabeth Roudinesco, *Jacques Lacan : Esquisse d'une vie, histoire d'un système de pensée*, Paris: Fayard, coll. La Pochothèque, 2009(1re éd. 1993)

라캉의 이론에 대한 연구물은 헤아리기 어려울 정도로 많은 분량이 축적되어 있다. 다음 세 권의 저서는 라캉 이론의 기본적 개념을 파악하려는 사람들에게 도움을 줄 수 있을 것이다.

1. M. Brache, *Lacanian Theory of Discourse: Subject, Structure, and Society*, New

York, New York University Press, mars 1997.

2. Joël Dor, *Introduction à la lecture de Lacan : 1. L'inconscient structuré comme un langage. 2. La structure du sujet*, Paris: Denoël, 2002.

3. Juan-David Nasio, *Cinq leçons sur la théorie de Jacques Lacan*, coll. Petite bibliothèque Payot, Paris: Payot, 2001.

12 《모래 기억의 순간들Les Minutes de sable mémorial》(1894)은 운문과 산문으로 작성된 텍스트들의 모음집으로서, 이 글들을 통해 자리는 인간 조건의 수수께끼 같은 양상에 대해 우리가 주의 깊게 관찰할 것을 시사했다. 이성과 몰지각, 유머와 의도적 환영 등이 주를 이룬다는 점에서는 프로이트의 이야기와 흡사한 꿈 이야기를 싣고 있다. 《위뷔 왕》의 서문에 해당된다. 이 책은 자리의 판화와 시들로 이루어진 자리의 최초 작품이다. 1894년 그의 나이 21세에 발표한 메르퀴르 드 프랑스Mercure de France에서 자비 출판했다. 여기서 모래는 모래통(글씨의 잉크를 말리기 위해 뿌리는 고운 모래를 담은 통) 또는 모래시계의 모래를 지시하는데 이것은 시간의 경과를 지시한다. 이 책의 마지막 시의 제목이기도 하다. 또한 모래는 엠블럼에서 사용되는 검정색을 지칭하기도 한다. 광물 mémorial은 '기억에 있어서'와 '기억의'라는 두 가지 의미를 모두 지닌다. 따라서 제목 전체는 분들(minutes)이 기록되는 시간의 경과를 지시함과 동시에 기억의 운동을 지시하기도 한다. 또한 기억이 영감을 준 창조적인 일련의 순간들을 종이 위에 적는 것을 지시한다. 여기서 모래는 검정색 잉크로 물든 페이지를 지시한다.

13 프로이트, 《꿈의 해석》, 김인순 옮김(열린책들, 2003).

14 여기서 저자가 말하는 '명시적 소쉬르', 명료한 이론을 제시한 소쉬르가 명시적으로 발언한 것과 더불어, 동일한 문제에 대해서 암묵적으로는 상이한 내용의 진술을 한 또 다른 소쉬르가 존재한다는 점을 암시하고 있다.

15 이 표현은 라캉의 텍스트를 암시하며, 여기서 말하는 '큰 길'은 행인이 많은 길을, '코끼리의 오솔길'은 구불구불한 길로 우연히 지나가는 작은 길을 지칭한다. 라캉은 이 두 종류의 길을 대립시키고 있다.

16 프로이트, 《정신분석학 개요》, 박성수 · 한승완 옮김(열린책들, 2003),

〈비전문가 분석의 문제〉, 295쪽.

17 아우토디다스커autodidasker는 신조어로서 당시까지 독일어에 존재하지 않던, 프로이트가 창조한 단어이다. 프로이트는 자신이 꾼 한 편의 꿈을 두 개의 부분들로 나뉘어, 한편에서는 autodidasker를 그리고 다른 한편에서는 상상의 짧고 순수한 시퀀스가 존재한다고 진술한다. 그는 그 신조어가 단지 압축된 의미를 담고 있다는 사실만으로는 만족하지 않는다. 즉, 그 신조어는 상상의 장면과 더불어 상관관계를 맺고 있음이 틀림없다는 것이다. 비록 하나의 꿈의 파편들이 서로 무관한 것처럼 보여도, 프로이트의 주장에 의하면, 모든 파편들은 그것들 사이에서 하나의 연관성이 있으며 따라서 그 같은 숨겨진 연관성을 찾아내야 한다는 것이다.

그렇다면 프로이트의 꿈을 촉발시킨 것은 무엇인가? 그 전날, 그의 아내와 대화를 나눌 때, 그녀는 프로이트에게 작가 다비드의 단편소설에 나온 천재의 가슴 아픈 사연의 이야기를 읽었다고 말했다. 그 대화는 그들 부부의 자녀들 재능에 대한 대화에서 파생되었다. 프로이트의 아내는 자녀들 가운데 한 명과 관련해 교육문제로 걱정하고 있었고, 프로이트는 아내에게 "그런 종류의 위험은 교육으로 해결될 것이오"라고 말하면서 안심시켰다.

프로이트는 꿈의 해석 원칙으로서 다음과 같은 사실을 제시한다. 즉, 꿈의 내용 속에 들어오는 요소들은 늘 그 전날에 온다. 즉, 각각의 꿈에는 지나간 마지막 전날에 체험한 사건들과의 결속이 존재한다는 것이다. 이 같은 사실로부터, 그는 꿈의 해석을 먼저 체험된 사건을 탐색하면서 시작할 수 있다고 보았다.

따라서 프로이트는 작가 다비드가 그의 형제와 토론하며 결혼에 대해 한 가지 독특한 표현을 사용했다는 점을 떠올렸다. 우리는 아직 그것이 어떤 표현인지 아직 모른다. 다만, 측면적 노선을 통해서 그것이 프로이트로 하여금 프로이트 부부의 한 여성 친구가 결혼했던 브레슬라우Breslau에 데려 갔다는 사실을 알고 있을 뿐이다. 프로이트는 꿈의 여러 생각들의 알맹이는 하나의 초조한 생각이라는 사실을 강조한다. 즉 '자신의 아내 때문에 우울해지지 않을까 하는 걱정을 말한다. 그런데, 다름 아닌 Breslau라는 고유명사는 그 꿈의 초조한 생각을 설명해줄 수 있는 Lasker와 Lassalle의 예들을 프로이트에게 제공한다. Lasker는 매독의 여파로 사망했으며 Lassalle은 한 여성을 놓고 싸운 결투에서 죽었다. 그 결과, 프로이트는 이렇게 말한다. "Lasker와 Lassalle의 예들은 여자로 인해 발생한 재앙으로 치달았던 두 가지 방식을 내가 형상화시키는 것을 허락한다."

'그 여자를 찾으세요'라는 표현은 그 꿈의 알맹이를 성립하는 이 같은 생각들을 요약하는 또 다른 방식으로서, 프로이트로 하여금 그의 독신 남동생 쪽에서 실마리를 푸는 방향으로 그를 이끌었다. 그의 이름은 Alexandre였으며 축약형인 Alex라고 빈번하게 불려졌다. Alex라는 이름은 그렇게 해서 Lasker의 이동으로서 감지된다.

프로이트는 이 모든 낱말들의 놀이들은 또 다른 의미를 포함하고 있다는 점을 주목한다. "나의 남동생에게 이들 단어들의 놀이는 한 행복한 가족생활의 욕망을 표상한다." 프로이트에 의하면 그 꿈은 마치 졸라의 소설을 모델로 삼아 구성되었다는 것이다. 그 소설의 주인공 이름은 Sandoz인데, 이것은 Zola의 축약형 아나그램이다.

Asker는 두 명의 여성을 감추고 있는 하나의 압축이다. 그 재앙에 이른 여성과 부부의 행복에 이른 여성이 그것이다. 그 신조어는 기표들의 놀이들을 압축하고 있는 것이다. 극도의 공포증, 극도의 흥분 또는 히스테리에서 나타나는 다양한 증상들을 연구하면서 프로이트는 질병의 해소가 하나의 수수께끼의 해결과 동등한 가치를 가진다는 점을 깨달았다. 따라서 꿈을 증상으로서 다루어야 하며, 증상들에 대해서 동일한 해석 방법을 적용해야 한다는 것이다.

라캉은 정신병에 대한 그의 《세미나》에서 이 꿈을 참조한다. 그것은 프로이트 탄생 100주년을 기념하기 위한 한 강연의 발표 내용의 골자이다. 라캉은 프로이트 저술의 진정성과 프로이트 이후에 전개된 정신분석학의 대조를 겨냥한다. 그에 따르면 오랫동안 사람들은 정신분석학을 직관주의적인 것으로 간주했고, 프로이트에게는 과학만능주의적인 사람이라는 딱지표를 붙여왔다는 것이다. 그렇지만 그 같은 편견은 프로이트의 작품에 대한 참된 이해를 가로막는 장애물이다. 프로이트가 꿈에서 하나의 직관이 아닌 하나의 해독을 찾아냈다는 점을 간파하기 위해서는 프로이트가 꿈을 분석한 다른 글들을 일독하는 것으로 족할 것이다. 라캉은 신조어 autodidasker의 사례를 들어, 시종일관, 동음이의어, 환유, 의성어의 형성을 통해 수순을 밟아가는 프로이트의 방법을 설명한다. 이들 요소들은 꿈을 이해하는 데 본질적이며, 이것들이 없으면 꿈은 곧 허공 속에서 사라진다.

기표들의 놀이에서 표현되는 것은 욕망이다. 기표들 속에서 취해진 욕망은 따라서 기의를 갖게 된다. 그것의 꿈속에서 기표들, 그 조합들, 그 자리들은 욕망을 의미한다. 라캉은 프로이트가 꿈의 구축이 증상들의 형성의 제1차 모델이라는 점을 자명하게 밝혀놓았다는 사실을 강조한다. 이 같은 구축은 논리적 문법적 분석과 동등한 가치를 갖는다. 그 같은 방법은 언어학에 속하는 것이다.

프로이트와 마찬가지로, 라캉 역시 다양한 신조어들, 망각들, 재담과 농담, 증상들과 꿈들을 동일한 차원에 갖다 놓았다. 사람들은 그 같은 현상들에서 기표에 기초한 유사한 도식들을 발견할 수 있다. 라캉은 프로이트의 원근법에서 인간은 언어에 의해 사로잡히고 고문당하는 주체라고 말한 바 있다. (Françoise Pilet-Frank, "Le rêve de Freud : « Autodidasker»." 2011년 1월, www.sectioncliniquenantes.fr/le-reve-de-freud-qautodidaskerq/)

18 일상적 의미에서 프랑스어 단어 langage는 인간언어를 지칭하거나 또는 소쉬르 언어학의 전문용어로 사용될 경우는 인간언어의 모든 현상들을 아우르며 '언어활동'으로 번역된다. 소쉬르가 '일반 언어학 강의'를 통해서 최초로 제시한 언어(랑그langue), 언어활동langage은 그것이 전문적 용어이건, 또는 프랑스어의 일상적 의미이건 이 두 개의 프랑스어 단어의 미묘한 어감과 개념적 차이를 한국어로 옮기는 것은 매우 어렵다.

소쉬르가 제시한 3개의 전문 용어, 언어(랑그langue), 언어활동langage, 발화parole의 삼분법에서 언어와 발화 대신, 각각 랑그, 랑가주, 파롤로 음역하여 옮길 수도 있다. 소쉬르의 언어 이론에서 핵심적 개념어라 할 수 있는 이 세 개의 용어는 프랑스어의 독특한 조어법에서 탄생한 것으로, 그 어감과 과학적 개념의 내용을 프랑스어 이외의 다른 언어로 완벽하게 옮기는 것은 사실상 불가능하다. 특히, 소쉬르가 이 세 개의 단어를 사용할 때, 그것은 프랑스어의 일상적인 어법에서 사용되는 의미를 갖는가 하면, 전혀 새로운 학술적 개념어가 되는 경우로 이원화되어 있기 때문이다. 실제로 영어 번역본과 일본어 번역본의 경우 역자에 따라서 상이한 번역어를 채택하고 있음을 확인할 수 있었다.

역자는 고민 끝에 다음과 같은 잠정적 해결책을 채택했다. langage의 경우

언어활동으로 통일하고, langue와 parole의 경우, 일반적이며 사전적인 의미에서 사용될 경우 각각 언어, 말로 번역하고, 전문적인 소쉬르의 언어 이론 체계에서 사용될 때는 언어(랑그), 발화(파롤)로 병기하기로 했다. 참고로 소쉬르학의 살아 있는 거장인 이탈리아의 툴리오 데 마우로 교수는 그가 약관 35세에 집필한 《일반언어학강의》의 주석에서 소쉬르의 이 같은 삼분법적 개념어들과 관련하여 주요 유럽어에서의 번역 문제를 무려 세 쪽에 걸쳐 다루고 있다(*Cours de linguistique générale*, édition critique préparée par Tullio De Mauro, Payot, 1972, pp.423-425). 무엇보다 마우로 교수는 13여 개의 유럽어들의 번역어 문제를 소개하기 전에 "소쉬르가 삼원소trio langue-parole-langage의 다른 언어들에로의 번역의 문제를 중심으로 제기되는 난점들, 논의들, 논쟁들로부터 결코 자유로울 수 없을 것이다"라는 단서를 달고 있다(*ibid.*, p.423). 아울러 마우로 교수는 소쉬르가 이 같은 삼분법 술어 체계를 착상할 수 있었던 조건 가운데 하나는 그가 자신의 모국어와 아울러 학문언어로써 프랑스어를 사용했기 때문이라는 점을 첨언한다(*ibid.*, p.425).

마우로 교수가 제시하는 13개 언어는 아랍어(lisân(langue), kalâm(parole)), 이집트어(mûdet(langue), ro(parole)), 그리스어(γλώττα(langue), λόγος(parole)), 라틴어(lingua(langue), sermo(langage-parole), oration(langage-parole)), 스페인어(Lengua, lenguaje, habia), 네덜란드어(taal, spraak, rede), 헝가리어(nyelv, beszéd, nyelvezed), 폴란드어(jezyk, mowa jednostkowa, mowa), 러시아어(jazyk, rec', recevaja dejatel' nost), 스웨덴어(sprak, tal, tal) 등이다.

특히 마우로는 독일어, 영어, 이탈리아어의 번역어에 대해서 상술하고 있는데, 이 가운데 가장 어려운 문제가 제기되는 언어로서 독일어를 지적하고 있으며 상대적으로 가장 쉬운 해결책을 갖고 있는 언어로 이탈리아어를 제시한다. 먼저 독일어 단어 Sprache는 프랑스어 단어 langue와 langage 사이에서 주저하며, 독일어 용어 Rede는 langue, parole, discours 사이에 그 의미가 걸쳐 있다. 이 같은 상황에서 전문적인 학술 용어 수준에서 세 번째 용어를 도입하고 동시에 기존에 존재하는 두 개의 전문 용어의 의미를 정확히 규정해야 할 필요성이 제기된다. 하지만 여전히 경합 중인 여러 개의 번역어들이 병존하고 있다. 독일어 번역자 롬멜Herman Lommel의 번역 해결책은 Sprache로서 프랑스어의 langue의 의미를 확장시키는 것이며, langage의 의미는

menschliche Rede(인간의 말), 그리고 Sprechen으로 프랑스어 단어 parole의 의미를 전달하려 한다. 하지만 다른 번역자들은 Rede를 통해서 parole의 의미를 옮기려는 시도를 하기도 한다. 또는 독일어의 복합어 조어법의 개념적 엄밀성을 활용하여 Spachtum(langue), Sprechakt(parole), Sprache(langage)로 옮기거나, 또는 Sprachgebilde(langue), Sprechakt(parole), Sprache(langage) 등의 번역어가 제안되기도 하였다.

영어의 경우 고대 프랑스어로부터 차용된 단어인 language는 언어활동의 가치보다는 개별 고유 언어(idiome)의 가치를 통상적으로 갖고 있으며, 그것은 langue의 등가어가 될 수 있다. 하지만 현재 나와 있는 2종의 영어 번역본의 번역어는 상이한 실정이다. 바스킨Baskin의 번역본(Wade Baskin, *Course in general linguistics*, edited by Charles Bally and Albert Sechehaye in collaboration with Albert Reidlinger; translated from the French by Wade Baskin, P. Owen, 1961)에서는 language(langue), speech 또는 human speech(langage), speaking(parole)이 사용되었다. 로이 해리스Roy Harris의 parole과 langage의 영어 번역어(Ferdinand de Saussure, *Course in general linguistics*, Charles Bally, Albert Sechehaye, Albert Riedlinger, Roy Harris, 5, Duckworth, 1983, Michigan University) 역시 더욱 더 모호하며, speech와 speaking 등의 용어가 갖고 있는 다양한 의미들을 갖고 있다.

이탈리아어 번역의 경우, langue-langage는 완벽한 대응어인 lingua-linguaggio가 있는 반면, parole의 번역어는 역시 문제가 될 수 있음을 마우로는 인정한다. 대부분의 경우 parola로 번역되나 대표적인 프랑스어 사전인 라루스(Larousse)에 등재된 21개의 의미와, 대표적 이탈리아어 사전인 진가렐리(Zingarelli)의 parola의 어의를 비교하면서 마우로는 두 단어의 의미론적 불일치를 지적하고 있다. 특히 parole의 전문적 의미를 옮기기 위해서는 atto linguistico(언어 행위), 또는 il parlare(말)나 espressione(표현)와 같은 번역어가 사용되고 있음을 지적한다. 하지만 마우로는 espressione와 같은 용어의 경우 크로체Benedetto Croce미학과 그의 언어학의 개념을 떠올릴 소지가 있다는 점에서, 프랑스어 단어 parole를 그대로 간직하는 편이 낫다고 판단한다. 한편 소쉬르 언어이론의 주요 개념어들의 번역 문제는 한자 문화권의 언어에서도 제기될 수 있는 중요한 문제이다. 소쉬르의 한 · 중 · 일 번역어 비교에 대한 논의는 역자의 다음 논문을 참조할 것. KIM Sungdo, 〈Notes sur la traduction de la terminologie saussurienne en écriture chinoise: Le cas de la terminologie saussurienne en coréen〉, *Cahiers F.de Saussure*, N.44, 1990. (이 주석은 역자의 번역서에서 발췌. 《소쉬르의 마지막 강의》, 김성도 옮김, 민음사, 2017, pp.375-377.)

19 요제프 브로이어(Jeseph Breuer, 1842-1925)는 오스트리아 빈 출신의 의사이자 생리학자이다. 히스테리hystérie에 관심을 갖고 프로이트와 함께 《히스테리 연구Études sur l'hystérie》를 발표하기도 했다.

20 프랑스어 단어 procédé는 절차, 수순을 의미하며, 목적에 도달하기 위한 수단으로서 여기서는 환자의 치료를 말한다.

21 지그문트 프로이트 · 요제프 브로이어, 《히스테리 연구》, 김미리혜 옮김(열린책들, 2003), 46−47쪽.

22 위의 책, 40−41쪽.

23 엘리자베트 루디네스코(Élisabeth Roudinesco, 1944년 9월 10일 파리 출생)는 프랑스 정신분석학사 분야에서 수많은 연구서를 낸 연구자이며 파리7대학 교수이다. 라캉과 프로이트의 전기 작가이며 20여 권의 저서를 발표했다. 대표적인 저서는 다음과 같다 : 1. *Histoire de la psychanalyse en France*, 2 vols, Paris: Le Seuil, 1982, 1986. 공동 저서로는 *Dictionnaire de la psychanalyse*, avec Michel Plon, Paris: Fayard, 1997(재판 2006).

24 다니엘 파울 슈레버(1842−1911)는 극심한 편집증적 망상에 시달렸던 독일의 엘리트 법조인이었다. 더구나 그는 자신의 신경병 증상을 매우 치밀하면서도 이성적인 분석에 기초하여 상세한 회상록을 기록했다. 프로이트는 융의 소개로 그의 회상록을 알게 되어, 열정적으로 읽었다. 그는 신경병 증상이 발병하기 전에는 판사로서 승승장구 출세 가도를 달렸고 그의 나이 42세 되던 해인 1882년 캠니츠의 지방법원장을 맡았다. 그러나 같은 해 12월에 정신병이 발발하여 온갖 종류의 과민 반응 증상을 보이다, 라이프치히 대학 정신과에 입원했다. 그 후 병이 호전되다 1893년 드레스덴 고등 법원 판사회의의 의장으로 승진하여 격무에 시달리다, 첫 번째보다 심한 신경 증세를 겪는다.

그는 바로 이 두 번째 발병 시기의 말기에 회상록을 집필했다(다니엘 파울 슈레버, 《한 신경병자의 회상록》, 김남시 옮김, 자음과모음, 2010). 이 시기 동안 그는 자신이 여성으로 변신된다는 망상을 비롯해 변신한 그 여성이 죽는 환영을 보는 등, 다양한 신비적 체험을 하게 된다.

프로이트는 1911년 그의 회상록을 기초 자료로 삼아, 그의 편집증을 정신분석학의 시각에서 해석한 논문, 《편집증 환자 슈레버 — 자전적 기록에 의한 정신분석》(한국어판 프로이트 전집 11권 《늑대 인간》에 수록. 프랑스어는 다음 문헌에 다루어져 있음. Sigmund Freud, *Le Président Schreber. Un cas de paranoïa*, Paris: Payot, 2011)을 출판함으로써 슈레버의 사례가 알려지는 계기를 마련했다. 슈레버의 망상의 원인으로서 프로이트는 '아버지 콤플렉스'와 '동성애 소망'을 제시할 수 있다는 주장을 내놓았다. 슈레버의 망상에 대해서는 프로이트를 비롯해 라캉, 들뢰즈와 가타리에 이르기까지, 다수의 현대 사상가들이 다양한 해석을 시도했다. 신경증 환자 슈레버를 다룬 대표적인 연구물을 제시한다.

1. Luiz Eduardo Prado de Oliviveira, éd., *Schreber et la paranoïa : le meurtre d'âme*, Paris: L'Harmattan, 1996.

2. Luiz Eduardo Prado de Oliviveira, *Freud et Schreber, les sources écrites du délire, entre psychose et culture*, collab. Marie-Christine Vila, Ramonville St Agne, 1997.

25 프랑스어 version은 공식 문서의 번역문이라는 뜻을 비롯해, 텍스트의 판본, 영화의 버전, 사건 따위의 설명, 해석, 진술 등의 다양한 의미를 갖고 있다. 여기서는 이 같은 다의성을 살리기 위해 원어를 그대로 음차했다.

26 다무레트(Jacques Damourette, 1873년 파리 출생-1943년 사르셀Sarcelles에서 타계)는 20세기의 대표적인 언어학자이다. 전문 건축가 자격증을 획득했으나 관절염으로 인해 어떤 직업 활동도 할 수 없었던 그는 평생 동안 프랑스어의 고전에서 수천 개의 예문을 수집하고 그것을 바탕으로 방대한 분량의 문법서를 집필하는 데 일생을 바쳤다.

그의 조카였던 피숑(Édouard Pichon, 1890년 6월 24일 사르셀에서 출생하여 1940년 타계)은 의사, 언어학자, 정신분석학자였다. 피숑은 1926년 파리 정신분석학회의 공동 설립자이기도 하다. 또한 1931년에는 당대 프랑스 최고의 언어학자였던 메이예의 추천을 받아 파리 언어학회 정회원으로 선출된다.

피숑의 진정한 열정이 향한 곳은 무엇보다 언어였다. 그는 자신의 삼촌이었던 다무레트를 통해 일찌감치 언어이론과 문법에 대한 지식을 쌓았으며 두 사람은 20세기 프랑스 문법의 기념비적 저서인 총 7권 분량에 이르는 방대한 프랑스어 문법서이며 언어이론서인《단어에서 사고로: 프랑스어 문법 시론Des mots à la pensée. Essai de grammaire de la Langue française》(Paris: Éditions D'Artrey, 1911-1940)을 30년에 걸쳐 출간했다. 그들은 언어에 도달하기 위해서 관념에서 출발하는 당시의 문법가들의 지배적 흐름에 맞서, 사고가 어떻게 창발하는가를 보여주기 위해서 언어에서 출발했다. 다무레트와 피숑이 현대 프랑스 언어학과 문법에 미친 영향에 대해서는 다음 연구물을 참조할 것.

1. Sophie Bialek, 〈Édouard Pichon, psychanalyste et grammairien〉, Thèse, Nancy I, 1985.

2. Henri Portine, 〈Actualité de Jacques Damourette et Edouard Pichon〉, Langages, N.124, 1996.

27 프로이트는 '표상'이라는 단어에 대해 정신분석학적 위상을 부여하고 그 개념을 심화시킨 최초의 인물이다. 프로이트의 정신분석학에서 표상은 정신 기구의 기능 작동을 파악하기 위한 핵심적인 개념이다. 표상은 그의 메타 심리학 텍스트들 속에서 독특한 개념으로서 분절되었다. 프로이트는 독일어에서 두 개의 구별적인 용어들에 대해 이 단어의 개념적 토대를 두고 있다. 심적 요소로서의 표상인 Vorstellung과, 기능으로서의 표상인 Repräsentanz가 그것이다. 그런데 프랑스어에서는 오직 한 단어, 즉 représentation밖에 없는데, 바로 이점 때문에 독일어 텍스트의 번역에서 야기되는 의미론적 혼선이 생겨난다.

라캉은 표상이라는 개념(Vorstellung)을 포기하고, 그 대신 기표signifiant라는 개념을 선호했고, 그 개념에 대해 표상의 기능을 부여했다. 따라서 Vorstellung-Repräsentanz는 기표와 다름 아니다. 본서에서 우리가 정확히 파악해야 할 부분은 프로이트의 저술에 대한 독서로부터 포착해야 하는 바로 표상이라는 이 같은 기능이다. 더 나가, 이 개념은 임상진단에 의해서 재해석될 수 있으며, 바로 히스테리와 정신분열증에 대한 정신의학으로부터 프로이트는 다양한 표상들(Vorstellungen)의 구조를 규명하고 있다. 이것을 기능의 기능 작동으로서 판별할 수 있을 것이다. 표상의 실패로서의 환각, 자폐증의 임상진단은 지속적으로 그 같은 기능을 탐문하고 있다.

표상을 의미하는 프랑스어 단어 représentation은 라틴어 단어 repraesentare에서 파생되었다. 첫 번째 의미는 이미지, 형상, 기호를 통해서 부재하는 것을 현존하게 만드는 데 있다. 아울러 우리의 눈 앞에 또는 마음 앞에 갖다 놓는 것을 의미한다. 여기에다, 무대 상연의 의미도 갖고 있다. 두 번째 범주의 의미는 누군가의 자리를 대신하거나 그의 이름으로 행동하거나 말하는 것을 의미한다. 아울러 세 번째 의미에서 무엇인가를 지칭한다는 의미를 지닌다. 형상, 이미지, 기호, 오브제 등은 이 같은 작용의 매체이다. 그런데 독일어 의미론은 상이한 용어들과 더불어 기능에 속하는 것과, 매체에 속하는 것을 구별하여 지칭할 수 있는 장점을 지닌다. 즉, Vorstellung은 매체로서의 표상을 지칭한다. 즉, 앞에 놓여 있는 것, 전시된 것을 말한다. 누군가가 그 어떤 것에 대해서 갖고 있는 이미지, 정신 속에 현존하는 것 등을 말한다. 반면, 독일어 단어 Vortretung, Repräsentanz는 표상하는 기능을 지칭한다. 그때의 의미는 대표, 대리, 대치 등의 의미에서 사용된다.

독일어 단어 Repräsentanz는 특정 사람 또는 특정 무리를 대표하는 그 누군가로서, 그가 대표하거나 대신하는 사람들을 위해서, 또는 그들을 대신하여 발언하는 사람이다. 대표적인 경우는 국민에 의해 선택된 국회의원이다. 독일어 단어 Vertreter는 주로 상업 분야에서의 대표이거나 대리인을 말한다.

프로이트는 표상의 정신분석학적 개념을 수립하기 위해서 독일어 단어 Repräsentanz를 전면에 내세웠다. 그는 본질적으로 두 개의 독일어 단어 Vorstellung-Repräsentanz에 의존했는데, 그 논리는 그의 메타 심리학 관련 글들에서 도출된다. 동일한 논지 전개의 방향에서, 그는 Vorstellung에 대해서는 메타 심리학적 위상을 할당하고, Repräsentanz에 대해서는 정신 기구의 본질적 기능을 할당했다. 기능의 가치 매김을 강조하면서 그는 정신분석학자로서의 입장에서 현실에 대한 우리의 지식, 세계에 대한 우리의 표상, 사물에 대한 우리의 접근 등과 관련된 철학의 시초에 참여했다. 즉, 지식 이론에서 말하는 인식 행위 속에서 주체와 대상의 관계를 말한다. 프로이트에게서 사물(프랑스어 la Chose, 독일어 Das Ding)은 매우 특이한 위상을 차지한다. 왜냐하면 사물은 대상 속에서, '지각의 복잡성 속에서', 표상으로 환원 불가능한 것으로 판명되기 때문이다. 사물은 이 같은 요소, 표상 불가능한 이 같은 장소이며, 갓난아이, 이어서 주체는 그들의 리비도의 생활 속에서 그 속성들을 다시 찾아내려는 시도를 끊임없이 하게 된다. 이 같은 철학적 논쟁에서 프로이트는 다음과 같은 진술을 통해 자신의 인식론적 입장을 천명한다. "현실(실재)은 영원히 인식할 수 없을 것이다."

표상이라는 이 같은 엄청난 개념을 명료화시키려는 프로이트의 놀라운 노력은, 그로 하여금 독일어의 기표들이 프로이트에게 부과시킨 치열한 작업으로서, 아쉽게도 단 하나의 용어밖에 가지고 있지 않은 프랑스어 번역에서는 소거되고 말았다. 바로 이유에서 일부 프랑스 이론가들은 독일어 단어 Repräsentanz에 해당되는 새로운 프랑스어 신조어 representance를 사용하기도 한다.

다음 연구 문헌 참조. 〈Le concept de représentation chez Freud〉, in *Revue de l'Association freudienne: Le discours Psychanalytique*, n. 12, 1994.

28 프로이트, 《정신분석학의 근본 개념》, 윤희기 · 박찬부 공역(열린책들, 2003), 〈무의식에 관하여〉, 155쪽.

29 프로이트, 《일상생활의 정신 병리학》, 이한우 옮김(열린책들, 2003).

30 프로이트, 《농담과 무의식의 관계》, 임인주 옮김(열린책들, 2003).

31 으뜸의 자리는 언어학이 차지한다는 것을 의미한다.

32 한스 스페르베르(Hans Sperber, 1885-1963)는 북유럽언어들에 정통했던 스웨덴 출신의 게르만 문화의 문헌학자이며 어휘적 진화에 대한 다수의 연구물을 통해서 1차 세계대전 이전에 이미 학계의 평판을 얻었다. 그의 가장 독창적인 학술적 공헌은 정신분석학으로부터 영감을 받은 것이다. 그는 개인으로 하여금, 이해가 안 되는 비용을 치르면서까지도, 습관적 사용 관례에서 일탈하고, 언어적 혁신을 하도록 자극하는 힘들을 찾으려고 노력했다. 이것은 궁극적으로는 특정 조건에서 기존의 사용 관례의 변형에 이른다. 이 같은 이론에 따르면, 정서적 몫을 지니는 단어들은 그것들의 자연 선택을 확실하게 마련해주는 거의 성적인 생명적 힘을 구비한 가장 역동적인 단어들

이다. 해당 어휘의 객관적 외시와 주관적 함축 사이에서 영속적인 긴장이 설정된다. 스페르베르는 1차 세계대전 이후에 그 같은 탐구의 장을 역사적 틀 속에 등록시키면서 확대하려는 노력을 경주했다. 그의 주저《독일어의 역사》(1926)는 사회 구조들의 진화의 물질적 조건들로부터 분리된 관념들의 변증법의 위대한 전통 속에 머무르면서 그 같은 설명 도식을 발전시켜 나갔다. 따라서 그것은 게르만의 민족성의 고유한 역사에서 제시된 전통적인 진부한 해석에서 벗어나지 않으며 그의 낭만주의적 대변인이라 할 수 있는 아른트Ernst Moritz Arndt의 다음과 같은 발언에서 차용한 민족주의적 신앙을 증언하는 것으로 종결된다. "일반적 견해에 의하면 독일어는 세계에서 가장 중요한 언어이며, 의미와 정신의 심오하고도 진중한 언어이며, 그것의 형태와 어투에서 무한하게 자유롭고, 그것의 뉘앙스에 있어 무한하게 다양하고 다중적이다."

바로 이 같은 독일 민족주의의 기초 위에서 그는 담화의 내부에서 의미론적 이동에 중심을 둔 방대한 어원적 역사적 사전을 기획했던 것이다. 그는 낱말들이 종들에 대한 다윈적 진화 이론의 영감을 받아, 경쟁하는 생명체들이라고 믿었으며 가장 약한 단어들은 사라질 운명에 처한다고 믿었다. 그는 단어들의 객관적인 외시보다는 정서적 함축을 주목했는데, 그 같은 정서적 함축들은 변화에 가장 취약하다고 보았다. 그는 언어 생명에 대한 동력학적인 비전을 도출했으나, 이 같은 역동성을 하나의 역사적 정치적 맥락에서 비판적으로 각인시키지는 못했다. 그의 분석은 프로이트의 정신분석학적 발견들과, 말실수와 무의식적 억압 등, 그 같은 발견들이 언어에 적용된 것에 대한 매료와 더불어 개인 심리학에 결속될 수 있다.

33 "혼합 자체는 여러 경로로 이루어질 수 있다. 꿈 인물은 관계되는 사람들 중 어느 한 명의 이름을 빌리면서—우리는 깨어 있을 때와 아주 흡사한 방식으로 이런저런 인물이라는 것을 알게 된다—시각적 특징들은 다른 사람의 것을 지닌다. 또는 꿈-형상 자체가 현실에서 두 사람에게 속하는 시각적 특징들로 조합되기도 한다. 제2의 인물의 몫이 시각적 특징들 대신 그가 하는 몸짓이나 입에 올리는 말, 처해 있는 상황으로 표현될 수도 있다. 후자의 방법으로 특색을 나타내는 경우, 동일시와 혼합 인물 형성의 명백한 차이가 모호해지기 시작한다. 그러나 그러한 혼합 인물의 형성이 실패할 수도 있

다. 그러면 꿈속의 사건은 어느 한 인물의 일이 되고, 다른—일반적으로 더 중요한—인물은 관계없는 방관자로 그 옆에 등장한다." 프로이트, 《꿈의 해석》, 김인순 옮김(열린책들, 2003), 382쪽 참조.

34 프로이트, 《예술, 문학, 정신분석》, 정장진 옮김(열린책들, 2003), 〈두려운 낯섦〉, 403쪽.

35 음위전환métathèse은 전환 또는 전도를 의미하는 그리스어 단어 metáthêsis에서 만든 단어로서, 접촉 중이거나 가까운 거리에 있는 두 개의 음소들 사이에서 어느 정도 중요한 교환을 함의하는 어음변이들의 무리에서 발생하는 음성적 변형을 지칭한다. 개념적 확대를 통해, 문법과 문채 분석의 영역에서 이 용어는 하나의 발화체에서 다른 차원에 속하는 변화들을 지칭한다. 음위 전환은 크게 두 개의 형태 아래서 제시된다. 음소들의 음위변환과, 초분절적 단위들의 음위전환이 그것이다.

음위전환은 발음의 특별한 문제와 결부될 수 있다. 이를테면 병리적 이유에서 발성의 어려움, 어휘에 대한 무지로 인한 단어의 왜곡으로서, 이런 경우 민간 어원과 결부된다. 예컨대, 프랑스어 단어, aréopage가 aéroport(공항)라는 단어를 모델로 삼아, aéropage로 잘못 왜곡된 경우가 그것이다. 또는 자신의 발성 기관을 아직 제어하지 못하는 나이 어린 발화자가 잘못 발음하는 경우 역시 동일한 범주에 속한다. 프랑스어에서 아이들이 spectacle(볼거리)이라는 단어에 대해 흔히 잘못 사용하는 pestacle이라는 단어도 그런 경우에 해당된다.

이렇듯 음위전환은 한 언어 전체로 확장될 수 있으며 완전하게 어휘화될 수 있다. 대부분의 경우, 음위전환은 조음을 제대로 성실하게 수행하지 못해 발생한다. 이를테면 발화자가 발음하기가 더 간단한 음소들의 연쇄 또는, 한 언어의 음절 체계와 더불어 보다 적합한 음소들의 연쇄를 임의적으로 만들어낼 수 있다.

36 정신분석학에서 압축은 가치를 이동시키고, 마침내는 의미를 이동시키는 방어 기제이다. 압축 작업은 특히 꿈을 꿀 때 나타난다. 단 하나의 표상이 다른 여러 개의 표상을 대체하게 된다. 그것은 그르친 행위들, 낱말들 놀이들에서 작동한다. 구조주의적 접근법을 따라서 라캉은 압축을 은유로서 제

시했다.

37 프로이트, 《정신분석학 개요》, 박성수 · 한승완 공역(열린책들, 2003), 〈정신분석학 개요〉.

38 에밀 벵베니스트(Émile Benveniste, 1902-1976)는 프랑스의 언어학자로 비교문법과 역사비교언어학, 일반언어학 분야에서 기념비적인 저술들을 남겼다. 《일반언어학의 제 문제》(황경자 옮김, 민음사, 1992)는 그의 대표적인 저술로서 라캉을 비롯한 프랑스 인문학의 대가들이 빈번하게 인용하는 명저로 손꼽힌다.

39 *Scilicet*(스킬리세트)는 1968년 라캉에 의해서 창간된 파리 프로이트 학파의 프랑스어 공식 학술지이다. 쇠유Seuil 출판사가 출간하여 1976년 두 호를 내기까지는 비정기적으로 간행되었다. 현재는 프랑스어와 스페인어로 출간되고 있다. 이 학술지가 현대 정신분석학 사조에서 중요한 이유는 라캉의 핵심 텍스트들이 이 학술지의 매호마다 게재되었기 때문이다. 이 학술지의 일차적 역할은 파리의 프로이트 학파에서 진행 중인 참신한 연구결과들을 모든 구성원들이 접하게 해줄 수 있는 지식 창구의 기능을 수행하는 데 있었다.

학술지 명칭 scilicet는 라틴어에서 '알다'를 의미하는 'scire'와 '허용되다'를 의미하는 라틴어 단어 'licêre'의 3인칭 단수형 'licit'을 합쳐 만든 단어로서, 문자 그대도 해석하자면, '모든 것을 알 수 있도록 허용된다'는 뜻을 담고 있다는 점에서 라캉이 구상했던 학술지의 정신을 반영하는 적절한 단어라고 말할 수 있다.

40 프랑스어의 정관사(le, la, les)가 défini(정해진)라고 불리는 것은 그것이 정해지거나 규정되어 있기 때문이다. 즉 정관사는 지시체의 정체성을 표시하고 있는 것이다.

41 프로이트는 아벨과 스페르베르 이외에도 우연히 다른 언어학자를 선택할 수도 있었다는 것을 의미한다.

42 여기서 아리베 교수가 언급하고 있는, 프로이트가 당시의 최고 언어학자 가운데 한 명으로 인정받고 있었던 소쉬르의 언어 이론을 접할 수 있었

던, 유리한 상황과 조건은 다음과 같이 설명될 수 있다. 무엇보다 프로이트는 소쉬르와 거의 완벽한 동시대의 학자였다는 점에서 프로이트는 소쉬르의 언어이론을 접할 수 있는 가능성이 높았다. 그보다 더 결정적인 조건은, 소쉬르의 장남인 레몽 드 소쉬르가 프로이트의 박사학위 지도교수였다는 점이다. 과연, 프로이트는 그의 제자 레몽 드 소쉬르를 통해서 부친에 대한 정보를 갖고 있었을까라는 매우 흥미진진한 물음을 던져볼 수 있다.

43 프로이트, 《정신분석학의 근본 개념》, 윤희기 · 박찬부 공역(열린책들, 2003), 〈본능과 그 변화〉.

44 프로이트, 《정신 병리학의 문제들》, 황보석 옮김(열린책들, 2003), 〈매 맞는 아이〉.

45 프로이트, 《정신분석학의 근본 개념》, 윤희기 · 박찬부 공역(열린책들, 2003), 〈본능과 그 변화〉, 114쪽 참조.

46 태diathèse는 동사에 의해서 표현되는 과정과 관련하여 행동자들에게 할당된 의미론적 역할들이 어떻게 조직화되는가를 기술하는 문법적 자질이다. 특히, 동작주와 피동작주의 역할들이 핵심적 사안이다. 대부분의 서양어에서 능동태와 수동태 등의 문법적 범주를 표시하는 태는 통사적 분할과 이 같은 역할들이 동사에서 반영되는 형태론적 표시, 상이한 행동자들에 영향을 미친다. 한편, 특정 동사의 태를 변화시키는 것은 해당 발화체의 의미를 총체적으로 변형시키지는 않는다. 특히 언어학에서는, 하나의 태를 의미하기 위해 동사가 취하는 형태를 기술하기 위해, 동사 형태론의 관점에서 태에 대해서 언급한다. 몇몇 동사들은 태에 대한 일체의 개념을 내재적으로 결여하고 있다. 주요 상태 동사들이 그 같은 경우에 속한다('있다', '나타나다', '보인다', '머무른다' 등, 프랑스어 동사로는 각각, être, paraître, sembler, demeurer, rester 등등). 이 같은 동사들은 그 어떤 행위성 개념의 외부에 있다.

프랑스어 문법은 전통적으로 세 개의 태를 구별하고 있다. 능동태는, 동사에 별도의 형태 표시가 없다는 점에서 기본값par défault에 의해 사용되며, 수동태, 대명태voix pronominale, 즉 대명사에 의한 태가 있다. 이 세 번째 범주의 태에는 동일한 형태 아래 다수의 태들을 포괄하고 있다. 중간태, 재귀

대명사태, 상호적 태, 탈사역적 태 등이 그것이다. 프랑스어는 사역 동사의 태와 같은 다른 종류의 태들을 표현한다. 3개의 태에 대해 보다 상세히 기술하면 다음과 같다.

먼저, 능동태에서는, 주어와 목적어가 동작주와 피동작주의 의미론적 역할들과 일치한다. 능동태는 보다 일반적이며 보다 빈번한 태이며, 형태론적으로도 가장 간단한 경우가 대부분이다. 대부분의 언어에서 기본적 선택은 능동태이다. 아울러 몇몇 언어들에서 능동태는 사용 가능한 유일한 태이기도 하다. 굴절어들에서, 주어는 주격에 해당되고, 목적어는 목적격에 해당된다.

예컨대, 영어 문장, the cat eats the mouse(고양이는 쥐를 먹는다)에서 the cat은 주어 동작주이며, the mouse는 목적어 피동작주이다.

한편, 덜 빈번하게 나타나는 중간태는 특히 인도유럽어에서 사용되어 온 태로서, 이런 종류의 태는 파생된 근대어들에서는 매우 희소하게 나타난다. 중간태는 주어-동작주가 그 자신의 이해관계에서 행동을 완수하는 것을 지시한다. 그것은 일종의 동사 무리의 동작주이며 피동작주이다. 중간태의 몇몇 사용용법들은 따라서 프랑스어에서는 재귀동사의 구성과 일치한다(예문 je me lave 나는 몸을 씻는다). 하지만 프랑스 언어학 전공자들에 의하면 프랑스어에 대해서 중간태를 말하는 것은 오류이다. 재귀 대명사의 구성이 이 같은 태에만 국한되지 않기 때문이다.

중간태는 주로 고대 그리스어, 산스크리트어, 아일랜드어, 라틴어 등에서 찾아볼 수 있다. 하지만 라틴어의 경우는 중간태를 수동태로 변형시켰다는 점에서 중간태의 흔적은 매우 약하다. 주목할 점은 언어사의 시각에서 인도유럽어는 능동태와 중간태를 대립시켰으며 수동태를 갖고 있지 않았다는 사실이다. 수동태는 라틴어의 경우에서 알 수 있는 것처럼, 빈번하게 중간태로부터 나중에 가서 이루어진 문법적 발달의 결과물에 불과했다. 더구나 이들 인도유럽어들의 몇몇 동사들은 배타적으로 오직 중간태의 동사 활용이 이루어졌다.

수동태에서 목적어 피동작주는 문법적 주어가 된다. 행동자들의 도치에 의해서, 피동작주의 주제화가 이루어지는 것이다. 수동태는 능동태에 견주어서 대부분의 경우에 있어 부차적이다. 수동태는 능동적 발화체의 변형이 이루어지며, 이 같은 변형에서 능동태의 목적어 피동작주는 주어 피동작주가 된다. 반면, 주어 행위자는 해당 동사의 동작주 보어가 된다.

굴절어들에서는 동사 자체가 형태를 변화시킬 수 있다. 몇몇 언어들에서는 동작주 보어는 빈번하게 하나의 전치사에 의해서 도입된다.

다음과 같은 영어 예문에서 쉽게 이해할 수 있다.

The mouse is eaten by the cat. 이 문장에서 the mouse는 주어 피동작주이고, is eaten은 수동형 동사이며, by는 전치사, the cat는 동작주 보어이다.

47 프로이트, 《정신분석학의 근본 개념》, 윤희기 · 박찬부 공역(열린책들, 2003), 〈본능과 그 변화〉, 114쪽 참조.

48 위의 책, 115쪽 참조.

49 프로이트, 《정신분석학 개요》, 박성수 · 한승완 공역(열린책들, 2003), 〈비전문가 분석의 문제〉.

50 위의 책, 304쪽.

51 프로이트, 《종교의 기원》, 이윤기 옮김(열린책들, 2004), 〈토템과 터부〉.

52 프로이트, 《정신분석학 개요》, 박성수 · 한승완 공역(열린책들, 2003), 〈'정신분석학'과 '리비도 이론'〉.

53 물리학에서 나온 용어로서 엔트로피entropie의 상반된 경향을 의미한다. 네겐트로피, 더 정확한 표현으로는 네가티브 엔트로피entropie négative(또는 네트로피)가 증대되면, 체계 속에서 질서와 법칙성이 유지되며 정보를 더 많이 필요로 한다는 것을 의미한다. 20세기의 뛰어난 물리학자인 에르빈 슈뢰딩거Erwin Schrödinger는 그의 유명한 책 《생명이란 무엇인가?》에서 생물이란 결국 네겐트로피를 먹고 사는 존재라고 규정했다.

54 정신분석학자의 담론과 문학 작품의 담론은 언어학자의 과학적 담론과 구별되는데, 특히 그 이유는 언어와 메타언어의 차이가 지적되지 않는다는 데 있다.

55 크리스티안 디트리히 그라베(Christian Dietrich Grabbe, 1801-1836)는 독

일의 극작가로 게오르크 뷔히너Georg Büchner와 함께 19세기 독일 극문학 재발견의 역사에서 중요한 작가로 평가된다. 셰익스피어의 영향을 받은 그라베는 자신의 작품들에서 세계에 대한 비관적 시선을 드러냈다.

56 본명은 에른스트 하인리히 필리프 아우구스트 해켈(Ernst Heinrich Philipp August Haeckel, 1834-1919)이다. 폰 해켈(Von Haeckel)이라고 쓰이기도 한다. 18세기 독일의 저명한 생물학자·동물학자이자 박물학자였고 자연주의 진화이론의 철학자였으며 의사, 교수, 화가였다.

57 여기서 '회초리'는 프랑스 단어 'verge'의 번역어인데, 이 'verge'는 '손잡이', '가는 막대', '채찍', '회초리'뿐만 아니라 해부학적 용어로 '음경penis'이라는 의미도 가지고 있다. 여기서 '회초리'는 하나의 성적 상징으로 음경의 은유로 해석될 수 있다.

58 2장의 프랑스어 제목은 'Mots et choses chez Freud'이다. 여기서 'mots et choses'는 일반적으로 '말과 사물'로 번역될 수 있을 것이다. 흔히 프랑스어의 'mot'는 '단어' 또는 '말' 등의 의미를 두루 지니고 있다. 프랑스어 단어 'mot'는 소리 또한 분절된 음성들의 무리이며 또한 문자로 표기된 음성들의 무리를 모두 포함하며 하나의 존재, 대상, 개념들의 재현과 결부된 의미작용을 지니는 단위를 성립한다. 특히, 언어학에서 'mot'(단어)는 독립적인 유의미적 단위로서 정의되나 기능적 분리가능성의 기준에 따라 늘 규정될 수 있는 것은 아니다.

59 앙드레 그린André Green은 1927년 이집트 카이로에서 태어난 프랑스의 정신의학자이자 정신분석학자이다. 1990년의 《사적 광기: 경계성-사례들의 정신분석학La Folie privée. Psychanalyse des cas-limites》을 비롯한 수많은 그의 저서에서 무의식은 '표상représentation'과 '정동'(情動, affect)을 통해서 존재하는데 라캉의 기표signifiant 이론은 '표상'만을 극단적으로 강조한다고 비판했다. 그린은 '표상'의 중요성을 인정하면서도 정신분석이 환자의 '정동'(흔히 말하는 '감정')을 간과한다면 극히 위험한 지적 유희로 전락하게 될 위험성이 크다는 점을 경고하기도 했다. 철학자 카트린 클레망Catherine Clément과의 인터뷰에서 털어놓은 그린 자신의 고백에 따르면, 라캉의 세미나에 적극적으로 참석하던 그린이 라캉의 이론을 비판하기 시작하자 라캉이 특유의

버릇대로 모든 수단을 동원해서 그린을 학대한 나머지 그는 한동안 개인적인 우울증에 시달렸다고 한다. 다음 문헌을 참조했다. Catherine Clément, 〈André Green: Analyse d'une vie tourmentée〉, propos recueillis par Catherine Clément, *Le Magazine littéraire*, n. 304, novembre 1992, pp. 30–34.

60 이 논문의 출처는 다음과 같다. André Green, 〈Linguistique de la parole et psychisme non conscient〉, in *L'Herne Saussure*, édité avec le concours du Centre National du Livre et la collaboration de l'Institut Ferdinand de Saussure, Paris: Editions de L'Herne, 2003, pp. 272–284.

61 말실수lapsus는 엄격히 말하면 말을 하면서 범하는 오류(lapsus linguae), 글을 쓰면서 범하는 오류(lapsus memoriae) 또는 몸짓에 의한 어류(lapsus manus) 등의 여러 종류들이 있다. 한 사람이 그가 본래 표현하려고 했던 것이 아닌 다른 무엇인가를 표현하는 것을 말한다.

어원적 차원에서 라틴어 단어 lapsus는 '실수하다', '말을 더듬다' 등을, 나중에 가서는 '하나의 오류를 범하다' 등을 의미하는 라틴어 동사 labor의 과거분사이다.

정신분석학 영역에서 일찌감치 프로이트는 말실수에서 무의식적 욕망들의 창발의 중요한 증상을 목격했다. 프로이트 정신분석학의 대중화는 그 이후로 이 용어가 일반인들에게도 알려지는 데 기여했다.

프로이트 이론에 있어, 말실수 이후에 도래할 수 있는 수치심의 감정이나 불편함의 감정은 우리의 내재적 검열관 또는 초자아의 장벽들을 속이면서 발현되는 것을 의미한다. 일반적으로 이 같은 불편함은 일시적이며 농담이나 유머를 통해서 별 다른 문제 없이 그 같은 불편함을 극복할 수 있다. 사실상, 정신분석학적 접근법에 따르면 우리는 정작 우리의 생각들 자체에 책임이 없다. 우리의 생각들은 실상은 무의식에서 오는 것이다. 그런데 만약 우리가 우리의 행위에 대해서 책임을 져야 하듯이, 우리의 말에 책임을 진다하더라도, '무의지적인' 생각을 표현하는 누군가에 대해서 그의 논지에 대해서 책임을 져야 한다고 간주할 수 없다.

프로이트가 말실수의 기능 작동을 가장 세밀하게 기술하고 분석하고 있는 그의 저서는 1901년 발표한 《일상생활의 정신병리학》(이한우 옮김, 열린책들, 2004, 프로이트 전집 5)이다. 이 책에서 프로이트는 고유명사들이

나 보통명사들의 망각의 문제와 같은 일상생활 속에서 나타나는 무의식의 여러 발현들을 다루고 있다. 제5장에서 엄밀한 의미에서의 말실수(lapsus linguae), 제6장에서는 문자표기의 실수(lapsus calami)를 다루고 있다. 프로이트는 이 가지 유형의 말실수가 동일한 본질에 속하고, 특히 양자를 설명할 수 있는 기제가 동일하다는 주장을 펼치고 있다.

62 우리가 흔히 《일반 언어학 강의*Cours de lingsuitique générale*》라고 부르는 것은 1916년 판본을 말한다. 여기서 '1915년'은 편집자들인 샤를 바이Charles Bally와 알베르 세슈예Albert Séchehaye가 초판의 서문을 쓴 1915년 7월을 말한다. 1922년 2판이 나온 이후 20세기 동안 여러 차례의 개정판과 수십 차례의 쇄를 거듭하여 출판되었는데, 현재 가장 많이 인용되는 판본은 1972년 툴리오 드 마우로Tulio de Mauro의 비평판(*Cours de linguistique générale*. édition critique préparée par Tullio de Mauro, Paris: Payot, 1972)이다.

63 서지 사항은 다음과 같다. Pierre Patrick Haillet, *Le conditionnel en français: une approche polyphonique*, Paris: Ophrys, 2002.

64 프랑스어 단어 on은 불변하는 3인칭 부정 인칭대명사이며 그 의미와 용법이 매우 다양하여 한국어로 정확한 번역어를 찾기가 쉽지 않다. on은 크게 살아 있는 인간이라는 관념을 표현하고 늘 주어로서 기능한다. 인간을 의미하는 라틴어 단어 homo에서 파생했다. 과거에는 하나의 절대적이며 비규정된 의미에서 hom, hum, hons, um, om, on 등의 다양한 형태들을 사용했다. on은 모든 인칭대명사를 대체할 수 있고, 1인칭 복수의 의미로 활용되기도 한다. 즉, on은 모든 인칭 대명사를 대체할 수 있다.

일반성의 맥락을 벗어나 부정 대명사 on은 그 주체 또는 주어가 살아 있는 사람이며, 이것은 곧 명제의 진리가가, 현실 속에서 지칭된 존재들이 제시할 수 있는 특이성들과 독립된다는 점을 의미한다. on은 문법적 주체이며 어떤 구체적 존재에도 해당되지 않을 수 있다. 예컨대 '흡연금지'를 의미하는 다음과 같은 표현에서 사용된 on은 결코 특정인을 지칭하지 않는다(On est prié de ne pas fumer = prière de ne pas fumer). 어느 정도 비규정된 일정 무리가 관련될 때, 부정 대명사 on은 비규정된 복수성을 지칭한다. 그 밖에도 on을 사용한 관용 표현들은 헤아리기 어려울 정도로 다수이다.

65 서지 사항은 다음과 같다. A. Green, 〈Le Langage Au Sein De La Théorie Générale De La Représentation〉 in *Pulsions, représentations, langage*, edited by Lausanne: Delachaux et Niestlé, 1997, Print.

66 여기서 우리말로 '그것'으로 번역된 프랑스어의 'ça'는 독일어의 'Es', 영어의 'id'에 대응되는—우리가 흔히 '이드'라고 부르는—것을 지칭한다. 프로이트가 생각한 의미는 '욕동(欲動, pulsion)의 축을 구성하는 심리적 에너지의 저장소'라는 뜻에 가깝다. 《정신분석사전》(장 라플랑슈 · 장 베르트랑 퐁탈리스 공저, 임진수 옮김, 열린책들, 2005)에 따르면 '이드'에 해당하는 독일어는 'das Es'로서 이것은 3인칭대명사 'Es'(그것)를 명사화한 것이다. 따라서 영어로 엄밀하게 번역하면 'the it'이 될 것이다. 그러나 애석하게도 그러한 표현은 영어에서 가능하지 않을뿐더러 설혹 그것이 가능하다고 하더라도 'das Es'가 갖고 있는 원래의 의미가 전혀 전달되지 않는다. 반면에 프랑스어에서는 독일어에서와 비슷하게 중성 대명사 'ce'의 강세형인 'ça'에 정관사를 붙인 'le ça'가 원어의 뜻을 충분히 살리고 있다. 그런데 정작 프로이트는 'Id'라는 라틴어를 사용한 적이 없다. 그것은 단지 영국의 정신분석가들이 '무의식적 욕망'을 뜻하는 'das Es'를 영어로 번역하기 위하여 궁여지책으로 라틴어에서 빌려온 것이다. 불행히도 한국어 역시 '그것'이라는 대명사를 명사로 사용하는 방법은 없다. '그것'을 명사로 사용하면, 대명사 '그것'과 계속 혼란을 일으키기 때문이다(한국어 번역본 320쪽 참조). 이렇듯 이 용어의 번역 작업에서 고심 끝에 문어체 준말의 형태인 '그거'라고 제안한 임진수 교수의 견해는 충분한 타당성이 있다. 그렇지만 여기서는 번역 문제 일반에 대한 담론을 염두에 두면서 기존에 번역된 용어의 사회적 유통과 관례라는 측면에서 '그것'이라고 번역되었다. 물론, 이 같은 번역어 선택이 가장 합리적인 대안이라고 말할 수는 없다.

67 'D'où ça parle'는 흔히 '어디서 그것이 말하는가Où ça parle'라는 의미로 장소의 의문대명사 'où'을 사용하겠지만, 여기서는 'd'où'라고 하여 '기원origine'의 의미를 부각시켰다.

68 영어 번역의 'uncanny'(the uncanny)로 널리 알려진 독일어의 'unheimlich'(Das Unheimliche)는 여기서 '두려운 낯섦'으로 번역되었다. 프랑스어판 《프

로이트 전집》에서는 이 표현을 'L'inquiétant'라고 번역하고 있지만 다른 판본들(Marie Bonaparte et Mme E. Marty의 1933년의 *Essais de psychanalyse appliquée* 번역 이후)에서는 'L'inquiétante étrangeté'라고 번역하고 있다. 이 논문의 우리말 번역이 실린 국내 《프로이트 전집》 14권의 《예술, 문학, 정신분석》의 번역(정장진, 1997, 401-452쪽)을 참조했다. 독일어 판본의 서지사항은 다음과 같다. Sigmund Freud, *Das Unheimliche*(1919), in *Gesammelte Werke*, Bd. XII, hrsg. v. Anna Freud, E. Bibring, W. Hoffer, E. Kris, O. Isakower, Frankfurt am Main: Fischer Taschenbuch-Verlag, , 1999, S. 227-278.

69 프로이트, 《정신분석학의 근본 개념》, 윤희기 · 박찬부 공역(열린책들, 2003), 〈무의식에 관하여〉.

70 라플랑슈(Jean Laplanche, 1924년 6월 21일-2012년 5월 6일)는 프랑스의 철학자이며 정신분석학자이다. 파리 고등사범학교에서 장 이폴리트, 가스통 바슐라르, 모리스 메를로-퐁티 등의 가르침을 받았으며 1947년 라캉과 더불어 최초의 정신분석학 치료를 개시했다. 1959년 의학 박사 학위를 취득했으며 박사논문은 1961년에는 《횔덜린과 아버지의 문제》(*Hölderin et la question du père*, Paris: PUF)라는 제목으로 출판되었다.

1950년대부터 라캉의 구조주의적 독법과 대립각을 세웠으며 특히, '무의식은 언어처럼 구조화되어 있다'는 라캉의 주장에 대해 비판적 입장을 취했다. 정신분석학의 역사에서 그의 주된 이론적 공헌은 일반 유혹이론에 있다. 특히 퐁탈리J.-B. Pontalis와 공저한 《정신분석학 어휘》(*Le Vocabulaire de la psychanalyse*, 1967)는 정신분석학 분야의 이론적 준거이며 15개 언어로 번역되었다. 1983년부터 프랑스의 여러 정신분석학자들과 더불어 프로이트 전집의 프랑스어 번역을 총괄 기획해 왔다. 그의 주요 저술은 다음과 같다.

Problématiques I : L'angoisse, Paris: PUF, 1980; 2e éd. 1981. Rééd. poche, coll. Quadrige, Paris: PUF, 1998.

Problématiques II: Castration, symbolisations, Paris: PUF, 1980; 2e éd. 1983. Rééd. poche, coll. Quadrige, Paris: PUF, 1998.

Problématiques III : La Sublimation, Paris: PUF, 1980; 2e éd. 1983. Rééd. poche, coll. Quadrige, Paris: PUF, 1998.

Problématiques IV : L'Inconscient et le ça, Paris: PUF, 1981. Rééd. poche, coll.

Quadrige, Paris: PUF, 1998.

Problématiques V : Le Baquet. Transcendance du transfert, Paris: PUF, 1987. Rééd. poche, coll. Quadrige, Paris: PUF, 1998.

Nouveaux fondements pour la psychanalyse, Paris: PUF, 1987; 2e éd. avec un Index général des "Problématiques", 1990. Rééd poche, coll. Quadrige, Paris: PUF, 2008.

Traduire Freud, en coll. avec A. Bourguignon, P. Cotet F. Robert. Paris: PUF, 1989.

La Révolution copernicienne inachevée, (Travaux 1967-1992), Paris: Aubier 1992. Réédition, Le Primat de l'autre en psychanalyse, Paris: Flammarion, 1997 ; rééd. poche sous le titre La Révolution copernicienne inachevée, coll. Quadrige, Paris: PUF, 2008.

Entre séduction et inspiration : l'homme, Paris: PUF, 1999.

Problématiques VI : L'après-coup - La "Nachträglichkeit (de)" dans l'après-coup (1990-1991), Paris: PUF, 2006.

71 르클레르(Serge Leclaire, 1924-1994)는 프랑스의 정신의학자이며 정신분석학자이다. 라캉의 최초의 직계 제자이다. 하지만 자신의 고유한 이론을 구축하면서 라캉의 이론과 거리를 두었다. 파리 8대학 정신분석학과 창립에 기여했다. 그가 분석한 '일각수 꿈'은 독창적인 연구성과로 인정받았다. 그는 그 꿈에서 기표들로 이루어진 하나의 연쇄가 어떻게 하나의 꿈을 규정하는가를 보여주고 있다. 이 같은 분석은 여러 꿈들에 대한 언어학적 분석과 일치할 수 있다.

그의 주요 저서는 다음과 같다.

Le Pays de l'autre, Seuil, 1991.

État des lieux de la psychanalyse, Albin Michel, 1991.

Demeures de l'ailleurs, Arcanes, 1996.

Écrits pour la psychanalyse, Arcanes, 1996.

Principes d'une psychothérapie des psychoses, Fayard, 1999.

Œdipe à Vincennes, Fayard, 1999.

72 서지사항은 다음과 같다. Jean Laplanche et Serge Leclaire, "L'inconscient, une étude psychanalytique," *Les Temps modernes*, XVII, n°183, juillet 1961, pp. 81-99, puis dans *L'inconscient*, Colloque de Bonneval, Paris: Desclée de Brouwer, 1966, et aussi dans Jean Laplanche, *L'inconscient et le ça*, Paris: PUF, 1981, pp. 261-321.

73 프로이트, 《정신분석학의 근본 개념》, 윤희기 · 박찬부 공역(열린책들, 2003), 〈자아와 이드〉.

74 'Vorstellung'이라는 용어는 독일 철학의 고전적인 어휘에 속한다. 프랑스어로는 'représentation'이라고 번역되고 우리말로는 '표상'으로 번역된다. 프로이트는 초기에는 그것의 의미를 그대로 간직하지만 나중에는 그것을 독창적인 용법으로 만든다. 전통적으로 철학과 심리학에서 '머릿속으로 그리는 것, 즉 사고 행위의 구체적인 내용을 형성하는 것' 그리고 '특히 예전에 지각했던 것의 재현'을 가리킨다. 프로이트는 심리 과정에서 서로 다른 운명을 겪는 표상représentation과 정동affec을 대립시킨다(《정신분석사전》, 한국어 번역본, 112−113쪽 참조).

75 독일어 단어 'Darstellung'이라는 용어 역시 프랑스어로는 'représentation'에 가깝다.

76 원문의 'négative'라는 말을 우리말로 음차音借하여 옮겼다. 프랑스어의 형용사(남성형) négatif라는 말은 '부정의', '소극적인', '효과(결과)가 없는' 등등의 의미를 가지고 있으나, 소쉬르의 맥락에서 보면 '가치의 부정성'이란 표현에서 '부정성'은 한국어의 부정否定이라는 의미와 다소 거리가 있을 뿐만 아니라 그 용어가 소쉬르의 《일반 언어학 강의》의 핵심 개념들 가운데 하나라는 점에서 특별히 독자의 환기를 불러일으키고자 원어를 그대로 음차했다. 일부 연구자들은 '소극적'이란 번역어를 사용하고 있다.

77 프로이트, 《일상생활의 정신 병리학》, 이한우 옮김(열린책들, 2003).

78 프로이트, 《농담과 무의식의 관계》, 임인주 옮김(열린책들, 2003).

79 프로이트, 《정신분석학의 근본 개념》, 윤희기 · 박찬부 공역(열린책들,

2003), 〈무의식에 관하여〉는 이 책 속에 실려 있다.

80 재담, 즉 재치 있는 말, 기지, 재치 등은 생각의 또 다른 형태가 다시 창발하도록 하기 위해 통상적인 제어에서 벗어나는 그 어떤 것을 말한다. 프로이트는 재담이나 농담을 정신분석학의 시각에서 연구하기 위해 독일어 동사 wissen(알다)의 명사형 Witz를 사용한 바 있다.

재담은 일반 단어의 모든 성격들을 갖고 있다. 하지만, 재담에는 정의될 수 없고, 파악될 수 없으며, 무엇이라 말할 수 없는 그 무엇이 존재한다. 1905년 출판된 그의 저서 《농담과 무의식의 관계》(임인주 옮김, 열린책들, 1997)에서 프로이트는 이 같은 무엇이라 딱 부러지게 정의할 수 없는 것, 즉 농담과 재담을 무의식과 관련지어 형식화하려는 시도를 한다. 하지만 재담이라는 암호를 해독하기를 원하면서, 역설적이게도 바로 이 같은 파악될 수 없는 그 무엇인가를 상실하는 것은 아닐는지 자문하지 않을 수 없다. 정신, 꿈과 무의식의 관계를 검토한 후에, 프로이트는 재담 또는 농담에서 작동하는 것은 동일한 기제라는 점을 주목한다. 즉, 이 세 개의 현상에는 모두 압축과 치환의 변형된 과정들이 작동한다. 그 같은 기제들은 바로 하나의 진실을 우회적이거나 가면을 쓰는 방식으로 발화하기 위한 수단들이다. 재담과 농담은 웃음을, 그것을 말하는 사람에게서 아닌 그 말을 듣는 타자에게서 자아내게 만든다. 바로 그 타자는 웃음이 발생하는 그 같은 경우에서 고유한 역할을 맡으며, 프로이트는 그 역할을 역동적이면서 더구나 경제적인 각도에서 분석하고 있다. 요컨대 그는 농담의 단어들을 만들어내는 사람 측면에서 만큼이나 그것을 수용하는 사람의 측면에서도 그 같은 농담의 실체를 규명하려 한다.

그 결과, 하나의 무의식적 표상이 억압될 때, 그 같은 표상은 정신의 검열을 속이기 위해, 그것을 인식할 수 없도록 만드는 우회로의 형태를 통해 다시 돌아온다. 한 단어의 이중적 의미는 이 같은 가면의 형태를 성립한다. 이렇듯 무의식은 단어들과 더불어 놀이를 할 수 있다.

한편, 라캉과 더불어, 재담과 농담은 그것의 의미에 비해 소리에 우선권을 부여하게 된다. 그는 재담의 단어들의 음성적 특징에 주목한다. 라캉에 따르면 주체는 의미의 포로가 된 상태에서, 의미의 쐐기를 제거하기 위해 소리와 더불어 놀이를 한다.

요컨대, 프로이트에 의하면, 재담이나 농담과 더불어 마침내 주체가 발화를 취한다면, 그것은 웃음을 자아내면서, 그는 자신을 비판할 수 있는 타자를 무장해제하는 것이다. 농담과 재담에서 근본적인 것은 따라서 타자와의 관계이다. 프로이트는 이를테면 사회관계의 이론을 수립하고 있다. 왜냐하면 타자가 웃음을 자아낸다면, 농담의 발신자와 수신자 사이에 하나의 가교가 놓인 것이며 타자는 그 농담이 무엇을 의미하는지를 이해한 것이다.

81 루카 시뇨렐리(Luca Signorelli, 1450-1524)는 르네상스 시대 이탈리아의 화가이다.

82 프로이트가 보스니아 헤르체고비나Bosnie-Herzegovine 지방에서 기차 여행을 하며 나누었던 낯선 사람과의 대화와 관련이 있다. 시뇨르Signor라는 말이 지명인 헤르체고비나의 앞머리 'Herr' 발음과 관계를 맺는 유사성으로 인해 무의식의 층위에서 모종의 억압이 작용하여 의식의 층위에서 기표들 사이의 대체/결합이 나타난 경우이다. 'Her'는 독일어에서 'Herr'와 같은 발음을 가지고 있고 이 'Herr'는 이탈리아어의 'Signor'와 같은 뜻이다. 씨氏, 선생先生 혹은 군君을 뜻한다.

83 프로이트, 《꿈의 해석》, 김인순 옮김(열린책들, 2003), 375쪽 참조.

84 프랑스어의 'reconnaissance'라는 말은 조어법상 'connaissance'에서 나왔지만 이를테면 'représentation'과 'présentation'처럼 'connaissance'와 함께 때로는 각각 독립된 의미도 지니고 있다. 원래 '앎'과 '지식'의 이미를 갖고 있는 'connaissance'는 일상적으로 '체험을 통해 알다'를 뜻하는 동사형 'reconnaître'에서 나온 명사형으로서 문자 그대로 앎의 주체와 대상이 '함께con 태어남naissance'을 의미한다. 한편 'reconnaissance'는 문자 그대로 '다시-함께-태어남(깨달음)'의 조어법상 의미를 토대로 '(전에 알던 것을) 알아보기', '식별'(識別, identification), '재인'(再認, récognition), '(정보과학에서) 인식認識' 등등의 의미로 주로 쓰인다. 여기서 이 책의 저자인 미셸 아리베의 논평과 함께 프로이트의 무의식의 탐구 과정에서 우리는 놀라운 한 가지 사실을 발견하기에 이르는데, 바로 이 용어들이 최근의 인지과학에서 논의하는 핵심 용어들 가운데 하나라는 것이다. 《TLF사전》(*Le Trésor de la Langue Française*)에 따르면 '앎의 습득 과정processus d'acquisition de la connaissance'으

로 흔히 우리가 '인지'라고 부르는 'cognition'은 고전 라틴어인 'cognitio'에서 나온 말로 '인지하기를 배우는 행동action d'apprendre à connaître', 즉 '앎connaissance'이라는 어원적 뜻을 지니고 있다.

85 전이 신경증névrose de transfert은 질병 기술학적인 의미에서 프로이트가 정신 신경증 내에서 나르시스적(자기편애적/자기도취적) 신경증과 구분한 신경증의 범주를 가리킨다. 불안 히스테리, 전환 히스테리, 강박 신경증이 여기에 속한다. 장 라플랑슈 · 장 베르트랑 퐁탈리스, 《정신분석사전》, 임진수 옮김(열린책들, 2005)을 참고.

86 프로이트, 《정신분석학의 근본 개념》, 윤희기 · 박찬부 공역(열린책들, 2003), 202–203쪽 참조.

87 오이겐 블로일러(Eugen Bleuer, 1857년 4월 30일–1939년 7월 15일)는 스위스의 취리히 근교의 촐리콘에서 출생한 스위스의 정신과 의사이다. 그는 조현병(정신분열증)과 자폐증 등의 새로운 용어를 정신의학에 도입한 장본인이다. 블로일러는 1881년 의학 박사를 취득했으며, 1884년에는 영국과 프랑스를 여행하면서 특히 당시 프랑스 최고의 정신의학자였던 파리에서 샤르코Jean-Martin Charcot의 강의를 수강했다.

1889년 자신의 경험에 기초한 저서, 《최면 심리학Zur Pscyhologie der Hypnose》을 출간했다. 1898년부터 1927년까지 취리히의 정신의학과 교수를 지냈으며 칼 융을 비롯한 많은 제자들을 양성했다. 블로일러는 1904년 프로이트를 만났으며, 그 이후 30년 넘게 학술적 서신을 교환했다. 1906년 칼 융에게 자신이 원장을 맡은 동료 의사들에게 프로이트의 저서, 《꿈의 해석》을 소개해달라는 요청을 했다. 1908년 잘츠부르크에서 개최된 제1회 국제 정신분석학회에 참여했으며 1901년 결성된 세계 정신분석학회의 창립에 큰 기여를 했다.

블로일러는 1911년, 당시 크레펠린Emil Kraepelin이 제시한 조발성 치매라는 용어 대신, 조현병, 즉 정신분열증이라는 새로운 용어를 제창하면서 정신병을 새로운 시각에서 탐구했다(그의 정신분열증 이론은 그의 다음 저서에서 피력되었다. Eugen Bleuler: *Dementia praecox oder Gruppe der Schizophrenien*(1911)[archive](rééd. *Dementia praecox ou Groupe des schizophrénies*,

Editeur : Coédition GREC/EPEL, 2001, Collection : Ecole lacanienne de psychanalyse). 그는 정신분열증을 질병의 하나로 파악하고, 기본 증상, 즉 사고의 연합 장애, 감정 장애, 양가성, 자폐증을 연구했으며, 그것들을 환각, 망상 등의 부차적 증상과 구별했다. 블로일러에 의하면 정신분열증은 단일한 질환 단위가 아니라, 여러 질환 단위들의 집합이며, 이 같은 질환 단위는 모두 연합 장애의 심리적 기본 증상을 공유한다는 해석을 제시했다.

그는 이 같은 부차적 증상들 속에서, 집단적, 외적, 통일적, 공통적 현실에 직면했을 때 세 개의 대면 전략을 구별했다. 첫째, 현실을 제외시키거나 무시하는 것으로, 이것은 그가 자폐증이라고 부르는 것에 해당된다. 둘째, 현실을 재구성하는 것으로서, 이것에 대해 그는 욕망의 환각적 정신질환이라고 말한다. 셋째, 현실로부터 도주하는 것으로서, 이것은 탈사회화 또는 신체적 불만의 행동 양식으로 나타난다. 1916년 발표한《정신의학교과서Lehrbuch der Psychiatrie》는 그의 대표적 저서이다. 정신분석학의 역사에서 블로일러의 학술적 위상과 의의에 대해서는 다음 논문 참조. Kaspar Weber, 〈Eugen Bleuler (30 avril 1857-15 juillet 1939)〉 in *Le Coq-Héron : La psychanalyse en Suisse, une histoire agitée*, 2014/3 (n° 218).

88 여기서 '조발성 치매'(라틴어로 dementia praecox, 프랑스어로 demence précoce)라는 용어는 독일의 정신의학자인 에밀 크레펠린Emil Kraepelin의 것인데, 1911년에 오이겐 블로일러는 '정신분열증'이라는 용어를 제안했다. 프로이트는 정신분열증이라는 용어 자체에 대해 유보적인 태도를 취하지만 이 용어를 사용하면서(조발성 치매라는 용어도 계속 사용했다) 파라프레니아(Paraphrenie, paraphrénie)라는 용어를 제안하기도 했다. 프로이트는 이 용어로 정신분열증(고유한 의미에서의 파라프레니아)이나 편집증—정신분열증 군 전체를 가리킬 것을 제안했다. 오늘날에는 크레펠린의 정의가 프로이트의 제안보다 압도적이다. 장 라플랑슈 · 장 베르트랑 퐁탈리스, 《정신분석사전》, 임진수 옮김(열린책들, 2005), 363–364쪽 참고.

89 프로이트, 《정신분석학의 근본 개념》, 윤희기 · 박찬부 공역(열린책들, 2003), 〈부정〉.

90 독일어로는 'Besetzung', 프랑스어로 'investissement'. 이 두 용어가 정

확히 서로 겹쳐지지는 않는다. 이 말은 경제학적인 개념으로 심리적 에너지가 어떤 대상이나 표상 (혹은 표상군) 또는 육체의 일부분에 부착되는 (혹은 달라붙는) 것을 말한다. 예컨대 애도哀悼와 같은 상태에서 주체의 인간관계가 현저하게 빈약해지는 것을 우리는 잃어버린 대상에 대한 과집중(surinvestissement, 혹은 과투여)으로 설명할 수 있다. 마치 외부 대상들이나 환상적인 대상들, 자신의 육체, 자아 등의 갖가지 집중(투여) 사이에 에너지의 진정한 균형이 세워져 있는 것처럼 말이다. 장 라플랑슈 · 장 베르트랑 퐁탈리스, 《정신분석사전》, 임진수 옮김(열린책들, 2005), 454-455쪽 참고.

91 '전이'(轉移, Übertragung, transfert, transference)는 정신분석에서 무의식적인 욕망이 어떤 형태의 대상 관계—특히 분석적 관계—의 틀에서 어떤 대상에 대해 현실화되는 과정을 가리킨다. 거기서 문제가 되는 것은 현실적으로 확연히 체험되는 유아기적 원형의 반복이다. 분석가들이 별다른 수식어 없이 전이라고 부를 때, 그것은 대개 치료 과정에서의 전이를 말한다. 장 라플랑슈 · 장 베르트랑 퐁탈리스, 《정신분석사전》, 임진수 옮김(열린책들, 2005), 397-404쪽 참고.

92 여기서 '무의식'은 '의식'에 대립하는 부정의 접두어인 'Un-'(독일어)과 'In-'(프랑스어) 위에 방점이 찍힌 채, 그 '역설적'인 의미가 도드라지게 강조되고 있다. 실제로는 이탤릭체로 부각되어 있으며 게다가 두 단어의 첫 철자는 대문자로 나타나 있다(*Unbewusst*, *Inconscient*). 즉 형태상 무의식이 '문자 그대로'—'의식이 없는 것'이 아니라—의식으로부터 파생된 것임을 역설하고 있는 것이다. 여기서 저자는 자신의 독법으로 무의식의 본질적 속성에 관한 프로이트와 라캉의 성찰에서 재발견된 무의식을 강조하면서 무의식의 개념에 대한 우리의 이해를 심화시킨다.

93 빅토르 타우스크(Victor Tausk, 1879-1919)는 체코슬로바키아 출리나 출생의 정신분석학자로 현대 정신분석학의 선구자들 중 한 명으로 평가된다.

94 그것(elle)은 증상의 기원을, lui는 소년을 지시한다. 즉 그 정신착란에 걸린 소년은 증상의 기원을 알고 있었다.

95 흔히 우리가 '구조주의'라고 부르는 현대 프랑스의 지적 담론에서는 인식의 단계를 설명하기 위해 법률용어인 제1심第一審, 2심二審 등과 같은 개념을 빌려서 그 단계의 위계질서와 힘의 영역을 구조적으로 설명하려는 경향이 있다. 특히 라캉의 경우가 그러한데, 물론 라캉은 자신의 이론에 '구조주의'라는 꼬리표label가 붙는 것을 경계했다. '문자의 심급(審級 혹은 起源, l'instance de la lettre)'이란 표현은 라캉이 1957년 5월 9일에 파리 소르본 문과 학생 연합회의 철학연구 그룹에 의한 초청 강연에서 최초로 사용되었고, 그 논문은 '무의식 속의 문자의 심급 혹은 프로이트 이후 이성L'instance de la lettre dans l'inconscient ou la raison depuis Freud'이라는 제목으로 5월 14-26일자 학술지(《정신분석학La Psychanalyse》 3호, 〈정신분석학과 인문과학Psychanalyse et sciences de l'homme〉, 47-81쪽)에 실렸고, 그 후 1966년 《에크리》(493-528쪽)에 재수록되었다. 여기서 다음과 같은 라캉의 유명한 명제가 나온다. "나는 존재하지 않는 곳에서 생각하고 그러므로 나는 생각하지 않는 곳에서 존재한다"(Je pense où je ne suis pas, donc je suis où je ne pense pas, 517쪽). 이어서 라캉은 다음과 같이 진술한다. "나는 내 생각의 장남감인 곳(내 생각이 희생된 곳, 혹은 내 생각의 노리개가 된 곳)에서 존재하지 않는다. 왜냐하면 나는 생각하는 것을 생각하지 않는 곳에서 내가 존재하는 것을 생각하기 때문이다"(Je ne suis pas, là où je suis le jouet de ma pensée; je pense à ce que je suis, là où je ne pense pas penser, 517-518쪽). 여기서 라캉에게 무의식은 어떤 고정된 실체라기보다는 하나의 위상적인 공간성le topologique 개념으로 포착된다. (전통적으로 이드Id라고 불렀던) 'ça'가 있는 곳이 무의식의 지대地帶가 될 터이다.

96 프로이트, 《정신분석학 개요》, 박성수 · 한승완 공역(열린책들, 2003), 〈정신분석학 개요〉.

97 원문에는 'devenir'라는 동사에 접두어 're-'('반복' 혹은 '원 상태로 되돌아감')를 결합한 형태인 'redevenir'라는 어휘가 쓰였다. 'devenir'는 '-이 되다', '-어지다'(영어의 'become'과 유사)의 의미로 주로 쓰이며, 어떤 상태에서 다른 상태로의 '변화changer'와 '진화évoluer'의 양상을 드러내는 어휘다. 명사로 전용되어 사용될 때에는 '생성生成'이라는 의미도 있다. 또 우리는 앞서 인용된 단락(프로이트 1923b, 264쪽)의 프로이트의 핵심 질문에서도 사

물들의 표상의 (전)의식계로의 추이(이행)가 'devenir'라는 동사로 묘사되고 있음을 확인할 수 있다. 요컨대 'devenir'와 'redevenir'라는 어휘는 무의식과 (전)의식의 층위 사이에서 언어(라캉식 표현으로 기표)와 사고 그리고 사물 사이의 정신 발생psychogenèse 혹은 기호 발생sémiogenèse의 모종의 생성 과정 un processus en devenir의 양상을 드러내는 데 중요한 실마리를 제공하고 있다.

98 'L'inconscient est structuré comme un langage'(무의식은 하나의 언어처럼 구조화되어 있다). 이 같은 생소한 표현에서 한 가지 문법 사항을 지적할 수 있다. 프랑스어에서 전치사로 사용되는 'comme'(우리말로는 '-처럼', '-같이', '-로서', '-같은', '-와 마찬가지로' 등)의 목적어는 경우에 따라 관사를 생략할 수도 있고, 의미 맥락에 따라서는 상황에 따른 부정관사나 정관사를 사용할 수 있다. 이 경우는 일반적 총칭의 정관사가 아니라 부정관사가 사용된 점이 부각되고 있다. 이 문제는 이 책 2장 122쪽의 저자 주와 특히 5장에서 자세히 논의된다.

99 라캉의 정신분석학 용어인 프랑스어 'jouissance'를 국내에서는 통상적으로 '향락'이라고 번역한다. 《불한사전》에 따르면 이 말은 '즐거움', '기쁨', '쾌락'(특히 성적 쾌락)뿐만 아니라 '소유'와 '사용'의 의미를 포괄하는 '향유享有'라는 뜻도 있다(영어로는 'bliss'로 번역되기도 한다). 이 어휘는 특히 전위적인 문학비평가이자 기호학자인 롤랑 바르트(Roland Barthes, 1915-1980)의 1973년 저서 《텍스트의 즐거움Le plaisir du texte》에서 유명해졌다. 일종의 언어유희(말놀이 혹은 말장난), 가령 수사적 기법 중 하나인 교차배어법(chiasme, 이를테면 '빈곤의 철학 혹은 철학의 빈곤')에서처럼 뜻하지 않게 발생하는 문학적 표현과 그 의미의 파생적 유의미성을 나타내기도 한다. 거기서 바르트는 텍스트의 효과로 'plaisir'(기쁨/즐거움/만족 등)와 'jouissance'(즐거움/쾌락/향유/향락 등)를 구별하기도 했다. 한편 라캉에게서—프로이트의 무의식 개념을 기표(시니피앙)들의 그물망으로 재개념화시킨—욕망과 동거하고 있는 언어로부터 언어 너머에 위치하는 'jouissance'는 욕망으로 왜곡된 기표들의 미끄러지는 발현으로부터 주체와 사물과 기호의 의미 사이의 지연 관계와 기억 속에서 새롭게 만들어진 결착 관계의 정신분석학적 계기들을 포착할 수 있는 어휘이다.

100 두 가지 표현 모두 '-처럼 보이다'(혹은 -인 듯하다)라고 번역될 수 있는데, 전자의 'paraître'는 외면적인 측면에 초점을 두는 반면 후자의 'avoir l'air'는 분위기적인 측면에 초점을 두는 차이가 있다.

101 여기서 미셸 아리베가 제시한 'disque-ourcourant'의 예는 우리말에서 '아버지가 방에 들어가신다'와 '아버지 가방에 들어가신다'라는 연사체 syntagme의 변형에 비견될 만하다. 음절 끊어 읽기에서 문법적이고 일상적인 방식을 뒤틀어버린 것인데, 문법적으로는 'discours courant'(일상적 이야기 혹은 일상적 담화)이라고 해야 하지만 'disque-ourcourant'이라고 관습화된 방식을 뒤틀어버린다. 이 둘은 음성학적으로는 유사하다. 흥미롭게도 여기서 문제가 되는 것은 그 표기의 시각적 양상이다.

102 프로이트, 《정신분석학의 근본 개념》, 윤희기 · 박찬부 공역(열린책들, 2003), 〈자아와 이드〉.

103 이 문제적 용어는 억압에 관한 프로이트의 가장 완벽한 이론이 드러나는 《메타심리학Métapsychologie》(1915)에서 등장한다. 《정신분석사전》에 따르면, 이 용어는 프랑스어로 'représentant-représentation', 영어로는 'ideational representative'라고 등재되어 있다. 이 사전의 우리말 번역자인 임진수 교수는 '대표-표상'이라고 번역했다(장 라플랑슈 · 장 베르트랑 퐁탈리스, 《정신분석사전》, 열린책들, 2005, 454-455쪽, 112-113쪽 참고). 이 사전의 편찬자인 장 라플랑슈와 장 베르트랑 퐁탈리스도 이 문제적인 독일어 단어인 'Vorstellungsrepräsentanz'의 번역에 대하여 곤혹스러움을 드러내고 있지만(412-413쪽), 이 단어는 표상의 영역에서 대표하는 것(여기서는 욕동pulsion을 대표하는 것)을 의미하며, 프랑스어로는 'représentant-représentation'로 번역하기를 제안했다. 그러면서 이 용어가 제기하는 개념화에 대한 문제가 다음과 같은 학술적 차원의 탐구로 유보될 수 있다는 라플랑슈와 퐁탈리스의 언급은 우리에게 심화된 탐구의 여지를 남기고 있다. "아마 욕동과 그것의 '대표représentant'의 관계를 기호signe의 등재(언어학 용어를 사용하면 '기표signifiant'의 등재)에 비유하는 것은 'représentant-représentation'의 본질을 밝히는 데 도움이 될 것이다"(414쪽).

104 3장에서 논의의 단초가 되는 단어인 'PARA-écrivian'에서 'écrivian'이

라는 단어는 어떤 사전에도 등재되지 않은 '사이비 단어pseudo-mot'로 엄밀하게 말해 이에 대응되는 번역어는 없다. 이 단어는 프랑스어로 '작가'란 의미의 'écrivain'(에크리뱅)이라는 단어의 철자 가운데 'i'와 'a'의 순서가 도치되었고 따라서 여기서는 하나의 신조어néologisme로 취급된다. 실제로 본문에서는 온전한 철자법으로 이루어진 'PARA−écrivain'(파라−에크리뱅), 즉 우리말로 '유사類似 작가'라는 표현도 등장한다. 따라서 독자들의 혼동을 줄이기 위하여 'PARA−écrivian'을 '파라−에크리비앙'이라는 우리말로 음차音借하여 옮겼다. 요컨대 문제적 단어인 'PARA−écrivian'은 '파라−에크리비앙'으로 옮겼고, 온전한 철자로 된 'PARA−écrivain'은 '유사 작가'로 옮겼으며, 이들 모두 프랑스어 원어를 병기했다. 특이하게도 대문자로 된 접두어로 사용된 그리스어 어원의 'PARA−'는 흔히 우리말로는 (1) '유사한', '준하는', (2) '반대의', (3) '옆의', '곁의'라는 뜻을 지니고 있는데, 여기서는 이 세 가지 모두로 이해될 수 있는 다의성을 지니고 있다. 이는 저자가 논의하는 '꿈의 단어'가 하나의 정신분석학적 '해독'(解讀, déchiffrage)의 대상임을 뜻한다. 또한, 일찍이 그레마스와 쿠르테스(1979)가 정의했던 '단어mot', 즉 '언어학에서 특히 능동적인 기만적欺瞞的 대상un décepteur particulièrement actif de la linguistique'의 정신분석학적 접근 방식으로 간주될 수 있을 것이다. 한편, 이 '파라−에크리비앙PARA-écrivian'의 꿈 이야기는 라캉의 《에크리》 첫 부분에 등장하는 에드거 앨런 포Edgar Allan Poe의 〈잃어버린 편지The Purloined Letter〉에 대한 라캉의 〈잃어버린 편지에 관한 세미나Le séminaire sur «La Lettre volée»〉(《에크리》, 19−75쪽)를 연상시킨다. 이 〈세미나〉가 라캉의 《에크리》 전체를 이끄는 도입부로서 상징적 역할을 하는 것과 마찬가지로 여기 3장에서도 '파라−에크리비앙'의 꿈 이야기가 그러한 역할을 하고 있다. 여기서 '파라−에크리비앙'이라는 엉뚱한(!) 단어가 환기시키는 논의의 초점은 (전)의식과 무의식의 핵심을 찌르는 의미sens topique에서 지시체(지시대상)들référents—여기서는 복수형의 사물choses—과 관련하여 단어들mots이 무의식 속에 각인되는 시각적 현존 방식이다.

105 여기서 '정확한 발음'은 'PARA−écrivian'(파라−에크리비앙)을 얼핏 보고 나서, 실수로(!) 'PARA−écrivain'(파라−에크리뱅)이라고 발음한 것을 말한다. 우리는 이 '말실수lapsus'에 꿈꾸는 사람의 모종의 욕망désir이 개입되어

있음을 3장의 말미에서 알게 될 것이다.

106 프로이트, 《정신분석학의 근본 개념》, 윤희기 · 박찬부 공역(열린책들, 2003), 〈꿈-이론과 초심리학〉.

107 프로이트가 평생에 걸쳐 절친하게 지낸 친구 빌헬름 플리스(Wilhelm Fliess, 1858-1928, 독일인 내과 의사)는 프로이트의 정신분석학의 창발에 중요한 영향을 끼친 인물이다. 특히 〈플리스에게 보낸 편지Briefe an Wilhelm Fliess〉(1887-1902)는 프로이트가 플리스의 견해를 듣기 위해 연구의 초안을 잡아 보낸 짧은 논문들로, 오이디푸스 콤플렉스, 불안, 무의식, 히스테리 등 프로이트 이론의 기초 개념이 만들어졌다. 이 〈편지〉는 임진수 교수가 번역한 《정신분석의 탄생》(열린책들, 2003)에 수록되어 있다.

108 '말장난calembour'은 특히 동음이의어(同音異議語, homophone)이거나 유음어(類音語, paronyme)들 사이에 소리의 유사성을 이용한 말 맞히기 놀이jeu de mots를 말한다. 이러한 '말장난'은 다른 언어들에 비해서 상대적으로 철자법 체계의 불투명성opacité이 높은 프랑스어에서 특히 발달했다.

109 ORTF(L'Office de Radiodiffusion-Télévision Française)는 프랑스 국영 라디오 텔레비전 방송국으로 1974년에 해체되었다.

110 원문에 'procès'라는 말은 사전적 의미로는 법률학에서 '소송'을 의미하기도 하고 언어학적 용어로 '동사가 나타내는 동작이나 상태 혹은 상태의 변화를 총괄하는 개념'인 '사행事行'이라는 뜻으로 사용되기도 하며 '전개', '진행', '과정'이라는 뜻도 지니고 있다. 여기서는 바로 앞에 등장하는 '과정processus'과 다소 변별되는 의미에서 '전개'라는 단어가 선택되었다. 여기서 알 수 있는 바와 같이, 저자인 미셸 아리베의 담론의 초점은 심리/정신의 언어적 형성화에서 '시간 속의 변화(이거나 진화, 혹은 이행이거나 추이)'에 있다.

111 '퇴행régression'은 정신분석과 현대 심리학에서 자주 사용되는 개념이다. 프로이트에 따르면, 지형학적인 의미에서 퇴행은 흥분이 정상적으로 주어진 방향을 따라 거쳐 가는 연속적인 심리 체계를 따라 움직인다. 시간적인 의미에서 퇴행은 발생학적 연속성을 가정하고 있으며, 주체가 지나간 발달

단계(리비도의 [발달] 단계, 대상관계, 동일시 등)로 회귀하는 것—일반적으로 옛날 형태의 사고나 대상관계나 행동의 구조로 회귀하는 것—을 가리킨다. 장 라플랑슈 · 장 베르트랑 퐁탈리스, 《정신분석사전》, 임진수 옮김(열린책들, 2005), 479–482쪽 참조.

112 바로 그 지점에서 프로이트는 말하고 있다. 그는 낱말들의 재현이 완전히 신선하고, "사고의 표현"이 아닌, 밝은 대낮의 생명의 최근 흔적들인 경우를 겨냥하고 있다는 것을 의미한다.

113 '환상fantasme'은 주체가 등장하는 상상적인 각본scénario imaginaire으로, 방어 과정에 의해 다소 왜곡된 형태로 욕망의 성취, 요컨대 무의식적인 욕망의 성취를 보여주는 각본이다. 환상은 다양한 형태로 나타난다. 의식적인 환상 또는 백일몽白日夢, 분석에 의해 드러나는 발현 내용의 하부 구조로서의 무의식적인 환상, 원환상fantasmes originaires 등이 그것이다. 정신분석에서 환상이라는 용어는 아주 광범위하게 사용된다. 저자에 따라, 그것이 어떤 지형학적 상황—의식적이거나 전의식적이거나 무의식적인—에서 형성되는지 막연한 것이 그 용법의 불편한 점이다. 장 라플랑슈 · 장 베르트랑 퐁탈리스, 《정신분석사전》, 임진수 옮김(열린책들, 2005), 541–545쪽 참조.

114 소쉬르가 말하는 아나그램anagramme은 단어들의 철자나 그래픽 상징 부호들을 지시하지 않으며, 단어들의 음성적 실질을 지시한다. 소쉬르는 먼저 고대 라틴 시조에서 모든 모음이 그것의 대응 모음을 갖는다는 점을 발견했다. 자음의 경우도 마찬가지로 모든 자음은 그것의 대응 자음을 갖는다. 음성적 요소들은 쌍들로 맺어져, 그 결과 모음들의 총합과 자음들의 총합은 각각의 시행에 있어 짝수를 제시한다. 만약 나머지, 즉 홀수가 있다면, 시인은 그 점을 다음 시행에서 참작한다. 소쉬르는 그 같은 현상이 '절대적으로 총체적'이라는 점을 강조한다. 이 같은 엄격한 조직화를 지배하는 법칙은 다음과 같다. 특정 시 작품의 각각의 시행에 나타나는 음성적 요소들은 하나의 주제어의 음성 재료의 질서화된 반복이다. 주제어는 통상적으로 제목 또는 다루어야 할 주제에 의해서 제공된다.

예컨대 Hercolei라는 주제가 있다고 치자. 일반적 규칙에 의하면 시인은 그 주제어의 음성적 파편들이 각각의 시행에서 가능한 한 가장 빈번하게 다시 출현하는 방식으로 그의 시어들을 선택한다. 예컨대, -lei-, co-, -ol-, -er-, -rc-, -cl- 등의 요소를 사용하는 것이다.

소쉬르는 고대 라틴 시조, 그리스 시 등에서 하나의 이름에 대해서 집중된, 아울러 이 이름의 음성적 재생을 추구하는 이 같은 음성적 특징을 도처에서 찾아볼 수 있다는 점에 소스라치게 놀랐다. 바로 이 같은 현상에 대해서 그는 아나그램이라는 이름을 부여했다.

115 장 스타로빈스키(Jean Starobinski, 1920년 11월 17일–)는 20세기 스위스가 배출한 가장 탁월한 문학 이론가이며 비평가 가운데 한 명이다. 그는 또한 전문의이기도 하며, 모교인 제네바 대학에서 고전문학과 의학을 연구했다. 제네바 대학에서 장–자크 루소에 대한 문학 박사 학위와 동시에 의학 박사 학위를 취득했다. 18세기 예술과 문학에 대한 그의 시론들은 이 분야의 고전들의 반열에 올라 있으며, 특히 데리다를 비롯해 수많은 20세기 사상가들에게 영감을 주었다. 의사와 정신의 전문의로서의 그의 경험은 그를 멜랑콜리의 역사에 대해 연구하도록 했으며 1964년, 당시에 전혀 알려지 있지 않았던 소쉬르의 아나그램 관련 필사본을 출판한 최초의 학자였다. 아나그램과 관련된 몇 차례의 미간행 필사본 출판물을 하나로 묶어, 1971년 소쉬르 연구와 시학 이론에서 엄청난 영향을 미치게 될 편집서, 《낱말들 속 낱말들Les Mots sous les mots》를 출간한다. 이 책에는 소쉬르의 미간행 필사본을 비롯해, 스타로빈스키가 작성한 장편의 해설 논문이 실려 있다(pp.11-55).

이 책에서 스타로빈스키는 소쉬르의 아나그램 이론이 제기하는 심오한 함의들을 파악하고 있다. 그는 소쉬르의 이론이 시적 생산의 발생과 출현과 관련된 개념화의 상징으로 간주할 수 있다는 점을 주목하고, 특히 문학적 창조 개념을 부정하고 그것을 생산이라는 개념으로 대치하려 했던 당대의 이론가들의 관심을 사로잡을 수 있다는 점을 시사했다. 특히 스타로빈스키는 '선–텍스트pré-texte'와 '텍스트 아래에 있는 텍스트texte sous le texte'에 관심을 집중했다.

다만, 스타로빈스키의 주석에 의하면, 소쉬르가 '아나그램anagramme'과 더불어 사용하는 또 다른 신조어 '히포그램hypogramme'은 일종의 '주제어mot-thème'로서, 두 개의 용어가 동의어라는 인상을 심어준다. 하지만, 소쉬르는 그의 필사본 어디에서도, '히포그램'과 '주제어' 사이의 등가를 설정하고 있지 않다. 특히 소쉬르는, 히포그램은 아나그램의 한 가지 특별한 형식에 불과하다는 점을 분명히 한다(p.133). 그 두 개의 형식은 동일한 현상을, 즉 하나의 주제의 음성적 환언paraphrase를 실현하고 있다.

그는 책의 말미에서 소쉬르가 '고대 라틴시를 하나의 조합 기술art combinatoire로서 해석하고 있다'는 결론을 내린 후, 다음과 같이 첨언한다. "단지 모든 언어는 조합이라는 점이 드러난다"(p.159).

116 '1차 정신적 과정'에 의해 생성된 혼합어(Mischwort, mot-valise)인 'famillionnaire'와 'Signorelli'에 대해서는 2장을 참조할 것.

117 여기서 '전사'(轉寫, transcription)는 말의 방식인 구두 강의에서 글의 방식인 출판 과정을 지칭하는 표현이다. 라캉은 1952년부터 1980년까지 거의 해마다 주제별로 26편의 세미나를 진행했다. 이 가운데 오늘날까지 12편의 세미나만이 출판되어 있다. 문자 그대로 '세미나'의 특성에 따라 라캉은 구두 강의를 선호했고, 그 자리에 있었던 여러 전문가들이 《세미나》의 출판에 참여했다. 편집자는 라캉의 사위였던 자크-알랭 밀레Jacques-Alain Miller, 1944–)이다.

118 언어학적으로 엄밀하게 말해서 '동음이의어homonyme'는 여러 가지 형태로 나뉠 수 있다. 이음줄(프랑스어로 trait d'union)로 변별되는 동음이의어, 수nombre로 변별되는 동음이의어, 성genre으로 변별되는 동음이의어, 동일철자어homographe가 아닌 동음이음어—이 마지막 형태를 좁은 의미의 '동음이의어homophone'라고 한다—등이다. 이와 연관된 형태로는 음성적으로 유사하나 의미가 다른 유음어paronyme 그리고 동일한 철자로 된 이음(異音, allophone)들이 있다. 이에 관한 다음과 같은 최근 단행본 연구서가 있다. Chantal Rittaud-Hutinet, *L'Homophonie*, Limoges: Lambert–Lucas, 2007. 여기서 관건이 되는 것은 '동일철자어homographe'가 아닌 '동음이의어homophone'의 경우이다.

119 원문의 'registre'를 여기서는 불가피하게 음차音借하여 옮겼다. 실제로 이 단어는 번역하기에 매우 까다로운 어휘로 분류된다. 이 단어는 불한사전에 따르면 '등록', '장부', '(문)집', '특색', '글투/말투', (비유적으로) '지식의 폭', '능력'으로, 또 언어학적 어법으로 '언어사용역域', '음역音域', '성

역聲域' 등으로 다양하게 번역될 수 있다. 여기서는 정신분석학에서 말하는 (전)의식과 무의식의 지형학적 의미sens topique에서—라캉의 공간·위상학적topologique 모델을 상기하자면—'지대'(地帶, zone)에 가까운 의미를 띠고 있다.

120 여기서 우리말로 '기구'라고 번역한 'appareil'는 특히 프로이트의 언어활동langage 이론과 무의식의 관계의 개념화에서 '언어활동 기구'(Sprachapparat, 프랑스어로 appareil de langage)라는 표현으로 등장한다. 우리는 이것을 1장에서 살펴볼 수 있었다. 프로이트의 이 '언어 기구機構'는 이후에 정신분석학에서 '심적 기구機構'(appareil psychique, 1896년 12월 6일 프로이트는 플리스에게 보낸 편지에서 '심적 기구'를 '기억의 흔적들'이 각인되어 있는 장소라고 정의했다)라는 개념으로 발전한다. 한편, 소쉬르도 언어의 기능 작동 장애dysfonctionnement 현상으로서 실어증aphasie에 관심이 있었다는 것을 그의 일반언어학 제3차 강의 앞부분과 《일반 언어학 강의》 서론에서 확인할 수 있는데, 그가 '언어활동 능력faculté du langage'을 명확히 하면서 당대의 심리학psychologie에 조예가 깊었다는 것은 주지의 사실이다. 실제로 거기서 소쉬르는 기호학sémiologie은 사회심리학의 일부분을 이룰 것이고 따라서 일반심리학의 일부분을 형성할 것이라는 점—여전히 학계에서 논란이 있는 주제이다—도 언급했다. 이와 관련하여 여기서 실어증에 관한 임상 언어학의 지평에서 프로이트와 소쉬르의 만남에 관한 한 논문을 소개한다. Clément de Guibert, 〈Saussure, Freud, l'aphasie: d'un point de rencontre à la linguistique clinique〉, *Marges Linguistiques : Langue, Langage, Inconscient—Linguistique et Psychanalyse*, n. 7, mai 2004(M.L.M.S. éditeur), pp. 110-124.

121 여기서 우리말로 '육체적'이라고 번역한 'corporel(le)'은 프랑스어에서 매우 광범위한 의미장을 지닌 어휘이다. 사전적 의미로는 '육체를 가진', '유형의', '물질적인', '형이하의', '신체의', '육체의physique'로 표현될 수 있고, (정신적인 것과 변별되는 의미에서) '물질적인 의미에서 몸과 관련된'이라는 뜻을 지닌다. 특히 정신분석과 심리학에서 'schéma corporel'(우리말로는 '주체의 신체 이미지[상像]image que le sujet a de son corps')이라는 개념도 중요하게 다루어진다. 이 개념은 오스트리아 빈 출신의 의사이자 정신분석학자인 파울 실더(Paul Ferdinand Schilder, 1886−1940)가 1923년에 제안했다(프랑

스어로 번역된 그의 저서로는 1968년 갈리마르Gallimard 출판사에서 출간된 《몸의 이미지L'Image du corps》가 있다). 이 '주체의 신체 이미지'는 정신병리학적 장場에서 정신분열증schizophrénie, 정신병psychose, 자폐증autisme, 이형異形공포증(dysmorphophobie, 신체 일부의 기형), 그리고 두뇌 손상과 관련된 측면에서 신체지각불능증asomatognosie, 질병인식불능증anosognosie 등과 관련된 이론적인 토대 개념 가운데 하나이다.

122 '눈의 비틀림retourneur d'yeux/Augenverdreher' 이야기에 관해서는 본서의 2장을 참조할 것.

123 정신분석학자인 세르주 르클레르(Serge Leclaire, 1924-1994)의 분석 속 'Pôor(d)j'e-li'라는 단어는 환자였던 필리프Phillipe의 근본적인 환상과 그의 이름 사이에 자주 드러나는—프로이트의 '아우토디다스커autodidasker'의 분석에서처럼—모종의 유사성ressemblance이 나타나는 경로를 표상한다. 분석은 이름의 의미작용이 하나의 문자로 된 공식, 즉 고유명사의 비밀스런 모사품réplique, 무의식의 암호chiffre 속에서 서서히 해소되는 과정을 기술한다. 여기서 최소한의 필연적인 변장으로 전사된 하나의 격정적 표현jaculation은 필리프의 비밀스런 이름—즉, 'Pôor(d)j'e-li'—을 지니는 과정이다. 이 과정은 의미(라캉의 맥락에서는 '기의')를 지니지 않는 환원 불가능한 모델에 이르고, 실제로 그 모델의 유일성 속에서 무의식을 구성하는 여러 매듭noeuds 가운데 하나인 것으로 나타난다. Serge Leclaire, *Psychanalyser: Un essai sur l'ordre de l'inconscient et la pratique de la lettre*, Paris: Le Seuil, 1968, pp. 112-113.

124 '문자'를 뜻하는 (la) 'lettre'와 '존재'를 뜻하는 'l'être'(여기서는 '-이다/존재하다'의 뜻인 'être' 동사로 전용된 명사형의 어법으로서 정관사와 결합된 형태)는 동음이의 관계homonymie로서 '동일철자어homographe가 아닌 동음이의어(homophone, 협의의 동음이의어)'이다. 실제로 라캉의 정신분석 이론에서 하나의 진실une vérité은 억압되어 있고 계속해서 해독해야 할 다른 형태로 표현된다. 이것이 최소한의 물질적인 '문자'의 형태로 귀착하는 것이다. 라캉에게서 주체가 가지는 신체(몸)의 그 추상적 관념 속의 물질성과 신체(몸)의 표면으로부터의 유리(혹은 분리détachement) 작용을 표상하는 문자la lettre는 기표로부터 그 기원을 가지고 있으나 모종의 검열된 방식으로만 기

표가 된다. 그래서 암호화된 형태로 나타나며 의미작용의 가치로부터 점착되지 않은 기표가 된다. 달리 표현해서 문자la lettre는 기의로부터 부유(浮游인 동시에 浮遊)하는 기표signifiant flottant인 셈이다. 이러한 '문자'가 '존재'와 동음이의 관계로—즉, 언어적 형성에 토대를 두고 있는 동음이의적 현존 양식에 따라—혼동된다는 논평은 저자인 미셸 아리베의 탁월한 독법讀法이 돋보이는 대목이다.

125 '머리가 두 개 달린dicéphale 괴물'이라는 표현은 1장 56쪽 저자 주에서 등장하는데, 이는 하나의 기의에 서로 다른 두 개의 기표가 대응할 경우를 지칭한 표현이다.

126 여기서 '손으로 잡는다prendre par la main'에서 'main'(손)과 '이름에 의해 par le nom'에서 'nom'(이름)은 유음어(類音語, paronyme) 관계로서, 정신분석학적 시선에서 단어의 무의식 속의 육체적corporel 정박碇泊을 절묘하게 암시하고 있다.

127 자기지시성autonymie은 하나의 단어가 인용되거나 그 단어 자체를 지칭할 때, 그 단어의 실체를 지칭하는 언어현상을 말한다. 자기지시성은 하나의 인용문의 인용된 담화 전체를 지칭하기도 한다.

빈번하게 이 같은 자기 지시적 단어 또는 발화체는, 그 단어의 속성들을 지칭할 때, 문자로 표기된 괄호 표기에 의해서 표시된다. 자기지시적 단어가 고립되었을 때, 그 단어를 이탤릭체만으로 표시하는 것은 가능하며, 특히 가독성이 더 높아진다. 이 같은 단어들에 대해서 언급하기 위해 사용되는 어휘체는 메타언어라고 불려진다. 예컨대, 자동차라는 명사는 세 개의 글자이다.

위 문장은 자동차라는 자기지시적 단어와, 명사, 글자 등의 메타언어적 용어들과 더불어 메타언어 담론에 속한다. 위 문장에서 자동차라는 지시체는 더 이상 특정 자동차를 지칭하는 세계 속에 있는 물체가 아니라, 하나의 언어학적 대상, 자동차라는 문법적 기의이다.

또한 기표의 자기지시어들도 존재한다. 다음 예문에서 기표는 'bap'이라는 청각 이미지를 지칭한다.

"밥"이라는 단어는 하나의 음절에 불과하다.

128 “이와 관련한 라캉의 핵심 통찰은 성적 차이를 생물학적인 층위가 아닌 언어의 층위에서, 논리적·담론적 차원의 사실fact로 사고한 것이다. 성은 주체가 언어의 질서 속에 얽혀들 때 발생하는 곤경이 그 존재에 가하는 작용의 결과이며, 언어(혹은 상징질서)가 실패할 때 출현하는 불가능한 실재the Real와 같은 것이다. 라캉에 따르면 주체는 언어에 의한 소외/분열로 인해 향유jouissance를 박탈당하는데, 각기 서로 다른 방식으로 분열되어 남근 기능과도 상이한 관련을 맺는 남성과 여성은 이 향유와의 관련 속에서 서로 다른 특정한 성적 위치를 채택한다. 이를테면 남성은 완전한 향유가 가능하다는 환상 속에서 예외의 포함을 통해 구성되는 전체(총체화)의 논리를 구축하는 반면, 여성은 예외는 없다고 하는 비-전체not-all의 논리를 구축하고 그런 환상에서 벗어난 ‘다른 향유’의 가능성을 찾는다는 것이다. 라캉은《세미나 XX 앙코르》에서 그와 같이 상이하게 전개되는 남성과 여성의 각기 다른(이렇게 수정) 주체 구성의 논리를 난해하기로 이름난 수학소를 활용하여, 잘 알려진 ‘성 구분sexuation’ 공식으로 정식화한다.” 슬라보예 지젝 외,《성관계는 없다: 성적 차이에 관한 라캉주의적 탐구》, 김영찬 외 엮고 옮김(비, 2005) 참고.

129 오루(Sylvain Auroux, 1947–) 교수는 프랑스에서 언어과학의 역사와 인식론에 대한 연구의 인식론적 제도적 기틀을 마련한 세계적인 언어철학자이다.《백과전서파의 기호학》(*La Sémiotique des encyclopédistes*, Paris: Payot, 1979),《언어철학》(*La philosophie du langage*, Paris: PUF, 2004),《이성, 언어활동, 규범들》(*La raison, le langage et les normes*, Paris: PUF, 2014) 등 다수의 저술을 출판했다.

130 ‘시리우스Sirius’는 천문학적으로 천랑성天狼星이라는 별자리를 지칭한다. 지구에서 가까운 별 중에 하나로서 태양 다음으로 밝은 별이다. 여기서는 비유적인 의미로 쓰였는데 시리우스의 관점이라는 표현은 프랑스의 문호 볼테르의 콩트에서 왔으며, 그 의미는 마치 시리우스의 별처럼, ‘매우 먼 곳에 사는 사람의 매우 동떨어진 관점’을 의미한다.

131 아제주(Claude Hagège, 1936년 1월 1일생)는 프랑스의 대표적 언어학자이며 아프리카 언어들에 정통하고, 약 50여개 언어를 숙지하고 있는 다개

국어 구사자이다. 그의 최근 저서에서는 영어가 유일무이한 사유의 벡터로서 군림하는 것에 대해서 격렬하게 비판했다(《획일적 사고에 맞서》(*Contre la pensée unique*, Éditions Odile Jacob, 2012). 그와 동시에 그는 영어가 자유로운 정신들의 매체이며 자유분방한 사유의 매개체라는 점을 분명히 했고, 신자유주의와 같은 허위적 자유에 맞서 진정한 자유를 옹호했다. 16권의 저서를 출간했는데 그 가운데 그의 대중적 인지도를 높이는 데 결정적 기여를 한 저서는 다음 책을 손꼽는다. 《말하는 인간: 인문과학에 대한 언어학적 기여》(*L'Homme de paroles: contribution linguistique aux sciences humaines*, Fayard, 1996). 이 밖에 이개국어 병용의 언어학적 진단을 비롯해, 사멸되어가는 언어들의 실종에 맞서 외친 언어학자로서의 호소를 비롯해, 프랑스어의 옹호를 위한 다양한 저서들을 발표했다. 주요 저서는 다음과 같다.

Le Français et les Siècles, Éditions Odile Jacob, 1987.

Le Souffle de la langue : voies et destins des parlers d'Europe, 1992.

The Language Builder: an Essay on the Human Signature in Linguistic Morphogenesis, 1992.

L'Enfant aux deux langues, Éditions Odile Jacob, 1996.

Le Français, histoire d'un combat, 1996.

Halte à la mort des langues, Éditions Odile Jacob, 2001.

Combat pour le français : au nom de la diversité des langues et des cultures, Éditions Odile Jacob, 2006.

Dictionnaire amoureux des langues, Éditions Plon-Odile Jacob, 2009.

132 라캉은 언어를 라랑그lalangue와 언어활동language 두 가지로 분류한다. 라랑그는 "1차적이고 혼란스러운 다의적인 하부구조"로서 비의사소통성non-commuinicativenesse을 특징으로 한다. 이는 라랑그가 가지고 있는 모호성ambiguity과 동음의의성homophony 때문이며 이러한 라랑그의 특징은 1차적인 언어만이 줄 수 있는 향락jouissance의 특징이기도 하다. 언어활동language은 라랑그와는 대조되는 언어 체계로 라랑그라는 이러한 하부구조 위에 위치한 질서 정연한 상부구조이다.

133 프랑스어에서 '구두' 혹은 '신발'을 뜻하는 'soulier'의 문법적 성性은 남성(명사)이다.

134 하나의 단어가 사물을 가리키는 지시작용référence과 동시에 그 단어 자체를 가리키는 자기지시로서 사용될 때, 학자들은 자기지시적 공시connotation autonymique라는 표현을 사용한다. 이 경우, 그 단어는 실재 세계의 지시체 또는 개념을 지칭할 뿐만 아니라 단어 그 자체로서 그 자체를 지시한다.

자기 지시적 공시는 일반적으로 이탤릭체 표시나 괄호에 의해서, 구술의 경우에는 가벼운 휴지부에 의해서 표시된다. 이것은 화자로 하여금, 그가 사용하는 단어나 표현에 대해서, 반어법을 통해서 또는 차용을 표시함으로써, 일정한 거리두기를 하는 것을 가능케 한다. 자기지시적 공시는 동의어의 환입을 차단시키지는 않으나, 이차적 기의를 상실한다는 감정을 발생시킨다. 몇몇 문학 이론가들의 주장에 의하면 문학 텍스트를 다른 설명이나 해석을 위해 다른 문장들로 환언할 경우, 그 본래의 텍스트의 고유한 문학성을 상실할 수밖에 없다. 하나의 텍스트의 문학성은 따라서 자기지시적 공시의 방식에 기대어 생각되어야 할 것이다.

135 밀네르(Jean-Claude Milner, 1941년 1월 3일 파리 출생)는 프랑스의 원로 언어학자이며 철학자, 작가이다. 파리 7대학에서 오랫동안 언어학과 교수로 재직했으며 특히 1960년대부터 프랑스에 생성문법에 대한 촘스키의 언어학 이론을 수용하는 데 결정적 기여를 했다. 하지만 1990년대 중반기부터, 언어학의 틀을 벗어나, 인문학, 정치, 미술, 사회 평론, 문학 비평 등 전방위적인 저술 활동을 해왔다. 언어학 분야에서 그가 출판한 중요한 연구서적은 다음과 같다.

De la syntaxe à l'interprétation : quantités, insultes, exclamations, coll. Travaux linguistiques, Paris: Le Seuil, 1978.

L'amour de la langue, coll. Connexions du Champ freudien, Paris: Le Seuil, 1978.

Ordres et raisons de langue, Le Seuil, 1982.

Introduction à une science du langage, coll. Travaux linguistiques, Paris: Le Seuil, 1989.

136 알프레드 타르스키(Alfred Tarski, 1902−1983)는 폴란드 바르샤바 출신의 철학자이자 논리학자이다.

137 루이 옐름슬레우(Louis Hjelmslev, 1899-1965)는 덴마크 코펜하겐 출신의 언어학자로 20세기 초·중반 구조언어학의 선구자들 가운데 한 명이다. 그의 이름은 우리말로 옐름슬레우라고 알려졌는데 그의 모국어인 덴마크어로는 '히옐름슬레브'에 가깝다. 그는 페르디낭 드 소쉬르의 계승자를 자처하고 코펜하겐 언어학파를 이끌었다.

138 '언리학'(言理學, glossématique)은 루이 옐름슬레우의 기능주의 언어 분석 이론이다. 그 체계는 엄격한 정의定義의 연속 위에 성립되어 언어 구조의 발견 순서는 연역적 분석이며 모든 형식을 추상화하여 상호관계를 추구하는 입장은 수학적이고 언어대수학言語代數學의 수립이 목표였다.

139 루돌프 카르납(Rudolf Carnap, 1891-1970)은 미국으로 귀화한 독일 철학자로서 논리 실증주의의 대표적 학자이다. 예나 대학Universität Jena에서 물리학과 철학을 공부하고, 세 차례(1910년, 1913년 그리고 1914년)에 걸쳐 고틀로프 프레게Gottlob Frege의 강의를 들었다. 이후에 후설Husserl을 만났고 비엔나 학파에서 비트겐슈타인Wittgenstein과 조우하였으며 러셀Russell의 영향을 많이 받았다. 후대에 콰인Quine, 포퍼Popper, 굿맨Goodman의 철학에 영향을 끼쳤다.

140 질료적 지칭La suppositio materialis은 중세 시대의 논리학, 문법학, 신학 등에서 사용된 용어이다. 예를 들어, 다음과 같은 라틴어 문장들을 예로 들어 설명할 수 있을 것이다.

1. Homo est disyllabum (Homo는 2음절이다.)
2. Homo est nomen (Homo는 하나의 명사이다.)
3. Homo currit (그 사람은/한 사람은 달리고 있다)

예문 1과 2에서 Homo라는 단어는 인간이라는 생물학적 실재를 지시하는 것이 아니라, Homo라는 단어 그 자체를 지시한다. 반면 예문 3에서 Homo는 세계 속에 존재하는 특정 인간을 지시하고 있다.

중세 시대에서는 이런 경우를 일러, 질료적 지칭이라 명했다. 질료적 지칭은 해당 단어 자체의 질료적 측면, 즉 이를테면 음성 또는 문자를 지칭한다. 질료적 지칭의 또 다른 명칭은 기술적 지칭suppositio technica이다.

141 한국어 번역본은 다음과 같다. 프로이트, 《꿈의 해석》, 김인순 옮김(열

린책들, 2003).

142 오토 랑크(Otto Rank, 1884-1939)는 오스트리아 출신의 심리학자이자 정신분석학자이다. 그는 프로이트가 'analyse profane'(혹은 'analyse laïque', [의사가 아닌 사람들에 의한] '비전문가 분석')(1926)이라고 부른 것을 실천했던 최초의 분석가들 가운데 한 사람이다. 실제로 프로이트는 이러한 생각을 옹호했으며 정신분석이 의학에 소속되지 말아야 한다는 사실도 주장했다. 이러한 의사가 아닌 비전문 분석가로는 오토 랑크와 테오도르 라이크Theodor Reik뿐만 아니라 멜라니 클라인Melanie Klein, 안나 프로이트Anna Freud, 마리 보나파르트Marie Bonaparte 등이 있다.

143 '그의 흥미를 끌다l'intéresse'라는 프랑스어 표현에서 동사인 intéresser 앞의 'l'' 의 형태는 'le'(남성형) 혹은 'la'(여성형)가 축약되어 접어接語로 사용된 것이다. 이 접어가 주어진 문맥에 의해서 '프로이트'를 지칭한다고 저자(미셸 아리베)가 명시하고 있는 대목이다. 일반적으로 문법(통사)이론에서 '접어'(영어로 'clitic', 프랑스어로는 'clitique')는 전형적으로 프랑스어에서 발달했는데, 약세형 인칭대명사(가령 m', t', l' 등의 형태)나 ce, ne, que 등과 같이 다른 단어(프랑스어의 경우는 동사)에 의존해서만 쓰이는 요소를 가리킨다.

144 귀스타브 기욤(Gustave Guillaume, 1883-1960)은 프랑스의 언어학자로 페르디낭 드 소쉬르의 계승자였던 역사·비교언어학자 앙투안 메이예Antoine Meillet로부터 역사언어학과 비교문법을 연구했다. 비교문법의 분석방법을 응용하여 공시태 속의 기의signifié에 대한 연구인 '언어활동의 정신역학la psychomécanique du langage'이라는 매우 독창적인 언어 이론을 창시한 인물로 평가된다. 특히 그는 인간의 언어와 사고의 인지적 양상을 포착하는 개념발생idéogénèse과 형태발생morphogénèse에 대한 고찰을 토대로 단어mot에 대한 일반적인 이론화를 시도했다.

145 한국어 번역본은 다음과 같다. 프로이트, 《꿈의 해석》, 김인순 옮김(열린책들, 2003); 《일상생활의 정신병리학》, 이한우 옮김(열린책들, 2003); 《농담과 무의식의 관계》, 임인주 옮김(열린책들, 2003).

146 '언어적 대상들objets langagiers'이란 표현에서 '언어적'은 '언어활동

langage'이라는 명사에서 전용된 형용사 'langagier'의 번역이다. 흔히 한국어로 '언어적', '언어의' 혹은 '언어에 관련된'이라는 의미에 대응하는 프랑스어 표현은—'언어(활동)'(langage 혹은 langue)라는 명사의 형용사로서—'linguistique'라는 형용사가 쓰이는 것이 일반적이며 빈번하다(그렇지만 엄밀해 말해서 'langagier'라는 형용사가 더 정확한 표현이긴 하다). 언어학자인 프랑수아즈 가데Françoise Gadet는 그녀의 저서(1987)의 한 짧은 각주(73쪽)에서 이 문제를 정확히 언급하는데, 프랑스어에서 "형용사 형태의 'linguistique'는 'langue', 'langage', 'linguistique'[이것은 명사형으로서 '언어학']라는 세 가지 명사에 상응하며, 이로 인해서 많은 모호성이 생긴다"고 짧게 지적한다. 이 점에서 주어진 프랑스어 원문과 우리말 번역 그리고 현재 유통되고 있는 앞서 번역된 용어나 표현에 대한 사회적 관례에 따라서 주의가 필요한 경우가 있다. 가령, 실제로 소쉬르의 '언어 기호'는 프랑스어로 'signe linguistique'이지만, 우리말로 '언어학적 기호'라고는 번역하지는 않는다. 물론 여기서는 '언어학적 기호'라는 의미도 함의하고 있으며, 앞서 가데가 언급한 형용사로 쓰이는 'linguistique'의 중의성을 고스란히 드러내고 있는 대표적인 사례이다. 사실상 이러한 메타언어적 분석이 필요한 이유는 우리의 일상적인 언어 직관intuition이, 이를테면 우리말에서 '언어사言語史'와 '언어학사言語學史' 혹은 '서양사西洋史'와 '서양사학사西洋史學史'와 같은 표현들을 식별하는 경우가 있기 때문이다.

다른 한편, 프랑스어에서 '메타언어적(인)'이라는 의미로 쓰이는 'métalangagier'는—'langagier'와 마찬가지로—일반적으로 널리 통용되지 않는다. 이 경우로 이 책에서처럼 형용사 형태인 'métalinguistique'라는 어휘가 널리 쓰이는데, 이는 일반적으로 'métalangage', 'métalangue'라는 두 가지 명사 형태를 위한 유일한 형용사형으로 간주되며, 경우에 따라서 형용사로 쓰이는 'métalangagier'과 대체가능한 의미도 함의하는 것으로 흔히 간주된다. 따라서 형용사 형태의 'métalinguistique'는 주어진 문맥에 따라 우리말로 번역하면 '메타언어적'이거나 '메타언어학적'이라는 뜻으로 쓰일 수 있다. 나아가, 'métasigne'('메타기호')와 'métasémiotique'(명사형으로 '메타기호학')의 공통의 유일한 형용사는 'métasémiotique'(한국어로 번역하면 '메타기호(학)적')가 빈번히 쓰이는데, 이 경우는—'langagier'와 달리—명사형 'signe'('기호')의 형용사 형태가 프랑스어에는 존재하지 않고,—형용사로 쓰이는 'linguistique'와 마찬가지로—중의성을 함의하고 있다.

147 하인리히 하이네(Heinriche Heine, 1797-1856)는 19세기 독일의 시인이자 평론가로서 괴테와 더불어 독일이 낳은 세계적인 시인이다. 1830년 프랑스의 7월 혁명 이후 파리로 건너가 민주주의를 위한 저술과 작품 활동을 했다.

148 프로이트에게서 1차 정신적 과정의 압축과 전위를 따르는 단어의 사례로서 혼합어(Mischwort, mot-valise)인 'familionnaire'에 관해서는 이 책의 2장을 참조할 것.

149 프로이트, 《농담과 무의식의 관계》, 임인주 옮김(열린책들, 2003), 32쪽.

150 '메타랑가주métalangage'와 '메타랑그métalangue'는 모두 한국어 용어로는 '메타언어'라고 번역될 수밖에 없다. 근본적으로 프랑스어에서 랑가주langage와 랑그langue의 구별—즉 '활동으로서 언어'(랑가주)와 '개별어의 체계로서 언어'(랑그)의 구별—에 토대를 두고 있다. 이 두 개념의 구별을 최초로 기술한 페르디낭 드 소쉬르에게 이 두 개념은 엄밀하게 말해 완전히 배타적이지 않고 상당 부분 중첩되지만, 프랑스어를 모어母語로 사용하는 사람들에게는 대체로 분명히 구별된다(여기서 이 '대체로'라는 표현이 지니는 함의가 라캉을 읽은 많은 독자들에게 모종의 혼돈을 불러일으킬 여지를 준다. 이 문제에 대한 미셸 아리베의 명쾌한 논평을 이 책의 5장에서 보게 될 것이다). 여기서 문제는—이 책의 1장에서 저자도 분명히 지적했듯이(72쪽 저자 주 참조)—이 두 용어의 개념화와 주어진 문맥에 따른 한국어 번역의 실제적 차원에서 발생한다. 영어 번역에서나 독일어 번역에서도 마찬가지이다. 더군다나 이 두 용어에 붙어 있는 접두사 'méta-'는 번역자들로 하여금 더욱 곤혹스럽게 만드는 지점이다. 실제로 《TLF 사전》(*Le Trésor de la Langue Française*)에 따르면, '메타랑가주métalangage'와 '메타랑그métalangue'는 빈번하게 뚜렷이 구별되지 않으며, 이 용어들을 쓰는 저자(혹은 사전 편찬자)들에 따라서 다소 다른 함의를 띤다.

151 프로이트, 《토템과 터부》, 강영계 옮김(지식을만드는지식, 2009).

152 에밀 벤베니스트, 《일반 언어학의 제 문제》, 황경자 옮김(민음사, 1992).

153 기독교와 관련된 많은 프랑스어 욕설에서 형용사 어미 '-bleu'는 음성학적 유사성 덕분에 '신Dieu'이라는 용어를 대체하곤 한다. 이를테면 서약에서 'corbleu'는 'corps de Dieu', 혹은 'corps-Dieu', 'corbleu'로 변화된 'par le coprs de Dieu'라는 의미를 띤다. 'têtebleu'는 'tête de Dieu' 혹은 'tête-Dieu'에서 온 것이며, 'ventredieu'는 'par le ventre de Dieu' 그리고 후에 'ventre de Dieu'에서 온 것이다. 'parbleu'는 'pardi'의 방언적 변이형이다. 신과 연관된 관습화된 욕설 표현들이다.

154 장 에카르(Jean Aicard, 1848-1921)는 프랑스의 저명한 시인이자 소설가이며 학자이다. 툴롱에서 태어나 주로 파리에서 활동한 에카르는 《모르의 모랭Maurin des Maures》을 썼고, 1909년 프랑수아 코페François Coppée가 이끌던 프랑스 아카데미 회원이 되었다. 폴랭 베르트랑Paulin Bertrand, 미스트랄Mistral, 빅토로 위고Victor Hugo와 교류했다.

155 흥미롭게도 여기서 '선서하다'(다른 뜻으로는 '서약하다', '맹세하다')라고 번역한 프랑스어의 동사 'jurer'는 '욕설(악담)을 하다'라는 상반되는 양가적 의미도 아울러 지니고 있다. 여기에서 파생된 명사 형태의 'jurement' 역시 '선서'와 '욕설(모독/저주하는 말juron)이라는 의미를 지니고 있다.

156 원문에는 로베르Robert로 적혀 있으나, 이는 샤를Charles을 잘못 적은 오류이다. 샤를 소렐Charles Sorel은 파리에서 1582년(그의 출생연도는 아직도 불확실하다) 탄생하여 1674년 3월 7일 역시 파리에서 타계한 17세기의 프랑스 소설가이며 작가이다. 그의 조부는 피카르디 지방의 판사였으며, 그의 부친은 리그Ligue의 군대에서 복무한 후에 파리에 정착하여 루이 13세의 가정교사였으며, 프랑스 최초의 역사편찬 기록자였던 샤를 베르나르Charles Bernard의 여동생과 결혼했다. 그는 약관 21세의 나이에 《프랑시옹의 희극이야기L'Histoire comique de Francion》을 쓴 것으로 알려져 있다. 다방면의 주제에서 자유자재로 다양한 장르의 글쓰기를 구사했던 소렐은 픽션 작품들과 학구적 작품들을 번갈아가며 발표했다. 1628년부터 《프랑스 왕정의 역사에 대해 알리는 글》의 출판과 더불어 역사가가 되려는 포부를 드러낸다. 그는 진실성과 스타일의 품격을 결합한 새로운 역사를 쓰려는 의지를 천명한다.

그의 소설 작품들 전체는 그의 생존 시 모두 익명 또는 가명으로 출판되었다. 특히 1623년은 그의 소설 작품 가운데 가장 유명한 작품인 《프랑시옹의 희극이야기》가 모두 7권으로 출판된 해이다. 이 작품은 최초의 프랑스식 희극이야기들 가운데 하나이며 희극 장르에서 최고의 걸작으로 손꼽힌다. 소렐은 그 작품에서 목가적 소설들을 조롱하고 당시의 프랑스 사회에 대한 생동감 넘치는 풍자를 제안한다.

157 샤를 소렐, 《프랑시옹》, 이형식 옮김(지만지, 2008). 샤를 소렐의 작품 《프랑시옹의 진실된 희극이야기La Vraie Histoire comique de Francion》는 소설로서 최초 버전은 1623년 집필되었으며, 가장 중요한 희극이야기들 가운데 하나이다. 소렐은 이 소설에서 위대한 사랑을 찾아나서는 프랑스의 귀족 신사인 프랑시옹의 흥미진진한 모험담을 들려준다. 소렐은 1623년 익명으로 최초 버전을 출판했다. 이 최초 버전은 연속된 이야기를 기다리게 만들었는데, 그 이유는 아름다운 여인 나이스Naïs와의 결혼을 예고했기 때문이다. 이 계속된 이야기는 1626년 《프랑시옹》의 제2판과 더불어 제시되었다. 제2판은 모두 11권에 이르렀다. 작품의 분량을 늘렸을 뿐만 아니라 제1판에 실렸던 음란한 내용들을 비롯해 당시 종교적 교리에 어긋나는 부분들을 없앴다. 1633년 출간한 제3판은 니콜라 드 물리네Nicolas de Moulinet라는 가명으로 발표되었다. 이 마지막 3판은 재판을 거듭했으며, 《프랑시옹》을 17세기에서 가장 많이 읽혀진 문학작품들 가운데 하나로 만들었다. 《프랑시옹》은 그의 가명의 인물이 경험한 모험들을 이야기한다. 내레이션은 상당히 복잡한데, 여러 개의 서사 층위들을 중층적으로 사용하기 때문이다. 첫 번째 서사는 육체적 사랑을 추구하는 프랑시옹의 연애 모험담을 이야기하며, 두 번째 서사에서는 나이스라는 여인에게서 관념적 사랑으로 선회한다. 《프랑시옹》은 평범한 또는 저속한 인물들을 다루고 있으며, 그들의 일상적 삶을 상기시키고 있다. 하지만 이 책은 무엇보다 사람들을 웃게 만들려는 한 편의 소설이다. 보다 근본적인 것은 희극은 소렐이 당시 사회에 제안하는 풍자로부터 온다는 사실이다. 이 같은 풍자적 차원은 소렐에게서 소설적 글쓰기와 결부된 교육적 의시 속에 각인되어 있다. 즉, 독자들을 웃게 만들면서 그들을 가르치는 것이다.

158 일반적으로 프랑스어에서 셀 수 없는 불특정 혹은 특정 명사(추상명사,

물질명사, 집합명사)의 일부를 나타내는 데 쓰이는 '부분관사'는 흔히 번역에서 잘 드러나지 않는다. 그렇지만 '약간의 메타언어du métalangage'와 '약간의 자기지시성de l'autonymie'이라는 표현에서 프랑스어의 이러한 부분관사가 불가피하게 부각되었다.

159 프랑스어에서 'avoir quelqu'un à la bonne'라는 표현은 누군가에게 존경심과 우정을 갖고 있음을 의미하는 일상적 표현이다.

160 라캉의 이 단락은 프랑스인들에게도 매우 난해할 정도로 그 의미 파악이 쉽지 않다. 아리베 교수는 다음과 같은 문장으로 환원할 수 있다고 제안했다. "만약 우리가 언어활동 속에서 그 대상을 찾는다면, 우리는 거기서 오직 개념만을 발견할 뿐이며, 이것은 그 어떤 지칭과도 상이하다. 사물은 그것에 주어진 이름 이외에 다른 것이 아니며, 그 원인(왜냐하면 '원인'을 의미하는 프랑스어 단어 'cause'는 라틴어 단어 'causa'의 진정한 어원이기 때문이다)과 아무것도 아닌 것(프랑스어 단어 'rien'은 라틴어 단어 'rem'에서 왔으며, 이것은 그 형태에 부정대명사를 남겨 놓았다) 사이에서 분할된다."

161 라캉이 도입한 용어로, 정신병의 기원에 있다고 가정되는 특수한 기제이다. 프로이트의 'Verwerfung'을 라캉은 'forclusion'으로 번역하나 많은 사람들은 'rejet'로 번역한다. 이 기제는 주체 자신의 집착된 애정과 감당할 수 없는 표상을 주체의 상징 세계 밖으로 내던지는(거부) 데 있다. 자아는 그 표상이 존재하지 않는 것처럼 처신한다. 그러나 내던져지고 내부에서 폐기되었다고 할지라도 이 표상은 밖으로부터 되돌아오고 특히 환각(환청 환시)의 형태로 되돌아온다. '배제forclusion'는 실재의 부인과 신경증 환자의 억제와 닮았다. 그러나 그것은 그들보다 더 급진적이다. 왜냐하면 배제(시효를 상실한) "기표들"(즉, 상징화되지 못한 기표들)은 주체의 무의식에 집적되지 못하기 때문이다. 임진수 교수는 《정신분석사전》에서 'forclusion'을 '폐기'로 번역하고 있다. 결론적으로 용어학적인 관점에 국한시킨다면 'Verwerfung'이라는 용어가 'forclusion'이 내포하는 것을 항시 포괄하지는 않는다는 사실을 확인할 수 있다. 라캉은 나중에 〈정신병의 가능한 모든 치료에 선행하는 문제에 대하여〉라는 논문에서 'forclusion'이라는 개념을 언어학적인 개념의 틀에서 발전시킨다. 장 라플랑슈, 장 베르트랑 퐁탈리스, 《정

신분석사전》, 임진수 옮김(열린책들, 2005) 503-506쪽 참고.

162 이태異態 동사란 그리스어 · 라틴어에서 형태는 수동이고 뜻은 능동인 동사를 말한다.

163 프로이트, 《늑대인간》, 김명희 옮김(열린책들, 2003), 〈편집증 환자 슈레버: 자서전적 기록에 의한 정신분석〉.

164 에밀 밴베니스트, 《일반언어학의 제 문제 1》, 황경자 옮김(민음사, 1992), 〈제7장 프로이트의 발견에서 드러나는 언어기능에 관한 고찰〉, 112쪽.

165 라캉의 고유한 맥락에서 '구조화된structuré'의 의미는—바로 앞서 저자인 미셸 아리베의 주석에서도 언급되었듯이—기표의 기능과 관련하여 실 모양絲狀의 은유métaphore filée와 매우 밀접한 연관이 있다. 여기서 'filer'는 '실로 변형시키다transformer en fil'의 의미로, 직물(옷감)을 직조하듯이 '짜다', '짜여 있다', '직조하다' 등의 의미를 띤다. 여기서 특히 라캉의 여러 《세미나》(특히 9권)에 등장하는 수학화mathématisation된 공식화의 여러 그래프(특히 기하학적 형태들)는 시사하는 바가 크다. '구조화된'의 의미에 관한 국내 논문으로는 다음이 있다. 강응섭(2003), 〈라캉에게서 'Structuré'의 의미〉, 《라캉과 현대정신분석》(한국 라캉과 현대정신분석학회) 5권 제1호, 2003.12, 7-29쪽.

166 흔히 정신분석학의 대상이 '무의식'—우리의 인식 속에서 좀처럼 잡히지 않는 대상—이라고 한다면, 이 '무의식'에 대한 라캉의 은유métaphore는 우리가 무의식의 현상학을 더 잘 이해하는 데 결정적 실마리를 제공한다. 여기서 등장한 무의식의 은유는 '아상블라주assemblage', 즉 모종의 '결합체', '조합', '잇기', '이어 붙인 것'으로 표상된다. 여기서 흥미로운 것은 이 '아상블라주'가 해독déchiffrage의 대상이 되는 철자들lettres과 은유적 동격으로 묘사되고 있는 점이다. 이러한 점은 그 자체로 심화될 수 있는 하나의 연구 주제가 될 것이다. 이를테면 우리는 프로이트에게서 다음과 같은 진술을 읽을 수 있다. "하나의 꿈의 해석은 이집트의 성각문자(히에로글리프)처럼 고대 표의문자表意文字의 해독과 대단히 유사하다"(프로이트, 《정신분석에 대한 관

심L'intérêt de la psychanalyse》, 73쪽). 마찬가지로 라캉에게서도 무의식은 하나의 공간적 속성le topologique을 가진 문자적 은유—즉, '쓰인' 은유—로 다음과 같이 진술된다. "(무의식은) 공백으로 표시되거나 혹은 거짓말로 채워진 내 이야기의 이 장chapitre과 같다. 이 장은 검열받은 장이다. 그러나 진실은 다시 발견될 수 있으며, 대부분 다른 곳에 이미 적혀 있다. 예컨대, —진실은 묘비들monuments 속에 적혀 있다. [···] 일단 기록된 이상 파손되어도 그리 심각하게 훼손되지 않는 비문inscription처럼 판독된다. —진실은 고문서들documents d'archives 속에 적혀 있다. 고문서들은 내 어린 시절의 추억이라 할 수 있다. 그 추억은 연원을 알 수 없는 고문서들만큼 헤아릴 수 없는 것들이다. —진실은 의미론적 진화évolution sémantique 속에 적혀 있다. 내 인생의 스타일이나 성격처럼, 이것은 나에게 특별한 어휘들의 저장 목록과 그것들의 의미와 밀접한 관련이 있다. —진실은 전통traditions과 영웅적으로 각색된 형태로 내 이야기를 전파하는 전설légendes 속에 쓰여 있다. —진실은 마지막으로, 왜곡된 부분을 불가피하게 담고 있는 흔적들traces 속에 적혀 있다. 변조된 장章을 그것을 둘러싼 다른 장 속에 끼워 넣어 연결함으로써 왜곡은 필연적이다. 내 해석은 그 의미를 복원시킬 것이다"(라캉, 〈정신분석에서 발화와 언어활동의 기능과 장Fonction et champ de la parole et du langage en psychanalyse〉, 《에크리》, tome I, 136-137쪽; 《에크리》, 259쪽). 이러한 점에서 미셸 아리베(1993)는 다음과 같이 논평하기에 이른다. "프로이트에게서—그리고 나는 여기서 한마디 덧붙이겠지만, 라캉에게서—무의식은 말하지 않는다. 그것은 씌어진다l'inconscient ne parle pas: il *écrit*"(37쪽[이탤릭체는 옮긴이 강조]). 다른 한편으로 이러한 사실들을 소쉬르의 시선에서 다시 전유할 수 있다면, —"언어의 무의식은 프로이드가 정의한 무의식과 동일시될 수 없다"라는 미추 로나[Mitsou Ronat, 1972, 알랭 바니에(Alain Vanier, 1996)에서 재인용]의 언급을 우리가 기억하더라도—다음과 같이 말할 수도 있을 것이다. 소쉬르에게서 무의식은 언어(langue, 소쉬르의 고유한 의미에서 'la langue')와 문자écriture 사이의 편차écart에 매순간 머물고 있을 것이다.

167 《요한복음Évangile selon Jean》 서문의 처음에 나오는 라틴어 표현이다. 우리말로는 "태초에 말씀이 있었다Au commencement était la Parole"이다.

168 'disqueourcourant'에 관해서는 2장을 참조할 것.

169 영어 명칭인 'shifters', (프랑스어로) 'embrayeurs' 혹은 'indicateurs'의 한국어 번역의 문제는 저자인 미셸 아리베가 이 장章의 후반부에서 자세히 검토하게 될 문제와 밀접한 관련이 있다. 일반적으로는 언어학에서 'shifter'는 한국어로 '변형사變形詞'라고 불리는데, 그 프랑스어 번역으로는 'embrayeur'가 쓰이고 이는 '연동소連動素'라는 번역어에 가깝다. 또 프랑스어 'indicateur'의 언어학적 용어로는 '표식標識 또는 표지標識'가 있다. 요컨대, 영어의 'shifter'는 변형하거나 전환하거나 변화하는 데 초점을 두고, 프랑스어의 'embrayeur'는 연결하거나 연동하는 데 초점을 둔다. 이 용어들은 모두 문장 속 성분들에 관하여 논의할 때 사용된다. 여기서는 불가피하게 영어와 프랑스어의 원어를 그대로 노출한다. 여기 5장 후반부의 'shifter의 문제' 부분을 참조할 것.

170 여기서 흥미로운 것은 두 예문에서 동사 어미의 굴절의 다른 두 형태(단순 미래형 2인칭 어미와 3인칭 어미)의 발음은 동일하고, 따라서 두 예문 전체가 동음이의 관계homophonie로 간주될 수 있다는 점이다. 여기서 제시된 의미론적으로 대단히 미묘한 '이해되지 않는 이 차이la différence qui ne s'entend pas'는 우리의 '귀'에 호소하는 것이 아니라 우리의 '눈'에 호소하고 있다.

171 언어학적 용어인 '소사'(小辭, particule)는 접사, 전치사, 접속사, 부정의 부사 따위를 말한다.

172 여기서 'mouche du coche'(n.f.)는 'ardélion', 'importun', 'raseur'의 의미(personne qui s'agite beaucoup sans être efficace et réclame à tort le mérite d'une action)로 우리말로는 '귀찮은 사람', '방해자', '피곤하게 하는 사람' 등을 나타내는 비유적인 표현이다. 206쪽 저자 주 참고.

173 동사가 나타내는 동작·상태·상태의 변화를 총괄하는 개념이다.

174 국내 번역본은 다음과 같다. 로만 야콥슨, 《일반언어학 이론》, 권재일 옮김(민음사, 1989).

175 오토 예스퍼슨(Jens Otto Harry Jespersen 혹은 Otto Jespersen, 1860-1943)은 영문법과 일반문법의 대가인 덴마크의 언어학자이다.

176 다음과 같이 풀이될 수 있다. '나는 프란시스가 왔는지 알지 못한다.' 동일한 주어 나je는 프란시스가 온 것에 대해서 모름과 동시에 앎을 표시할 수 없다. '나는 프란시스가 왔는지 알고 있다'라는 문장에서, je라는 동일 주어는 프란시스가 온 것에 대해서 그의 앎과 동시에 그의 불확실성을 동시에 표시할 수 없다.

177 다음과 같이 풀이될 수 있다. 라캉은 발화작용 주체의 기표인 '나'는 부재할 수 있다고 말한다. 그는 그 같은 사실로부터 '나'가 발화작용의 주체를 의미하는 것이 아니라, 단지 그것을 지칭하는 것으로 만족한다는 결론을 도출한다. 여기서 유념할 것은 '지칭하다'와 '의미하다' 사이에 존재하는 차이이다. 바로 그 같은 차이는 내가 보기에는 약하다.

178 이 장의 도입부에 제시된 제사(題辭, 일반적으로 각 장의 제목과 본문 사이에 위치하는 아포리즘 성격의 짧은 글)인 "사물들의 형식적, 문법적 측면을 잘 들여다보세요."(라캉, 《세미나》 3권, 《정신병Les psychoses》, 236쪽)를 참조할 것.

179 '간극béance'이라는 표현은 라캉의 욕망의 신체적 기원과 관련된다. 라캉은 거울 단계를 언급하면서 사람에게 있어서 "béance biologique"를 말한다. 이는 '생물학적 관점으로 설명될 수 없는 어떤 것'으로 해석할 수 있다. 사람에게 고유한 것이 다른 동물과의 관계에서 틈이나 간극이나 결여 등으로 해석될 것이다. 동물이 완전하다는 관점에서, 사람은 불완전하다. 이는 아리스토텔레스의 영혼론을 거꾸로 뒤집는 면이 있다.

180 'ne'와 짝을 이루면서 사용되는 부정否定의 용어들은 다음과 같다. 'pas'는 일반적인 단순 부정, 'plus'는 '더 이상 -않다', 완전 부정이 아닌 'guère'는 '거의/그다지 -않다', 'jamais'는 '결코 -않다', 'personne'는 '아무도 -않다'를 뜻한다.

181 라캉의 진단 구조는 신경증, 정신병, 도착증의 세 범주만으로 구성된다. 라캉은 프로이트의 용어들을 확장하면서 그의 진단 범주들을 더욱 체계화했다. 프로이트는 신경증과 도착의 특징(부정Verneinung 양식)을 각각 억압Verdrängung과 부인Verleugnung으로 구분한 바 있다. 여기에 더하여 라캉은

프로이트의 'Verwerfung'이라는 용어를 '폐제foreclosure'로 번역하면서 정신병의 주요 메커니즘으로 제시했다. 억압이 에고가 무엇인가를 거부하는 것이고 부인이 기억 속에 저장된 어떤 것을 인정하길 거부하는 것이라면, 폐제는 에고뿐 아니라 자기 자신 전체로부터 '현실'의 일부분을 완전히 추방하는 것이라고 할 수 있다. 프로이트나 라캉에게 있어서 신경증–억압, 도착증–부인, 정신병–폐제의 개념쌍은 단순한 연관이 아니라 유일한 인과관계로서 제시된다. 예컨대 신경증의 '유일한' 원인은 억압에 있으며 억압이야말로 신경증을 구성하는 본질이다. 또한 이 세 가지 부정 양식은 인간의 모든 심리현상을 포괄하고 있는 것으로 여겨진다. 즉 세 범주 사이의 '경계선'이란 존재하지 않는다는 것이다.

182 원래 '배제forclusion'는 영어의 'foreclosure'와 같이 저당물의 반환권 상실을 의미하는 법률 용어이다. 옮긴이 주 161을 참조할 것.

183 'Pas-tout'는 총체적으로 미완의 성격을 지시하는 프랑스어 표현이며, '파투pastout'는 라캉이 만든 용어이다. '라랑그lalangue'는 무의식에 의해서 작업되는 언어를 말한다.

184 《로마 담화Discours de Rome》는 1974년 출간된 라캉의 저서명으로 1953년 9월 26일 로마에서 행한 강연 제목을 비롯하여 그 외 다른 강연록을 싣고 있다. 이 글은 정신분석학에서 언어의 핵심적 지위를 수립하는 데 결정적 역할을 한 텍스트로 간주된다.

185 이는 다음과 같이 풀이될 수 있다. 진정으로 말을 하는 존재들에 있어서, 음독은 훈독에 대해서 주석을 다는 것으로 족하다. 일본어의 두 가지 유형의 문자는 장터에서 축제 때 파는 프랑스의 과자와 케이크를 음미할 줄 아는 사람들만큼이나 그것을 사용할 줄 아는 사람들을 행복하게 만들어 준다.

186 소쉬르의 자필 수고에 나오는 부분들로 *ELG* 143–173쪽(〈제네바 대학 강연Conférences à l'Université de Genève〉, novembre 1891)과 203–222쪽(〈휘트니에 대한 논문 초안노트Notes pour un article sur Whitney〉)을 말한다.

187 토픽적 무의식은 프로이트의 정신분석학 이론에서 진정한 무의식으로서 예컨대, 자아, 초자아, '그것' ça 등의 여러 개의 구성요소들의 구별에 의

해서 특징지어지는 구체적 규칙들을 준수한다. 토픽적 무의식은 기술적 무의식inconscient descriptif과 구별되는데, 이것은 잠정적으로 무의식적인 생각들이 곧장 의식에 도달하는 것을 허용한다.

188 소쉬르가 아나그램과 동의어로 사용했다.

189 고대 라틴 시조의 장르를 지칭한다.

190 여기서 말하는 프랑스 단어 Essaim은 꿀벌 떼, 곤충의 무리, 떼, 이동하는 무리나 집단을 의미한다. 여기서는 꿀벌통의 꿀벌 떼를 뜻하는데, 그 이 단어가 선택된 이유는 그것이 기표 1의 프랑스어 signifiant의 축약형인 S1과 음성적 등가라는 이유에서다. Essaim의 발음은 S1의 발음과 흡사하다.

즉 바로 그런 그 같은 표현에서 윙윙거리는 꿀벌 떼라는 기표(또는 무엇인가를 의미하는 꿀벌 떼)는, 자신들의 꿀벌 통 주변에 있는 벌들처럼 윙윙거린다는 것을 의미한다. 풀어 말해, 꿀벌 통 주변을 윙윙거리는 벌 떼처럼, 대문자 기표 역시 그 것 주변에 수많은 기표들과 기의들이 더불어 존재한다는 것을 두 단어의 음성적 유사성을 이용하여 비유한 표현이다.

191 셉티미우스 플로렌스 테르툴리아누스(Septimius Florens Tertullianus, 160−220)는 제정 로마 때 기독교 교리를 라틴어로 만든 최초의 인물로 알려져 있다.

192 1996년에 발견되어 2002년에 출판된 소쉬르의 육필 수고인 *ELG*(*Ecrits de linguistique générale*)에서 가장 핵심이 되는 1장의 제목이다(*ELG*, 15−88쪽), 페르디낭 드 소쉬르, 《일반 언어학 노트》, 김현권 · 최용호 옮김(인간사랑, 2007).

찾아보기

인명

저술 및 글

용어

언어학자와 무의식

초판발행 2017년 5월 30일
초판 2쇄 2018년 7월 9일
지은이 미셸 아리베
옮긴이 김성도
펴낸곳 고려대학교출판문화원

www.kupress.com
kupress@korea.ac.kr
02841 서울특별시 성북구 안암로 145
02-3290-4230, 4232
Fax 923-6311

찍은곳 한국컴퓨터인쇄정보

ISBN 978-89-7641-932-3 93700

값 19,000원